FEB 25th 2004 (THE BLOCK BEGINS ITS JOURNEY....

....QUIETLY ABSORBING ITS SURROUNDINGS.)

DIE PARKETT-REIHE MIT GEGENWARTSKÜNSTLERN / THE PARKETT SERIES WITH CONTEMPORARY ARTISTS

Book Series with contemporary artists in English and German, published three times a year. Each volume is created in collaboration with artists, who contribute an original work specially made for the readers of Parkett. The works are reproduced in the regular edition and available in a limited and signed Special Edition.

Buchreihe mit Gegenwartskünstlern in deutscher und englischer Sprache, erscheint dreimal im Jahr. Jeder Band entsteht mit Künstlern oder Künstlerinnen, die eigens für die Leser von Parkett einen Originalbeitrag gestalten. Diese Werke sind in der gesamten Auflage abgebildet und zusätzlich in einer limitierten und signierten Vorzugsausgabe erhältlich.

PARKETT NR. 72 ENTSTEHT IN COLLABORATION MIT • **MONICA BONVICINI, URS FISCHER, RICHARD PRINCE** • WILL BE COLLABORATING ON PARKETT NO. 72

JAHRESABONNEMENT (DREI NUMMERN) / ANNUAL SUBSCRIPTION (THREE ISSUES) SFR. 116.– (SCHWEIZ), € 78 (BRD), € 82 (ÜBRIGES EUROPA), US$ 80 (USA AND CANADA ONLY)

ZWEI- UND DREIJAHRESABONNEMENTPREISE SIEHE GELBE BESTELLKARTE IM HEFT / FOR TWO & THREE YEAR RATES, PLEASE CONSULT YELLOW ORDER FORM.

Zürichsee Druckereien AG (Stäfa) Satz, Litho, Druck / Copy, Printing, Color Separations

PARKETT-VERLAG AG ZÜRICH SEPTEMBER 2004 PRINTED IN SWITZERLAND ISBN 3-907582-31-4 ISSN 0256-0917

Cover & flap / Umschlag und Klappe: OLAF BREUNING, HOME, 1994, color photograph / Farbphotographie.
Inner cover flap & page 1 / Umschlagklappe & Seite 1: KEITH TYSON, 3 STUDIO WALL DRAWINGS, all 2004.
Back cover / Rückseite: RICHARD PHILLIPS, GIRL CHILD, 1997 oil on linen / Öl auf Leinen.
(All images slightly cropped / Alle Bilder leicht beschnitten.)

PARKETT Zürich New York

Bice Curiger Chefredaktorin / Editor-in-Chief; **Jacqueline Burckhardt** Redaktorin / Senior Editor; **Cay Sophie Rabinowitz** Redaktorin USA / Senior Editor US; **Suzanne Schmidt** Textredaktion und Produktion / Editing and Production; **Hanna Koller · Simone Eggstein** Graphik / Design, **Trix Wetter** Graphisches Konzept / Founding Designer (–2001); **Catherine Schelbert** Englisches Lektorat / Editorial Assistant for English; **Claudia Meneghini Nevzadi** Korrektorat / Proof Reading

Beatrice Fässler Vorzugsausgaben, Inserate / Special Editions, Advertising; **Nicole Stotzer** Buchvertrieb, Administration / Distribution, Administration; **Mathias Arnold** Abonnemente / Subscriptions; **Jeremy Sigler** Redaktionsassistenz USA / Assistant Editor US; **Monika Condrea** Vorzugsausgaben, Inserate und Abonnemente USA / Special Editions, Advertising, and Subscriptions US; **Charlotte Marra** Praktikantin USA / Intern US; **Adrian Koerfer** Deutsche Verlagsvertretung / German Representative

Jacqueline Burckhardt – Bice Curiger – Dieter von Graffenried Herausgeber / Parkett Board;
Jacqueline Burckhardt – Bice Curiger – Dieter von Graffenried – Walter Keller – Peter Blum Gründer / Founders

Dieter von Graffenried Verleger / Publisher

www.parkettart.com

PARKETT-VERLAG AG, QUELLENSTRASSE 27, CH-8031 ZÜRICH, TEL. 41-1-271 81 40, FAX 41-1-272 43 01
PARKETT, NEW YORK, 155 AV. OF THE AMERICAS, N.Y. 10013, PHONE (212) 673-2660, FAX (212) 271-0704

EDITORIAL: DIE VIELEN GESICHTER DES WISSENS

Während Olaf Breuning und Richard Phillips sich dem Erkenntnisgewinn zuliebe der Welt der Formen und ästhetischen Erscheinungen als «Geschmackserforscher» zuwenden, schreitet Keith Tyson als *uomo universale* heutigen Zuschnitts durch die vielgestaltigen wissenschaftlichen Universen, als wärs ein Spaziergang durch einen Vergnügungspark. So münden die Formgebilde und Denkanstrengungen dieser drei Künstler in ein kulturelles Grenzgängertum, wo Subjektivität und Rationales, Sinnliches und kalte Abstraktion neu aufgemischt werden.

Es sind launige Figuren, die jugendlichen Geschöpfe, welche uns aus Olaf Breunings Photos und Videos entgegenstarren. Mit ihrer sektiererischen Attitüde und dem Anstrich von verwildertem Geheimwissen, von Trash-Archaik und Marketingversklavung vermitteln sie uns jedoch auch das beklemmende Gefühl schroffen Ausgeschlossenseins. Auch das Betrachten der Ölgemälde von Richard Phillips ist als Wechselbad angelegt, das mit den Erinnerungen an die Genüsse der Malerei als Augenweide spielt, obwohl diese auch ihre scheusslich klebrige «Antimaterie» in sich trägt: Richard Phillips malt in stoischer Ruhe die so genannten minderen ästhetischen Erzeugnisse einer graphischen Industrie ab, die aus der allgemeinen Zirkulation gefallen sind. Keith Tysons Weltmodelle oder gar Weltwunder (in seiner Serie *The Seven Wonders of the World*) hingegen laden zur staunenden, wenn auch nicht einfachen Partizipation an einer fröhlichen Wissenschaft ein.

Im Jubiläumsteil wirkt diesmal Pipilotti Rist mit. Wenn sie sich in ihrer Edition als Ikone, als Schutzpatronin zeigt, die man als abgeworfene Haut herumtragen oder auch über Möbel drapieren darf, werden zeitliche und kulturelle Tiefendimensionen heraufbeschworen. Zusätzlich setzt die Künstlerin das starke Symbol einer Körperauffassung in die Welt, die als Alternative zu jener in den Frauenbildern von Richard Phillips zu sehen ist. Nicolas Bourriaud führt mit seinen sieben Thesen zur Immaterialität die Jubiläums-Essayreihe «(IM)MATERIAL?» fort.

Was wäre materieller als konkrete Zahlen? Ein Jubiläum regt auch zu statistischen Überlegungen an. Es ist die runde, satte Zahl, die den Appetit nach der Offenbarung von noch mehr numerischen Schönheiten und Erkenntnissen weckt, die in dieser Zahl schlummern: Zahlen, die den Zugang zu bisher im normalen Trott ignorierten, aufregenden Vorstellungsdimensionen eröffnen. Warum also nicht die in der vergangenen Ausgabe bereits begonnene Aufrechnung (von 150 Künstler-Collaborations und über tausend Texten, die wir in zwanzig Jahren publizierten und unter anderem aus dem Französischen, Griechischen, Spanischen, Russischen, Italienischen, Holländischen, Finnischen, Portugiesischen, Polnischen, Japanischen und Schwedischen übersetzen liessen) noch etwas weitertreiben? In den letzten zwanzig Jahren wurden insgesamt rund 600 000 Einzelbände mit dem Namenszug PARKETT in alle Welt versandt und zerstreut. Wer sich die dazugehörigen jeweils rund 180–260 bedruckten Seiten pro Band vorstellt und die Rechnung mit zwei bis drei Lesern pro Band weitertreibt, darf auf eine Zahl von 270–390 Millionen gelesenen oder (so wollen wir doch hoffen) zumindest betrachteten PARKETT-Seiten kommen. Ein vielleicht etwas verstiegenes Zahlenspiel, das zum Träumen anregt.

EDITORIAL: THE FACES OF KNOWLEDGE

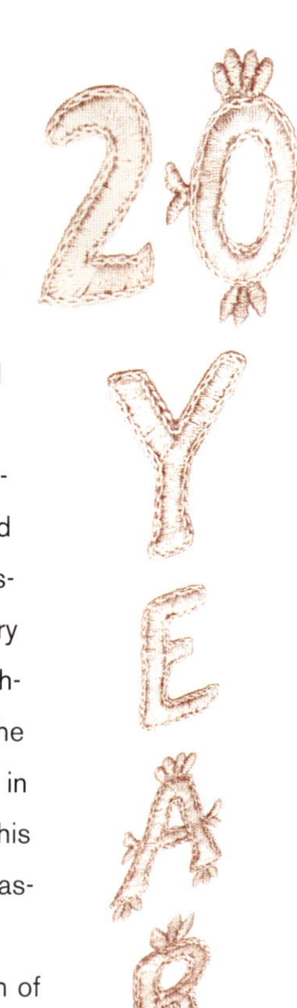

While Olaf Breuning and Richard Phillips acquire new insights by devoting themselves to the world of forms and aesthetic appearances as "taste analysts," Keith Tyson, a latter-day *uomo universale*, strides through complex scientific universes as if he were strolling around in an amusement park. The visual forms and mental peregrinations of these three artists engage cultural borderlines where subjectivity and rationality, sensuousness and cold abstraction are remixed.

Fanciful figures they are, those youthful creatures who stare at us out of Olaf Breuning's photographs and videos. And yet their sectarian looks, their air of disheveled arcane knowledge, trash archaic civilization and marketing slavery, communicate a disturbing sense of gruff exclusion. Richard Phillips' oil paintings also elicit contradictory sensations, for they toy with the memory of rejoicing in the visual delight of painting without disguising its dreadfully cloying "anti-matter." Richard Phillips stoically paints the allegedly lesser aesthetic output of industrialized commercial art, which is no longer in circulation. In contrast, Keith Tyson's astonishing world models or wonders, as in his series, *The Seven Wonders of the World*, invite us to participate in cheerful but not easily accessible sciences.

Our anniversary section in this issue features Pipilotti Rist. Having created an edition of herself as a patron saint or an icon that can be carried around like cast-off skin or draped over furniture, she reaches into the depths of many ages and cultures. In addition, the great symbolic power conveyed by her treatment of the body may be seen as an alternative to the images of women in Richard Phillips' work. Nicolas Bourriaud contributes seven theses to our series of anniversary essays on the "(IM)MATERIAL?".

Is there anything more material than concrete numbers? Anniversaries stimulate statistical considerations. Voluptuously round numbers whet an appetite for the revelation of all the other numerical beauties and insights that slumber within them: numbers reveal exciting imaginative dimensions hitherto buried under well-trodden routine. In the past two decades, 150 artists' collaborations have been created, and over 1000 essays published and translated from French, Greek, Spanish, Russian, Italian, Dutch, Finnish, Portuguese, Polish, Japanese, and Swedish–simple figures that testify to a long-term project that has left its mark the world over.

And what about the following figures? Since 1984, more than 600,000 single volumes bearing the distinctive PARKETT logo have settled on bookshelves in libraries and private collections all over the world. And supposing we multiply the 180–260 pages per volume by two or three readers each, then the individual collective has read or at least (we hope) enjoyed looking at an impressive total of some 270–390 million pages. That is the stuff that dreams are made of.

BICE CURIGER

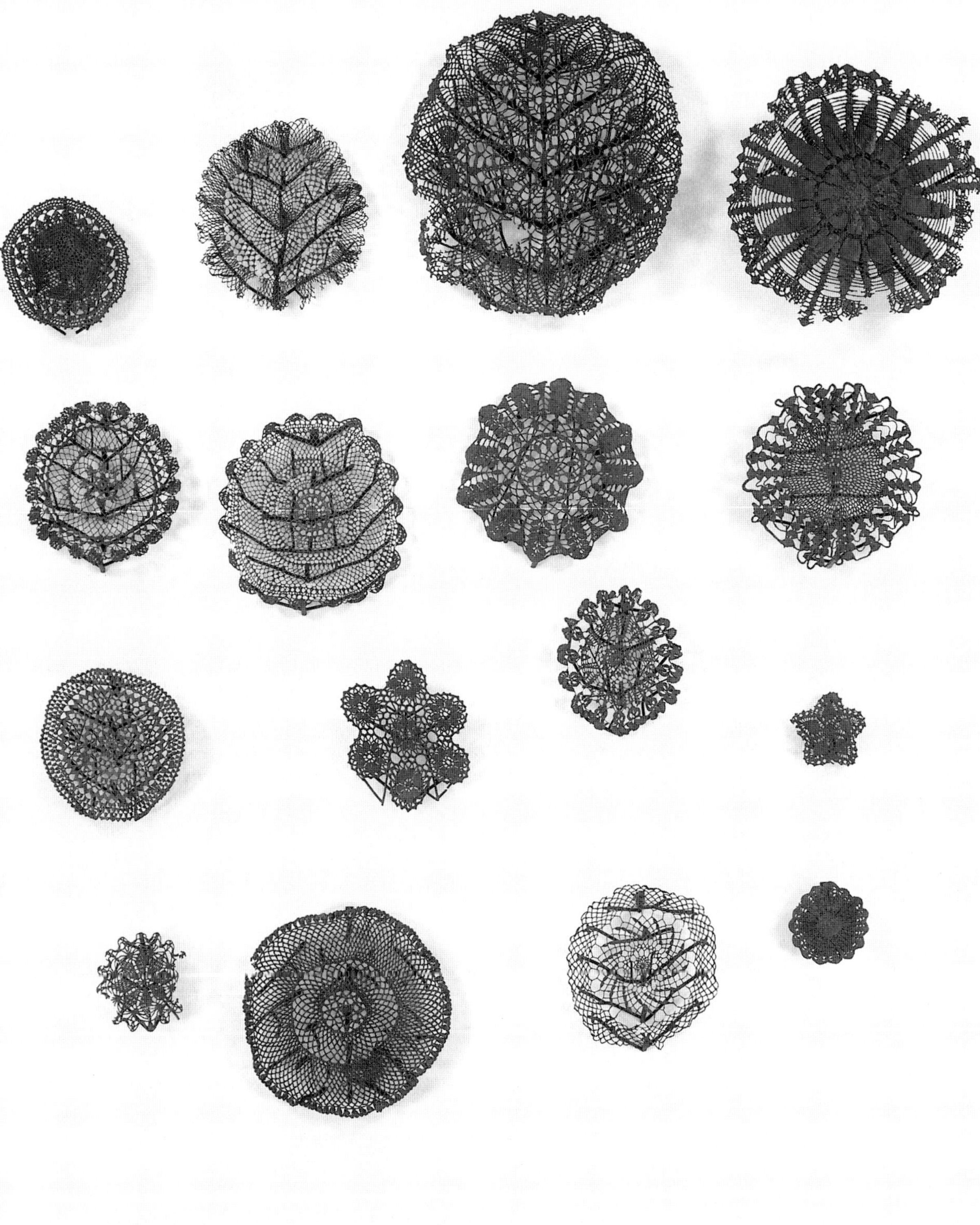

KIKI SMITH, THROUGH A HOLE, 1995, silizon bronze objects, 6 to 23" in diameter, sentence bar 60", overall dimensions variable / DURCH EIN LOCH, Objekte in Siliziumbronze, 15,2 bis 58,4 cm Durchmesser, Textbalken 152,4 cm. (ALL PHOTOS: ELLEN PAGE WILSON; PACE WILDENSTEIN GALLERY, NEW YORK)

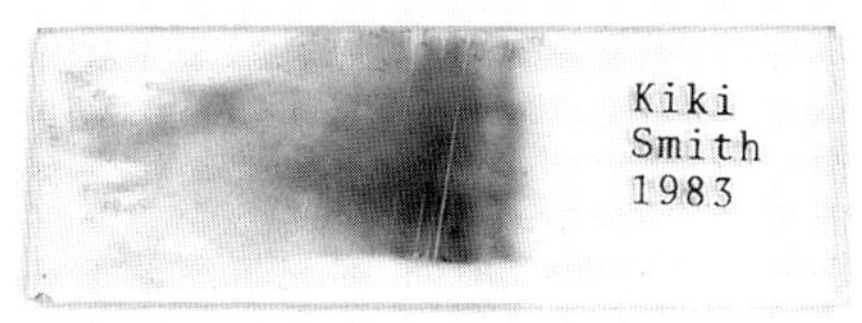

VINCENT KATZ

KIKI SMITH, KIKI SMITH, 1983, glass microscope slide, blood stain, silkscreen, 1 x 3 x 1/8" / Objektträger aus Glas, Blutstropfen, Siebdruck, 2,5 x 7,6 x 0,3 cm.

Kiki Smith's *Logophilia*

Kiki Smith works in a circular manner, moving from drawing to collaging to molding clay sculpture to painting plaster casts and back again. Her home is her studio—working there, she moves fluidly from medium to medium. Words are often part of the mix. She needs words in ways that have direct bearing on her work. Despite her disclaimers, she has a sophisticated and open attitude to them. She can be a careful editor, and she can also be happy to have someone's words exist alongside her art without over-analyzing their interaction. I was drawn to study the backgrounds of some of the texts in her work—philosophical, fiction, poetry, song lyrics, the artist's own words—to locate her work in its explicit and intellectually ambitious relation to the worlds of literature. My investigation revealed that Smith grew up being troubled by language. Her emergence as a mature artist coincided with her taking control of verbal as well as visual language.

The written word has long played a role in the conception and execution of Smith's pieces. Not only has she done collaborations with writers (and used texts of authors from other eras); she has also created many pieces in which words of her own conjuring work on equal footing with other visual imagery. In those pieces, the words—along with conveying their own semantic connotations—have a visual component that stands in contrast to the institutionalized usage of words in signs, advertising, and commercial contexts. She keeps journals and often uses facsimile pages from them in her publications. The rough-hewn look of handwriting stands in contrast to art that draws on machine-made typography, and it plays a role in her work commensurate to her direct explorations of sexuality, bodily functions, human violence, and nature.

Some of Smith's early pieces used words as found objects. She identified herself partially by a social imperative, which included visiting political prisoners. She remembers with irony that she could be perceived as a "cancer in the society."[1] She made a headband with the word "cancer" on it and drew attention to her catalytic status in a 1980 T-shirt whose image and slogan "corrosive" were taken from a warning against a hazardous substance. Smith also began, in visual imagery as well as in words, to work as a cataloguer of information about the human body. A screen-printed dress from 1985–86 has images of bones along with their names

VINCENT KATZ is a critic, curator, poet, and translator. His most recent publication, *The Complete Elegies of Sextus Propertius,* a translation with introduction and notes, was published by Princeton University Press (2004).

in Spanish. "I was angry at the medical profession," she explains, "at religion, for trying to control the body. It was helpful to know what your organs looked like, or how they functioned. I took those images and names for different bones from Mexican posters." Smith studied to be an Emergency Medical Technician, and this interest in the biology of the body, its internal organs and composition, is central to her artistic approach. KIKI SMITH (1983) is a glass microscope slide with a drop of the artist's blood and her name silk-screened on. UNTITLED (BOOK OF HOURS) (1986) consists of three hundred and sixty-five pages rubber-stamped with names of bodily fluids (tears, saliva, pus, diarrhea, blood, vomit, and so on), while UNTITLED (1986) is composed of twelve glass jars, each nineteen inches high, with names of bodily fluids written in Gothic lettering.

Perhaps most significantly, Smith has also developed the use of her own writing in her artwork. One early piece embodies a transformation of a found text, presaging a later flowering. In VOID OF COURSE (1983), a small acrylic painting on muslin, she combines the text, "void of course," an astrological term, with the signature, "by Kiki Smith," putting herself into the equation in a way that is typically both touching and humorous.

In the mid-nineties, she did a series of works in which her own statements became more prominent. This increased use of writing can be linked to a feeling of independence at that time. "I used to like dictionary definitions of things, but I think it was also a protection against my father. He made us wash our hands every time we'd get near books. And I couldn't read. I'd say a word, and he'd say, 'Do you know what that means?' Then you'd have to go get the dictionary. It was like a nightmare. So a lot of the work I did when I was younger came from the dictionary, or from some source other than me. It was somehow substantiated. You could make a reference to something, and it couldn't be taken away. It was irrefutable. Then he died, and I stopped being like that. I grew up!"

In a 1994 series of relief monotypes printed at Universal Limited Art Editions and the Spring Street Workshop, each piece combines one image that comes from a crocheted doily with a single word: "cut," "grace," "flesh," or "gentle." These pieces represent part of Smith's endeavor to find universal symbolism in mundane circumstances, in traditionally undervalued female realms. The words act as quiet catalysts, not defining or limiting the images but rather giving them more space to breathe. The contact between word and image remains open-ended: "I like when there's just a little bit of words, a morsel of words, like a frosting. Most of the time I like it when it cuts it, when it makes a kick between the words and the image, or it doesn't seem to make any sense, but then it connects."

This period saw a number of works of textual dexterity, where language and image seem intertwined, both visually and semantically. TISSUE DRAWING WITH ARMPITS (1994), a large acrylic and ink drawing, has the text "In circumspect she was spinning tissue of her body." "In circumspect" is an arresting phrase, intelligible and stressing, in its Latin root, the "around" of looking around, which rhymes visually with the circular motion of spinning. I SAW (1994), which consists of ink, airbrush, Xerox transfer, and glitter on paper with collage, has a more lyric text: "I saw her celestial body glowing in the dark / and her friend told her friend and she told me." There is a tone of melancholy in these few words that, in transferring the scene from one of work to one of love, broaches the complexity of personal relationships. This complexity is seen in retrospect in UNTITLED (1994), a lithograph of photographic portraits of the artist in positive and negative. The positive faces are smiling, and from one spews a long paper strip of handwritten words: *I took in your eyelashes and hairs and sweat and salt and fingernails and flesh and skin and wax and pee and saliva and tears and mucus and vomit and goosebumps and freckles and smell and words and dreams and ideas and mouth and sound and shit and tounge and memorys and milk and scabs and...then you passed out of me without a bloody trace.* [sic]

In a piece like this one, Smith's work intersects with that of another longtime denizen of the Lower East Side, the late poet Allen Ginsberg. Ginsberg too embraced the dirty, the complicated, the embarrassing, as keys to empowerment through self-revelation.

Smith has been drawn to myth, and in particular to cosmogonies, or myths of the world's creation. A delicate 1994 artist's book entitled *Re* uses an adapted translation of a short section of the Papyrus Bremner-Rhind, an Egyptian text dated 311 B.C. Text and image are photoengraved on a single sheet, to which Smith attached a sheet of Japanese paper, creating a billowing skirt below the images. Part of the text, in the voice of the god Amun-Ra, reads, "Numerous were the beings coming forth from my mouth. I was the one who copulated with my fist. I masturbated with my hand. I spewed from my own mouth. I spat out." Also dealing with the nature of the universe is *The Vitreous Body* (2000), a book of woodcuts with text by the pre-Socratic philosopher Parmenides of Elea (translated by David Gallop and published by Graphicstudio). Hank Hine chose a section from the philosopher's "The Way of Seeming" to go with Smith's images. Parmenides' poem, as it has come down to us, has two sections—"The Way of Truth" and "The Way of Seeming." It was the former section that had the most influence on the philosopher's successors, but the latter, with its cosmological elements, is perhaps more appropriate to Smith's interests. The book begins with the poetry, printed lightly in medium gray. Words run across the middles of the pages, one line per page, for three pages of text, until the sudden intervention of imagery: an eye, with empty space where the ball would be, through which one sees the word "full." Surrounding that drawn eye socket, one makes out drawing from reverse of the page, showing through, as often in Smith's books: the musculature and blood system behind that eye. The paper becomes a literal eye, "full" of information and suggestive image. As text continues streaking across the pages, a sequence of circular images moves from socket, to armature, to eyeball, to iris, to backs of rounded forms that take on other connotations (peyote button, Mélièsesque man-in-the-moon face, aerial view of desert island). It ends in outer space, Parmenides' stars looking down on Smith's turbulent earth.

Smith has developed an editor's acumen with literary history, which she equates with the history of visual imagery. Far from the conscientious application of words in her earliest work, she now has no qualms about editing and adapting texts: "My ambition is to remake Edgar Allan Poe's *The Black Cat.* I find that a problematic story, and it always annoys me, so I would like to re-edit or rewrite it. In art, you do that all the time: you take historical images and change them. With the Amun-Ra thing, I took out all the parts that didn't fit what I wanted to do."

Collaboration with living writers involves a different kind of interaction. In 1984, Smith and fiction writer Lynne Tillman made *Madame Realism,* a book of twelve drawings combined with a text of wry urbanity. Some twenty years later, in 2001, Smith and Tillman did another collaboration, *Still Life,* combining Smith's color photographs of objects and artworks in her home with sentences by Tillman. The twenty-four photographs and twenty-four sentences form another book of hours. The power is not in the cu-

KIKI SMITH & MEI-MEI BERSSENBRUGGE, ENDOCRINOLOGY, 1997,
double page from the artists' book; poetry by Mei-Mei Berssenbrugge, art by Kiki Smith, published by Kelsey St. Press, Berkeley, California / Doppelseite aus dem Künstlerbuch.

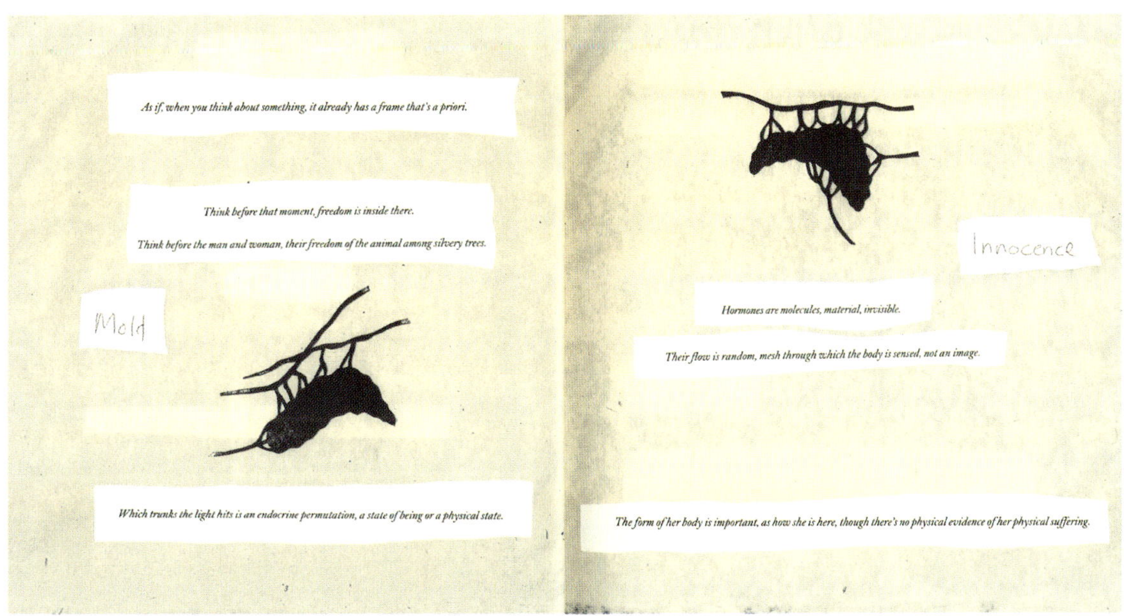

mulative effect of the sentences and images, but rather in each single explosion of picture and sentence. There is no specific narrative, but intimations of sadness, humor, or introspection are present. One of the best lines, "Surprise is rarer than it should be," is paired with an image of a bird resting uncomfortably on a white sheet of paper.

Smith contributed two images to *A Bestiary*, a 1990 book of prose poems by Bradford Morrow with work by eighteen living artists (published by Grenfell Press). Smith's woodcut of a bat shows her hanging upside from a tree branch; the wood grain sky resonates compellingly with scratched marks for her wing texture and fur. Then one sees a tiny baby bat form clinging to his mother's belly. This project presaged Smith's current focus on the animal kingdom.

Endocrinology is the title of a 1997 collaboration with poet Mei-mei Berssenbrugge, published both as a limited edition book of photolithographs (by Universal Limited Art Editions) and a facsimile book (by Kelsey St. Press). The project had a rocky start, but a remarkable working relationship soon developed: "We wanted something about the endocrine system—I made the prints, and then I lost them, and then I made them again, and then I lost them, and then I made them again. I made these monotypes. It was how we got to know each other. She would come over, and I went to New Mexico, and she would ask me lots of questions. Part of that book was she asked me questions, and I made lists of words; she'd say a word, and I'd respond to it with another word."

The result is an interleaving of text and image; not only do text and image both appear on the same page, but Smith has inserted her own text parallel to Berssenbrugge's. There is a sense of meeting on equal footing, of allowing the different elements to intermingle freely. The poet's text is set in Caslon Italic, while the artist's is in facsimile of her handwriting. The poet's is the text, the artist's the subtext; or, the poet's is the narrative, the artist's its exegesis. Berssenbrugge's poem in prose is in fact non-narrative; it's circling back to its origins befitting her glandular topic. Smith embellishes this non-narrative with lithographed forms of glands printed in dark blue. The stark printing, which has the feel of woodcut, gives these drawings an intense, childlike presence. They stand in contrast to the delicate lettering and show through the translucent Gampi paper to which all elements are pasted. At one point, the poet writes, "Their flow is random..." while nearby the artist has added, "Innocence."

In 2003, Smith did two books with Carpe Diem Press in Oaxaca, Mexico. *Hunters and Gatherers* combines her etchings of animals with haikus by Susanna Moore. On the first page a haiku floats comfortably on gracious white expanse; the second page holds an etching, tucked carefully into corner slits. This pattern occurs seven times. The almost tentative nature of the etchings gives them an odd power; the minute detail does not tighten or undermine the image. Sometimes, the words (and images) seem taken from an animal's perspective: "I will sleep tonight / Far from the farmers and dogs. / What a stroke of luck." could easily be imagined as the thoughts of the plump frog on the following page. Another haiku touches on Smith's interest in a species of nonlinear fairy tale: "The urgent serpent / Mistook the rabbit for the / Magician's habit."

For *The Blue Feet,* Smith uses poetry from the seventeenth-century Mexican nun, Sister Juana Inés de la Cruz. A mystifying folding pattern allows the book to be read folded, by turning book-like pages, or unfolded, as one sheet to be turned around. The book starts out with an etched left foot, an eight-pointed star at its center; it travels into space with more stars and parts of legs, gets to a space of stars with no legs, and ends on the right foot, adorned with its own star. It is not drawn accurately from an anatomical perspective, but the lines are affecting. They have their own grace that departs from the idea of a depicted form.

Smith is currently working on collaborations with poets Leslie Scalapino and Anne Waldman. The word, and working with those who work with words, continues to be vital to her. Words have a specific value to Smith, as their use has been a hard-won privilege. Often, there is a strong emotional impulse to them. Her 1993 piece, UNTITLED (BLOOD NOISE), has hanging texts that read, "I can't remember this morning / Constipation / Bloody nose / I can't remember the last ten years / Hearing loss / Blood noise / Blood in urine / My leg feels like someone hit it." There is potent wordplay here, but also hidden motivation: "When my sister was dying from AIDS, I found that she had written down this list of symptoms, so I wrote them out and made cut-out drawings and called it 'Blood Noise.' She wrote 'Blood Noise,' and I didn't know if that meant she could hear her blood or what. I liked that." The more she knows, the more she listens to what remains mysterious.

1) All quotations of Kiki Smith are from an interview with the author on 15 April 2004.

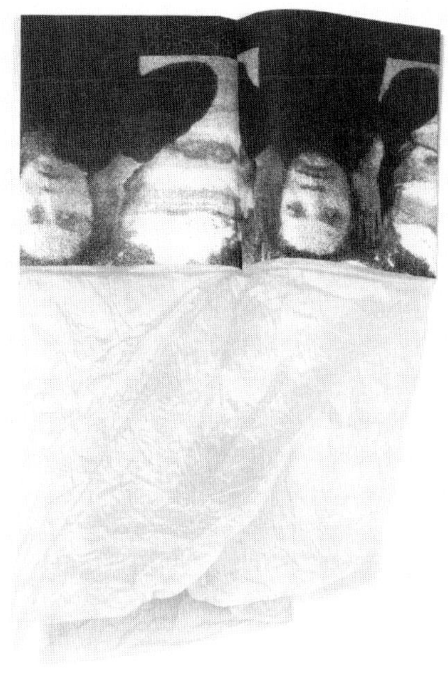

KIKI SMITH, RE, 1994, printing ink on paper, 16 x 18" / Druckerfarbe auf Papier, 40,6 x 45,7 cm.

VINCENT KATZ

Kiki Smiths *Logophilie*

Kiki Smith kreist in ihrer Arbeit von der Zeichnung über die Collage und das Formen von Tonskulpturen zu bemalten Gipsabgüssen und wieder zurück. Ihr Zuhause ist das Atelier, und während sie dort arbeitet, wechselt sie zwischen Techniken und Materialien nahtlos hin und her. Oft gehören auch Worte dazu, die sie direkt in die Arbeiten einfliessen lässt. Ungeachtet ihrer Beteuerungen des Gegenteils hat sie ein differenziertes und aufgeschlossenes Verhältnis zu Worten. Manchmal redigiert sie sorgfältig, aber ebenso lässt sie auch gern die Worte eines anderen neben ihrer Kunst bestehen, ohne die Wechselwirkung zwischen beiden einer allzu gründlichen Analyse zu unterziehen. Mich interessiert der Hintergrund einiger Texte in ihren Arbeiten – das Spektrum reicht von philosophischen Texten über literarische Prosa, Dichtung und Liedtexte bis zu eigenen Texten. Ich wollte diesen genauer untersuchen, um herauszufinden, wo ihr Werk in seiner ausdrücklichen und intellektuell anspruchsvollen Bezugnahme auf die verschiedenen Bereiche der Literatur anzusiedeln wäre. Meine Untersuchung brachte zutage, dass Smith als Jugendliche und Heranwachsende ein problematisches Verhältnis zur Sprache hatte und dass ihre Reifung als Künstlerin mit dem allmählichen Kontrollieren-Lernen von verbaler Sprache und Bildsprache einherging.

Das geschriebene Wort spielt schon seit langem eine Rolle bei der Konzeption und Ausführung von Smiths Arbeiten. Neben Gemeinschaftsarbeiten mit Schriftstellerinnen und Schriftstellern (und der Arbeit mit Texten aus anderen Epochen) hat sie auch zahlreiche Arbeiten vorgelegt, bei denen eigene Wortgebilde gleichberechtigt neben anderem Bildmaterial funktionieren. In diesen Arbeiten haben die Worte zusätzlich zu den semantischen Konnotationen, die sie transportieren, auch eine visuelle Komponente, die sich von der üblichen Verwendung von Worten in der Werbung und wirtschaftlichen Kontexten deutlich abhebt. Smith führt ein Tagebuch und verwendet in ihren Publikationen oft faksimilierte Seiten daraus. Die

VINCENT KATZ ist Kritiker, Dichter und Übersetzer. Seine jüngste Publikation ist *The Complete Elegies of Sextus Propertius*, eine Übersetzung mit Einführung und Anmerkungen (Princeton University Press, 2004).

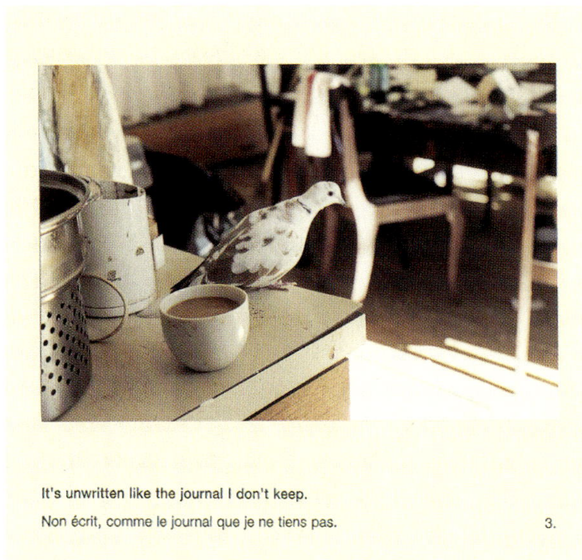
It's unwritten like the journal I don't keep.
Non écrit, comme le journal que je ne tiens pas. 3.

KIKI SMITH & LYNNE TILLMAN, STILL LIFE, 2001, page from their artists' book containing 24 sentences by Lynne Tillman and 24 photographs by Kiki Smith; design by Olivier Andreotti, Pénélope Monnet / Seite aus dem Künstlerbuch mit 24 Sätzen von Lynne Tillman und 24 Photos von Kiki Smith.

ungeschliffene Wirkung der Handschrift kontrastiert mit einer Kunst, die sich der maschinell erzeugten Typographie bedient, und entspricht der unverblümten Thematisierung von Sexualität, Körperfunktionen, menschlicher Gewalt und Natur in ihrem Werk.

In manchen frühen Arbeiten verwendete Smith Worte wie Fundobjekte. Sie definierte sich damals zum Teil über einen sozialen Imperativ, der auch den Besuch politischer Gefangener mit einschloss. Voller Ironie erinnert sie sich, dass sie von manchen als «gesellschaftliches Krebsgeschwür» betrachtet wurde.[1] Sie schuf ein Stirnband mit der Aufschrift *cancer* (Krebs), und 1980 wies sie mit einem T-Shirt, dessen Bildmotiv und Aufschrift *corrosive* (ätzend) einem Warnschild für gefährliche Stoffe entnommen war, auf ihr katalysierendes Potenzial hin. Darüber hinaus verlegte sich Smith in ihrer Arbeit auf die (bild-)sprachliche Katalogisierung von Wissen über den menschlichen Körper. 1985–86 bedruckte sie ein Kleid in Siebdrucktechnik mit Abbildungen von Knochen, deren Namen jeweils auf Spanisch daneben standen. «Ich war», erklärt sie, «verärgert über die Ärzteschaft und über die Religion, weil sie den Körper unter Kontrolle zu halten versuchen. Es war hilfreich zu wissen, wie die eigenen Organe aussehen und funktionieren. Das Bildmaterial und die Namen der verschiedenen Knochen entnahm ich mexikanischen Schautafeln.» Smith absolvierte eine Ausbildung zur medizinisch-technischen Notfallassistentin, und dieses Interesse für die Biologie des Körpers, seine inneren Organe und deren Aufbau ist zentral für ihren künstlerischen Ansatz. KIKI SMITH (1983) ist ein Glasplättchen, ein Objektträger, wie man ihn für mikroskopische Untersuchungen benutzt, mit einem Tropfen Blut der Künstlerin und ihrem aufgedruckten Namen. UNTITLED (BOOK OF HOURS) / Ohne Titel (Stundenbuch) (1986) besteht aus 365 Seiten, auf welche die Namen von Körperflüssigkeiten (Tränen, Speichel, Eiter, Durchfall, Blut, Erbrochenes usw.) aufgestempelt sind, während UNTITLED (1986) aus zwölf jeweils rund fünfzig Zentimeter hohen Gläsern besteht, auf denen in gotischer Schrift die Namen diverser Körperflüssigkeiten stehen.

Darüber hinaus hat Smith, und das ist vielleicht besonders bezeichnend, den Einsatz eigener Texte in ihrer Kunst weiterentwickelt. Eine frühe Arbeit verwendet einen vorgefundenen Text, transformiert ihn und weist damit auf diese spätere Entwicklung hin: In VOID OF COURSE (1983), einem kleinformatigen Acrylgemälde auf Musselin, verbindet sie die Worte *void of course* (im Leerlauf), einen Begriff aus der Astrologie, mit der Signatur *by Kiki Smith* und bringt damit sich selbst auf eine zugleich anrührende und witzige Art und Weise ins Spiel.

Mitte der 90er Jahre schuf sie eine Reihe von Arbeiten, in denen ihre eigenen Äusserungen stärker in den Vordergrund traten. Diese häufigere Verwendung von Text lässt sich mit einem damals besonders ausgeprägten Unabhängigkeitsgefühl in Zusammenhang bringen. «Ich hatte immer eine Vorliebe für Wörterbuchdefinitionen, ich glaube aber, dass das auch ein Schutz vor meinem Vater war. Er zwang uns jedes Mal, wenn wir auch nur in die Nähe von Büchern kamen, die Hände zu waschen. Und ich konnte nicht einfach lesen. Wenn ich ein Wort benützte, sagte er immer: ‹Weisst du, was das bedeutet?› Dann musste ich das Wörterbuch holen. Es war ein Albtraum. Deshalb stammte vieles, was ich in jüngeren Jahren gemacht habe, aus dem Wörterbuch oder irgendeiner anderen Quelle, nur nicht von mir selbst. Das verlieh der Sache Verbindlichkeit. Ich konnte auf etwas verweisen und keiner konnte es anzweifeln. Es war unwiderlegbar. Dann starb er, und ich hörte auf, so zu sein. Ich wurde erwachsen!»

Bei einer Serie von Reliefmonotypien vereinen die Arbeiten jeweils ein von einer Häkeldecke stammendes Bildmotiv mit einem einzigen Wort: *cut* (Schnitt, schneiden), *grace* (Anmut, Gnade), *flesh* (Fleisch) oder *gentle* (sanft). Diese Arbeiten sind Ausdruck von Smiths Bestreben, in banalen Zusammenhängen und den traditionell unterbewerteten Sphären des Weiblichen eine allgemein gültige Symbolik aufzuspüren. Die Worte fungieren als stille Katalysatoren, die den Bildern, statt sie zu definieren oder einzuschränken, mehr Luft zum Atmen verschaffen. Die Verbindung zwischen Wort und Bild bleibt offen: «Ich mag es, wenn es nur einige wenige Worte, einige Wortsprenkel sind, wie ein Zuckerguss. Meistens gefällt es mir, wenn ein Schnitt oder Bruch zwischen Wort und Bild entsteht, wenn die Sache zunächst unsinnig erscheint, sich dann aber doch Zusammenhänge ergeben.»

In dieser Zeit entstand eine Reihe subtiler Textarbeiten, bei denen Sprache und Bild sowohl visuell als auch semantisch miteinander verwoben scheinen. TISSUE DRAWING WITH ARMPITS (Gewebezeichnung mit Achselhöhlen, 1994), eine grossformatige Acryl- und Tuschzeichnung, weist folgende Worte auf: *In circumspect she was spinning tissue of her body* (Umsichtig spann sie Gewebe von ihrem Körper). *In circumspect* ist ein interessanter Ausdruck, nachvollziehbar und emphatisch, mit seiner lateinischen Wurzel, dem «Rundum» des Umherblickens, das visuell an die Kreisbewegung des Spinnens anklingt. I SAW (Ich sah, 1994), eine Collage-Arbeit mit Tusche, Airbrush, Photokopie und Flitter auf Papier, weist einen eher lyrischen Text auf: *I saw her celestial body glowing in the dark / And her friend told her friend and she told me* (Ich sah ihren himmlischen Körper im Dunkel glühen / Und ihre Freundin erzählte es ihrer Freundin und sie erzählte es mir). In diesen wenigen Worten liegt eine Melancholie, die durch die Vermischung von Arbeitswelt und Intimsphäre die Komplexität persönlicher Beziehungen ins Spiel bringt. In UNTITLED (Ohne Titel, 1994) wird diese Komplexität im Rückblick betrachtet; es ist eine Lithographie von Photo-

KIKI SMITH, THE VITREOUS BODY, 2001, pages from the artist's book with 18 heliorelief woodcuts; text by Parmenides of Elea, published by Graphicstudio, Tampa, Florida / Seiten aus dem Künstlerbuch mit 18 Holzschnitten zu einem Text des Parmenides von Elea.

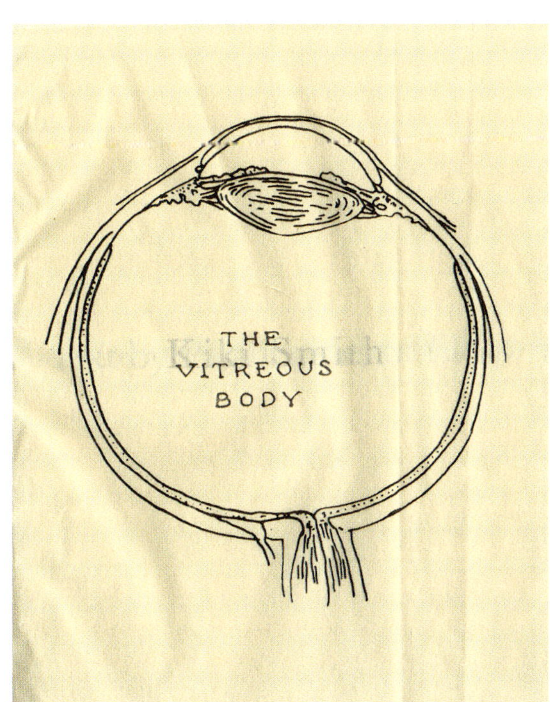

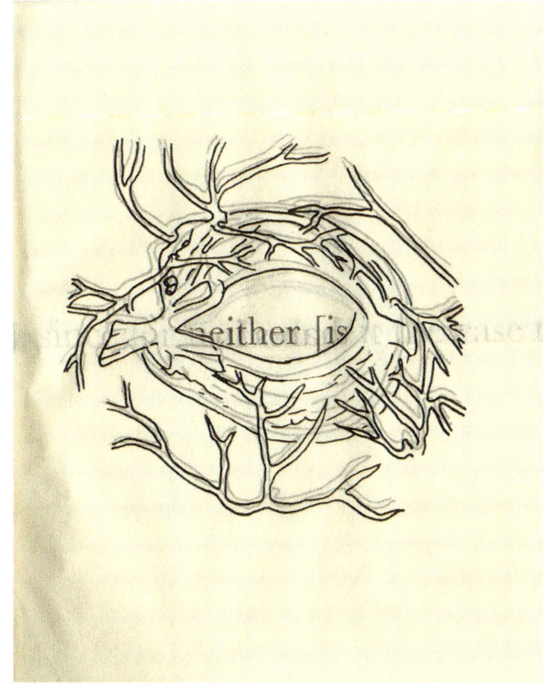

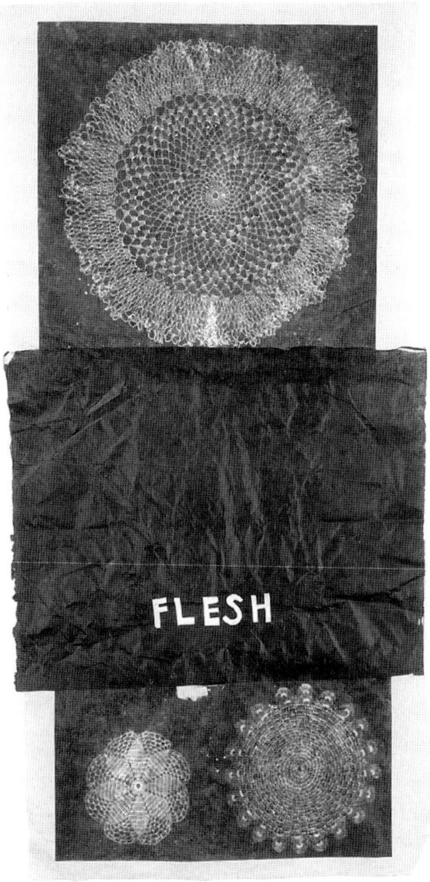

KIKI SMITH, FLESH, 1994, collaged lithograph on Nepal paper, 39 1/2 x 20" /
FLEISCH, Lithographie und Collage auf Nepalpapier, 100,3 x 50,8 cm.
(ALLE PHOTOS: ELLEN PAGE WILSON; PACE WILDENSTEIN GALLERY, NEW YORK)

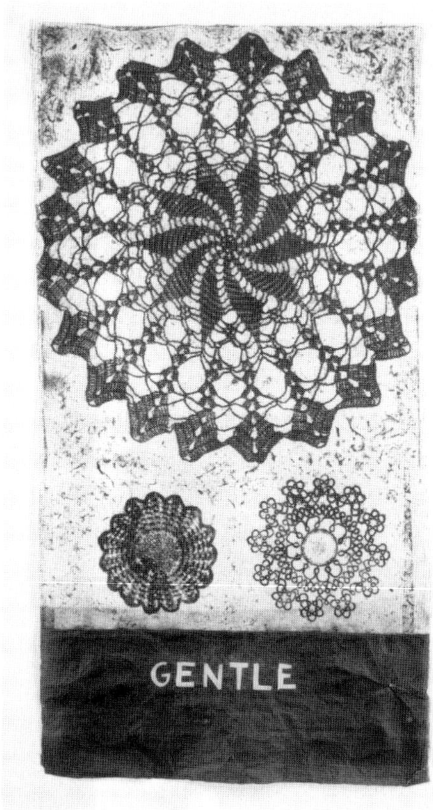

KIKI SMITH, GENTLE, 1994, collaged lithograph on Nepal paper, 38 x 19 1/2" /
SANFT, Lithographie und Collage auf Nepalpapier, 96,5 x 49,5 cm.

porträts der Künstlerin im Negativ und im Positiv. Die positiven Gesichter lächeln, und eines von ihnen speit einen langen Papierstreifen aus mit den – teilweise fehlerhaft – von Hand geschriebenen Worten: *I took in your eyelashes and hairs and sweat and salt and fingernails and flesh and skin and wax and pee and saliva and tears and mucus and vomit and goosebumps and freckles and smell and words and dreams and ideas and mouth and sound and shit and tounge and memorys and milk and scabs and..................................then you passed out of me without a bloody trace.*[2]

Bei einer Arbeit wie dieser überschneidet sich Kiki Smiths Arbeit mit der eines anderen langjährigen Bewohners der Lower East Side, dem verstorbenen Dichter Allen Ginsberg. Auch er bekannte sich zum Schmutzigen, Komplizierten, Peinlichen als Schlüssel zur Selbstbestätigung durch Bewusstwerdung.

Mythen, insbesondere Kosmogonien und Schöpfungsmythen haben Smith schon immer fasziniert. Für ein fein gearbeitetes Künstlerbuch aus dem Jahr 1994 mit dem Titel *Re* machte sie von der bearbeiteten Übersetzung eines kurzen Abschnitts aus dem Papyrus Bremner-Rhind Gebrauch, einem altägyptischen Text aus dem Jahr 311 vor Christus. Text und Bild wurden mittels Photogravüre auf einen einzigen Bogen gedruckt, an dem Smith ein Blatt Japanpapier so anbrachte, dass es sich unterhalb der Bilder rockartig bauschte. Ein Teil des dem Gott Amun-Ra in den Mund gelegten Textes lautet: «Zahlreich waren die Geschöpfe, die meinem Mund entsprangen. Ich war es, der mit meiner Faust kopulierte. Ich masturbierte mit meiner Hand. Ich spie aus dem eigenen Mund. Ich spuckte aus.» Das Wesen des Kosmos ist auch Thema des Bandes *The Vitreous Body* (Der gläserne Körper; 2000), einer Serie von Holzschnitten zu einem Text des Parmenides von Elea in der Übersetzung von David Gallop. Als Begleittext zu Smiths Bildern wurde ein Abschnitt aus dem zweiten Teil des Parmenides-Fragments *Über das Sein* gewählt. In der Philosophiegeschichte wurde vor allem der erste Teil dieses Lehrgedichts rezipiert, der den Weg zum wahren Sein schildert, der zweite Teil, über den Weg des subjektiven Anscheins, kommt jedoch mit seinen kosmologischen Elementen Smiths Interessen eher entgegen. Der Band beginnt mit dem Text des Vorsokratikers. Die Worte verlaufen – in hellem Grau gedruckt – in einer Zeile in der Seitenmitte über drei Textseiten, bis plötzlich ein Bild dazwischentritt: ein Auge, wobei dort, wo normalerweise der Augapfel wäre, eine Leere gähnt, durch die das Wort *full* (voll) aufscheint. Um die Augenhöhle herum scheint eine Zeichnung von der Rückseite des Blattes durch, wie oft in Smiths Büchern. Diese zeigt die Muskulatur und das System der Blutgefässe hinter dem Auge. Das Papier wird buchstäblich zu einem «Auge», «voller» Informationen und suggestiver Bilder. Während der Text weiterhin über die Seiten läuft, bewegt sich eine Folge kreisförmiger Bildmotive von Augenhöhle über Augendeckel, Augapfel und Iris zur Rückseite runder Gebilde, die neue Konnotationen annehmen (ein Peyotepilz, ein Mann-im-Mond-Motiv à la Georges Méliès, eine unbewohnte Insel aus der Vogelperspektive). Es endet im All, wo die Sterne des Parmenides auf Smiths aufgewühlte Erde herabblicken.

Smith hat einen editorischen Scharfsinn entwickelt im Umgang mit der Literaturgeschichte, die sie mit der Geschichte der Bildsprache auf eine Stufe setzt. Im Gegensatz zu der peinlich genauen Wiedergabe in ihren frühen Arbeiten, hat sie jetzt keinerlei Bedenken, Texte zu redigieren und zu bearbeiten: «Ich habe den Ehrgeiz, Edgar Allan Poes *Die schwarze Katze* neu zu schreiben. Ich empfinde die Erzählung als problematisch, sie irritiert mich immer wieder, und deshalb möchte ich sie überarbeiten oder umschreiben. In der Kunst macht man das laufend: Man nimmt historische Bilder und wandelt sie ab. Bei der Sache mit Amun-Ra liess ich alles weg, was sich nicht mit dem, was mir vorschwebte, vereinen liess.»

Gemeinschaftsarbeiten mit lebenden Schriftstellern bringen neue Interaktionsformen mit sich. 1984 schuf Smith zusammen mit der Schriftstellerin Lynne Tillman den Band *Madame Realism,* der zwölf Zeichnungen mit einem Text von ironischer Urbanität vereint. Rund zwei Jahrzehnte später legten Smith und Tillman ein weiteres Gemeinschaftsprojekt mit dem Titel *Still Life* (Stillleben, 2001) vor, das Farbaufnahmen von Gegenständen und Kunstwerken in Smiths Wohnung mit Sätzen von Tillman vereint. Die vierundzwanzig Photos und vierundzwanzig Sätze bilden ein weiteres Stundenbuch. Dessen Eindringlichkeit entspringt nicht der kumulativen Wirkung der Sätze und Bilder, sondern vielmehr jeder einzelnen Explosion von Bild und Satz. Es gibt keine spezifische Erzählung, wohl aber gibt es Andeutungen von Trauer, Humor oder Introspektion. Eine der gelungensten Zeilen, *Surprise is rarer than it should be* (Überraschungen sind seltener, als sie sein sollten), ist mit dem Bild eines Vogels gepaart, der unbehaglich auf einem weissen Papier hockt.

Zu dem Band *A Bestiary* (Ein Bestiarium, 1990, Grenfell Press), der Prosagedichte Bradford Morrows mit Arbeiten von achtzehn lebenden Künstlerinnen und Künstlern vereint, steuerte Smith zwei Bilder bei. In ihrem Holzschnitt einer Fledermaus, die kopfüber an einem Ast hängt, ergibt sich ein überzeugendes Zusammenspiel zwischen der Maserung des Himmels und den Kratzspuren, mit der die Oberflächenstruktur der Flügel und das Fell des Tieres angedeutet sind. Dann bemerkt man plötzlich die Umrisse einer winzigen jungen Fledermaus, die sich an den Bauch der Mutter klammert. Diese Arbeit weist schon auf Smiths heutige Beschäftigung mit dem Tierreich voraus.

Endocrinology ist der Titel einer Gemeinschaftsarbeit mit der Dichterin Mei-mei Berssenbrugge aus dem Jahr 1997.[3)] Das Projekt war in der Anfangsphase wiederholt gefährdet, bald entwickelte sich aber eine bemerkenswerte Arbeitsbeziehung: «Wir wollten etwas über das endokrine System machen – ich verfertigte die Druckgraphiken dazu und verlor sie anschliessend, worauf ich sie von neuem machte und wieder verlor und noch einmal machen musste. Das waren diese Monotypien. So lernten wir uns kennen. Sie besuchte mich und ich reiste nach New Mexico, und sie stellte mir immer wieder eine Menge Fragen. Das macht das Buch zum Teil aus, dass sie mir Fragen stellte und ich Wortlisten machte: Sie sagte ein Wort und ich reagierte darauf mit einem anderen Wort.»

Das Ergebnis ist ein dichtes Geflecht aus Text und Bildern: Text und Bild erscheinen nicht nur auf derselben Seite, sondern Smith hat parallel zu Berssenbrugges Text ihren eigenen Text eingefügt. So entsteht der Eindruck eines gleichberechtigten Nebeneinanders, das den verschiedenen Elementen erlaubt, ungehindert miteinander in Verbindung zu treten. Der Text der Dichterin ist in Caslon kursiv gesetzt, während jener der Künstlerin ein Faksimile ihrer Handschrift ist. Die Dichterin liefert den Text, die Künstlerin den Subtext, oder die Dichterin die Erzählung und die Künstlerin deren Auslegung. Tatsächlich ist Berssenbrugges Prosagedicht nicht narrativ, das heisst, es bewegt sich ihrem glandulären Thema gemäss im Kreis zurück zu seinen Anfängen. Smith schmückt diese Nichterzählung mit lithographierten drüsenartigen, dunkelblauen Formen aus. Der kontrastreiche, holzschnittähnliche Druck verleiht den Bildern die unmittelbare Intensität von Kinderzeichnungen. Sie heben sich von der feinen Typographie ab und sind durch das transparente Gampipapier hindurch sichtbar, auf dem alle Elemente aufgeklebt sind. An einer Stelle schrieb die Dichterin: *Their flow is random...* (Ihr Fluss ist willkürlich...), und die Künstlerin stellte das Wort *Innocence* (Unschuld) daneben.

2003 produzierte Kiki Smith (in Zusammenarbeit mit der Carpe Diem Press) zwei Bücher im mexikanischen Oaxaca. *Hunters and Gatherers* (Jäger und Sammler) vereint Tierradierungen der Künstlerin mit Haikus von Susanna Moore. Auf der ersten Seite schwebt ein Haiku behaglich auf der freundlichen weissen Fläche; auf der zweiten Seite findet sich eine sorgfältig in Eckschlitze gesteckte Radierung. Dieses Muster wiederholt sich sieben Mal. Der beinah zaghafte Charakter der Radierungen verleiht ihnen eine sonderbare Eindringlichkeit; weder strafft das winzige Detail das Bild, noch untergräbt es dieses. Die Worte (und Bilder) scheinen manchmal den Blickwinkel eines Tieres wiederzugeben. So liegt es nahe, die Zeilen *I will sleep tonight / Far from the farmers and dogs. / What a stroke of luck.* (Ich werde heut Nacht / Fernab von den Bauern und Hunden schlafen. / Welch ein Glück.) als Gedanken des fülligen Frosches auf der nachfolgenden Seite zu verstehen. Ein weiteres Haiku verrät Smiths Vorliebe für eine bestimmte Art nichtlinearer Märchenerzählungen: *The urgent serpent / Mistook the rabbit for the / Magician's habit* (etwas frei übersetzt: Die hastige Schlange / verwechselte das Kaninchen / mit dem Zylinder).

In *The Blue Feet* (Die blauen Füsse) verwendet Smith Gedichte von Sor Juana Inés de la Cruz, der berühmten mexikanischen Nonne aus dem siebzehnten Jahrhundert. Eine raffinierte Falttechnik macht es möglich, das Buch sowohl in zusammengefaltetem wie entfaltetem Zustand zu lesen – entweder durch das Umblättern der Seiten wie bei einem Buch oder als einzelnes grosses, beidseitig bedrucktes Blatt. Das Buch beginnt mit der Radierung eines linken Fusses mit einem achtzackigen Stern in der Mitte, dann nimmt es uns mit auf eine Reise ins All mit weiteren Sternen und Teilen von Beinen, führt uns in einen Raum, wo es nur Sterne und keine Beine gibt, um schliesslich auf dem rechten Fuss zu landen, der wiederum mit einem Stern geschmückt ist. Der Fuss ist anatomisch nicht exakt wiedergegeben, doch der Strich berührt und hat eine eigene Anmut jenseits des Prinzips der präzisen Abbildung.

Zurzeit arbeitet die Künstlerin an Gemeinschaftsprojekten mit den Dichterinnen Leslie Scalapino und Anne Waldman. Das Wort und die Zusammenarbeit mit denen, die mit Worten arbeiten, bedeuten ihr weiterhin viel. Gerade weil der Umgang mit Worten ein so hart erkämpftes Privileg ist, sind sie für Smith von besonderem Wert. Oft sind sie mit einem starken emotionalen Impuls verbunden. Ihre 1993 entstandene Arbeit UNTITLED (BLOOD NOISE) – Ohne Titel (Blutgeräusch) – besteht aus hängendem Text: *I can't remember this morning / Constipation / Bloody nose / I can't remember the last ten years / Hearing loss / Blood noise / Blood in urine / My leg feels like someone hit it* (Ich kann mich an heute Morgen nicht mehr erinnern / Verstopfung / Nasenbluten / Ich kann mich an die letzten zehn Jahre nicht mehr erinnern / Verlust des Gehörs / Blutgeräusch / Blut im Urin / Mein Bein fühlt sich an, als hätte jemand draufgehauen). Es handelt sich um eine beziehungsreiche Wortspielerei, gleichzeitig steckt dahinter aber auch eine verborgene Motivation: «Während meine Schwester an AIDS starb, fand ich eine Liste von Symptomen, die sie notiert hatte, also schrieb ich diese Worte aus, machte Zeichnungen, schnitt sie aus und gab dem Ganzen den Titel ‹Blutgeräusch›. Sie hatte ‹Blutgeräusch› geschrieben und ich wusste nicht, ob das vielleicht heissen sollte, dass sie ihr Blut hören konnte. Mir gefiel das.» Je mehr sie weiss, desto mehr horcht sie dem nach, was geheimnisvoll bleibt.

(Übersetzung: Bram Opstelten)

1) Alle Zitate von Kiki Smith stammen aus einem Interview mit dem Autor, das am 15. April 2004 stattfand.
2) Etwa: *Ich habe deine Wimpern und Haare, dein Salz und deine Fingernägel, Fleisch und Haut und Wachs und Pipi und Speichel und Tränen und Schleim und Erbrochenes und Gänsehaut und Sommersprossen und Geruch und Worte und Träume und Ideen und Mund und Klang und Scheisse und Zunge und Erinnerungen und Milch und Schorf aufgenommen und.....................................dann bist du verdammt nochmal (blut-)spurlos aus mir verschwunden.*
3) In limitierter Auflage in Form eines Bandes mit Photolithographien bei Universal Limited Art Editions und gleichzeitig als Faksimileedition bei Kelsey St. Press erschienen.

PART II / TEIL II

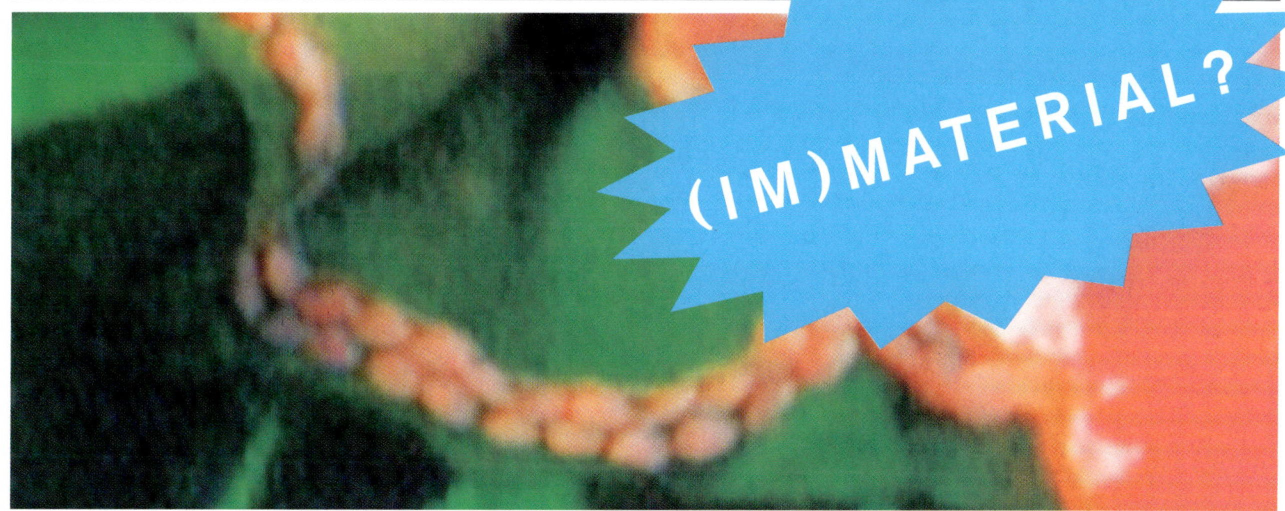

THE SECOND OF THREE ESSAYS ON THE WHYS AND WHEREFORES OF MATERIAL IN CONTEMPORARY ART, IN CELEBRATION OF PARKETT'S 20TH ANNIVERSARY / DER ZWEITE VON DREI ESSAYS ZUM MATERIALBEGRIFF IN DER GEGENWARTSKUNST ANLÄSSLICH DES 20-JÄHRIGEN JUBILÄUMS VON PARKETT

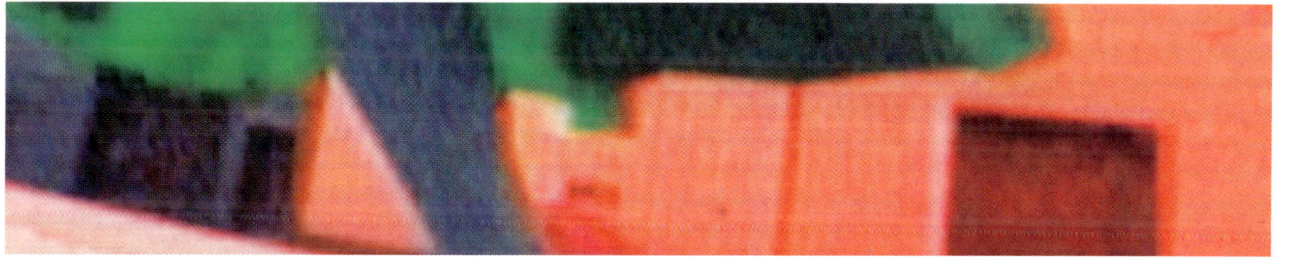

WITH A SPECIAL COLLABORATION BY / MIT EINER EXTRA-COLLABORATION VON

PIPILOTTI RIST

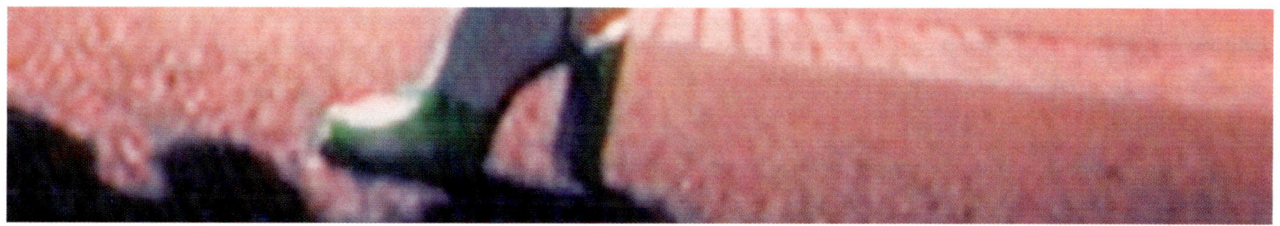

AND ARTISTS' PAGES / UND KÜNSTLERBEITRÄGEN

INHALT

SIEBEN BEMERKUNGEN ÜBER DAS IMMATERIELLE

NICOLAS BOURRIAUD

1. Materiell, immateriell? Das Begriffspaar erscheint mir heute genauso veraltet wie der Gegensatz figurativ/abstrakt in den 50er Jahren. Seit Emile Durkheim und dem Anfang des zwanzigsten Jahrhunderts wissen wir, dass soziale Fakten Objekte und Objekte Ereignisse sind und erst in zweiter Linie etwas Räumliches. Wenn ich die Arbeiten eines Rirkrit Tiravanija, einer Vanessa Beecroft oder eines Maurizio Cattelan mag, die oft als «Performance» oder «Situation» aufgefasst werden, so nicht, weil diese Künstler gute Ideen haben, sondern weil sie Formen erarbeiten, Raumzeiten, Entwicklungen, man könnte auch sagen formale Flüsse, die ästhetisch beurteilt werden müssen, das heisst mit demselben Instrumentarium wie ein Bild von Piet Mondrian oder eine Skulptur von Robert Smithson. Selbst wenn ein Künstler in seiner Arbeit dieselbe Geste vollzieht wie Tiravanija, muss er deswegen noch lange nicht interessant sein. Es ist eine Frage der Form.

2. Seit 1960 hat Stanley Brouwn das Zu-Fuss-Gehen zum Ausgangsmaterial seiner Kunst gewählt. Er zeichnet die Spuren anonymer Passanten in den grossen Agglomerationen auf, indem er weisse Papierbögen auf dem Trottoir ausbreitet. Später wird er die genaue Anzahl Schritte zählen, die er in einem bestimmten Land macht: in Algerien 136774; in Spanien 143419 … Dann wiederum fragt er Leute, denen er auf der Strasse begegnet, nach dem Weg und folgt ihren oft widersprüchlichen Anweisungen, bevor er diese minuziös auf Papier festhält. So sieht er sich ferngesteuert, von anonymen Akteuren «bewegt». Das sind Formen. Ist das nun immateriell oder «konzeptuell»? Es ist eine Frage des Grades und der punktuellen Bewertung.

3. Manuel Castells' Essay, «Der Aufstieg der Netzwerkgesellschaft», beschreibt die Entstehung einer horizontalen Welt, in welcher die Kommunikationsflüsse und der technologische Fortschritt die alten Hierarchien zum Einsturz bringen. Die unglaubliche Entwicklung des Internet, aber auch ein Bedürfnis nach Verbindungen und Kontakten, die in der Industriegesellschaft zerstört wurden oder zu kurz kamen, bringen die Künstler dazu, ein neues Feld zu erforschen: das Zwischenmenschliche. Auf die Konsumgesellschaft folgt die Kommunikationsgesellschaft: Erstere brachte die Pop-Art hervor, Letztere eine relationale Kunst, die bei den menschlichen Beziehungen einhakt. Die Künstler denken sich also Gemeinschaftsmodelle oder Kommunikationsformen aus und zeichnen mehr oder weniger immateriell auf den Flüssen, die uns miteinander verbinden. Ein weiteres Symptom der relationalen Ästhetik ist, dass die Künstlerinnen und Künstler dieser neuen Generation zu zweit oder in Gruppen arbeiten und ihre Werke in Zusammenarbeit mit anderen Spezialisten oder Aussenstehenden realisieren; das Gespräch wird zu einer künstlerischen Form.

4. Die Entstehung dieser relationalen Kunst hängt mit den neuen interaktiven Technologien zusammen, welche die menschlichen Beziehungen in ein Ghetto abzudrängen drohen, aber auch mit dem Entstehen des tertiären Sektors, der Dienstleistungsgesellschaft: In unserem Alltag wird die zwischenmenschliche Beziehung zum konkreten Objekt, sie lässt sich in klingende Münze umsetzen und wird zum Fetisch erhoben. Als Maurizio Cattelan 1993 an die Biennale von Venedig eingeladen wird, beschränkt er sich darauf, sich mit einer Kosmetikmarke in Verbindung zu setzen und ihr seinen Ausstellungsraum zur Verfügung zu stellen. Der Titel der Arbeit lautet: «Arbeiten ist ein schmutziges Geschäft». Da der Künstler sich im Zentrum der Probleme befindet, welche die Arbeitswelt bewegen, macht er das Unternehmertum selbst zum Thema. Liam Gillick erarbeitet geradezu eine tertiäre Ästhetik mit seinen zu Firmeneinrichtungen rezyklierten Minimalelementen, seiner Oper zu Ehren des Vizepräsidenten von Sony oder seinem merkwürdigen Roman über «ein grosses Konferenzzentrum» und macht die unsichtbaren Verbindungen zwischen Avantgarde und weltwirtschaftlichem Wandel wieder erkennbar. Ein Libretto, Musik, Musiker, Gesang: Was ist das Materielle an einer Oper?

5. Die Börse in Paris (oder Frankfurt oder Hongkong oder New York): Man kauft materielle Güter, die man nie anders als in Form von Börsentiteln zu sehen bekommt; man handelt mit Werten, mit Anteilen. Die Gesamtheit der globalen Finanztransaktionen, die unser tägliches Leben nachhaltig bestimmen und die nationale Politik einzelner Staaten dauerhaft prägen, entspricht keiner sichtbaren Realität und keinem konkreten Objekt, genauso wie der Boom an der Börse nur indirekt mit der tatsächlich erbrachten Arbeitsleistung zusammenhängt. Am 10. Februar 1962 veranstaltet Yves Klein am Ufer der Seine den Verkauf von sieben nummerierten Zonen immaterieller Sensibilität. Jede Zone wird in Form einer

Empfangsbescheinigung, auf der eine bestimmte Menge Feingold vermerkt ist, abgegeben; diese Goldmenge ist «der materielle Wert des erworbenen Immateriellen». Der Käufer muss diesen Empfangsschein verbrennen um wirklich Besitzer der erworbenen Zone zu werden, und die Hälfte des an der Transaktion beteiligten Goldes wird in den Fluss geworfen. Der Sammler wird Aktionär. In der Transaktion wird etwas fixiert: Das Werk tritt erst im Moment der Beziehung zwischen Käufer und Verkäufer in Erscheinung. Es *ist* diese Beziehung. Im Kern des «blauen Unternehmens» stösst man also auf einen Fluss, der parallel zum Geldfluss verläuft, eine Energie, die diesen Fluss verdoppelt und gleichzeitig in ein verachtetes *Jenseits* verbannt.

6. Mit der Erfindung des Kinos im Jahr 1895 verliert die Malerei ihre dokumentarische Funktion zugunsten der industriellen Produktion des «wahren» Bildes. Denn das Kino ist, laut Pier Paolo Pasolini, die Schriftsprache der Realität. Einer der ersten grossen Theoretiker des Films, André Bazin, sprach von einem «ontologischen Realismus», der das kinematographische Bild auszeichne: Was auch geschieht, der Film ist immer eine Dokumentation seiner eigenen Drehbedingungen und eine Aussage, deren oberstes Gesetz die Aufzeichnung ist. Was hat uns die Sprache des Films gebracht? Die Möglichkeit Realität jenseits aller verbalen Vermittlung abzubilden. Man setzt Objekte, Körper vor eine Kameralinse und diese Objekte und Körper prägen sich ihr ein.

7. Der grösste Teil der Kunst des zwanzigsten Jahrhunderts, von der Erfindung des Readymade bis zur Konzeptkunst, dreht sich also um zwei Schlüsselbegriffe: Appropriation und Aufzeichnung. Duchamp annektiert das serielle Objekt, die Neorealisten die soziale Realität, die Pop-Art macht sich die Bilder des Konsums zu eigen, die Minimal Art die rationalen Formen der Industrie... Abstrakter Expressionismus und Action Painting zeichnen ein Ereignis auf: Pollock zeigt die seismographischen Aufzeichnungen seines Nervensystems in voller Aktion; die Konzeptkunst präsentiert die Dokumentation einer Arbeit, die entweder stattgefunden hat oder noch im Gange ist. Mit der Fluxusbewegung schliesslich hat die Entwicklung einer neuen Produktionsweise eingesetzt, an welche die überzeugendsten Formen der zeitgenössischen Kunst anknüpfen: Das Werk ist nicht länger Aufzeichnung eines Zustandes, sondern wird Matrix, Partitur, ein Objekt, das andere Objekte oder ein Verhalten erzeugt. Heute präsentiert uns die Kunst keine abgeschlossenen Ereignisse mehr: Sie ist nicht länger eine Tatsache, die das Publikum zur Kenntnis nehmen muss, sondern sie entwirft Formen der Zukunft, provoziert selbst Ereignisse und ruft bei den Betrachtern bestimmte Verhaltensweisen hervor.

Übersetzung aus dem Französischen: Suzanne Schmidt

NICOLAS BOURRIAUD ist Co-Direktor des Palais de Tokyo in Paris. 1998 erschien seine *Esthétique relationnelle* (Presses du réel, Paris).

SEVEN NOTES ON THE IMMATERIAL

NICOLAS BOURRIAUD

1. Material, Immaterial? This binomial pair seems as antiquated to me today as the abstraction/figuration dyad of the fifties. We know, since Durkheim and the beginning of the twentieth century, that social facts are objects, and that objects are events, before being bits of space. If I like artists such as Rirkrit Tiravanija, Vanessa Beecroft, or Maurizio Cattelan, whose works are often considered as performances or situations, it is not because they have good ideas. It is because they elaborate forms—space-times, formations, or formal *flows*, if you will—that must be evaluated aesthetically, which is to say, in the same way, and with the same tools, as a Piet Mondrian painting or a Robert Smithson sculpture. If an artist reproduces in his work a gesture identical to one by Tiravanija, that doesn't automatically make it interesting. It is a question of form.

2. Since 1960, Stanley Brouwn has made walking the basic material of his artistic activity. He left white sheets of paper lying on the pavements of large cities and thus recorded the traces of anonymous passersby. Later, he counted his total number of footsteps in countries he visited: Algeria: 136,774. Spain: 143,419... More recently, he asked people for directions and followed the various, at times contradictory, itineraries he was given, scrupulously noting them down on paper. He was thus remote-controlled, acted upon by anonymous actors. These are forms. Are they immaterial, conceptual? It is a question of degree and of respective valuations.

3. Manuel Castells' essay, "The Rise of the Network Society," describes the emergence of a horizontal world, in which communication flow and the technological revolution are eroding the old hierarchies. The stupendous rise of the Internet and the need to reactivate connections and contacts badly damaged by industrial society have encouraged artists to explore a new field: the interhuman. After consumer society, here is communication society. The first produced pop art, the second, a relational art that takes the sphere of human relationships as its point of departure. Artists thus invent social models, or modes of communication, and, in a more or less immaterial way, sketch upon the flows that connect us to one another. Another symptom of this relational aesthetic: the artists of this new generation work together, in couples or in groups, or they produce their work in collaboration with other professionals, or with the help of outsiders; the dialogue becomes an artistic form.

4. These relational practices can be traced back to the appearance of new interactive technologies that threaten to ghettoize human relationships, but also to the emergence of the tertiary sector, i.e. the service industry. In our daily life, relationships with others become concrete objects which can be commodified and fetishized. When he was invited to the 1993 Venice Biennale, Maurizio Cattelan merely contacted a cosmetics company and rented his space to them. The piece is entitled: WORKING IS A BAD JOB. Because the artist puts himself at the center of the debates that pervade the workplace, the enterprise itself becomes his material. Liam Gillick elaborates a real tertiary aesthetic with his minimal forms recycled as corporate furniture, his opera dedicated to the vice-president of Sony, or his strange novel about a "big conference centre." He thereby reconstitutes the invisible links between the avant-garde and the transformations of the global economy. A libretto, music, musicians, singing: what is truly material in an opera?

5. At the stock exchange in Paris (or Frankfurt or Hong Kong or New York), we purchase material goods which we'll only ever see in the form of titles; we exchange values, shares. The bulk of global financial transactions, which deeply affect our daily life and durably influence national politics, does not correspond to any visible reality or to any concrete object. In the same way, the financial bubble only indirectly refers to the reality of completed work. On February 10th, 1962, on the banks of the Seine, Yves Klein organized the sale of seven zones of immaterial sensibility, each bearing a number. Each zone was sold in exchange for a receipt indicating an amount of gold: the "material value of the purchased immaterial." The purchaser had to burn the receipt in order to truly acquire the zone, and one half of the gold used for the purchase was to be thrown into the river. The collector becomes a shareholder. Something is made concrete in the transaction. The work appears at the moment of the relationship between the seller and the buyer. It is that relationship. At the core of the blue enterprise, then, is a flow that follows the patterns of monetary circulation, an energy that duplicates it while, at the same time, displacing it toward a despised beyond.

6. With the invention of the cinema in 1895, the painter's brushstroke lost its documentary function and was superseded by an industrial engineering of the true image. For cinema, as Pier Paolo Pasolini writes, is "the written language of reality." André Bazin, one of the first great theoreticians of the cinema, described it as "ontological realism": whatever happens in it, a movie is a documentary on the conditions of its own shooting, a discourse whose primary purpose is to record. What has the language of the cinema contributed? The possibility of representing the real without any linguistic mediation: objects and bodies are placed in front of a lens and they imprint themselves on film.

7. Most of the art of the twentieth century, from the appearance of readymades to conceptual art, developed around two key notions: appropriation and recording. Duchamp annexed the serial object, the New Realists took over sociological reality, pop art appropriated images of consumerism, and Minimalism, the rational forms of industry... Abstract Expressionism recorded an event. What Pollock showed were the seismographic charts of his nervous system in action; Conceptual Art presented documentation of a work completed or in progress. A new mode of production began to develop with Fluxus and it continues to feed the strongest contemporary art practices today. The work ceases to be the recording of a state of things and becomes a matrix, a score, an object generating other objects or attitudes. Art no longer presents a past event; it no longer constitutes a fact that the public is called upon to observe; it produces future forms, it provokes other events, it induces behaviors among the viewers.

Translation from the French: Anthony Allen

NICOLAS BOURRIAUD is co-director of the Palais de Tokyo in Paris. His *Relational Aesthetics* was published in 2002 (Dijon-Quetigny: Les Presses du Réel / French original: Paris, 1998).

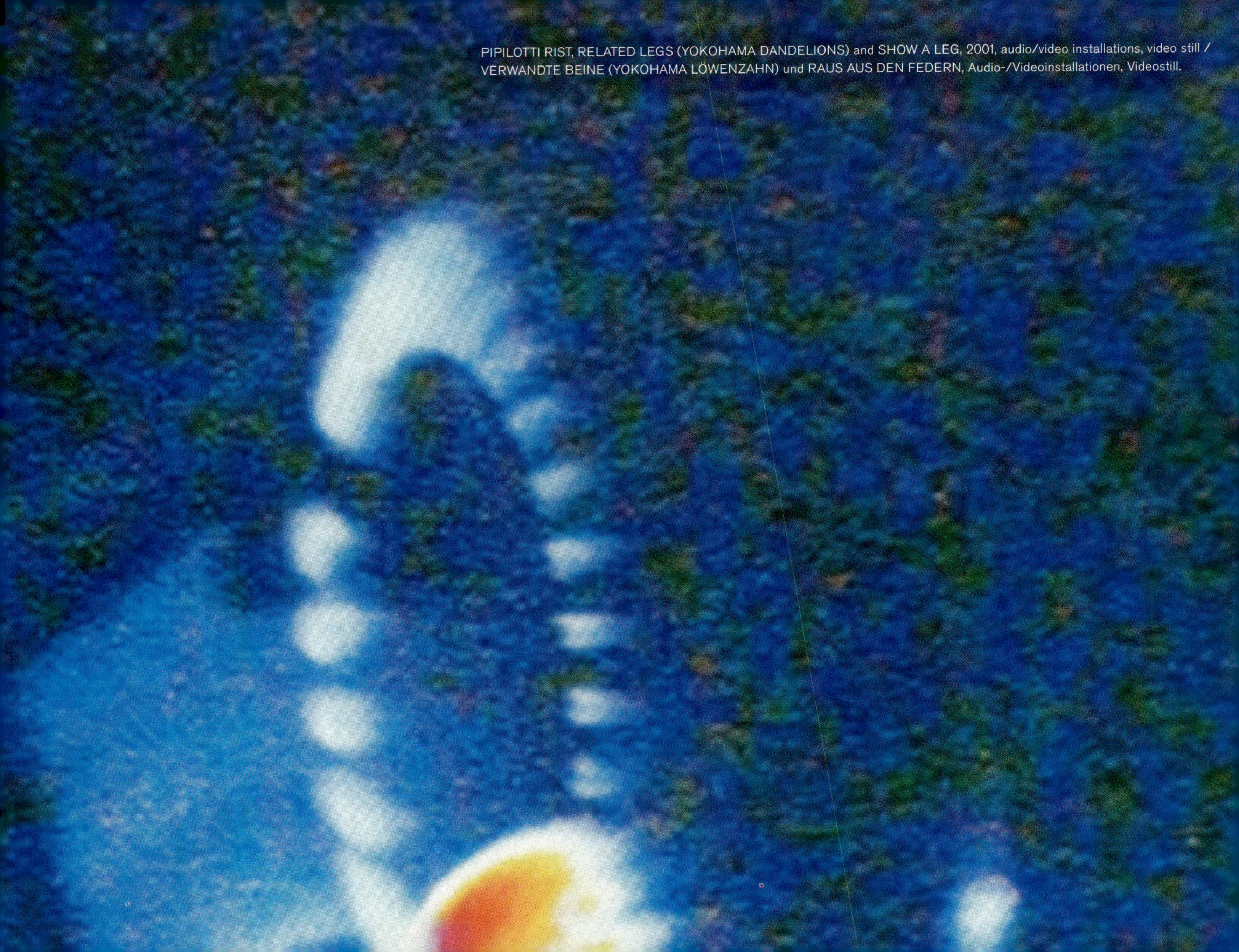

PIPILOTTI RIST, RELATED LEGS (YOKOHAMA DANDELIONS) and SHOW A LEG, 2001, audio/video installations, video still /
VERWANDTE BEINE (YOKOHAMA LÖWENZAHN) und RAUS AUS DEN FEDERN, Audio-/Videoinstallationen, Videostill.

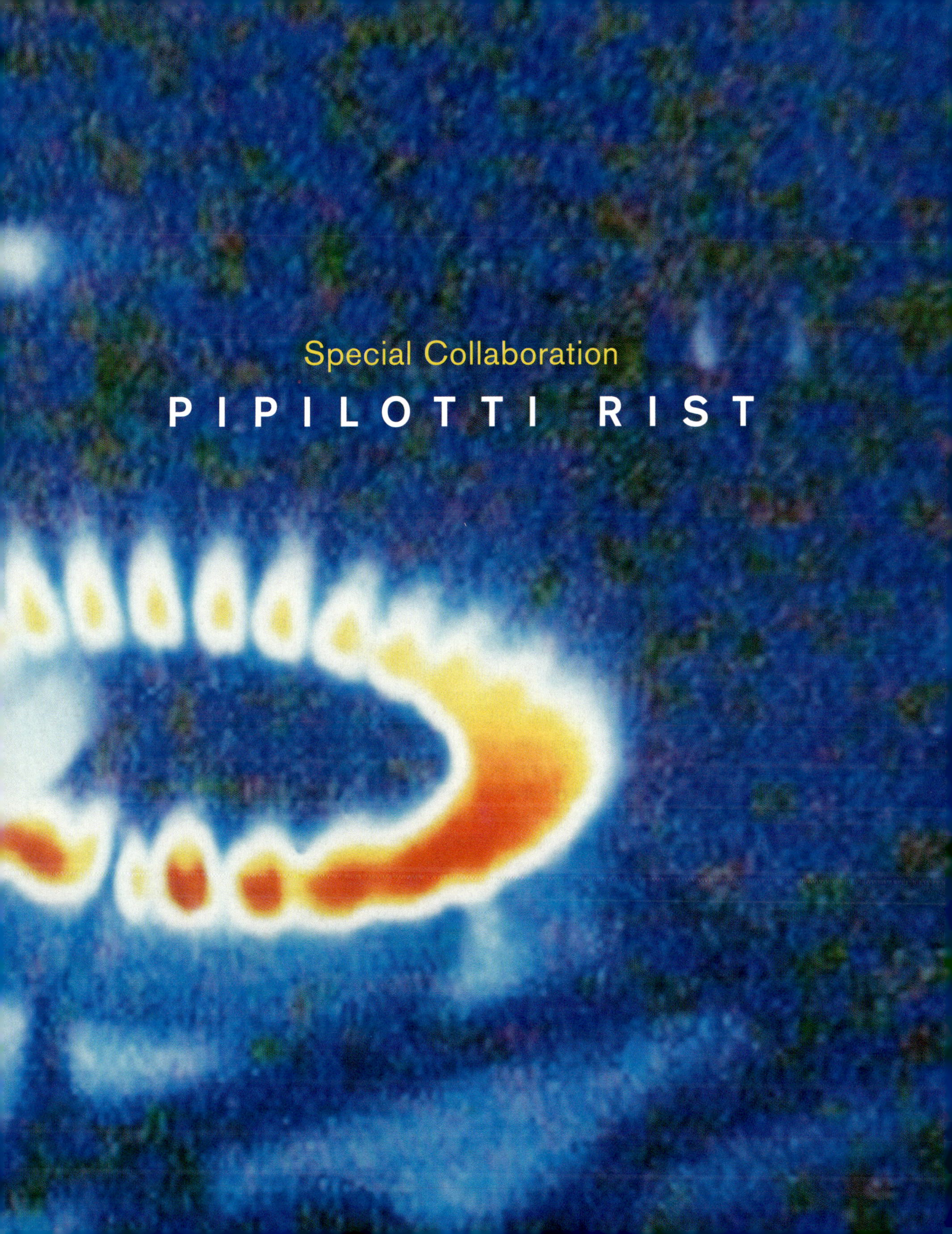

Special Collaboration

PIPILOTTI RIST

DAS MATERIAL NICHT UNTERDRÜCKEN

EIN GESPRÄCH ZWISCHEN ELISABETH ROTH UND PIPILOTTI RIST

ELISABETH ROTH: Was kommt dir in den Sinn, wenn du das Wort Material hörst?
PIPILOTTI RIST: Nylonstrümpfe...
ER: Bei Nylonstrümpfen denke ich an die Szene in deinem Lieblingsfilm *Sedmikrasky* (deutsch: *Die kleinen Margariten*) von Vera Chytilova, in der die beiden Hauptfiguren genüsslich Nylonstrümpfe zerschneiden, während gleichzeitig die Bildfläche selber zerstückelt und neu zusammengesetzt wird.
PR: Ja, grossartig, wie hier Material und Inhalt zusammen mutieren. Der Charme des Nihilismus ist umwerfend. Strümpfe waren 1966 in der Tschechoslowakei Luxusgut und stehen für mich auch für die Haut. Die Figuren zerschneiden also die Haut, den Film, der uns von der Aussenwelt trennt und schützt. Wenn ich länger nachdenke, ist Material alles, was ich berühre, sehe, esse, trinke und erdenke, inszeniert oder uninszeniert aufnehme, digitalisiere, ordne und verarbeite. Immaterielles (geistiges) und physisches Material sind eins. Auch wenn ich mit meinem Körper arbeite, mit mir als Figur, bin ich Material, ein Klumpen sausender Atome und ein Gestell von sich nicht beugenden Molekülen, das gleichzeitig auch die Befehle generiert, wie mit dem Material umzugehen ist. Nicht nur in diesem Fall versuche ich als Subjekt, als Kamera mein Material nicht zu unterdrücken.
ER: Worauf konzentrierst du dich vor allem?
PR: Mein Forschungsgebiet sind bewegte Bilder und Ton in von Menschen gebauten Räumen. Meine Werkzeuge sind Video und Sound. Das heutige Video entspricht immer noch einem verhältnismässig grobkörnigen Film. Akustische Illusionen, zum Beispiel das Gefühl in einer Höhle zu sein, hergestellt mit Low-Budget-Maschinen und deren Effektmöglichkeiten, können heutzutage hingegen qualitativ mit den höchsten technischen Standards der Filmbranche mithalten. Das Auge lässt sich offenbar weniger leicht täuschen als das Ohr. Verglichen mit der Malerei könnte man Video als Aquarell und 35-mm-Film als Öl bezeichnen. Es ist unmöglich und macht auch keinen Sinn, die Natur kopieren zu wollen. Diese bleibt immer schärfer und pittoresker als ihre «zivilisierte» Kopie – was übrigens auch für fast alle anderen Medien gilt. Video hat spezielle malerische Qualitäten, die unseren inneren emotionalen Welten oder Zwischenwelten gleichen können, und um diese geht es mir. Mit meinem fachlichen Wissen über Rhythmus, Bildaufbau und Bewegung versuche ich die herauszuschälen. All unsere geistigen und emotionalen Leistungen sind medizinisch gesehen elektrisch. Ich gehe davon aus, dass Video und noch stärker die Videoinstallation unserem Sehapparat und den Hirnlappen in der Schädelkuppel ähneln.
ER: Was meinst du mit «noch stärker»?
PR: Ich unterscheide zwischen Single Channel Videos, die einen Anfang und ein Ende haben, und Installationen, deren Audio- und Videosequenzen ich als Loops konzipiere und die darum eine andere Dramaturgie brauchen; man weiss ja nie, wann die Leute den Raum betreten und wann sie ihn wieder verlassen werden. Unser Denken und Fühlen ist nicht nur flächig und rechteckig. Mit Werken im Raum will ich dieses Faktum unterstützen. Der Sound kann die Hälfte des amorphen Kreislaufs bilden. Wiederholung und Abwechslung verschiedener Intensitäten müssen genau abgestimmt sein. Eigentlich sind es zwei verschiedene Wissensgebiete: einerseits die Installation im Raum mit dem quasi nichtlinearen Ablauf und andererseits der übliche Film mit einem Die-ganze-Familie-kommt-zusammen-Anfang, einer Zeitdauer zum Zusammensitzen und einem klaren Ende,

PIPILOTTI RIST, EMPFÄNGER 2003, Videoinstallation, Videostill / RECEIVER, video installation, video still.

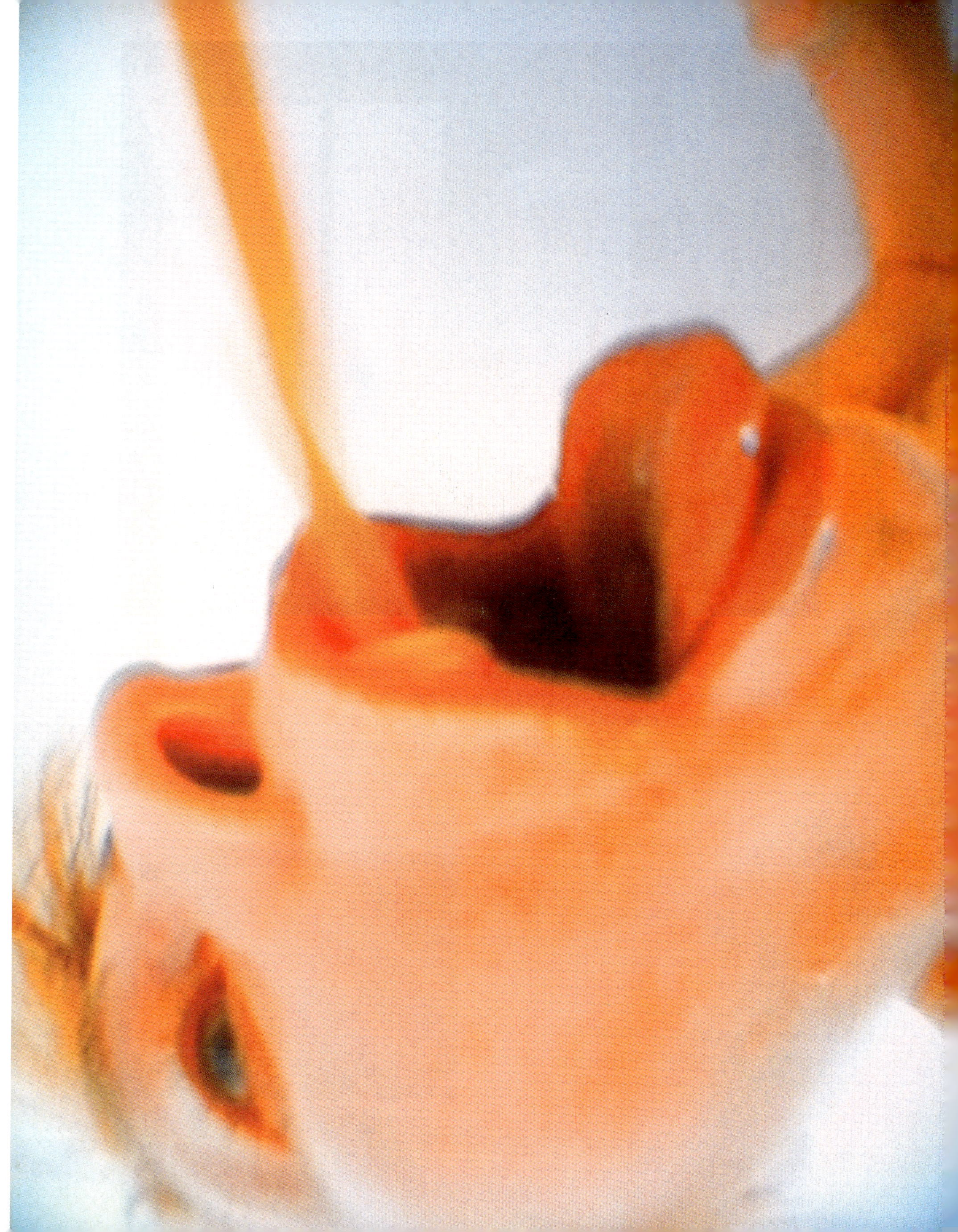

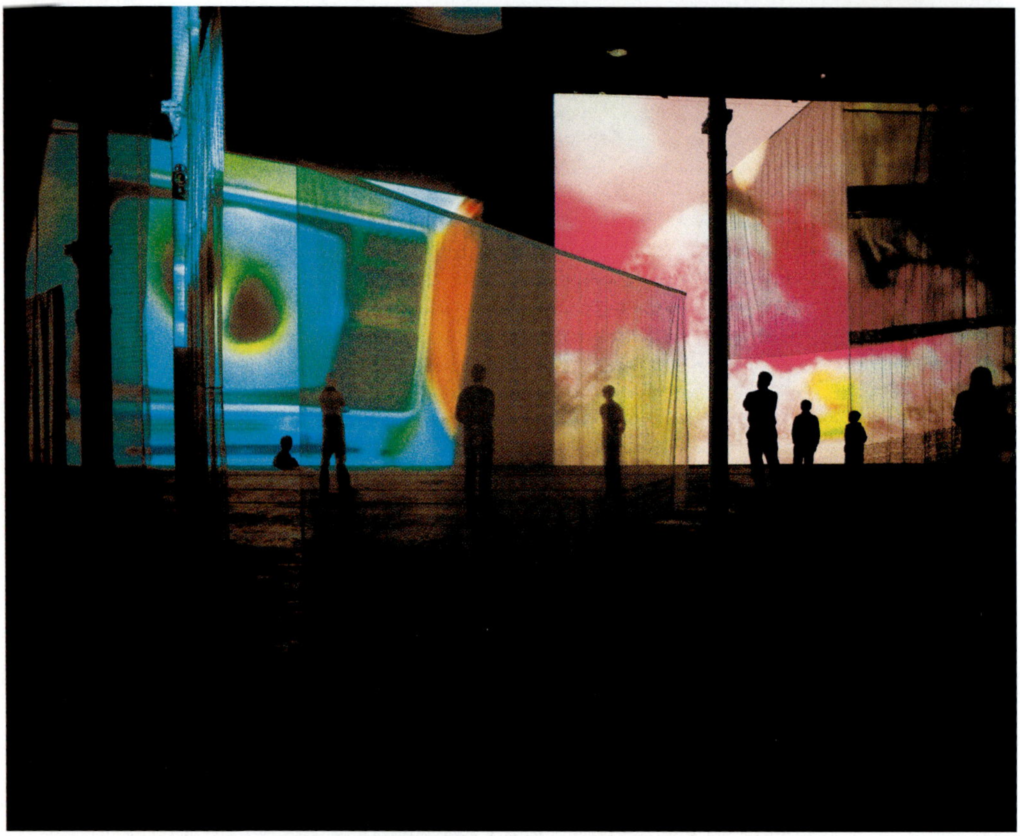

PIPILOTTI RIST, SHOW A LEG, 2001, audio/video installation, Tramway, Glasgow / Audio-/Videoinstallation. (PHOTO: RUTH CLARK)

nach welchem man auf die Toilette geht und alles sich nach einem präzisen Rhythmus abspielt. Das Genre des Kurzfilms brachte und bringt viele grossartige Beispiele in den unterschiedlichsten Kontexten der Film-, Musik- und Werbewelt hervor. Davon inspiriert entwickle ich mein film- und soundtechnisches Know-how weiter. Der Raum mit bewegtem Bild, Projektion und Ton ist ein weniger erforschtes Terrain. Mich interessiert auch die mögliche intime Begegnung zwischen dem Werk und seiner Betrachterin, die mögliche Einlullung ihres Körpers. Es interessiert mich das Spiel mit der Konzentration.

ER: Wenn das Atelier dein All ist, welcher Planet ist dann dein Schnittplatz und welcher deine physische Werkstatt? Mir fällt auf, dass sie im gleichen Raum sind.

PR: Die Werkstatt mit Strom – die Videowerkstatt mit elektronischen Werkzeugen, Maschinen, Steckern, Kabeln und so weiter – ist die Sonne; die Werkstatt ohne Strom – mit Meissel, Schraubenzieher und Benzin – ist der Planet Erde. Das Tonstudio ist der Mond, und der ist momentan leer. Die Werkzeuge mit und ohne Strom müssen in meiner Arbeit zusammenbleiben. Jeden Tag streichle ich meine Computer und

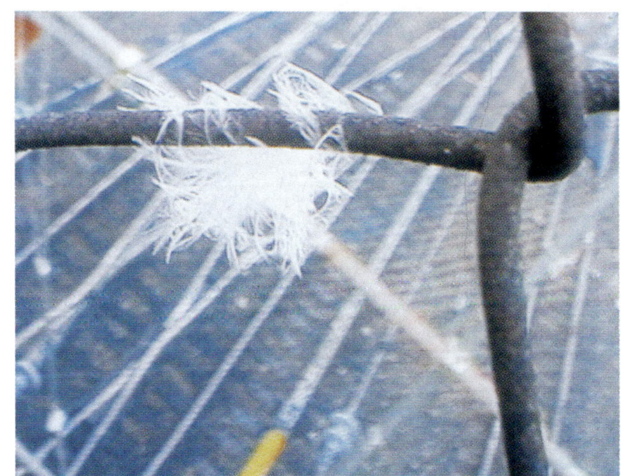

PIPILOTTI RIST, SUPERSUBJEKTIV, 2001, Audio-/Videoinstallation, Videostill / SUPER SUBJECTIVE, audio/video installation, video still.

Maschinen mit einem leicht feuchten Tuch und küsse sie. Die Lippen müssen aufs Metall. Die Maschinchen brauchen dies.

ER: Bist du plastik- und metallsexuell? Ich weiss, dass dir Menschen mit vorstehenden Zähnen und Adern gefallen...

PR: Eine meiner Lieblingsbeschäftigungen ist Bedienungsanleitungen lesen. Der Teil der Maschinen, den ich nicht verstehe, ist für mich ein Tempel der Geheimnisse jener, die diese Geräte entwickelt haben. Wenn du die Maschinen liebst, stürzen sie bedeutend weniger ab. Auch half mir, dass ich in meinem Körper schon früh eine erhöhte Ausschüttung männlicher Hormone zuliess. Nicht, dass ich die Maschinen dadurch besser verstünde, aber wir haben weniger Angst voreinander.

ER: Was bedeuten dir die Maschinen?

PR: Sie sind meine gekauften Freunde, meine Instant-Tempel, meine intelligenten Instrumente, die Verlängerung unserer Sinne. Gewisse Maschinen, wie Kamera, Computer, Rekorder, sind vor allem Produktionswerkzeuge, während Player, fixe und bewegte Projektoren, Monitore, Boxen und Kabel auch das sicht- oder spürbare Material des auszustellenden Werkes sind.

ER: Das heisst, dein Werkzeug wird zum Material?

PR: Wie auch der menschliche Körper gleichzeitig Material und Werkzeug ist. So wie die Menschen, wollen auch die Maschinen ernst genommen werden...

ER: ... darum tanzen die Maschinen in deinen Installationen entweder sichtbar mit oder du baust sie unsichtbar ein.

PR: Yes, Baby, absolut richtig, meine geschätzte Frau Roth! Bereits der Schnitt sowie die Farb- und Geschwindigkeitsveränderungen werden auf das in der Installation verwendete Equipment abgestimmt. Jede Maschine hat einen eigenen Charakter und verschiedene Farbtemperaturen. Die Grösse der Projektion bestimmt auch den Rhythmus des Schnittes.

ER: Was machen wir mit der schlechten Videoauflösung?

PR: Die ist wahrlich schlecht. Die amerikanische Norm NTSC bietet sogar noch 100 Zeilen weniger (59,94 Halbbildern pro Sekunde) als die europäische Norm PAL mit 625 Zeilen (50 Halbbildern pro Sekunde). Selbst wenn die Auflösung relativ lausig ist, kann die Produktion und Arbeitsteilung im Aufnahme- und Schnittprozess weniger arbeitsteilig und daher auch die Organisation und das Budget weniger aufwändig sein. Wie gesagt, ich versuche gar nicht erst die Realität zu kopieren, sondern mich interessieren genau diese malerischen Qualitäten, die im Mangel verborgen sind, etwa das Ausbluten der Rottöne (da die Schärfe von der Norm her im Grün liegt), die hysterische Unschärfe, das Brillante im Sirren. Ich liebe dieses nervöse Licht. Ich arbeite so lange am Material, bis es meinen Synapsentätigkeiten und mentalen Zuständen ähnelt. Ist es nicht die Grundmotivation und der Trieb aller Kulturschaffenden, innere Bilder zu materialisieren und so aus der Isolation auszubrechen?

ER: Ich staune auch oft, mit welcher Energie und Beharrlichkeit Künstler und andere Wissenschaftler arbeiten! Wie sie diese tausend Schritte von der Ahnung über die Grundidee, die Experimente und das Üben bis zu den fertigen Werken/Konzerten/Darbietungen/Texten schaffen.

PR: Schau dir all die Menschen an, die jeden Tag üben,

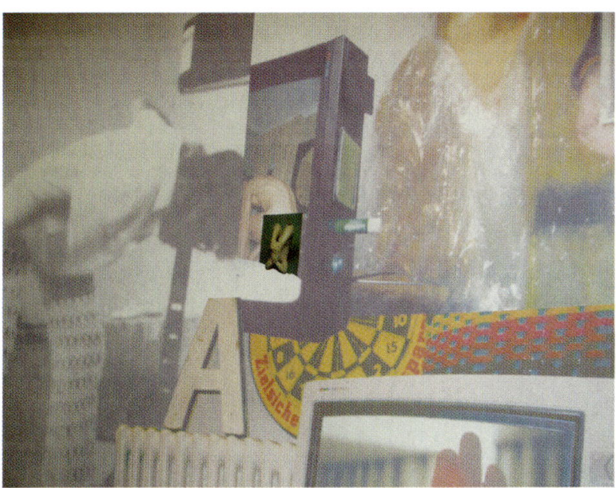

PIPILOTTI RIST, I NEVER TAUGHT IN BUFFALO II, 2003, digitale Photomontage, Inkjetdruck auf Tapete mit Gazebo & Art In Space, Treppenhaus der Firma Vischer, Zürich, Schützengasse 1, Ausschnitt / digital photomontage, plotted on wallpaper, staircase at Vischer Consulting, Zurich, detail.

auftreten, vorher tausend Kabel stecken und Soundchecks machen! Kunst zu schaffen und sie andern zu zeigen ähnelt für mich immer auch dem Ritual des Beichtens und Betens. Schuldgefühl ist eine starke Triebfeder. Ich fühle mich verantwortlich für viele Unzulänglichkeiten unserer Existenz, nicht nur für die Beschränktheit unseres Sehapparates. Ich fühle mich auch schuldig für die Limiten der Maschinen und unsere körperliche Isolation.

ER: Gemeinsam Vorschläge und kulturelle Äusserungen von anderen anzuschauen, zu hören und darüber zu diskutieren oder zu schreiben bedeutet doch auch aus der Isolation des eigenen Körpers zu entkommen, nicht wahr?

Was passiert nun, wenn Monitore, eigentliche Klötze im Raum, allmählich durch flache Bildschirme ersetzt werden? Auch High Definition Video wird in absehbarer Zeit vermehrt eingeführt. Momentan tobt noch der Normenkrieg, und es ist nicht klar, ob die Labeldiktatoren der USA oder jene Asiens gewinnen...

PR: In ein paar Generationen werden die heutigen, bald schon alten Videoarbeiten als filmische Aquarelle empfunden werden. Die meisten Besucher einer Installation richten ihre Aufmerksamkeit vor allem auf die offensichtliche inhaltliche Aussage, während sie die sekundären Informationen wie die Qualität der Auflösung, den Farbstich des Bildes, die Textur des Plastikgehäuses des Monitors sowie die Flachheit und Beschränktheit des Bildes nur unterbewusst wahrnehmen, aber eben doch wahrnehmen, und zwar stark. Diese Komponenten sind mir wichtig und ich will sie bewusst mit einbeziehen. Generell werden die Maschinen kleiner und erschwinglicher. Dies führt zur Demokratisierung der Produktionsmittel und eine Dezentralisierung der Sender wird möglich.

ER: Wie reagierst du auf die Bemerkung, dass deine Videos bunt seien?

PR: Die Einschätzung meiner Arbeit als speziell farbig teile ich nicht. Das Leben und unsere Innenwelten sind so farbig! Drück mal die Augen zu und beobachte dabei das Nachleuchten! Die Realität, die Natur und das Nachleuchten unter den Augendeckeln sind bedeutend farbiger, als wir es je nachbilden können. Ich denke eher, wir haben uns daran gewöhnt, dass verschiedenste Medien wie Film, Photographie, Zeichnung in ihrer Reproduktion gegenüber dem originalen Objekt an Farbigkeit einbüssen. Nur durch Manipulation am Original können wir sie wieder finden. Die Medien Film, Video und Photographie wurden chemisch und technisch bezüglich der Farbigkeit als Standard so entwickelt, dass die menschliche, sprich weisse Haut möglichst gesund erscheint. Diesem Effekt hatte sich alles andere unterzuordnen und das führte zu einer akzeptierten Unfarbigkeit. Diese Konvention entstand wohl auch deshalb, weil starke Farben mit Unterschicht, Zigeunertum und Dritter Welt assoziiert werden. Das abgetönte, unfarbige Understatement ist immer auch eine Distanzierung und ein Sich-Verstecken. Das lehne ich ab.

ER: Welche Aufgaben hat deine Arbeit sonst noch?

PR: Ich will den Geist derer, für die ich arbeite, ermutigen, ihnen helfen den Sinn für die Relativität der Dimensionen und der Zeit zu schärfen (eine kalte Hand wird 1 Millimeter gross, heisse Füsse wachsen zu einem Bergmassiv an, Slow Motion ist wahrer als Realzeit). Ich versuche die Filme und den Ton aus ihren verdächtigen Boxen herauszulösen und den Menschen befreiende Räume zu Füssen zu legen. Ich will die Hysterie positiv darstellen und mit schmerzbringenden Rollenzwängen Exorzismus betreiben. Ich will helfen, unseren eigenen Schwächen und jenen der Maschinen gegenüber mild gestimmt zu sein. Ich lade zur Reise durch den Körper knapp vor und hinter den Augenlidern ein. Ich verneige mich vor meinen Objekten und ich glorifiziere die Natur. Ich schöpfe Zeit für die BetrachterInnen/HörerInnen.

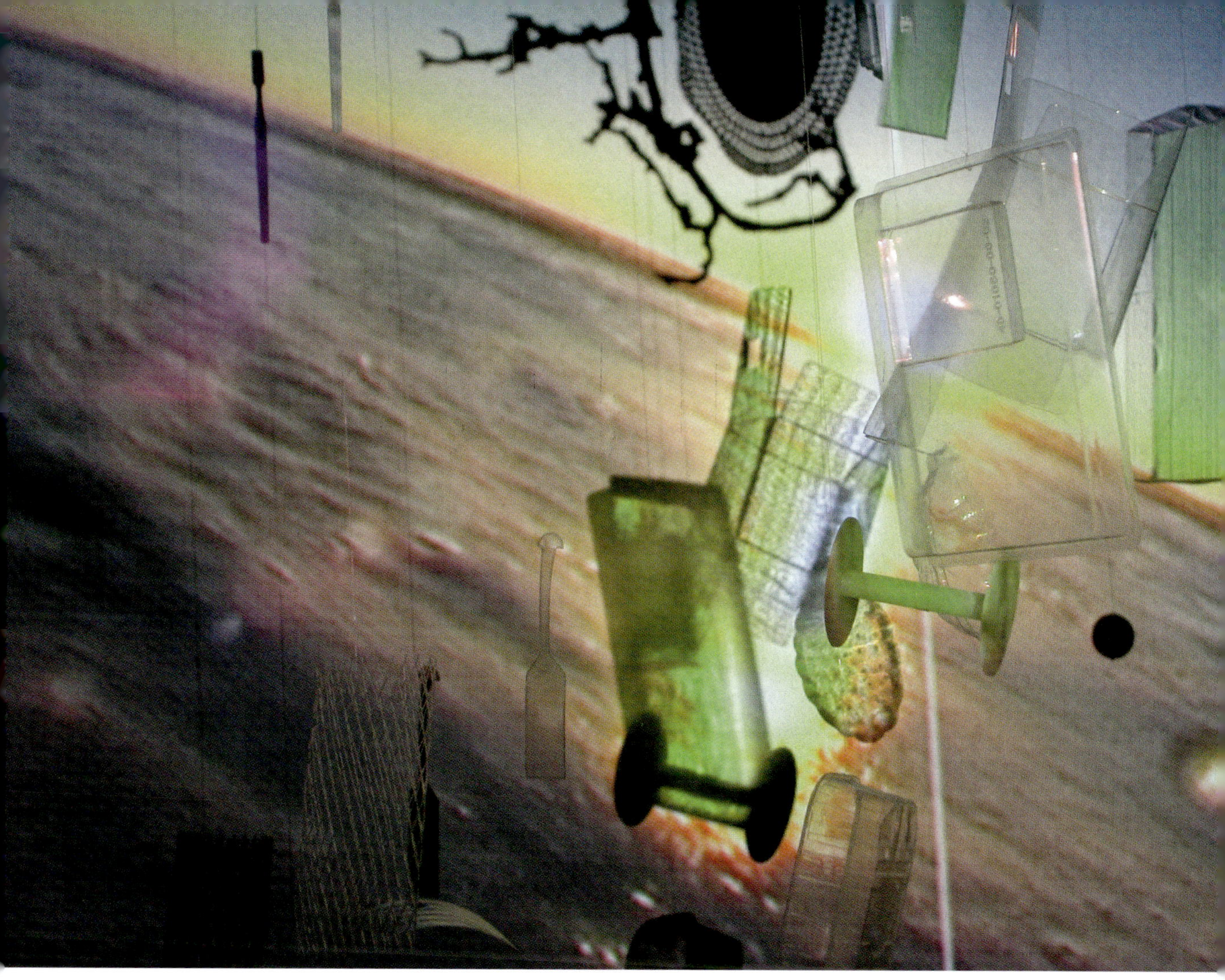

PIPILOTTI RIST, APPLE TREE INNOCENT ON DIAMOND HILL, 2003, video installation view / APFELBAUM UNSCHULDIG AUF DEM DIAMANTENHÜGEL, Videoinstallation.

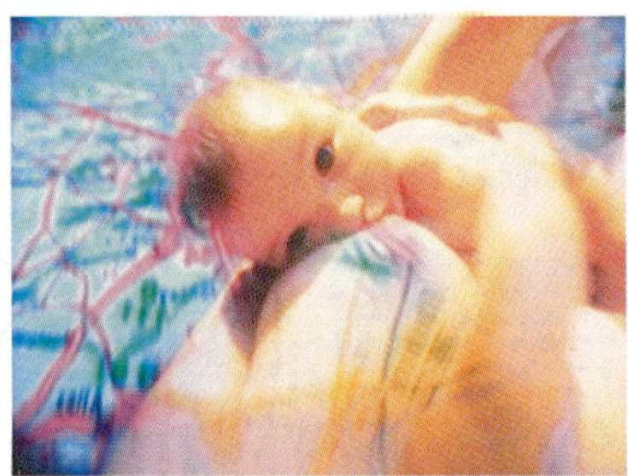

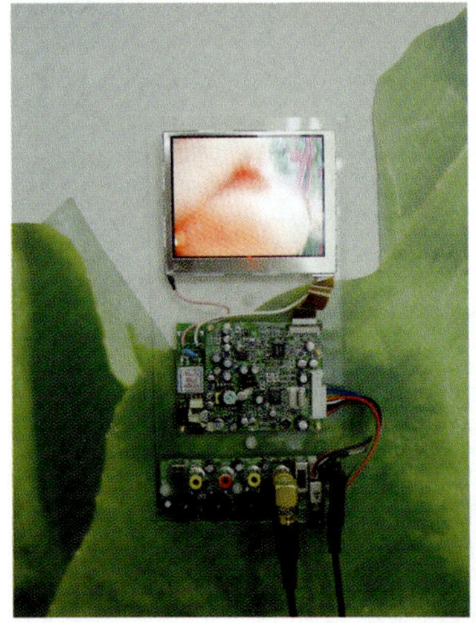

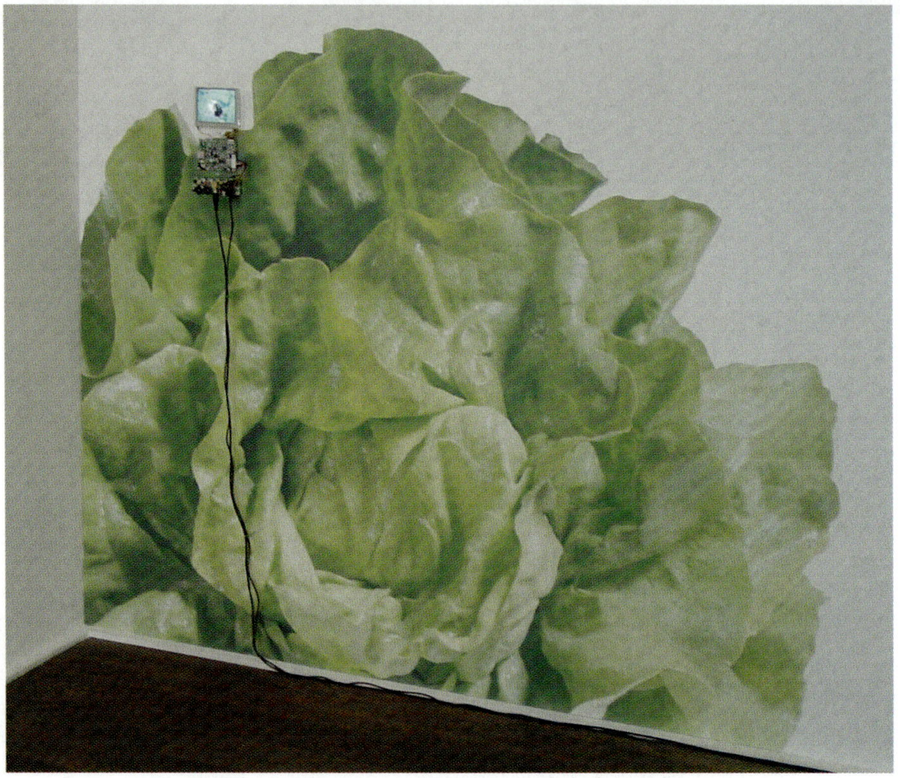

PIPILOTTI RIST, MUTTER, SOHN & DER HEILIGE GARTEN, 2003, Videostill und Videoinstallation bei Hauser & Wirth, Zürich / MOTHER, SON & THE HOLY GARDEN, video still and installation views. (INSTALLATION PHOTOS: KÄTHE WALSER)

DON'T INTIMIDATE THE MATERIAL

A CONVERSATION BETWEEN ELISABETH ROTH AND PIPILOTTI RIST

ELISABETH ROTH: What occurs to you when you hear the word material?
PIPILOTTI RIST: Nylon stockings...
ER: Nylon stockings make me think of the scene in your favorite film ***Sedmikrasky (Daisies)*** by Vera Chytilova, where the two protagonists voluptuously cut up nylon stockings while, at the same time, the picture on screen is taken apart and reassembled.
PR: Yes, it's wonderful the way material and content mutate together. The charm of the nihilism is superb. In 1996 stockings were a luxury item in Czechoslovakia, and to me they also stand for skin. So the figures are cutting up the skin, the film, that separates and protects us from the outside world. When I think about it, material is everything I touch, see, eat, drink, and conceive, everything, staged or un-staged, that I shoot, digitalize, order, and process. Immaterial (mental) and physical material are one. Even when I work with my body, with myself as the performer, I am material, a lump of whizzing atoms and a structure of unbending molecules, which simultaneously generates the orders that dictate how to deal with the material. Then, and not only then, I try as subject, as camera, not to intimidate my material.
ER: What do you concentrate on most?
PR: My field of research is moving pictures and sound in spaces built by people. My tools are

video and sound. Video today still corresponds to relatively coarse-grain film. But the quality of acoustic illusions, even the special effects produced with low-budget machines, like the sensation of being in a cave, is just as good as the most advanced technology in the film industry. Apparently it's harder to deceive the eye than the ear. Compared with painting, you could see video as watercolor and 35mm-film as oil painting. It's impossible, and doesn't make any sense, to try and copy nature. Nature is always sharper and more picturesque than its "civilized" copy—which actually applies to almost every medium. Video has special painterly qualities that resemble our inner emotional worlds or twilight worlds, and that's what I'm interested in. I try to unearth them with my professional knowledge of rhythm, picture composition, and movement. All of our mental and emotional achievements are, medically speaking, electric. I go on the assumption that video and, even more so, video installations resemble our visual system and the brain lobes in the cranium.

ER: What do you mean by "even more so"?

PR: I distinguish between single channel videos, which have a beginning and an end, and installations, where I design audio and video sequences as loops, which requires a different dramatization because you never know when people are going to walk into or leave a room. The way we think and feel is not just flat and rectangular. I try to take this factor into account when I make works in space. Sound can form half of the amorphous cycle. The repetition and variation of different intensities have to be very finely tuned. Actually two areas of knowledge are involved: on one hand, the installation in space and its essentially nonlinear flow and, on the other, the conventional film with its family-get-together beginning, a specific length of time to sit together, and a clear-cut end, after which everybody goes to the bathroom; everything follows an exact rhythm. The genre of the film short has come up with lots of marvelous examples in a wide variety of contexts, like film, music, and advertising. I've used them as inspiration in further developing my technical know-how in film and sound. A room with a moving picture, projection, and sound is relatively unexplored terrain. Another important issue for me is the potentially intimate encounter between the work and its viewer, the potential to lull the body into another state. I'm interested in playing with concentration.

ER: If the studio is your universe, which planet is your editing table and which one your physical workshop? I notice that they're both in the same room.

PR: The workshop with electricity—the video workshop with electronic tools, machines, outlets, wiring, and so on—is the sun; the workshop without electricity—with chisel, screwdriver, and fuel—is the planet Earth. The sound studio is the moon, and it's empty at the moment. All of my tools, with and without current, have to stay together. Every day I caress my computer and machines with a damp cloth and kiss them. My lips have to touch the metal. The machines need that.

ER: Are you plastic and metal sexual? I know you like people with buckteeth and veins...

PR: One of my favorite occupations is to read instructions. The part of a machine that I don't understand is the temple that houses the secrets of those who developed it. When you love machines, they tend to crash much, much less. It's also been a help that my body allows a surplus of male hormones. Not that it helps me understand machines more easily but we're not as afraid of each other.

ER: What do machines mean to you?

PR: They are my bought friends, my instant temples, my intelligent instruments, the extension of our senses. Certain machines, like cameras, computers, and recorders, are primarily tools of production, while players, permanent and portable projectors, monitors, boxes, and wiring are also the visible and tangible material of the work to be exhibited.

ER: Does that mean that your tools are your materials?

PR: Just like the human body is both material and tool. Machines want to be taken seriously just like human beings do...

ER: ...which is why machines visibly dance along in your installations, or you build them in so that they're invisible.

PR: Yes, baby, absolutely right, my dear Mrs. Roth! The editing, as well as changes in color and speed, is attuned to the equipment used in the installation. Every machine has a character of its own and different color temperatures. The size of the projection also determines the rhythm of the editing.

ER: What do we do about poor video resolution?

PR: It certainly is poor. NTSC, the American norm, even has 100 lines less (59.94 half-pictures per second) than the European norm, PAL, with 625 lines (50 half-pictures per second). Even if resolution is relatively lousy, the production and division of labor in shooting and editing can be less subdivided, which in turn cuts down on organization and budget. Like I said, I don't even try to copy reality. What I'm really interested in are the painterly qualities that are intrinsic to that deficiency, for example, tones of red that bleed (since the norm for sharpness is based on green), the hysterical fuzziness, or the brilliance of the buzzing. I love this nervous light. I keep working at my material until it resembles my own synaptic activities and mental states. Aren't all cultural practitioners motivated and driven by the need to materialize their inner images as a means of escaping their isolation?

ER: I'm often amazed at the single-minded energy and obstinacy of artists and other scientists in their pursuits—the way they manage to take thousands of steps from the first faint notion, to the basic idea, to all the experiments and practicing until they finally end up with finished works/concerts/performances/texts.

PR: Look at all those people who practice every day, who perform, who connect up thousands of cables and do a sound check beforehand! To me, making art and showing it to other people also resembles the ritual of confession and praying. Guilt feelings are a powerful drive. I feel responsible for lots of the shortcomings of our existence, and not only for the limitations of our visual system. I also feel guilty about the limitations of machines and our physical, bodily isolation.

ER: Looking at suggestions and cultural statements with the people who made them, listening to them and talking or writing about those ideas also means escaping the isolation of one's own body, doesn't it? What's going to happen when flat screens gradually replace monitors, big chunky things in space? High Definition Video is also going to be more common soon. At the moment they're still fighting about the norms, nobody knows if the label dictators in the USA or those in Asia will come out on top...

PR: Today's already dated video pieces will be considered cinematographic watercolors in a few generations. Most people who visit an installation direct their attention primarily to the obvious content of the message; they perceive secondary information unconsciously, like the quality of the resolution, the coloring, the texture of the plastic case around the monitor, or the flatness and restrictedness of the picture, but they do perceive it and very strongly in fact. Such components are important to me and I intentionally incorporate them. In general, machines are getting smaller and more affordable. As a result, the means of production can become more democratic and the senders can be decentralized.

ER: How do you react to the comment that your videos are colorful?

PR: I don't share that appraisal of my work. It's nowhere near as colorful as life and our inner worlds! Just close your eyes and see what happens! Reality, nature, and what you see behind your eyelids are substantially more colorful than what we could ever depict. I think we've gotten used to the fact that reproductions in all kinds of media, like film, photography, and drawings, can't compete with the colorfulness of the original object. We can only find it again by manipulating the original.

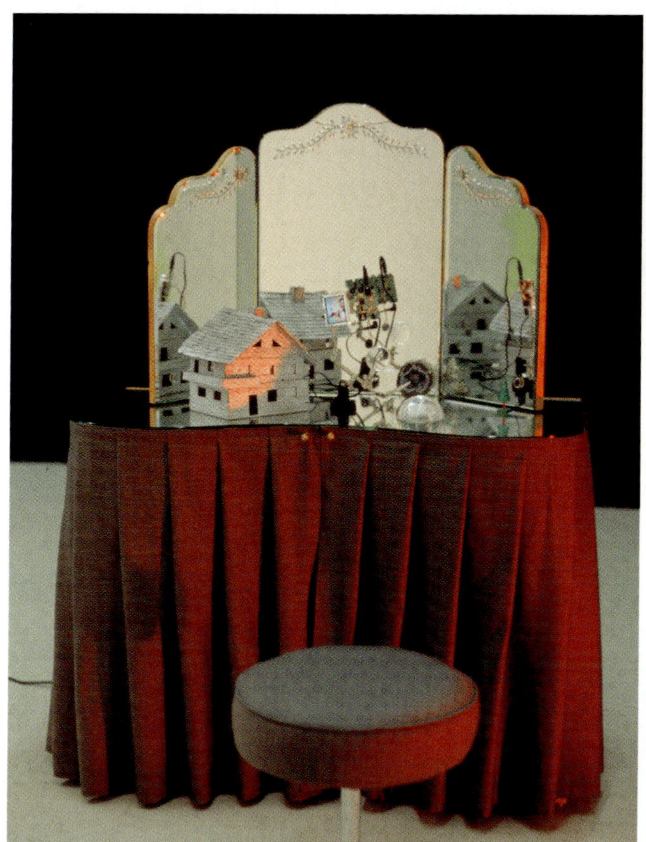

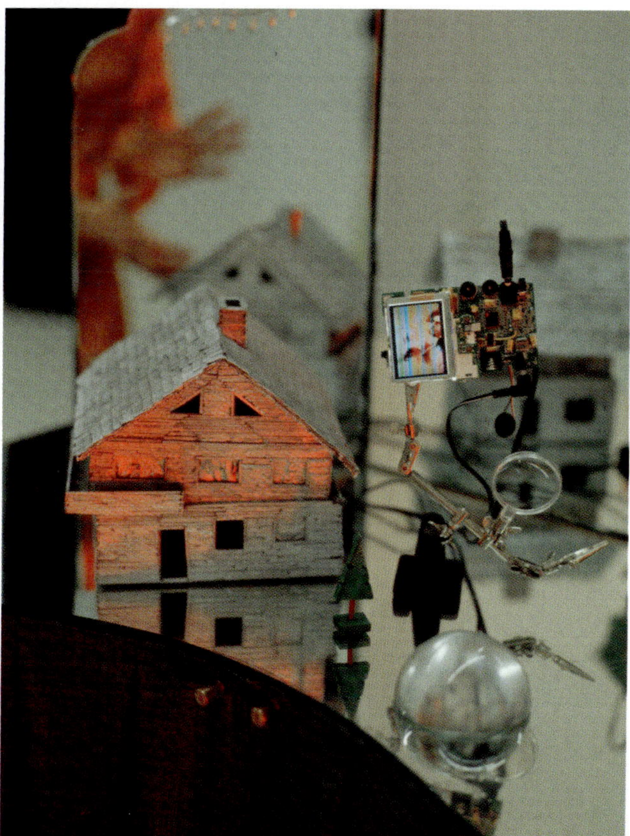

PIPILOTTI RIST, EMPFÄNGER, 2003, Videoinstallation und Detail, Hauser & Wirth, Zürich / RECEIVER, video installation and detail. (PHOTOS: ANDREA RIST)

Standards in coloring in the media of film, video, and photography have been chemically and technically developed so that human, or rather white skin looks as healthy as possible. Everything else was subordinated to this effect and, as a result, we have learned to take the lack of color for granted. This convention probably also acquired currency because strong colors are associated with the lower classes, gypsies, and the Third World. Understatement is toned down and uncolorful and it's always a means of distancing and concealment. I object to that.

ER: What other jobs does your work do?

PR: I want to encourage the minds of those I do my work for, I want to help sharpen their sensibility for the relativity of dimensions and time (a cold hand is 100th of an inch big, hot feet swell to the size of a mountain range, slow motion is truer than real-time). I try to detach films and sound, to take them out of their suspicious boxes, and to put liberating spaces at people's feet. I want to represent hysteria as something positive and exorcise the painful constraints of roles. I want to make it easier for us to be more sanguine about our own weaknesses and the weaknesses of machines. I invite people to take a trip through the body directly in front of and behind the eyelids. I bow to my objects and I glorify nature. I scoop up time for viewers and listeners.

Translation: Catherine Schelbert

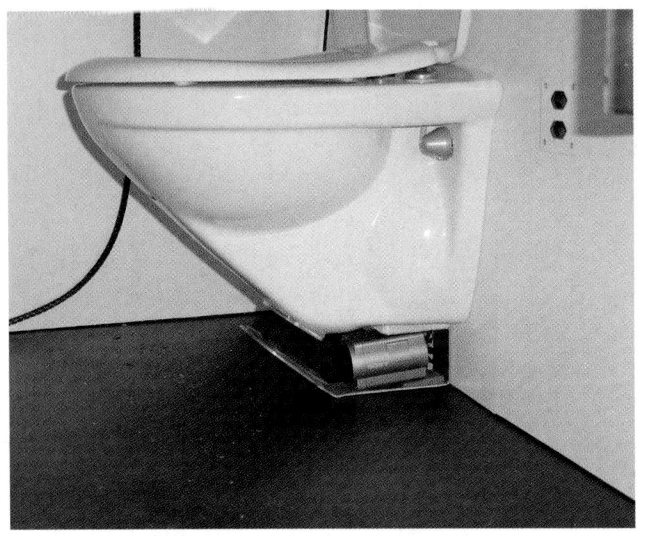

GESCHLOSSENER KREISLAUF

ÄNNE SÖLL

Hatte man die Räume von Pipilotti Rists erster Einzelausstellung in New York durchschritten und suchte das WC der Galerie Luhring Augustine auf, so sah man sich erneut mit einem bewegten Bild konfrontiert. Diesmal schaute man auf einen LCD-Bildschirm, der auf dem Boden vor der Kloschüssel stand, und blickte auf das durch einen Glasboden mit einer Infrarot-Kamera aufgenommene Bild beim Wasserlassen oder beim Stuhlgang. Nachdem man die Spülung der Toilette betätigt hatte, verschwanden nicht nur die Ausscheidungen in Richtung Kanalisation, auch das Monitorbild machte Platz für den nächsten Besucher. CLOSET CIRCUIT (2000), so der Titel der Arbeit, konfrontiert – das Gebot der Reinlichkeit elegant umschiffend – die Betrachter beziehungsweise Benutzer mit den Körperzonen und -flüssigkeiten, die sich normalerweise ausserhalb der Reichweite von Kameras befinden. Die auch wärmesensitive Infrarotkamera liefert jedoch keine spiegelgleichen, realitätstreuen Bilder: Vielmehr zeigt die Kamera das Wohlbekannte in Schwarzweiss mit grünlicher Verfärbung und weichen, unscharfen Konturen, je wärmer die Körperregion oder -flüssigkeit, desto heller ihr Bild; das alles mit dem Ergebnis, den eigenen Körper und seine Funktionen als etwas Fremdartiges wahrzunehmen und sich ihm im gleichen Moment fasziniert zuzuwenden. So schaut man auf den in eine pixelige Landschaft verwandelten Intimbereich, der in seiner Ausschnitthaftigkeit als ein abstraktes – nach Dechiffrierung verlangendes – Bild erscheint.

In Rists Werk stellt CLOSET CIRCUIT einen radikalen Höhepunkt dar. Das Interesse an den Grenzen des Körpers, seiner Haut und ihren Öffnungen spiegelt sich in ihren Arbeiten von Anfang an: In den frühen Videos wie PICKELPORNO (1992) oder BLUTCLIP (1993) nähert sie sich dem Körper so lange an, bis er monströs, erotisch und gleichzeitig verletzlich wirkt. Sie greift dabei nicht auf ein essentialistisches Körperbild zurück, sondern zeigt, wie sehr unser eigenes Körperverständnis von Bildern des Körpers abhängig ist, sich immer erst im Zusammenhang mit ihnen etabliert.[1] Rist rückt dem Körper buchstäblich auf den Leib: Die extremen Close-ups haben zum Beispiel in PICKELPORNO das Ziel, das Gebot des Pornofilms, «alles» sichtbar zumachen, ad absurdum zu führen und zugleich eine Alternative zur Pornographie zu entwerfen. Im Video BLUTCLIP und der Videoinstallation BLUTRAUM[2], zwei Arbeiten zum Thema Menstruation, ist es die groteske Inszenierung des blutenden Körpers, die den ontologischen Status des (weiblichen) Körpers unterminiert. Rist arbeitet mit der Spannung zwischen dessen Auflösung und gleichzeitiger Materialisierung im Bild, im Zwischenraum von sozial definierten Körpergrenzen und medialen Oberflächen. Der «abjekte» Stoff des Menstruationsbluts wird hier nicht eindeutig positiv besetzt und dadurch rehabilitiert, stattdessen wird seine Vieldeutigkeit genutzt, um die gesellschaftlich dominanten Mechanismen von Hygienisierung und Schönheitswahn zur Etablierung des (weiblichen) Körperbilds in Frage zu stellen.[3] Fokussiert Rist in BLUTRAUM wie in CLOSET CIRCUIT die Körperflüssigkeiten, so liegt ihr in der Installation EINDRÜCKE VERDAUEN (1993) etwas am Körperinneren und seinem Verhältnis zum Körperbild. Wie ein fleischgewordener Witz hängt der mit einem kugelrunden Fernseher gefüllte und dadurch grotesk verformte gelbe Badeanzug von der Decke und zeigt ein Endoskopievideo durch den Verdauungstrakt. Gefragt wird hier – wie in CLOSET CIRCUIT – nach dem Erfahren von Körpergrenzen durch neue Technologien und die sich dadurch wandelnden Vorstellungen vom kohärenten und abgeschlossenen Körper. Rists Interesse am Verdauungsvorgang zeigt sich auch in einer weiteren Arbeit mit dem Titel MUTAFLOR (1996). In dieser Videoprojektion auf dem Boden scheint es, als wolle die Künstlerin die Kamera oder den Betrachter mit einem Biss beziehungsweise Filmschnitt verspeisen und wieder ausscheiden.

Mit CLOSET CIRCUIT legt Rist nun den Schwerpunkt auf die Funktion des Ausstossens selbst und bezieht den Betrachter/Benutzer direkt in die Bildherstellung mit ein. Der geschlossene Kreislauf, auf den Rist im Titel anspielt, verweist hier einerseits auf die seit den ersten Tagen der Videokunst häufig eingesetzte Überwachungsschleife des *closed-circuit* und ihre sozialen Kontrollfunktionen, andererseits auf den Körperkreislauf als solchen. Die sprachliche Verschränkung von beiden impliziert, dass auch der «intime» Kreislauf des Verdauens und Ausscheidens strengen gesellschaftlichen Regeln der Sichtbarkeit beziehungsweise Unsichtbarkeit unterworfen ist.[4] Sieht man in den meisten *Closed-circuit*-Installationen sich selbst in die Kamera schauen und reflektiert damit die eigene Blickposition, bekommt man in Rists Versuchsaufbau eine uneinnehmbare Perspektive angeboten. Als eine Art Selbstbeobachtungsstation umweht sie nicht nur der Hauch eines zukünftigen, medial aufgerüsteten Aufklärungsunterrichts, CLOSET CIRCUIT wirkt auch wie eine Videokabine im Sexshop ausgestattet für autoerotische Phantasien und kommentiert auf ironische Weise das *Big-Brother*-Phänomen und das wachsende Bedürfnis «on screen» zu sein. Dazu kommen die Assoziationen, die mit dem Infrarotbild verbunden sind: Sie reichen von den nächtlichen Bildern an Grenzübergängen und in der modernen Kriegsführung bis hin zur medizinischen Diagnostik.

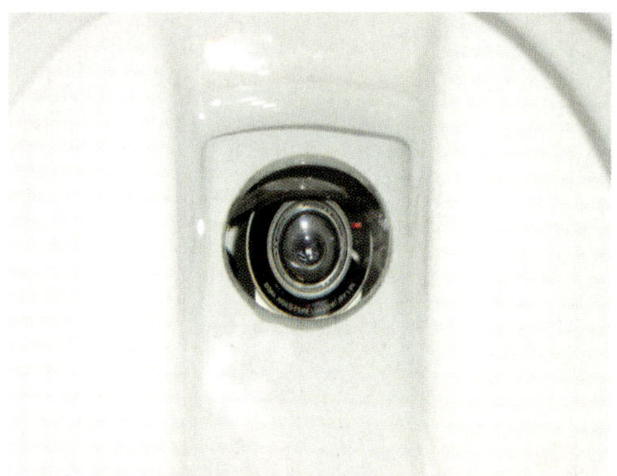

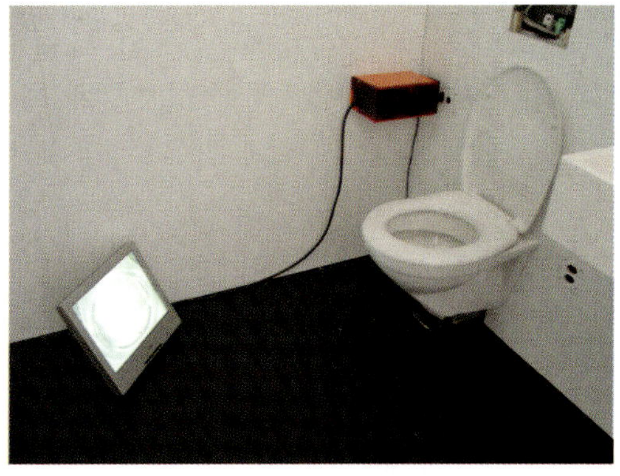

PIPILOTTI RIST, CLOSET CIRCUIT, 2000, closed circuit video installation, installation view and details / Installation und Detailansichten. (PHOTO: KÄTHE WALSER)

Nur, was sieht man hier eigentlich? Was macht der Bildschirm? Was bedeutet es, wenn wir, anders als in früheren Videoinstallationen Rists auf Toiletten[5], zum Voyeur unsrer selbst werden und sich die intimsten Zonen unseres Körpers auf der Oberfläche des Bildschirms rematerialisieren? Verweilt man in der Regel auf einer öffentlichen Toilette nur so lange, bis das Geschäft erledigt ist, so bietet uns Rist einen Grund sitzen zu bleiben, uns mit dem banalen Vorgang zu beschäftigen und uns einem Bildschirm zuzuwenden, der ein selbstgestaltetes Programm sendet. Die abgeschirmte Situation auf der öffentlichen Toilette wird dadurch einerseits gesteigert, denn man ist mit sich bewusst allein. Andererseits tritt eine Verunsicherung ein: Wer oder was schaut von wo zu und wer schaut noch (mit)?

Die Funktion der Infrarotkamera, den Wärmegrad ihrer Objekte abzubilden, verfremdet nicht nur das Bild, sie bietet auch einen Überschuss an Information, welche die Materialität des eigenen Körpers ähnlich wie ein Ultraschall-Bild in eine durch den Bildschirm erfahrbare glatte Oberfläche verwandelt. Wenn sonst die Prämisse gilt, den Körper als unverletzlich und stabil zu präsentieren beziehungsweise zu phantasieren und dadurch Ängsten der Auflösung, Bedrohung durch Krankheit und Tod entgegenzutreten, rückt Rist genau die Stellen in den Blick, an denen sich der Körper öffnet, durchlässig wird. Die Bildschirmoberfläche versiegelt jedoch genau jene Öffnungen, und die wärmeabhängigen Bilder verwandeln die sonst als unsauber und abstossend empfundenen Körperausscheidungen in ästhetisch interessante, wiederum annehmbare Bilder. Geht man wie die Anthropologin Mary Douglas davon aus, dass Körpergrenzen auch für die Grenzen des Sozialen an sich stehen und dass Öffnungen und Ausscheidungen immer eine Verunsicherung des (Gesellschafts-)Systems bedeuten[6], dann zeigt Rists stilles Örtchen, dass der Bildschirm mit seiner Macht der Selbstversicherung sogar das Erscheinen grenzwertiger Körperzonen und damit die Grenzen der Subjektivität in den Griff bekommen kann. Bleibt die Frage, ob Rists Installation nun die «totale Kapitulation des Individuums vor dem Medienregime» und das damit einhergehende «konstante internalisierte self-monitoring» illustriert?[7] Haben Sie schon eine Kamera unter der Toilette?

PIPILOTTI RIST, PORQUÉ TE VAS? (NASS), 2003, Videoinstallation, International Art Festival 2002, Lofoten, Norwegen / WHY ARE YOU GOING? (WET), video installation. (PHOTO: KÄTHE WALSER)

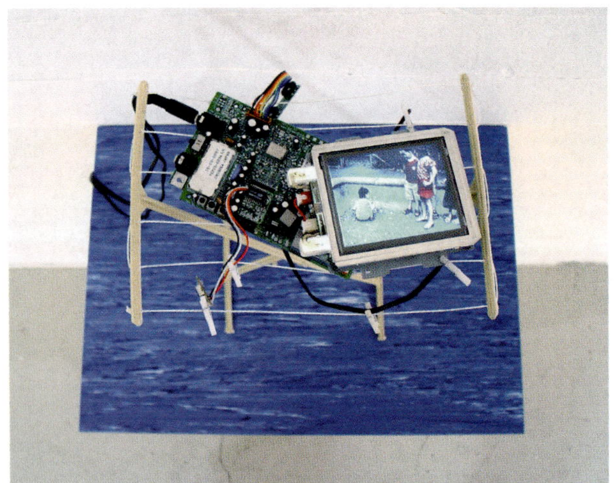

ÄNNE SÖLL ist Kunsthistorikerin und unterrichtet am Institut für Kunst und ihre Didaktik an der Universität Dortmund. Ihre Dissertation ***Arbeit am Körper. Videos und Videoinstallationen von Pipilotti Rist*** ist im Silke Schreiber Verlag erschienen (2004).

1) Meine Interpretation stützt sich auf die Thesen Judith Butlers, dass sich Materialität und Körperlichkeit durch wiederholende, performative Prozesse erst etablieren müssen und dass dadurch der Körper nicht mehr als passiver Ort von Einschreibung, sondern als Ort konstruktiver Prozesse angesehen werden muss. Der «Körper», den wir als «natürlich» und «geschlechtlich» erleben, materialisiert sich erst durch eine wechselseitige Dynamik von Bild und Körper als «natürlich-geschlechtlicher». Vgl. dazu Judith Butler, *Körper von Gewicht. Die diskursiven Grenzen des Geschlechts*, Suhrkamp, Frankfurt am Main 1997.

2) In BLUTRAUM verwendete Rist das Einkanalvideo BLUTCLIP in veränderter Form.

3) Zur Bedeutung des Abjektbegriffs und seiner Funktion zur Konstitution des Subjekts siehe Judith Butler, *Das Unbehagen der Geschlechter*, Suhrkamp, Frankfurt am Main 1991, S. 196f.

4) Natürlich ist der Vorgang auch geschlechtlich codiert. Das Urinieren von Männern in der Öffentlichkeit wird als weit weniger anstössig empfunden als das von Frauen.

5) Eine weitere Arbeit, ATMOSPHÄRE & INSTINKT (1998), ist ebenfalls in einer Toilette installiert (Museum für Moderne Kunst in Frankfurt). Setzt man sich auf die Kloschüssel, so sieht man jedoch nicht sich selbst, sondern eine wild gestikulierende Frau aus der Vogelperspektive, die versucht mit der Kamera zu kommunizieren.

6) Mary Douglas, *Reinheit und Gefährdung*, Suhrkamp, Frankfurt am Main 1988 (zuerst erschienen 1966).

7) Ursula Frohne, «Screen Tests: Media Narcissism, Theatricality and the Internalized Observer», in: *CTRL Space. Rhetorics of Surveillance from Bentham to Big Brother*, hrsg. von Thomas Y. Levin, Ursula Frohne und Peter Weibel, ZKM Karlsruhe 2000, S. 252–277, hier S. 257.

CLOSED CIRCUIT

ÄNNE SÖLL

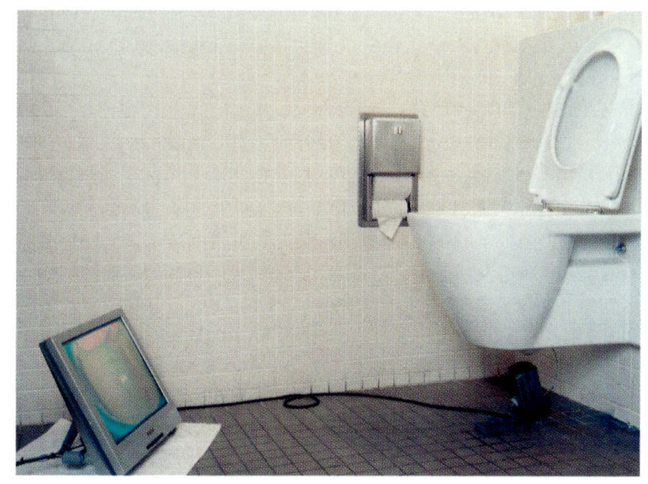

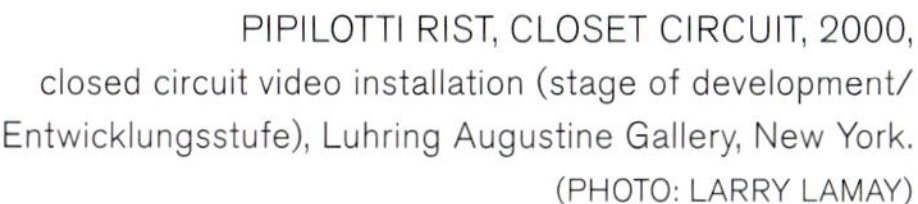

PIPILOTTI RIST, CLOSET CIRCUIT, 2000, closed circuit video installation (stage of development/ Entwicklungsstufe), Luhring Augustine Gallery, New York. (PHOTO: LARRY LAMAY)

If you had gone to the bathroom at the Luhring Augustine Gallery during Pipilotti Rist's first solo exhibition in New York, you would have been presented with a moving picture of a special order. Thanks to an infrared camera installed under the glass floor of the toilet bowl, you would have seen yourself in action in the LCD monitor conveniently placed on the floor before you. By flushing the toilet, you would have not only eliminated your personal body waste, but also its visual reproduction—making room for the next visitor to enter and have a fresh start. Elegantly circumnavigating the dictates of cleanliness in CLOSET CIRCUIT (2000), Rist confronts the viewer, or rather the user, with body zones and fluids that are not ordinarily within reach of the camera eye. However, instead of delivering faithful, mirror images of the reality of this private moment, the heat-sensitive camera creates a greenish, black-and-white rendition of the event with soft, fuzzy contours: the warmer the body zone or liquid, the lighter the picture. Participating in the artist's work, we find ourselves watching an alienated rendition of our own body and bodily functions with unabashed fascination; we see our private parts transformed into a pixelated landscape, into a cropped abstract image that needs to be deciphered.

Rist's CLOSET CIRCUIT represents a radical climax. But her interest in the limits of the body—its skin and its orifices—is not new. In early videos like PICKELPORNO (Pimple Porno, 1992) and BLUTCLIP (Blood Clip, 1993), she zeros in on the body so closely that it becomes monstrous, erotic, and vulnerable. She does not resort to an essentialist image of the body, but rather reveals how intimately our understanding of the body relates to, and is established by, inculcated images.[1] Rist takes the video close-up to such an extreme that in PICKELPORNO, for instance, she reduces to absurdity pornography's onus to show everything and, in so doing, offers pornographers a new alternative. In BLUTCLIP, and in the video installation, BLUTRAUM (Blood Room 1993–1994), both of which deal with menstruation, Rist's grotesquely-staged close-ups of a menstruating vagina undermine the ontological status of the female body.[2] Essentially, she exploits the tension between the dissolution and simultaneous materialization of the body in pictures, in the space between socially defined body limits and medial surfaces. The "abject" substance of menstrual blood is not invested with unequivocally positive connotations and thereby rehabilitated; instead, the artist capitalizes on its ambiguity in order to question the socially dominant mechanisms of the excessive hygiene and beauty overkill that govern the image of the (female) body.[3] While BLUTRAUM and CLOSET CIRCUIT focus on bodily fluids, the installation EINDRÜCKE VERDAUEN (Digesting Impressions, 1993) takes us inside the body, and reflects on the relationship between the interior and exterior image. Suspended from the ceiling like a joke made flesh, we see a yellow bathing suit grotesquely disfigured by a perfectly round television set nestling inside it, which shows an endoscopic video of the intestinal tract. As in CLOSET CIRCUIT, Rist deploys new technologies to study our experience of body limits and the changing notions of a coherent and self-contained body. Rist's interest in digestive processes also motivates a work titled MUTAFLOR (1996). In this floor-based video projection, the artist seems to be attempting to consume the camera in one take or the viewer in one bite and then eliminate them again.

In CLOSET CIRCUIT, Rist addresses the function of excretion and incorporates her viewer/user into the making of the picture. The closed circuit to which the title alludes refers, on one hand, to a technology popular since the early days of video art: surveillance systems and their function as a means of monitoring behavior, and, on the other hand, to the body's circulatory system. The linguistic overlap insinuates the stringent social rules of visibility, or rather, invisibility that govern the "intimate" systems of digestion and excretion.[4] In most closed circuit installations, we see ourselves looking into the camera and are therefore made self-consciously aware of our own vantage point. But Rist's "laboratory" experiments confront us with an impossible perspective. Not only does the piece hint at the potential future of medially updated sex education, it also conjures a sex-shop video cubicle for autoerotic fantasies and, in this respect, functions as a send up of the Big Brother phenomenon and the growing need many of us feel to be on-screen. The infrared picture evokes another set of associations, from night photography at border checkpoints, to modern warfare, to medical diagnosis.

But what do we actually see? What is the monitor really doing? What does it mean when, in contrast to Rist's earlier video installations in bathrooms, we become voyeurs of ourselves, and see the most intimate zones of our bodies rematerialized on screen?[5] Ordinarily we remain in a public toilet no longer than absolutely necessary, but Rist has given us reason to stay put for a while, to take note of a commonplace process, and to watch the monitor broadcasting a program of our own design. The situation of being isolated in a public toilet is heightened by the fact that we have, at that moment, chosen to be alone with ourselves. But a disturbing uncertainty creeps in: who or what is watching from where, and who else is watching as well?

Since the infrared camera depicts the degree of warmth of its subject matter, the pictures are not only distorted; they also provide a surfeit of information that transforms the materiality of one's own body into a smooth, on-screen surface, somewhat like an ultrasound. As a rule, the body is represented—or fantasized—as being invulnerable and stable in order to ward off the fear of deterioration and the threat of illness and death. In contrast, Rist zooms in on exactly those parts of the body that are open and permeable, but she does so on the smooth surface of the monitor where they are effectively sealed off, while the heat-sensitive pictures transform bodily excretions, ordinarily considered dirty and repulsive, into aesthetically interesting, if not totally acceptable, images.

If, like anthropologist Mary Douglas, we assume that the limits of the body stand for social limitations, and that orifices and excretions always signify uncertainty in the body/social system, then Rist's installation demonstrates that the television screen, and its ability to generate self-assurance, could perhaps come to terms with the appearance of borderline body zones and, ultimately, the limits of subjectivity.[6] But one question remains: does Rist's installation illustrate the "individual's total surrender to the media's regime of the gaze" and the attendant "constant, internalized self-monitoring"?[7] Have you already installed your bathroom camera?

Translation: Catherine Schelbert

ÄNNE SÖLL is an art historian and teaches at the Institut für Kunst und ihre Didaktik, Universität Dortmund. Her dissertation ***Arbeit am Körper. Videos und Videoinstallationen von Pipilotti Rist*** has just been published by Silke Schreiber Verlag (2004).

1) My interpretation is based on Judith Butler's argument, according to which materiality and physicality can only be established through reiterative, performative processes, and the body, therefore, is no longer a passive place of inscription but must rather be viewed as a place of constructive processes. The "body," which we all perceive as "natural" and "gendered," is materialized as "naturally gendered" through the reciprocal dynamic of image and body. Cf. Judith Butler, *Bodies That Matter. On the Discursive Limits of Sex* (New York: Routledge, 1993).

2) In BLUTRAUM, Rist used a modified version of the single channel video, BLUTCLIP.

3) On the meaning of "abject" and its function in constituting the subject, see Judith Butler, *Gender Trouble* (New York: Routledge, 1990), p. 133.

4) The system is, of course, governed by gender codes as well. It is considered far less offensive for a man to urinate in public than for a woman.

5) Another piece, ATMOSPHÄRE & INSTINKT (1998), is also installed in a rest room (Museum für Moderne Kunst in Frankfurt). Instead of seeing yourself when you sit down on the toilet seat, you see a bird's-eye-view of a woman wildly gesticulating and trying to communicate with the camera.

6) Mary Douglas, *Purity and Danger* (New York: Routledge, 2002/1966).

7) Ursula Frohne, "Screen Tests: Media Narcissism, Theatricality and the Internalized Observer" in *CTRL Space. Rhetorics of Surveillance from Bentham to Big Brother*, Thomas Y. Levin, Ursula Frohne, and Peter Weibel (eds.), ZKM Karlsruhe 2000, pp. 252–277, here: p. 257.

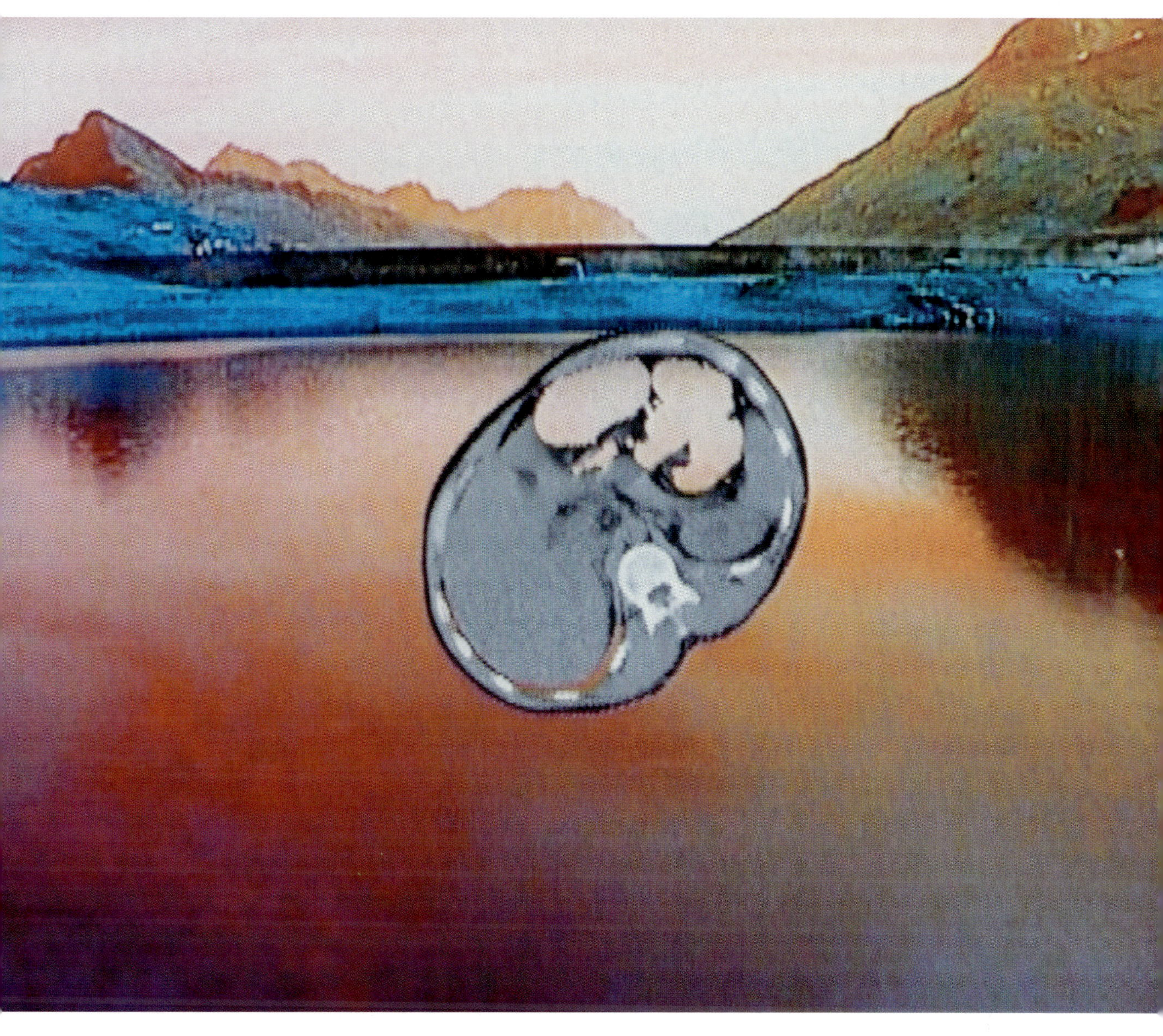

PIPILOTTI RIST, LUFT IM GEDÄRME IN DER LUFT, 2004, C-Print hinter 3 cm Plexiglas, 15,8 x 20,8 cm / AIR IN INTESTINE IN AIR, C-print mounted behind 1 3/16" Plexiglas, 6 1/4 x 8 3/16".

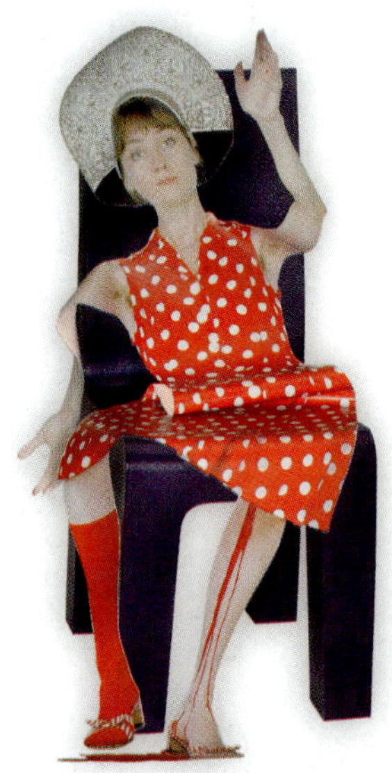

ANNIVERSARY EDITION FOR PARKETT

PIPILOTTI RIST

Die Hilfe, 2004

Inkjet-Druck, 4-farbig auf Stoff, ca. 180 x 90 cm.
Wird mit 7 Stecknadeln (und 7 Ersatzstecknadeln) geliefert und kann an der Wand oder auf einem Stuhl oder Tisch platziert werden.
Mitarbeit: Thomas Rhyner; Photo: Martin Stollenwerk.
Druck: Plotfactory, Weisslingen.
Auflage: 70/XX, signiert und nummeriert.

The Help, 2004

Cut-out, 4-color print on fabric, ca. $70\frac{7}{8}$ x $43\frac{5}{16}$",
with 7 straight pins (plus 7 spare pins) to fasten it to a wall, a chair, or a table.
Support: Thomas Rhyner; Photo by Martin Stollenwerk.
Printed by Plotfactory, Weisslingen, Switzerland.
Edition of 70/XX, signed and numbered.

INSTALLATION PHOTOS: RETO RODOLFO PEDRINI, ZÜRICH

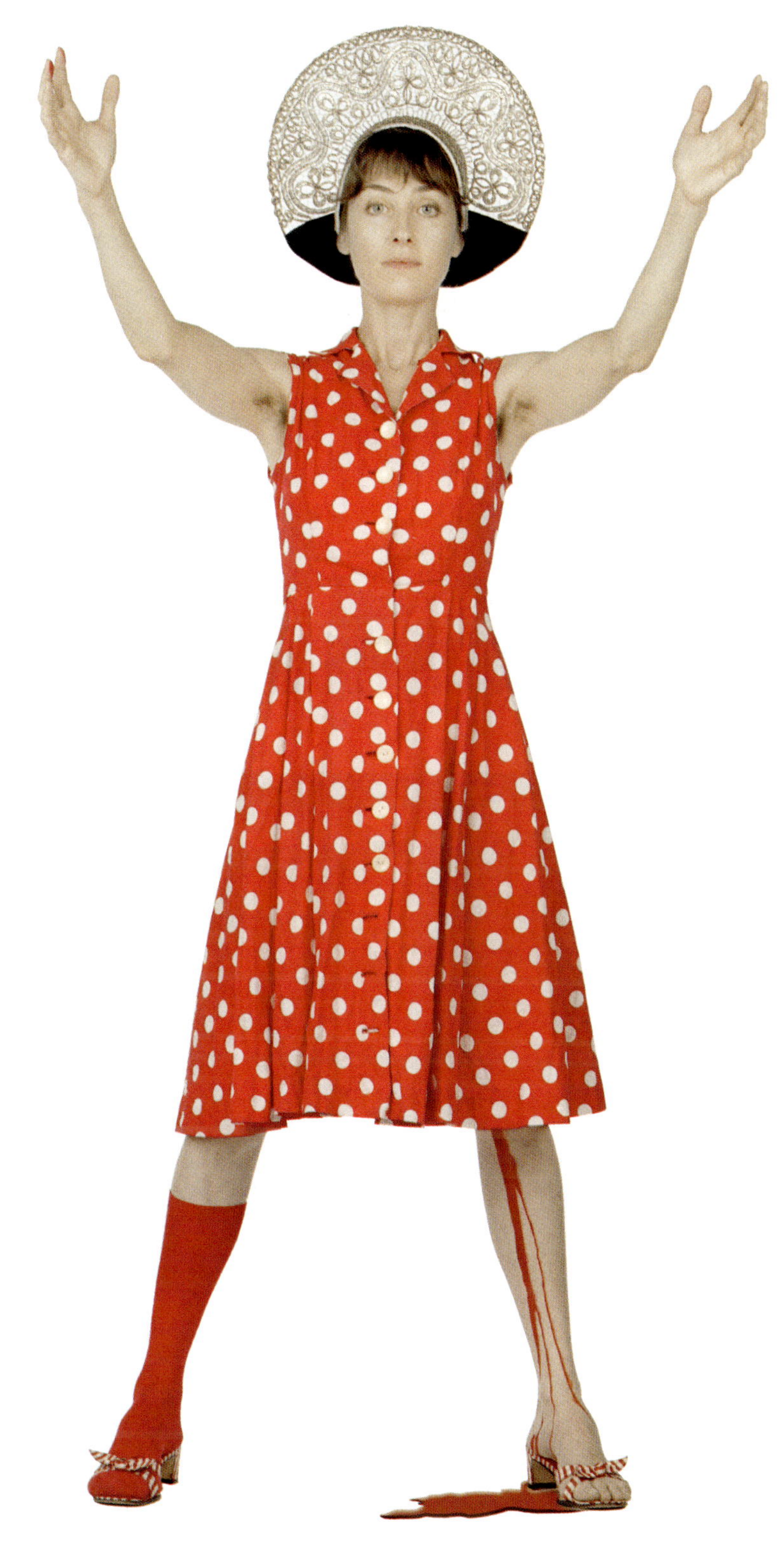

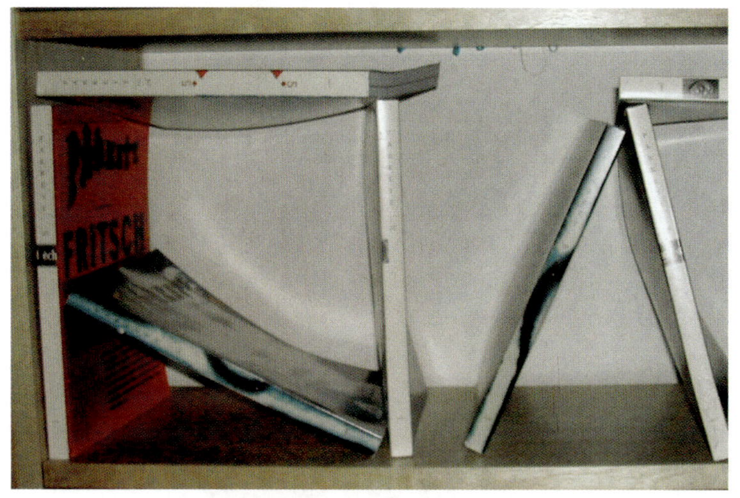

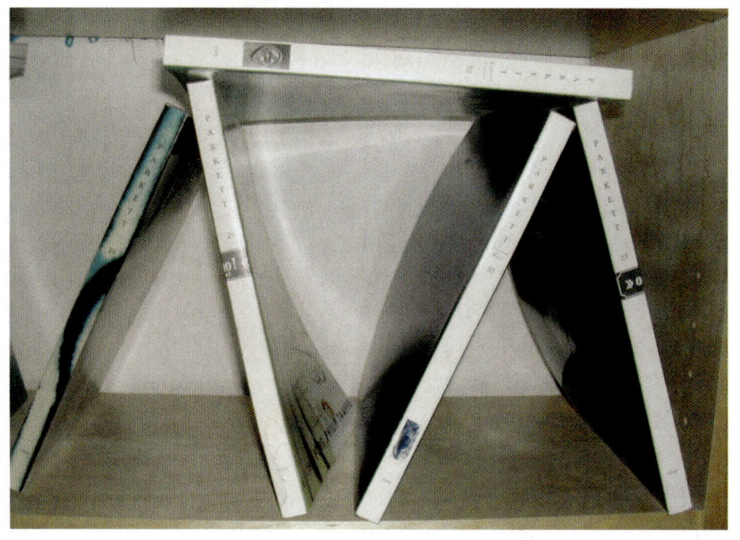

CHRISTIAN BOLTANSKI, 2004

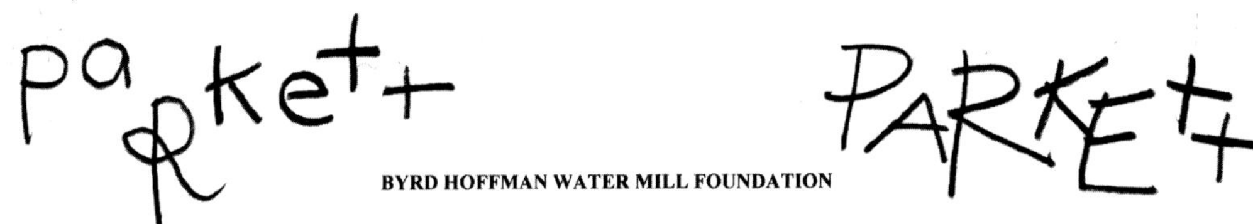

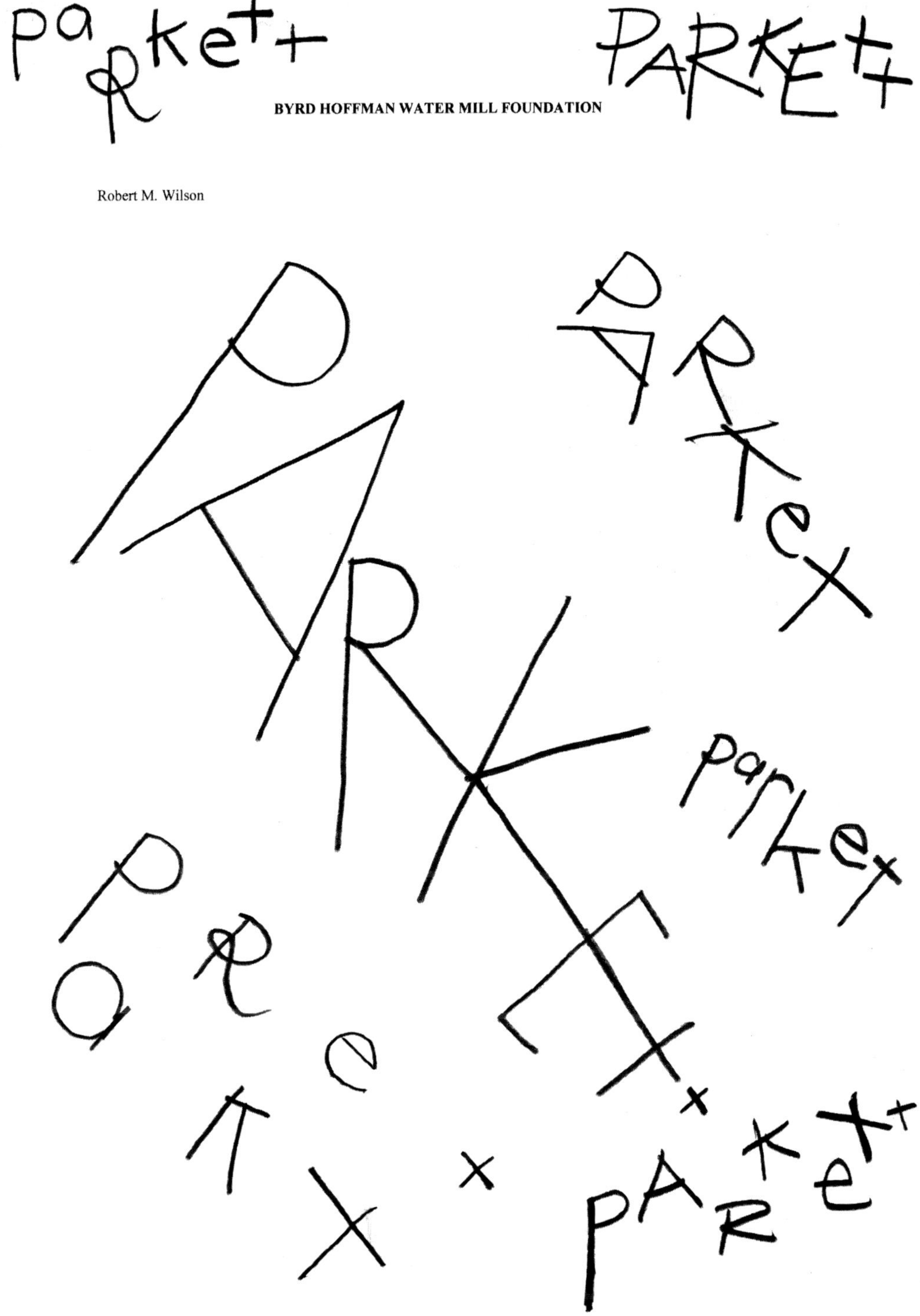

Robert M. Wilson

ROBERT WILSON, 2004

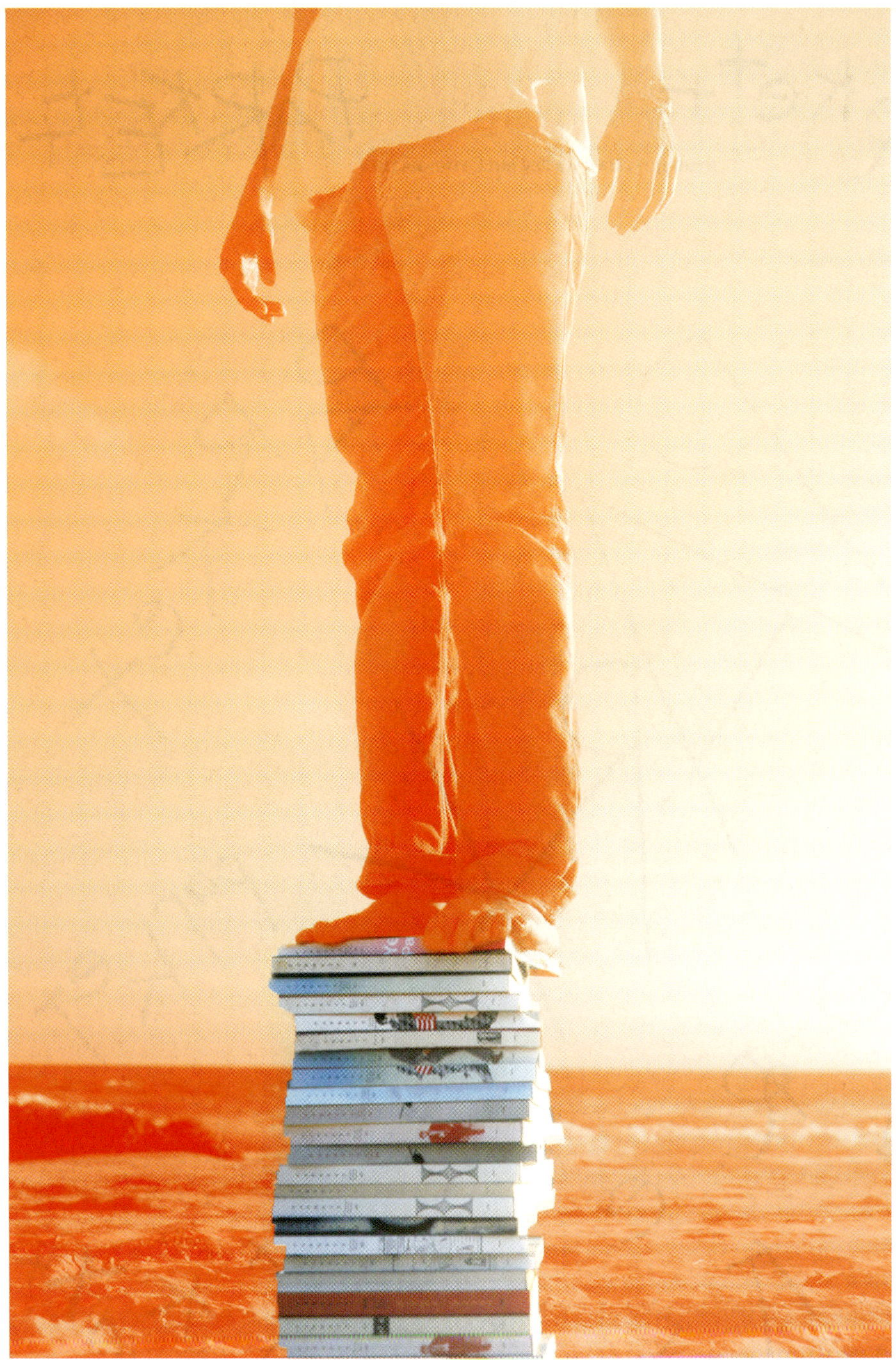

she said “I want to make the kind of shit that makes people go…
what the fuck.” I said “ok.”

DOUG AITKEN , 2004

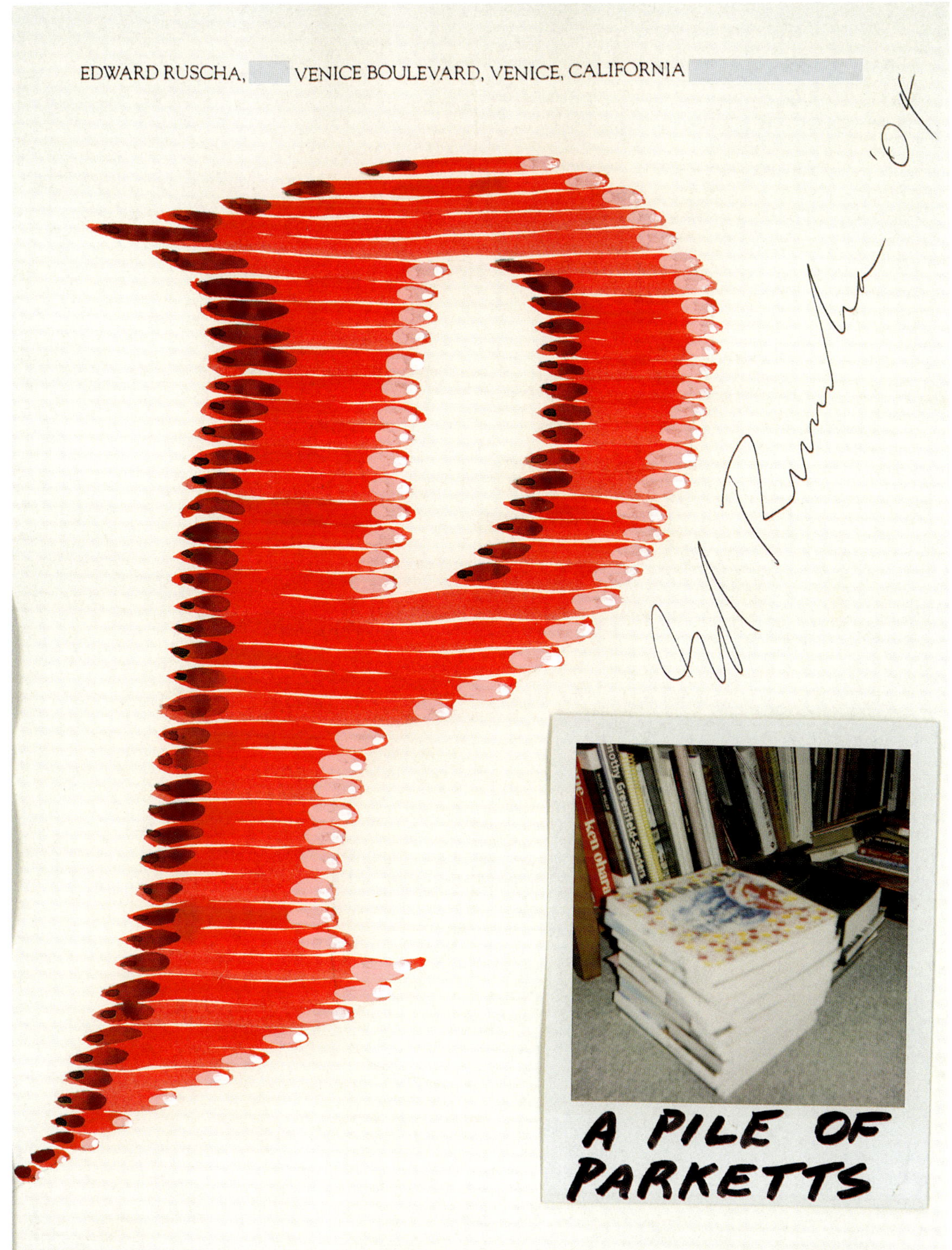

EDWARD RUSCHA, 2004

TODAY'S CARPOOL DAY
TAKE CARE DARLING
(TWO CUDDLY DARLINGS)

TASTY CRIMES DEPARTMENT: TRIPLE CARAMEL DIP, TOTALLY CREAMY DELICIOUS TAN COLOURED DESSERT

TOTALLY CONSUMED BY DEPRESSION? TO CANCEL DEBTS TRY COUNTING DONUTS.

TENEBROUS CRESPUSCULAR DREAMS

Tchuss, Cyrill. Danke
Taraaa, Cheeky Devil
Travel Calais–Dover
Tartan causes division
The cookie dimbles
The corgi dalmation
total chaos destroys
terrible clap disease

THE CROSS DARK
TELL CHRIS DE
THEOSAURUS CAN
THE CROSSROADS
THOMAS CARMS
TRIPPY CAT COKE DEAL
THOMAS CORRECTS
TOTAL CANNABIS DELIRIU
TO CROWN DERBY
TWO CREAMY DOG
TERRORIES CAN DIVIDE
TEARFUL CROWD DEFA
THOMAS COOK'S DUMPLINGS
THUNDER CLOUDS DARK
THIRTY CHERISHED DAMS
TOWARDS CONTROLLED DEVE
THOMAS CONCEDES DEFEAT
THOMAS CAN'T DOSE
THOMAS CAA DEFE
TOO, CAN DO.

TENDER CORPSE DISSOLVED
THE COMPLETE DRAMA
TRULY CALCIFIED TELLS COOL DUDES TO CUT DECIBLES
THE CACOPHANOUS DAAD.
THE CHILD DEFLOWERED,
THE CALCIFIED DINOSAUR TELLS COOL DUDES TO CUT DECIBLES.
Terrible Cardiff Drunkeness
The Clumsy Dentist...
totals Clients Dentures
Ten Columbian Drug traffikers Carry Donuts
To Conceal Dromedaries
Thirteen Celtic Dopplegangers try capulating Dromedaries to cause disease.

TIMOTEI CLEARS DANDRUFF
TOPLESS CATHERINE DENEUVE
TOO COOL, DAMMIT
TAMPAX CAN DISAPPEAR
TOWELS CONSPICUOUSLY DON'T
TOSS COOKIES DISCRETELY
TOXIC CANADIAN DISPOSAL
TRANSVESITES CAN DANCE
TENDERLY CARESSED DOROTHY
TEXAN CAUSES DEATH
TERRIBLE CIRCULAR DREAM
TANZIAN CUNT DREAMS
TOTALLY CIRCUMCISED DICK
TERRORIZE CHILDREN DILIGENTLY

TITANIC CRUSHES DICAPRIO
TOO CANADIAN DEFECIT
TIMOTHY COUNTS DAYS
THROTTLE CHRIS DEBURGH
TRASH CRASH DUMMIES
TAORMINA CHEF DRIBBLED
TWINS CHAT DUALLY
TIRED CAR DRIVER
TARKOVSKY'S CREATIVE DRIVE
TUYMANS CAN'T DRAW
TUYMANS' CASUAL DAUB
TOTAL COMPULSIVE DISORDER
TOTALLY CRAP DIVERSION
TOLSTOY'S CLEVER DIALOGUE
TOTALLY CIRCULAR DOTS
TIMES CRITIC DUMB
TELEGRAM CAUSES DYSPEPSIA
TOBLERONE CHOCOLATE DREAM

Truly Collosal Dick
Tremendously Creamy Discharge
Toffee Coloured diahorea
Toltie causes disturbance
TIMMID COMMUNIST DEFECTOR
TITTILATING CHICKS DISROBE
TERRIBLE CUNT ON THE OTHER TABLE
TRULY CALCIFIED DUDE TELLS COOL DUDE CUT DECIBLES

THE CHILDISH DREAM
TOOK CARE DOWN
TO CHARLOTTE'S DO

TOUGH COOKIE DIRECTS
TAUNTON CATTLE DIE
TRAGIC CALF'S DEATHS
TOO COY, DARLING
THE COMIC DISASTER

THE CYLINDRICAL DRUM
TO CATCH DRAGONFLIES
THE COLLABORATOR'S DEAD
TODAY'S CARPOOL DAY
TUNA CARPACCIO
TURKEY 1ST CRISIS DEBATE
THE CANADIAN DEBT
TAO'S CHINESE DOGMA
TOM CONTE'S DESTINY
TOTALLY CRETINOUS DURYA

TAKE CARE DARLING
TO CAUSE DRAMA
TRIED CRYING DESPONDANTLY
THE CASTRATED DANDY

TACITA DEAN, THOMAS DEMAND, 2004

I am fingering a pile of dirty paper napkins carefully preserved in a box by Thomas. They are the evidence of several restaurant dinners we shared with various and the same people in the summer of 2001. They are already nostalgic and fetishised, recalling those few weeks when it became our shared social fever and not a dinner could pass without it invariably descending into the TCDs. Both Thomas and I were invited to be in the same edition of Parkett. I had been in Berlin for a year and was only just getting to know Thomas. We awkwardly played with the idea of collaboration but neither of us were happy collaborators by nature. What we shared, as it turned out, were our initials: T. C. D.

And so it began: the common denominator … the compact disc … telephone Camp David … tiptoe carefully downstairs … until they became more embellished and more lurid: theologian contemplates death … thick cucumber dildo … thawing cryogenic Diana … terrific cunt, darling. It was a summer when a lot of people were in and out of Berlin and each dinner party tested people's ingenuity. I remember Lewis Biggs, over for an opening, failing unutterably to get a single one; Rodney Graham couldn't sleep one night as a result of them but sent a fax the next day with his lost sleep versions. Lynne Cooke said in a reflex response, "ten clear days" before pausing and following it up with, "two curators drown." Of course Ceal Floyer outshone us all and came up with the final couplet: Thomas Charlotte discrepancy … Tacita Cyrillus ditto.

Tucked away unannounced in the Garderobe of no. 62, they are listed in columns. Our ambivalence and embarrassment about the whole adventure concealed them to all but the very meticulous readers of Parkett. Now we have decided to come out about the TCDs.

– Tacita Dean

Ich spiele mit einem Stoss schmutziger Papierservietten herum, die von Thomas sorgfältig in einer Schachtel aufbewahrt wurden. Sie sind Zeugnis einer Reihe von Abenden, an denen wir im Sommer 2001 mit verschiedenen, aber auch immer wieder denselben Leuten in Restaurants gegessen haben. Bereits betrachten wir sie voller Nostalgie und wie Fetische, wenn wir an die wenigen Wochen zurückdenken, als wir von jenem Fieber ergriffen waren und kein Abendessen vorüberging, ohne dass die TCDs aufs Tapet kamen. Thomas und ich waren beide eingeladen an derselben Ausgabe von Parkett mitzuwirken. Ich war erst seit einem Jahr in Berlin und hatte gerade erst begonnen Thomas etwas besser kennenzulernen. Wir spielten mit dem Gedanken einer Zusammenarbeit, waren aber von Natur aus beide nicht so glücklich in Gemeinschaftsprojekten. Was wir jedoch gemeinsam hatten, waren unsere Initialen: T. C. D.

Und so begann es: *the common denominator* … *the compact disc* … *telephone Camp David* … *tiptoe carefully downstairs* … bis sie immer ausgefeilter und finsterer wurden: *theologian contemplates death* … *thick cucumber dildo* … *thawing cryogenic Diana* … *terrific cunt, darling*. Es war ein Sommer, in dem viele Leute in Berlin vorbeischauten, und bei jedem gemeinsamen Abendessen wurde die Erfindungsgabe der Leute auf die Probe gestellt. Ich weiss noch, wie Lewis Biggs, der für eine Eröffnung angereist war, kein einziges Beispiel einfallen wollte; Rodney Graham verbrachte eine schlaflose Nacht deswegen, faxte uns aber am Morgen seine aus der Schlaflosigkeit geborenen Versionen. Lynne Cooke sagte reflexartig: *ten clear days*, hielt dann inne und fügte hinzu: *two curators drown*. Natürlich stach Ceal Floyer uns alle aus und steuerte das abschliessende Paar bei: *Thomas Charlotte discrepancy* … *Tacita Cyrillus ditto*.

In der Garderobe von Nr. 62 versteckt stehen sie ohne Ankündigung in Kolonnen aufgelistet. Unsere Ambivalenz und Verlegenheit der ganzen Geschichte gegenüber hielt sie vor allen ausser den ganz gründlichen Parkett-LeserInnen verborgen. Nun haben wir uns entschlossen mit den TCDs ans Licht zu treten.

– Tacita Dean

Photo: Thomas Demand

RICHARD ARTSCHWAGER
P.O. BOX 12

As a former component of the American security apparatus I can speak with some authority about the problems that are under discussion today. The chronic problem is a deficiency - I shall say: absence – of a human intelligence component.

There is a general agreement that this one is production of material which is not totally dependable and that is generally expensive in dollars, euros or some other more exotic compensations.

There has been with us a tradition of preference for clean intelligence: the kind that can be gotten from massive electronic scannings, followed by scanning of the scannings. There is too much material.

And the good stuff therein is mostly unavailable because of its linearity and the absence of human context. We have encountered this time and again, N.B. THE PAST TENSE.

Humans can remember the past, experience the present, and speculate on the future. Without that baggage (without them) you are not going to get all the intelligence you need and this is and will remain a matter of life or death.

RICHARD ARTSCHWAGER, 2004

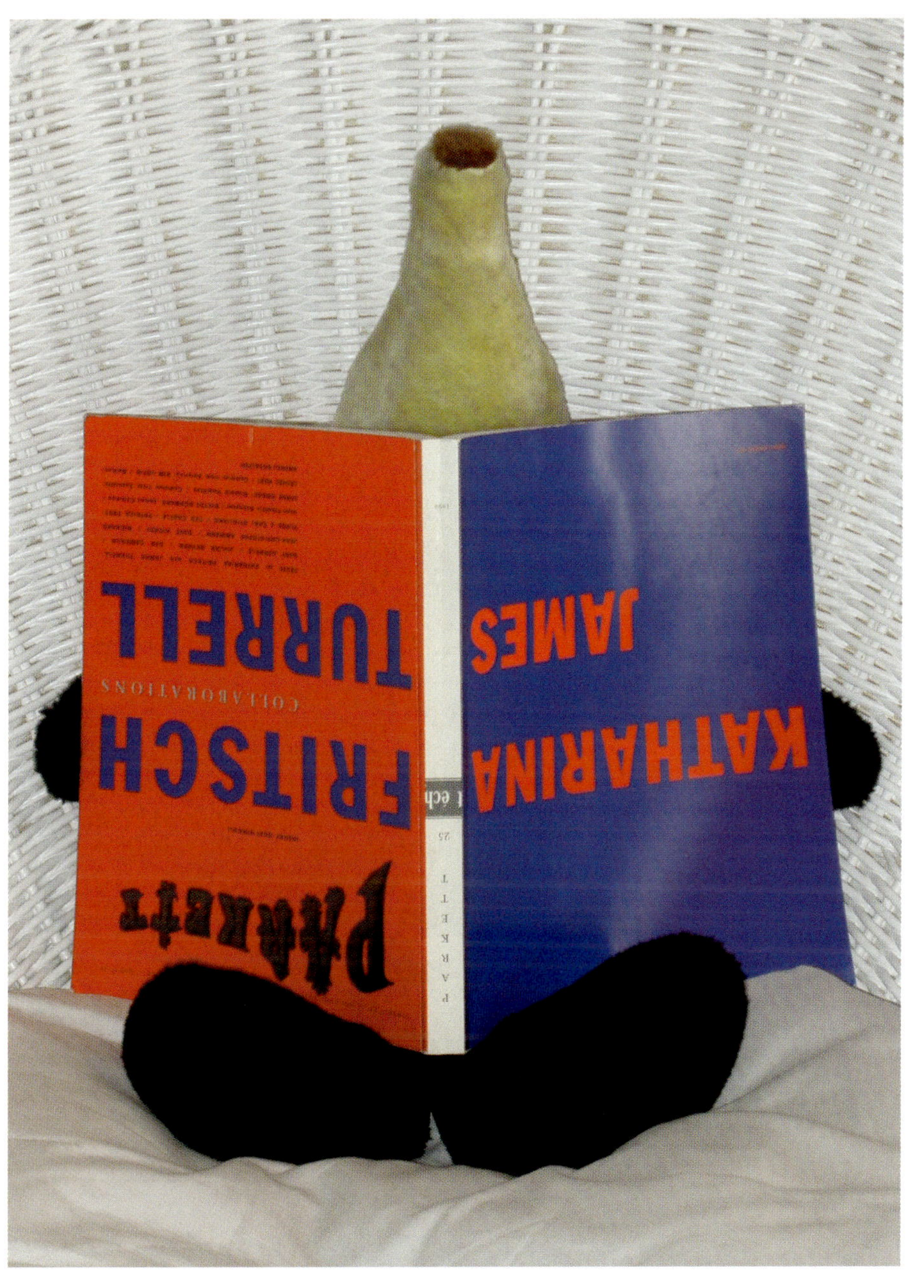

DAHINTER STECKT IMMER EIN KLUGER KOPF!

KATHARINA FRITSCH, 2004

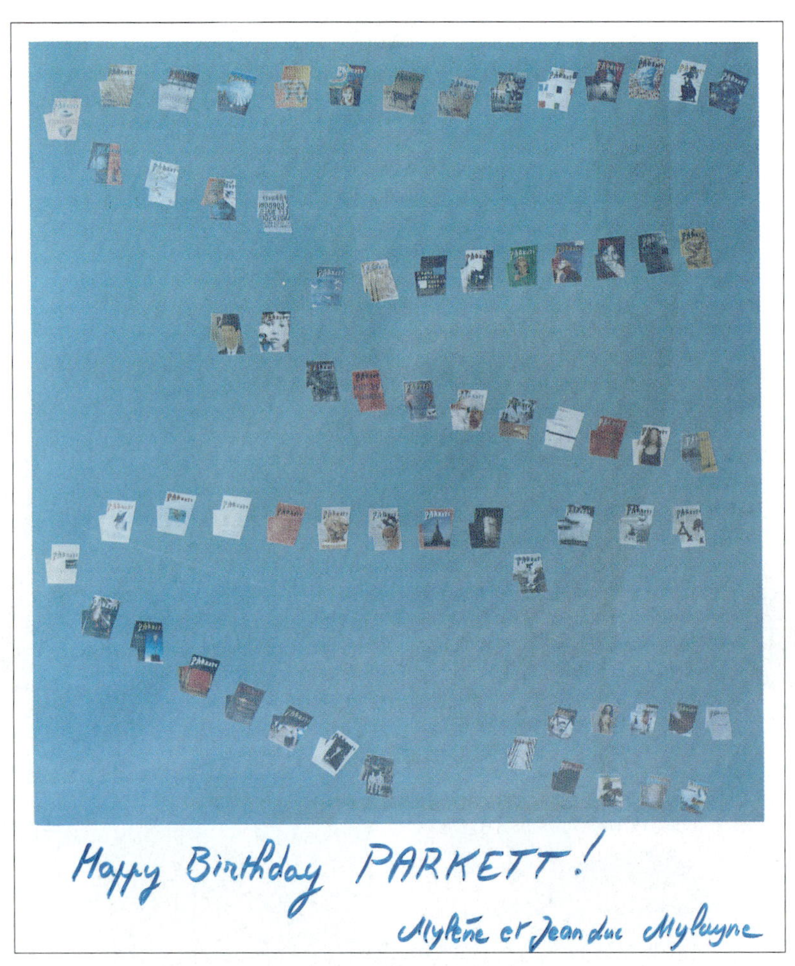

MYLÈNE ET JEAN-LUC MYLAYNE, 2004

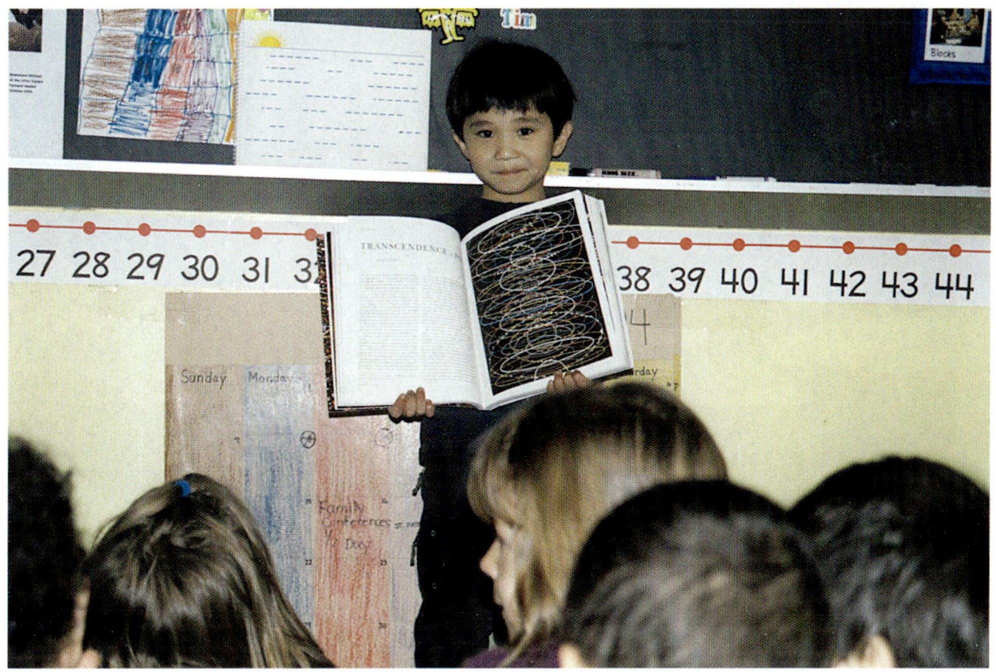

My son, Desmond Tomaselli, attends the Earth School in the Lower East Side. I recently came to his kindergarten class to talk about my work while he showed pictures of my work from various publications. This is a snapshot of him with Parkett No. 67.

All best, Fred

FRED TOMASELLI, 2004

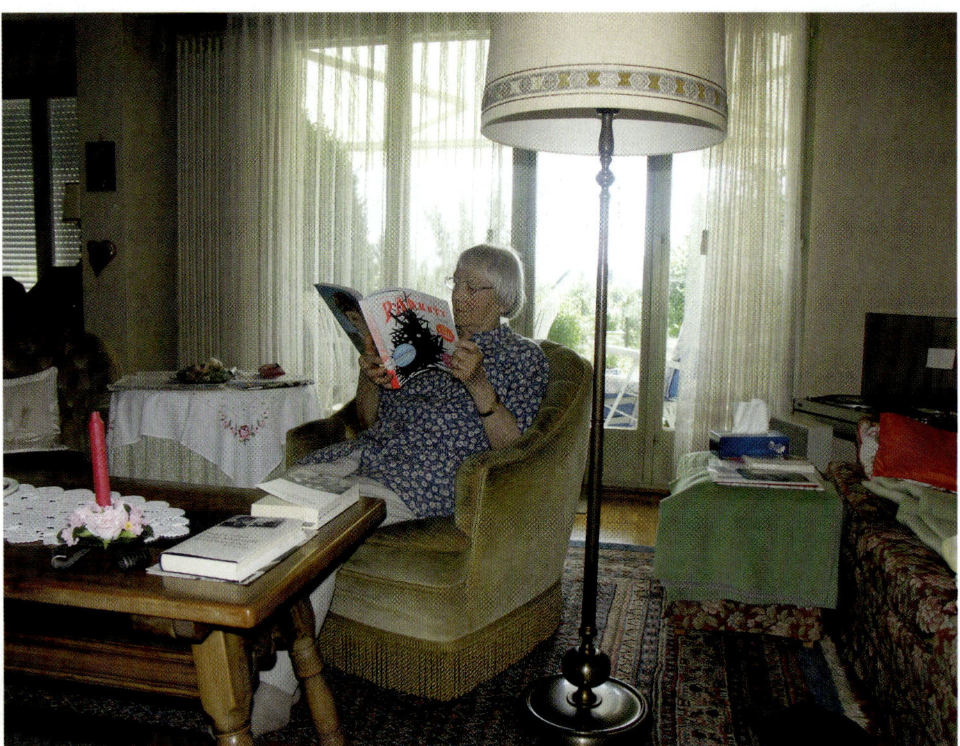

Wenn ich in der Schweiz bin, wohne ich bei meiner Mutter in Wetzikon im Zürcher Oberland. Dahin bekomme ich die Parkett-Ausgaben geschickt, die mich dort erwarten, wenn ich ankomme, was mich jedesmal sehr freut. Es ist eine besondere, schöne Stimmung, sie dann an ruhigen Abenden im Wohnzimmer auf der Couch oder im Garten zu lesen.

When I'm in Switzerland, I live with my mother in Wetzikon, east of Zürich. That's where the issues of Parkett are sent, which means they're waiting for me when I arrive, and that's always such a pleasure. The atmosphere is really very special when I read them on a quiet evening on the couch in the living room or in the garden.

– Beat Streuli, August 2004

BEAT STREULI, 2004

Richard Phillips, born 1962 in Marblehead, Massachusetts, USA, lives and works in New York / geboren 1962 in Marblehead, Massachusetts, USA, lebt und arbeitet in New York.

Keith Tyson, born 1969 in Ulverston, Cumbria, England, lives and works in London / geboren 1969 in Ulverston, Cumbria, England, lebt und arbeitet in London.

Olaf Breuning, geboren 1970 in Schaffhausen, Schweiz, lebt und arbeitet in New York und Zürich / born 1970 in Schaffhausen, Switzerland, lives and works in New York and Zurich.

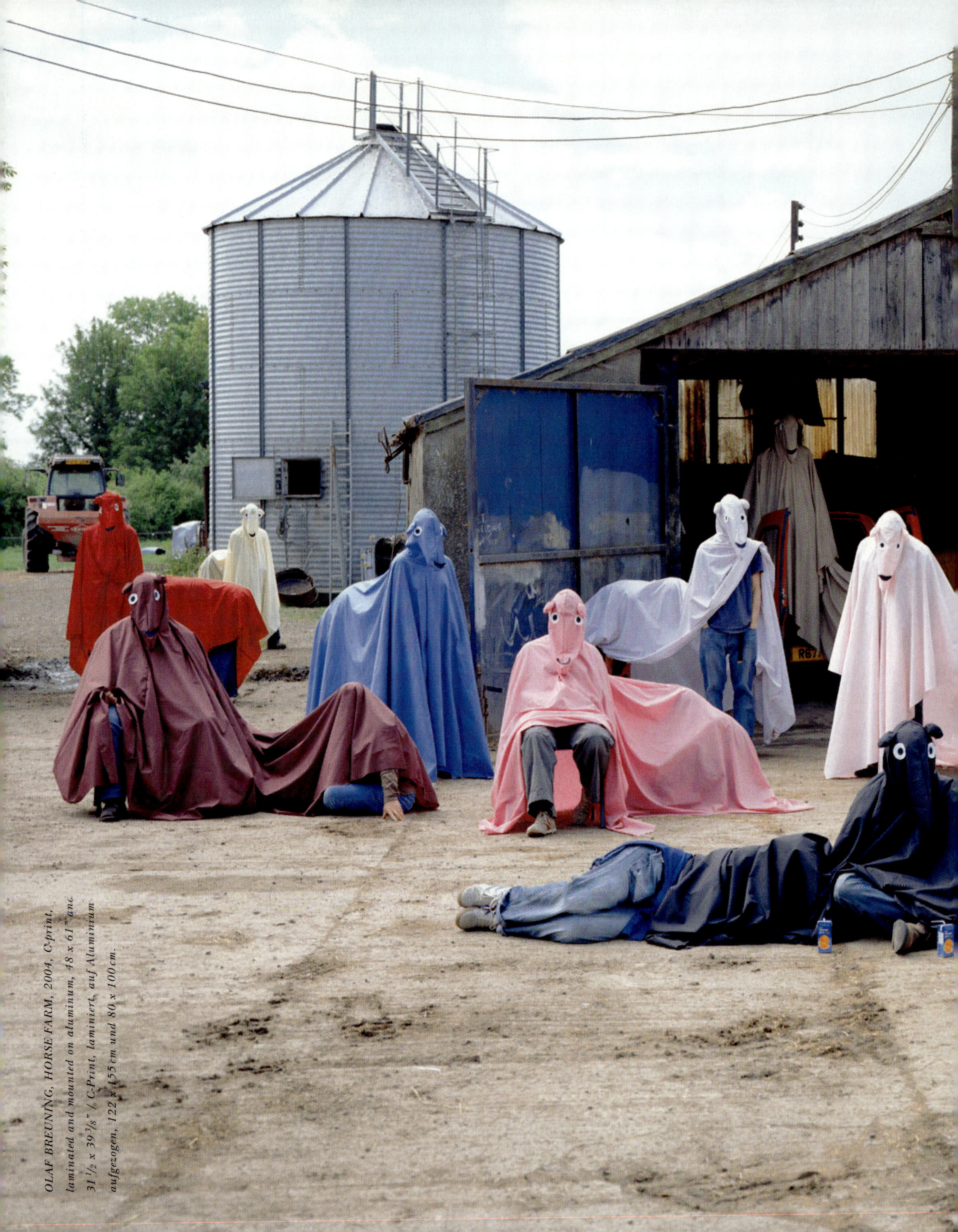

OLAF BREUNING, HORSE FARM, 2004, C-print, laminated and mounted on aluminum, 48 x 61" and $31\frac{1}{2}$ x $39\frac{3}{8}$" / C-Print, laminiert, auf Aluminium aufgezogen, 122 x 155 cm und 80 x 100 cm.

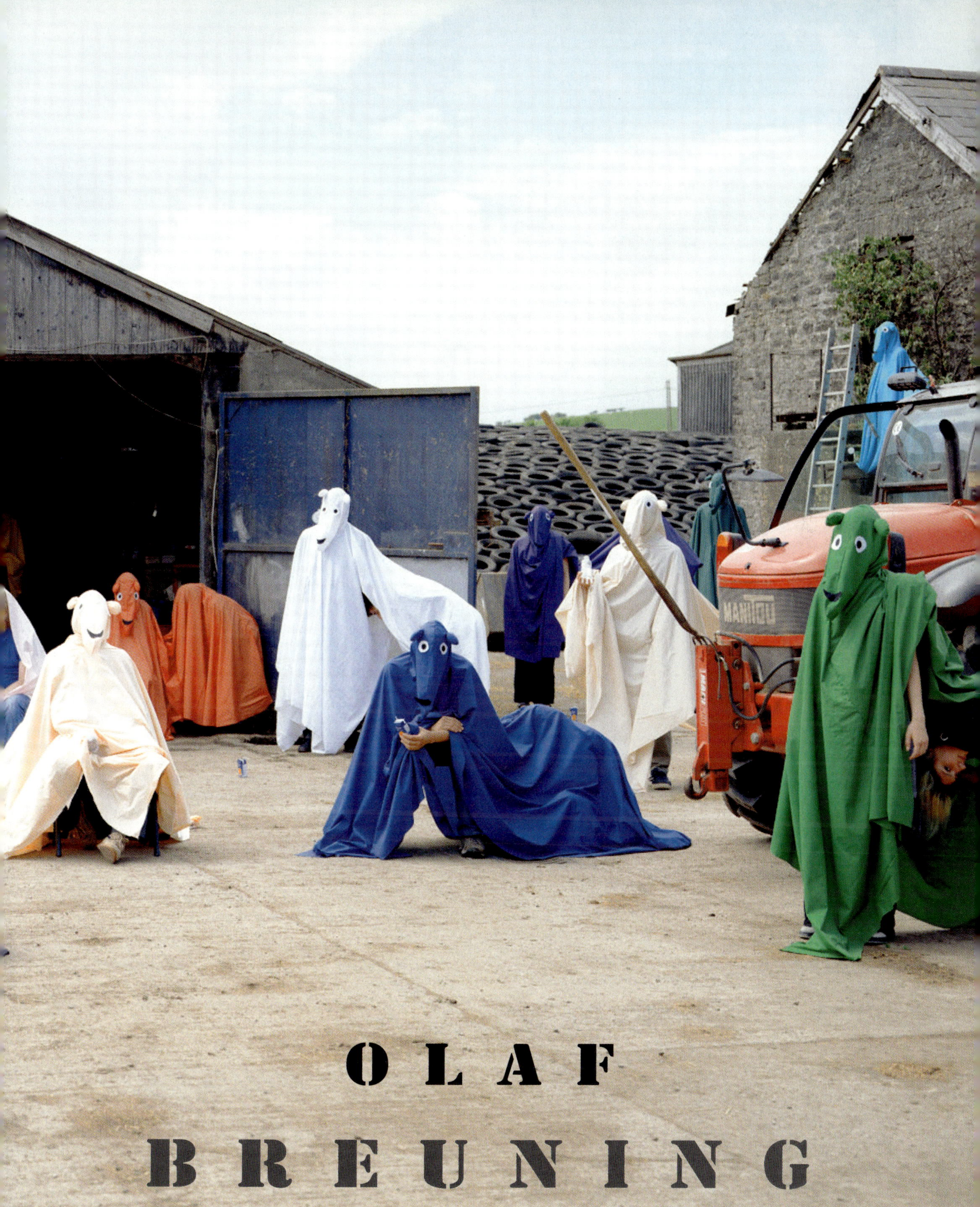

OLAF BREUNING

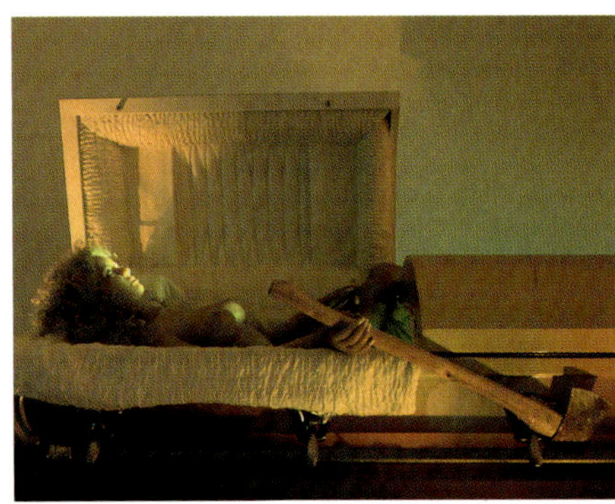

OLAF BREUNING, VAMPIRES, 2002, C-print, laminated and mounted on aluminum, 48 x 61" and 31 1/2 x 39 3/8" / C-Print, laminiert, auf Aluminium aufgezogen, 122 x 155 cm und 80 x 100 cm.

SIEHST DU?

ES IST IMMER DIESELBE GESCHICHTE

MARC-OLIVIER WAHLER

Wenn man Olaf Breuning auf seinem Mobiltelefon anruft, bekommt man Folgendes zu hören: «... Ich kann das Telefon nicht hören oder nicht sehen. Hinterlassen Sie eine Nachricht und ich werde das nächste Mal, wenn ich das Telefon sehe, zurückrufen.» Olaf hört das Telefon vielleicht und sucht es gerade fieberhaft, rennt von einem Ort zum anderen, wühlt in seiner Tasche, öffnet die Schränke, schaut unters Bett... Aber vielleicht hört er es auch nicht und schaut sich gerade *The Texas Chainsaw Massacre* oder *Twin Peaks* an. Oder er hat einfach keine Lust ranzugehen, weil er viel zu sehr damit beschäftigt ist, im Netz zu surfen und nach Miniaturskeletten, Silikon-Sexpuppen, Cowboystiefeln, mittelalterlichen Rüstungen oder Särgen für seine nächsten Arbeiten zu suchen. Bei Olaf Breuning löst eine einfache Handlung – wie das Aufsprechen einer Nachricht auf seinen Telefonbeantworter – auf Anhieb eine Flut möglicher Szenarien aus.

Wie ist, zum Beispiel, eine Photographie wie PRIMITIVES (Wilde, 2001) zu interpretieren, auf der vier Männer frontal in die Kamera schauen? Ihre gebräunte Haut ist mit weissen Flecken übersät, sie haben einen durchdringenden und entschlossenen Blick. Ihre Nacktheit bleibt hinter einem Paravant aus Zweigen verborgen. Jeder ist mit einem langen spitzen Stab bewaffnet. Auf den ersten Blick wirkt dieses Photo wie ein Beleg für die Existenz eines Stammes, den ein Anthropologe in einer abgelegenen, von jeder Zivilisation abgeschnittenen Gegend entdeckt hat. Doch durch gewisse Hinweise wird dieser erste Eindruck sofort wieder

MARC-OLIVIER WAHLER ist künstlerischer Leiter des Swiss Institute of Contemporary Art in New York. Gegenwärtig bereitet er eine Ausstellung mit dem Titel «OK/OKAY» vor, die im April 2005 in der Gray Art Gallery und im Swiss Institute in New York gezeigt wird.

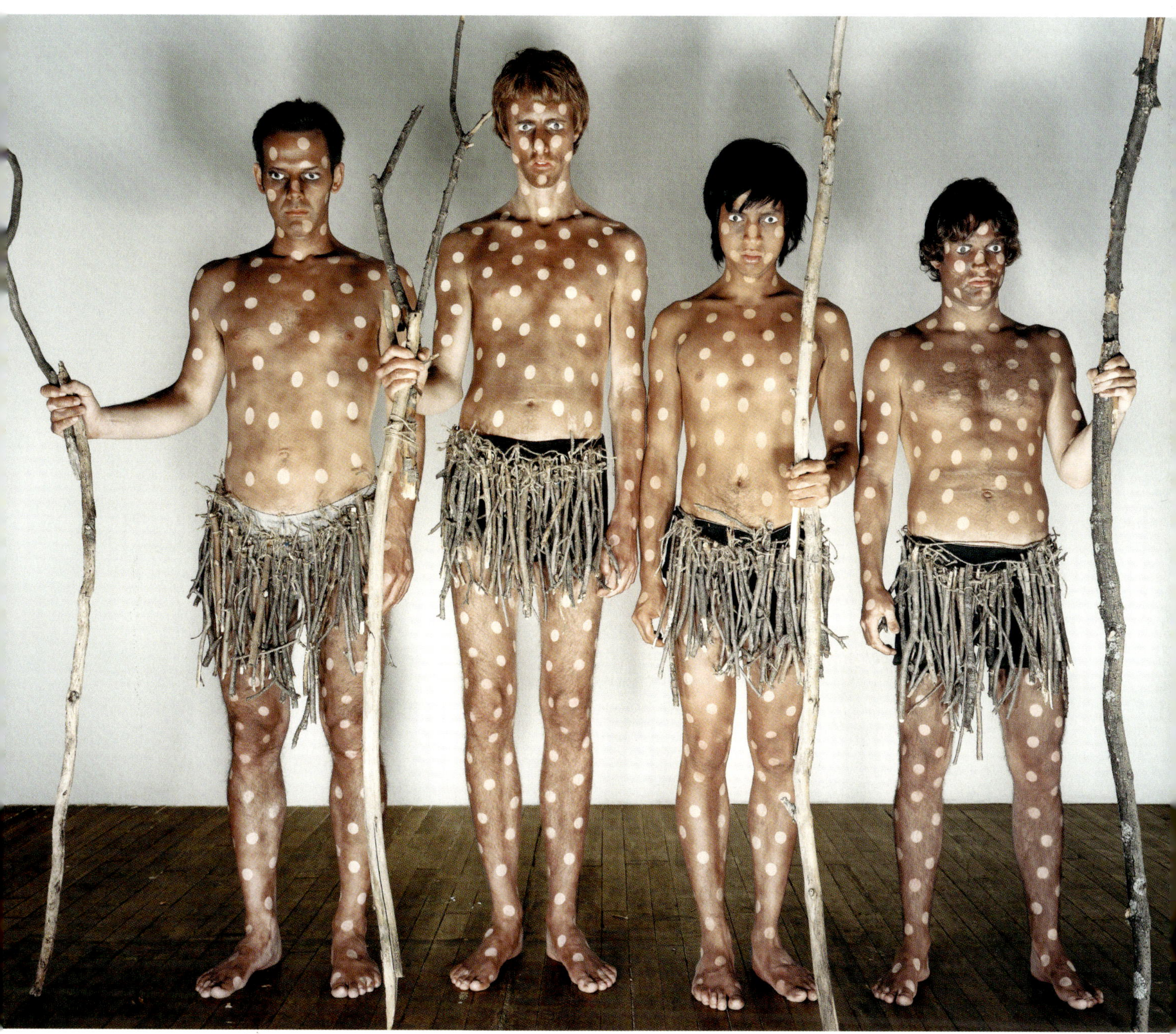

OLAF BREUNING, PRIMITIVES, 2001, C-print, laminated and mounted on aluminum, 48 x 61" and 31 1/2 x 39 3/8"/ C-Print, laminiert, auf Aluminium aufgezogen, 122 x 155 cm und 80 x 100 cm.

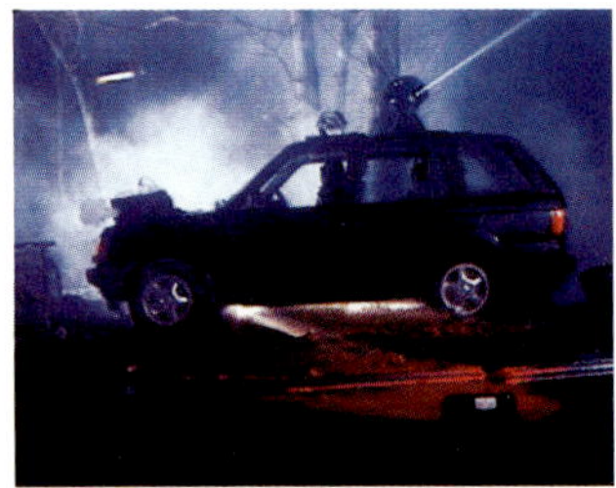
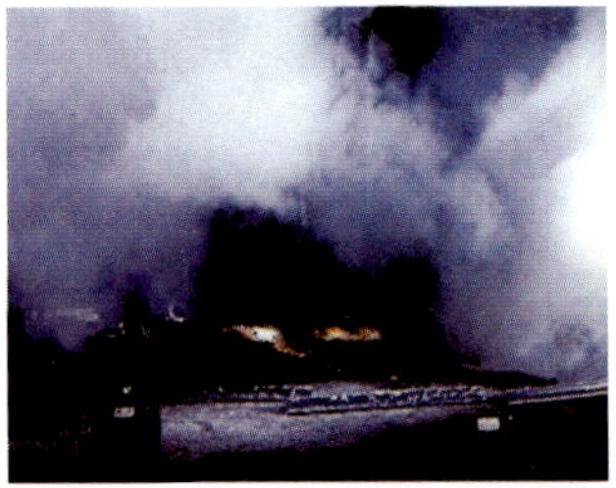
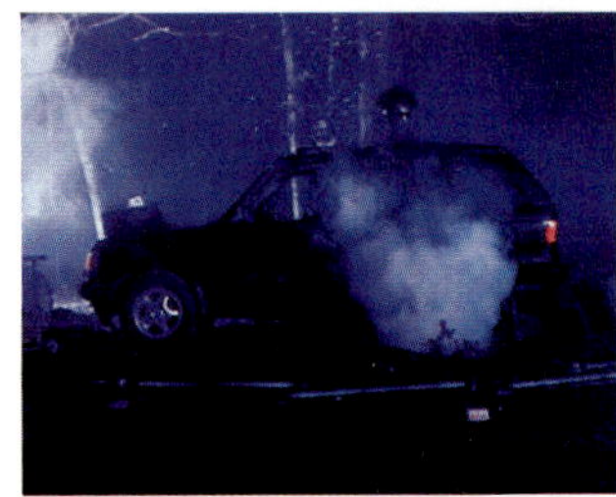
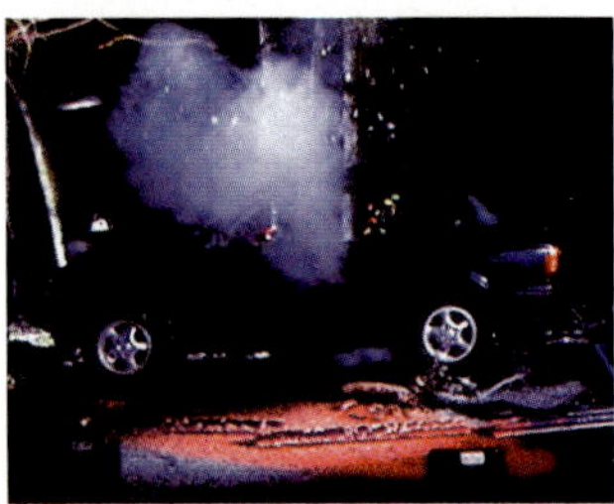
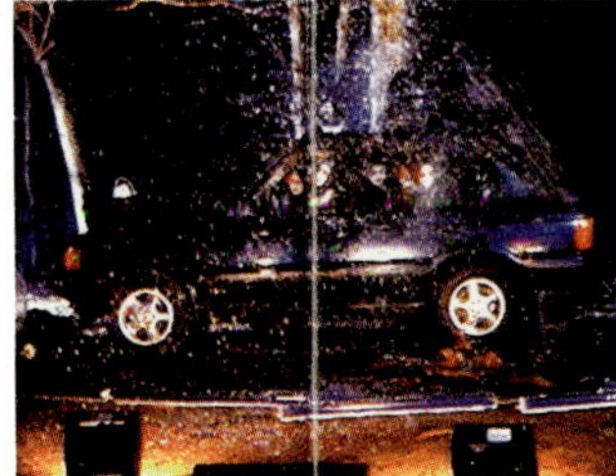

entkräftet. Der Boden, auf dem diese Wilden stehen, ist ein Parkettbelag. Wahrscheinlich handelt es sich um ein Photostudio, was auch die perfekte Ausleuchtung nahe zu legen scheint... Es ist offensichtlich eine Inszenierung, und plötzlich stechen einem zahlreiche Details ins Auge. Die Waffen entpuppen sich als ungefährliche Stücke trockenen Holzes, meist nur notdürftig zusammengeschustert. Die Flecken sind schöne weisse Kreise. Die Dynamik der Interpretation ist in Gang gesetzt und nichts wird sie mehr aufhalten. Gesicht und äussere Erscheinung der Darsteller verraten, dass sie ein sesshaftes Leben führen, und passen schlecht zur harten Realität des Jägerdaseins. Und das Buschwerk verbirgt die Unterwäsche nicht wirklich. Es könnte sich auch um eine Werbung für ein Bräunungsmittel handeln (das nicht überall aufgetragen wurde, um den Vorher-Nachher-Effekt besser sichtbar zu machen), oder auch für Unterwäsche aus Baumwollstretch, die bequem ist wie eine zweite Haut und den Wilden in uns weckt. Es sei denn, es handle sich um eine Aufnahme für das neue Plattencover irgendeiner Boyband – die vier Musiker sehen passabel aus, sie sind gut frisiert, beinah alle frisch rasiert und scheinen auf ihr Gewicht zu achten. Der durchdringende Blick dieser Wilden ist das Ergebnis einer Bemalung: Die Augen sind auf die geschlossenen Lider aufgemalt, wie um zu signalisieren, dass es letztlich nicht darauf ankomme, was man sehe. Wir können die Augen zwar schliessen, aber die Interpretation – die der Künstler ungebremst auf uns loslässt – wird in unseren Köpfen weiterlaufen.

Wie Raketen mit mehreren Zündungsstufen kommen uns die Arbeiten Olaf Breunings in Etappen näher. Der erste Eindruck – das unmittelbar Sichtbare – ist der Kern des Ganzen, aber dieses Erscheinungsbild ist dazu bestimmt, sich aufzulösen und kleinen Modulen Platz zu machen, die sich aus unseren eigenen Szenarien zusammensetzen. Diese Szenarien werden durch eine Reihe von Unsicherheiten provoziert. Zunächst meint man ein Klischee vor sich zu haben, das man kennt (so vertraut wie wir mit den typisierten Bildern sind, denen man in jeder Zeitschrift, auf jedem Plakat, an jeder Strassenecke begegnet). Aber dann beginnen eine Reihe kleiner Details diesen Eindruck ausser Kraft zu setzen und man fängt an, an seiner eigenen Urteilskraft zu zweifeln. Der Zweifel kontaminiert nach und nach alle Ebenen der Interpretation, einer Interpretation, die dazu verdammt ist, endlos fehlzugehen.

Dieses Phänomen der interpretativen Irrwege ist ein integraler Bestandteil von Olaf Breunings Arbeiten. Während dies in seinen Photographien noch nicht Konzept ist, wird es in den Installationen zu einem quasi physischen Element. In WOODWORLD (Welt aus Holz, 1999) strömten die Besucher in

OLAF BREUNING, WOODWORLD, 1998, installation video stills.

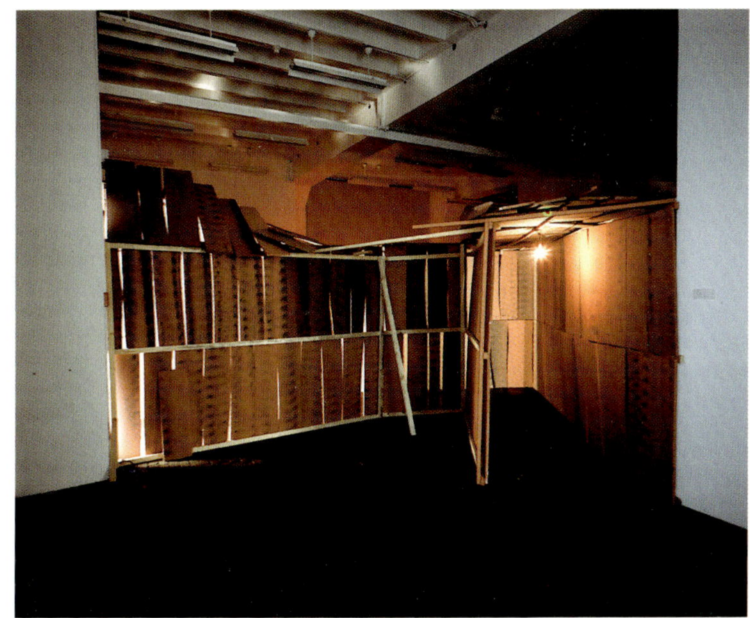

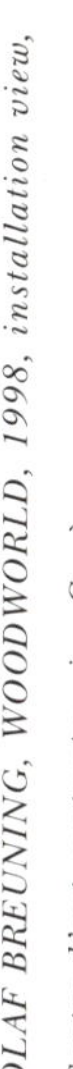

OLAF BREUNING, WOODWORLD, *1998, installation view, Centre d'art contemporain, Genève.*

einen Tunnel aus Brettern. Der Boden war mit Holzschnitzeln bedeckt. Durch die Bretterspalten sah man Lichter blinken. Manchmal mischte sich ein Donnergrollen ins allgemeine Gedröhn des Windes und der laufenden Maschinen. Die Besucher irrten also durch einen geschlossenen, dunklen Raum, etwas zwischen Schützengraben und Minenschacht, in einer Atmosphäre, die einem David Lynch zur Ehre gereicht hätte. Am Ende des Parcours wurde eine Videoprojektion gezeigt: eine feste Einstellung auf ein Auto, gewürzt mit diversen visuellen Effekten (Kunstschnee, Seifenblasen, Rauch, Lichtstrahlen) und einer Musik, die eine Kreuzung aus Rap, Techno und Disco-Pop war. «Was zu viel ist, ist zu viel», dachte man unweigerlich. Dieser Cocktail aus Geisterzug, Achterbahn, Weihnachtsdekoration und B-Movie-Kulisse war absolut unverdaulich. Doch es blieb ein Zweifel. Vielleicht hatte man etwas übersehen? Man kehrte an den Ausgangspunkt zurück, um sich das Ganze nochmals anzuschauen. Dabei tat sich eine andere Welt auf und der Wunsch in eine Geschichte hineingezogen zu werden – ganz gleich welcher Art und wäre sie noch so pathetisch – war stärker als jedes Urteilsvermögen.

In einer anderen Installation mit dem Titel HELLO DARKNESS (2002) musste der Besucher seinen Weg durch eine mit einer Axt verwüstete Bibliothek hindurch finden. Man stieg über Bücher und Regalbretter und stand dann plötzlich in einem Tunnel aus Licht. Am Ende dieses Durchgangs räkelte sich eine Silikonpuppe, das neuste hyperrealistische Spielzeug der Sexindustrie, laszív in einem Sarg und unterhielt sich mit einem Skelett:
"Tell me death, what do you know about death?"
"You are somewhere else," antwortete das Skelett. *"I cannot tell you exactly, but it is strange."*
"What do you mean by strange? Do you see flowers? Do you see a blue sky? Or is it only dark?"
"It is not really dark. I see the darkness and I see more than before, but it is something that I cannot tell you. It is something strange, so strange."[1)]

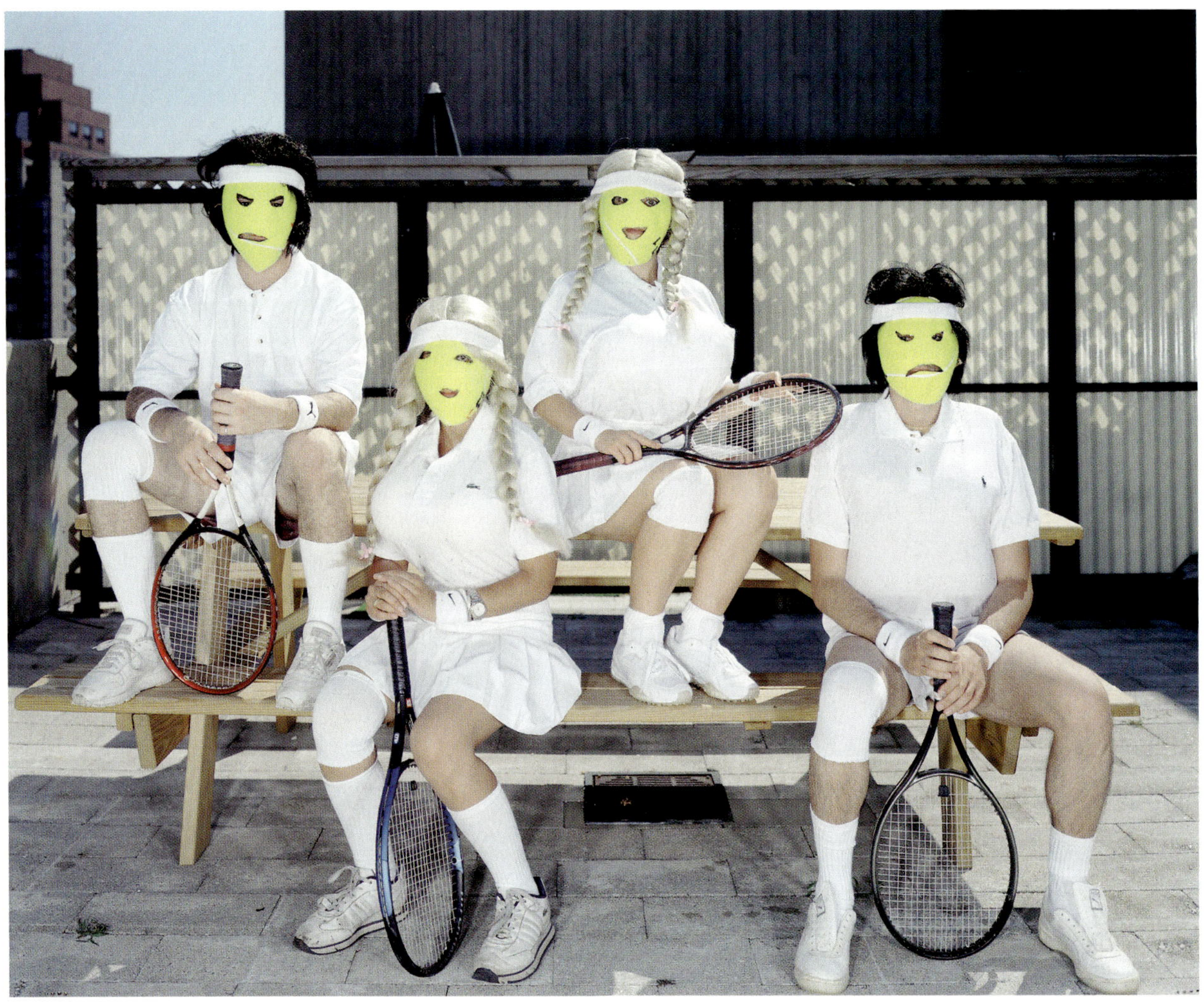

OLAF BREUNING, DOUBLE, 2003, C-print, laminated and mounted on aluminum, 56 11/16 x 70 7/8", 48 x 61", and 31 1/2 x 39 3/8"/ C-Print, laminiert, auf Aluminium aufgezogen, 144 x 180 cm, 122 x 155 cm und 80 x 100 cm.

Man erwartet eine Beschreibung des Jenseits, einen Einfall des Künstlers zur Welt des Unsichtbaren, eine Reflexion über die Oberflächlichkeit der Dinge, oder sogar einen Blondinenwitz. Auf alles ist man gefasst, nur nicht auf dieses *It is something strange, so strange.* Die Puppe insistiert, wie man es selbst auch tun würde, hätte man die Gelegenheit, sich mit einem lebendigen Toten zu unterhalten: *Are you sad that your life is over? [...] Is life really about changing something?* (Bist du traurig, dass dein Leben zu Ende ist? (...) Geht es im Leben wirklich darum, etwas zu bewirken?) Anstelle einer Antwort summt das Skelett ein Lied («Hello Darkness»), das in den Worten gipfelt: *See? It is always the same story* (Siehst du? Es ist immer dieselbe Geschichte).

Das Thema ist unwichtig, genauso wie das, was wir zu sehen bekommen, letztlich nicht wirklich von Bedeutung ist. Es geht immer um dieselbe Geschichte, alle Bilder sind gleichwertig, alle Szenarien sind möglich. Das bringt auch Olaf Breunings Lieblingswort zum Ausdruck: *Whatever*, was auch immer. Seine Arbeiten sind aussergewöhnliche Katalysatoren der Interpretation, starke Maschinen zur Erzeugung von Szenarien, berückende und visuell faszinierende Inszenierungen, doch am Ende des Tunnels lautet die Botschaft klar und unmissverständlich: *Whatever.* Der schon durch die Arbeiten selbst zugespitzte Zweifel breitet sich weiter aus. Eine derartige Platitüde unterläuft unseren Wunsch, unterhalten oder gar belehrt zu werden. Man sucht eine Bedeutung, eine Erklärung für diese systematische Aushöhlung jeglicher Position. Die Maschine beginnt wieder zu laufen, die Interpretationen, die Bilder, die Szenarien laufen nochmals vor unserem geistigen Auge ab, aber sie gehen endlos in die Irre und prallen wie Wassertropfen an der Oberfläche des Sichtbaren ab.

Eines ist offensichtlich: Unser Ego, unser Romantizismus, unser Humor, unsere Sexualtriebe werden von der Informationslawine, die von den Medien losgetreten wurde, mitgerissen und wir stehen in einem dauernden Abhängigkeitsverhältnis zu diesem unversiegbaren Fluss. Wir verlangen nach unserer täglichen Dosis, wir bedürfen der Verzauberung durch die Macht des Bildes, der Schwindel erregenden Kurven des perfekten Frauenkörpers, der blitzenden Reflexe des Autos im Metallisé-Look, des Schauers, den der Anblick wilder Naturvölker und hohnlachender Skelette auslöst, und wir bedürfen der augenzwinkernden Verweise auf unsere Populärkultur («Ja, ich habe die Anspielung verstanden, ich bin mit von der Partie!»). Während die Gesellschaft im Allgemeinen darauf aus ist, unsere Gedanken nach leicht erkennbaren Standardmustern zu formen, baut Breuning Fallen für solche Denkmuster. Er kennt unsere Vorliebe für Bilder aus der Werbung. Und als gelernter Photograph weiss er, wie man schöne verführerische Klischees herstellt. Je perfekter das Bild erscheint, desto eher wird die Falle zuschnappen. Aber bekanntlich ist eine Falle nur ein Lockmittel, ein Kunstgriff, um besser zu täuschen. Man fühlt sich angezogen von dem, was man liebt, und oft liebt man, was man uns nahe legt zu lieben. Als williges Opfer stürzt man sich kopfüber auf den Köder. Doch während das Begehren in der Welt der Werbung fortwährend neu entfacht wird, auf dass das Gefühl des Mangels nie die Konsummaschine ins Stocken geraten lasse, werfen uns die Bilder Breunings augenblicklich auf unser erbärmliches Dasein als simple Bildkonsumenten zurück. Statt uns die Leviten zu lesen oder uns zu beeindrucken und mit offenem Mund irgendein perfektes Spektakel anstaunen zu lassen, wie das ein Matthew Barney tut, arbeitet Breuning auf die Einebnung jeglicher Hierarchien hin, auf eine Nivellierung jeder romantischen Position und setzt dabei nichtsdestotrotz ein hohes Mass an Täuschung ein. Olaf Breuning ist ein Jäger des einundzwanzigsten Jahrhunderts. Mit seinen Fallen verführt, betört und betäubt er uns. Aber er überlässt es dem Zuschauer, sich selbst zu quälen, so wie in einem guten Horrorfilm das wahre Opfer ja auch nicht derjenige ist, der mit der Kettensäge massakriert oder lebendig begraben wird, sondern der Zuschauer, der danach vor Angst nicht mehr einschlafen kann.

(Übersetzung aus dem Französischen: Suzanne Schmidt)

1) «Sag mir Tod, was weisst du über den Tod?»
«Man ist an einem andern Ort», antwortete das Skelett. «Ich kanns dir nicht genau erklären, aber es ist seltsam.»
«Was meinst du mit ‹seltsam›? Siehst du Blumen, siehst du einen blauen Himmel, oder ist es einfach dunkel?»
«Es ist nicht wirklich dunkel. Ich sehe die Dunkelheit und ich sehe mehr als vorher, aber es ist etwas, was ich dir nicht erklären kann. Es ist etwas Seltsames; ganz seltsam.»

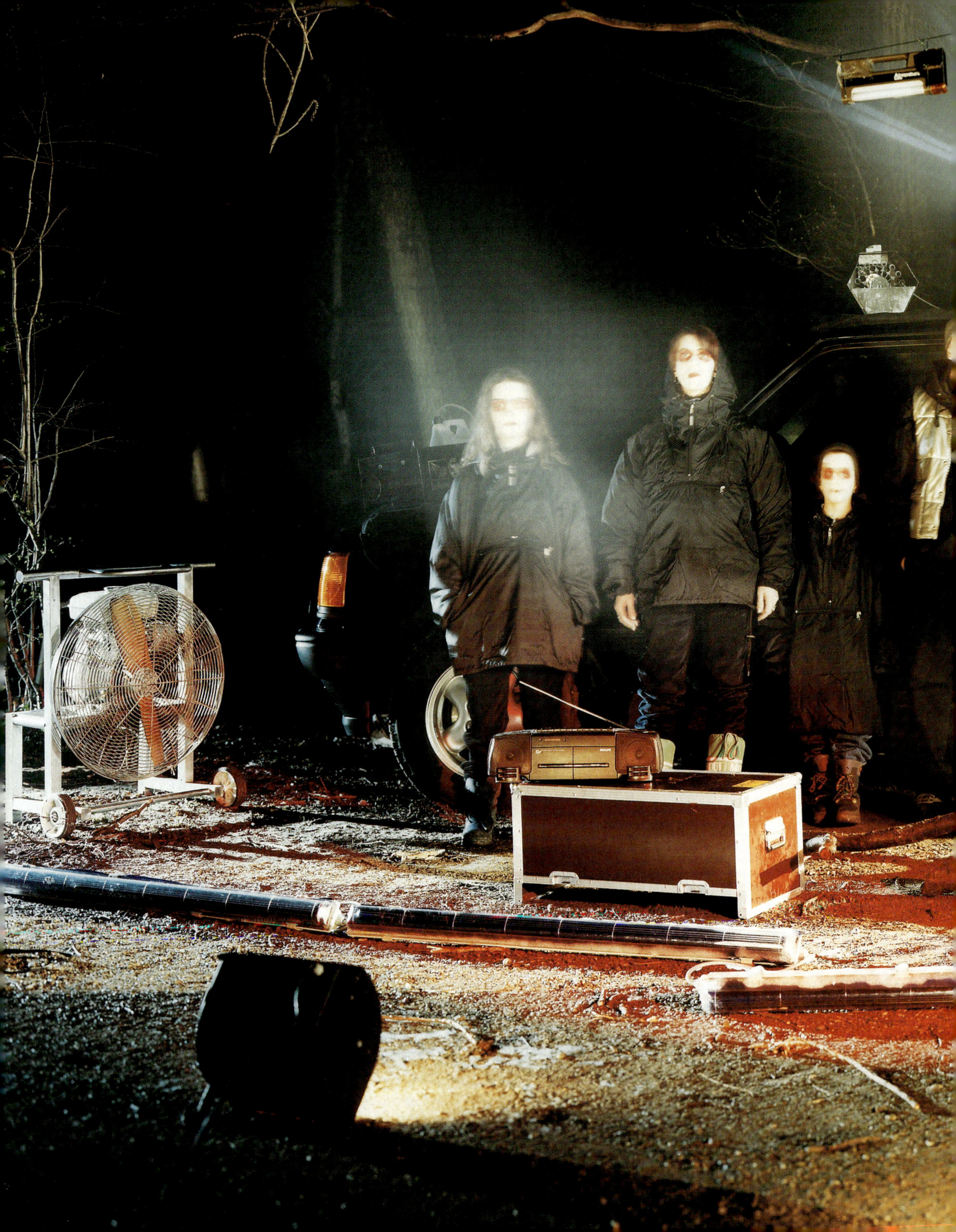

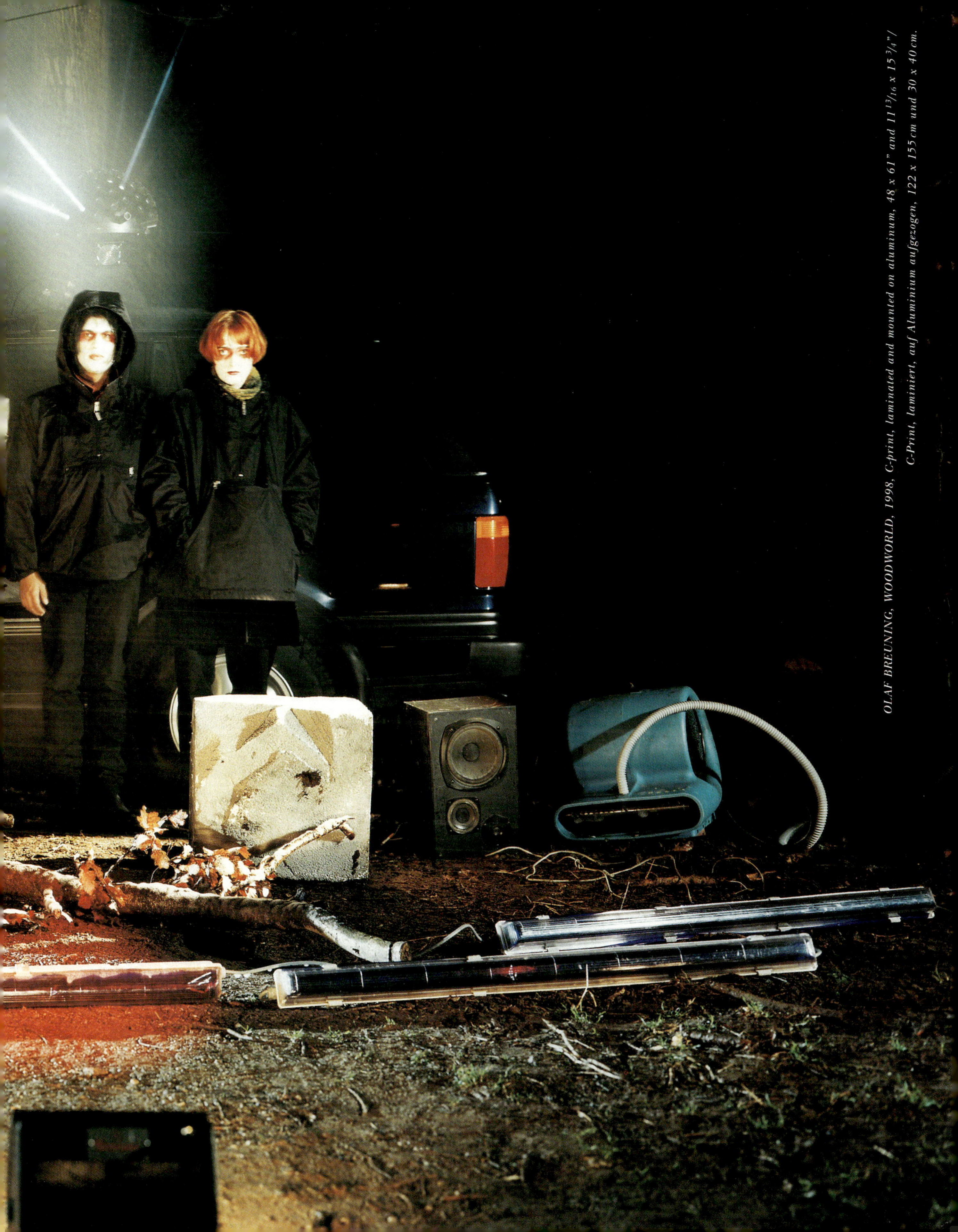

OLAF BREUNING, WOODWORLD, 1998, C-print, laminated and mounted on aluminum, 48 x 61" and 11 13/16 x 15 3/4" / C-Print, laminiert, auf Aluminium aufgezogen, 122 x 155 cm und 30 x 40 cm.

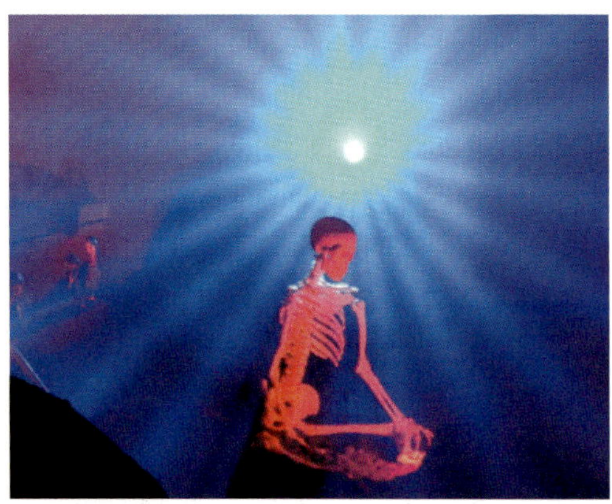

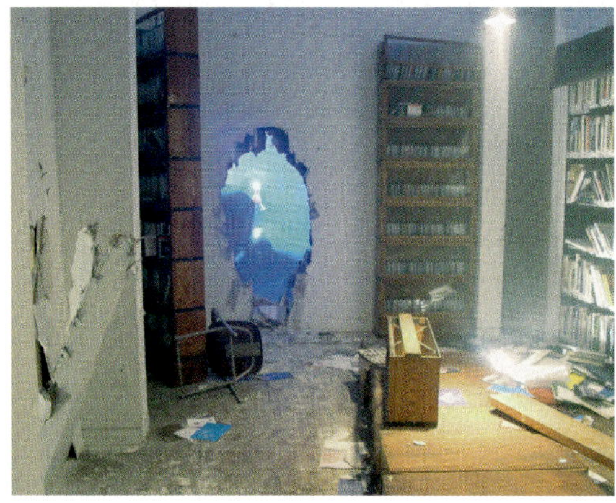

SEE?

IT IS ALWAYS THE SAME STORY

MARC-OLIVIER WAHLER

OLAF BREUNING, HELLO DARKNESS, 2002, installation views, Swiss Institute, New York.

If you call Olaf Breuning on his cell phone, you'll get the following message: "[...] I cannot hear or cannot see the telephone. Leave a message and I will call back the next time I see the telephone." Maybe Olaf heard the phone ringing and he's looking for it everywhere, running in all directions, rummaging in his bag, opening the closets, looking under the bed... Or maybe he didn't hear it, and he's watching *The Texas Chainsaw Massacre* or *Twin Peaks*. Or maybe he doesn't feel like answering because he's too busy surfing the net for miniature skeletons, silicone sex dolls, cowboy boots, medieval armors, or coffins for his next show. With Olaf Breuning, a simple act—like formulating an outgoing message on a cell phone's voicemail, for example—immediately generates a multitude of possible scenarios.

How are we to interpret, for instance, a photograph like PRIMITIVES (2001), in which four men are facing the camera, their tanned skin covered with white spots, their gaze piercing and resolute? Their nakedness is hidden behind a loincloth made of branches. Each one of them is armed with a long, sharpened rod. At first, the photograph seems to be some anthro-

MARC-OLIVIER WAHLER is the artistic director of the Swiss Institute of Contemporary Art in New York. He is working on an exhibition titled "OK/OKAY" (April 2005) at the Gray Art Gallery and the Swiss Institute in New York.

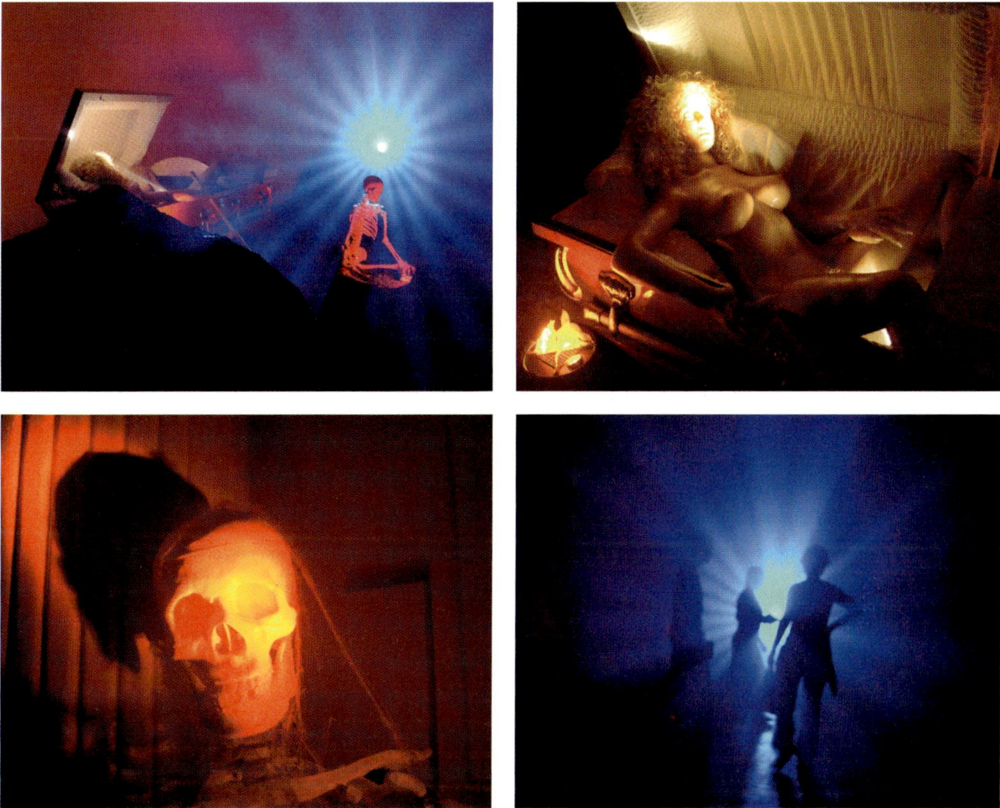

OLAF BREUNING, HELLO DARKNESS, 2002, installation views, Swiss Institute, New York.

pologist's documentation of a remote tribe, cut off from all civilization. But a few details immediately undermine the initial impression. The floor on which the primitives are standing is parquet. As the impeccable lighting indicates, this is a photographer's studio. Clearly, this shot is staged, and now a multitude of details suddenly pop up. The weapons are harmless pieces of dry wood, most of them shoddily put together. The spots are pretty white circles. Once interpretation is activated, nothing can hold it back. The faces and physiques of the hunters betray a sedentary lifestyle hardly compatible with the harsh reality of subsistence hunting. Behind the branches, underwear is visible. Could this be an ad for a tanning cream (applied in blotches, to better show the difference between before and after)? Or is it for some sexy underwear, as comfortable as a second skin, guaranteed to awaken the animal in you? Or maybe it's a photo shoot for the cover of some teenybopper band's new album: the four musicians are handsome and well-groomed, they sport nice haircuts, they seem to be in shape... These primitives' piercing gaze is the result of a drawing: their eyes are painted on their closed eyelids, as if to indicate that what one sees is of no importance in the end. Close your eyes, and interpretation—unleashed by the artist—will continue to unfold inside your head. Just like rockets with successive stages of ignition, Breuning's works reveal themselves in progressive steps. The initial impression—what is immediately visible—constitutes the core of the work, but appearances quickly dissolve to reveal smaller modules informed by our own scenarios. These scenarios are triggered by a series of questions. First, we might think we are looking at a familiar picture, a cliché, another one of the standard images we've grown accustomed to seeing on every magazine, every poster, every street corner. Then, a series of small details creates a kind of interpretive short-circuit, and we begin to doubt our own critical skills. A suspicion infiltrates all levels of critical thinking, and interpretation is doomed to a permanent drifting.

This type of interpretive drifting prevails in Breuning's work. When it is not conceptualized in his photographs, it becomes a quasi-physical component of his installations. In WOODWORLD (1998), the viewer penetrated inside a passageway made of wooden planks. The floor was covered with wood chips. Blinking lights filtered through spaces between the planks. Now and then, a rumble of thunder could be heard amidst a maelstrom of sounds produced by heavy machinery and wind. The viewer would furrow through a dark, boarded-up corridor, suggesting a soldier's trench or a mine shaft—a setting right up David Lynch's alley. At the end of the circuit was a video projection consisting of a static shot of a car, peppered with a number of visual effects (artificial snow, soap bubbles, fog, light beams) and a soundtrack at the intersection of techno, disco, and rap. The first impression was one of excess, of being presented with a rather unpalatable hodgepodge of a ghost ride, a roller-coaster, some Christmas window display aesthetic, and a B-Movie setting. But a nagging doubt persisted: what if some small detail had been overlooked? What if you went back for another ride and a whole new world would appear? The desire to be swept up in a story—any story, even the most pathetic—would win over critical reasoning.

In another installation, entitled HELLO DARKNESS (2002), the visitor wades through a mess of books and bookshelves from a library that has been hacked to pieces. Suddenly, a tunnel of light appears, and at the end of the passage, a silicone doll, the sex industry's latest hyperrealist gadget, is lasciviously lying inside a coffin, engaged in conversation with a skeleton:

"Tell me death, what do you know about death?"

"You are somewhere else," the skeleton would reply. "I cannot tell you exactly, but it is strange."

"What do you mean by strange? Do you see flowers? Do you see a blue sky? Or is it only dark?"

"It is not really dark. I see the darkness and I see more than before, but it is something that I cannot tell you. It is something strange, so strange."

You expect a description of life after death, or perhaps an inspired representation of the invisible world, a comment about the superficiality of things, or even a blonde joke about death. You expect anything but: "It is something strange, so strange." The doll insists, just as one would if one could talk to a dead person: "Are you sad that your life is over? (...) Is life really about changing something?" In lieu of an answer, the skeleton hums a tune ("Hello Darkness"), punctuating it with the following words: "See? It is always the same story."

The subject matter is of little importance, and ultimately, what is on view matters just as little. It is always the same story: all images are of equal value, all scenarios are possible. Breuning's motto encapsulates it: "Whatever." His works are extraordinary catalysts for interpretation, powerful scenario-machines, intriguing and visually fascinating tableaux, but at the end of the tunnel, the message is clear and unequivocal: "Whatever." Our doubt, already aroused by the works themselves, increases. Such a platitude confounds our desire to be entertained, or even enlightened. We want a meaning, an explanation for this systematic deflation of the artist's stance. And the machine starts again: interpretations, images, scenarios flood our mind once again, but they drift without end, gliding like raindrops on the surface of the visible.

It is obvious: our ego, our romantic notions, our humor, our sexual drives are caught up within a stream of information released by the media. We are addicted to this unextinguishable flow. We need our daily fix, we need to fall under the spell of the image, the vertiginous curves of the ideal woman, the metallic glint of cars, the *frisson* provided by the spectacle of half-dressed savages or grinning skeletons, the clever allusions to popular culture ("I got it, therefore I belong"). Whereas society in general works toward a formatting of thought according to easily identifiable models, Breuning elaborates traps for those models. He knows

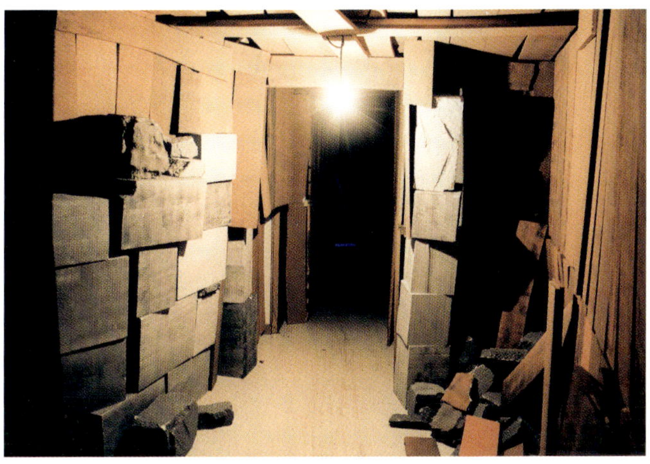

OLAF BREUNING, WOODWORLD, 1998,
installation view, Centre d'art contemporain, Genève.

our inclination for the images of advertising. As a professional photographer, he is able to create beautifully seductive clichés. The more perfect the image, the more fatal the trap. But a trap is just a lure, an artifice used to deceive. We are attracted to what we like, and often we like what we are prompted to like. We are consenting victims, rushing headlong towards the bait. And whereas in the world of advertising, desire is constantly rekindled so that no feeling of lack may ever delay gratification, Breuning's images only return us to our pitiful condition as consumers of images. Rather than edifying us, or impressing us and leaving us speechless before the spectacle of some imaginary perfection (as Matthew Barney might), Breuning works toward a leveling of all hierarchies and all romantic posturing, all the while embracing the highly deceptive dimension of his endeavor. Olaf Breuning is a hunter of the twenty-first century, laying down his traps, casting his spells, beguiling us. But he leaves to us the responsibility of breaking the charm. Just like, in any good horror movie, the victim isn't the guy who was chopped to pieces with a chainsaw or buried alive, but the one who watched the movie and, shaken, cannot fall asleep.

(Translation from the French: Anthony Allen)

Technician of the Sacred

CARISSA RODRIGUEZ

Dreaming of islands—whether with joy or in fear, it doesn't matter—is dreaming of pulling away, of being already separate, far from any continent, of being lost and alone—or it is dreaming of starting from scratch, recreating, beginning anew. Some islands drifted away from the continent, but the island is also that toward which one drifts; other islands originated in the ocean but the island is also the origin, radical and absolute.[1]

The (mass) ornament is an end in itself.[2]

From beginning to end... To imagine a fictitious origin of the world and treat it as an artistic object, to designate its faraway-ness both in history and in place, in fantastic tableaux that steal their décor from the products of modern life. To stage creation myths, lost paradises, and lonely civilizations starting with nothing more than a laptop and a vague sensation of belonging to something out there—an abstract but still pulsating reflex. To forge a symbolic system that is in itself a desert island, estranged from any continent of meaning external to it. Then to populate this island as well, with characters that are desert islands in and of themselves: castaways, homeless bums and bag ladies, cowboys, gangsters, metalheads, ghosts, and the trendy nubile girls whom they abduct. These *dramatis personae* without plot or clear direction—isolated, floating, and rootless in the world—are just as they appear in Olaf Breuning's video paradoxically titled HOME (2004).

Breuning's cast brings us into contact with nothing more than their own far-flung façades—to the garb they are costumed in, to the fact that they are nothing more than a front—in front of which communicability eventually stops short. In numerous Breuning photographs, hybrid beings stand erect in parallel lines striking frontal poses like a line-up of statues; he renders them flat while tempting us with recognizable elements (cars, sneakers, merchandise). Adorned in a jumble of signs pointing only to their abstraction, these beings are left stranded with no identifiable signifying order to latch onto. If with nothing more, they show up bearing none other than the story of their genesis—their evolution through the mass production that sent them drifting onto one of Breuning's sets. To suggest that these figures are immobile isn't to say they are incapable of physical motion, because as we see in HOME, they lead rather dynamic lives: deep sea diving to hunt for food, annoying tourists at Machu Picchu, ordering hookers in Las Vegas hotels, taunting Amish farm boys. Yet Breuning's beings are most resonantly

CARISSA RODRIGUEZ is a writer living in New York.

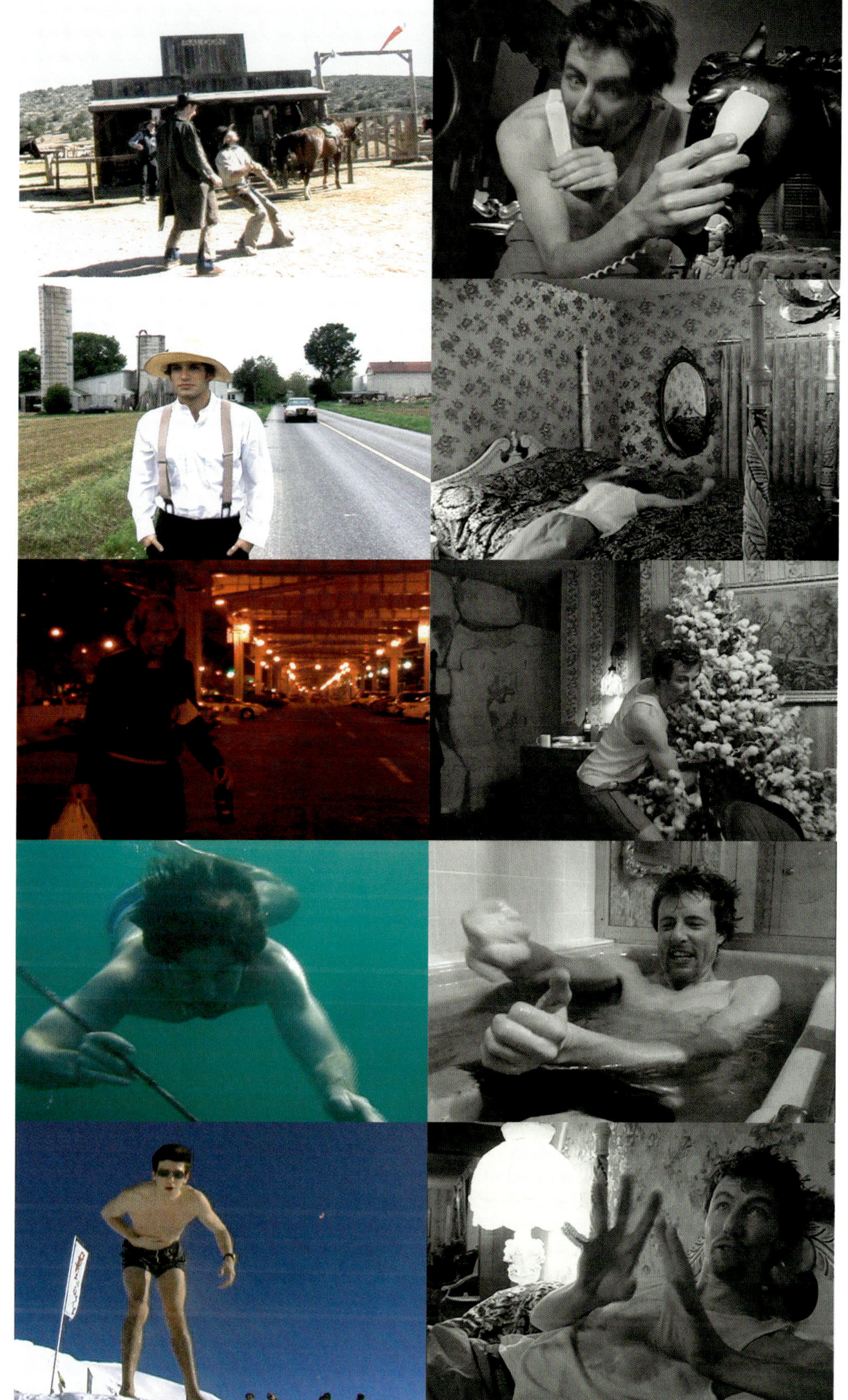

OLAF BREUNING, HOME, 2004, video projection on two screens, stills / Bilder aus der Videoprojektion auf zwei Leinwände.

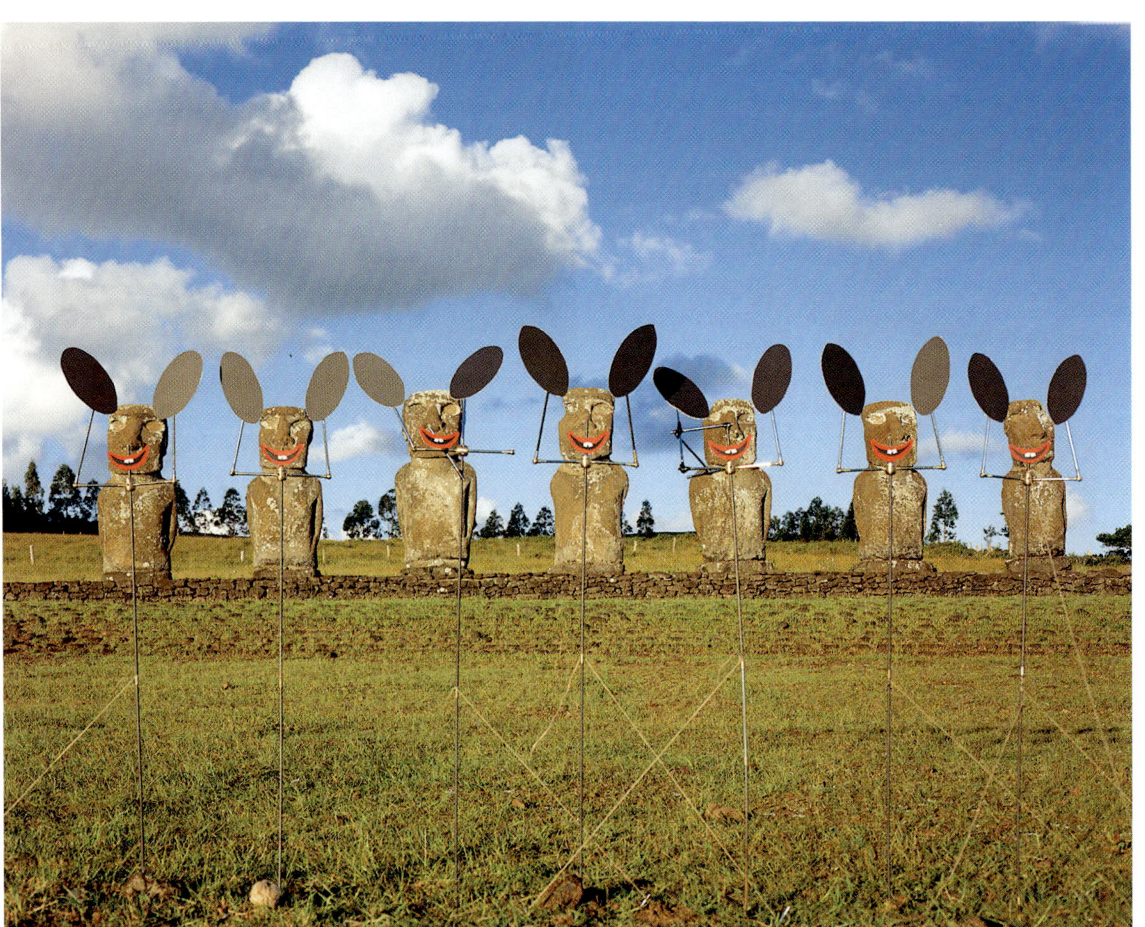

OLAF BREUNING, EASTER BUNNIES, 2004, C-print, laminated and mounted on aluminum, 48 x 61" and 31 1/2 x 39 3/8" / C-Print, laminiert, auf Aluminium aufgezogen, 122 x 155 cm und 80 x 100 cm.

immobile in their metaphorical force. They supplant storytelling (mythology) with blatant display (pornography/advertising), but are sophisticated enough (they've been around a while—since the beginning no doubt) to know that these means are becoming harder to tell apart. One could almost say that the movements of these beings take place in the vacuum of Breuning's frame, a window circumscribing an island from which they gaze back like extraterrestrials that have come to plant themselves as clownish effigies of the present on the shores of our collective unconscious. Breuning's work is often described as a plethora of limitless fictions that somehow regenerate even more comically strange stories of humans seeking forms of life on a media-controlled planet, but isn't it rather a crisis of fiction that his images are driving at? To a process of demythologizing what is left over after market industries have emptied the contents from stories once vital to individual communities, by filtration through capitalist production? What kind of stories can one really tell with automatons, with "the fabrication of a figure whose very principle is immobility, the immobility of he who only knows one movement, who cannot evolve, cannot be changed (by love or competition), who can do no more than disappear (it's actually quite touching) in the enigma of his own programming?"[3)]

Is it a manifestation of the artist's own cynicism, of a dark suspicion that a technocratic second nature seems to be surpassing its own fantasies, that he travels to exotic places only to intervene in the locale's sacred elements in a way that could easily have been done in an hour at home with graphics software? With a rudimentary metal armature contraption designed to add rabbit ears and bucktoothed smiles to sacred monuments, Breuning embarked to Easter Island to shoot the photograph EASTER BUNNIES (2004). According to Breuning, it was a journey undertaken to experience "polarities of stupidity and holiness."

By this same token, I too have traveled to Easter Island, via the Kevin Costner–produced Hollywood movie *Rapa Nui* (1994), titled after the island's native name, somehow to trace Breuning's ironic sentiment. Beyond the film's ethnographic distortions—its import of Maori actors and costume, its campy one-liners in British accents such as, "Pretty soon we'll have nothing to eat but each other," its enactment of a sacred rite in the style of a televised sports event, its soft eco-friendly didactics, and not least, the formulaic love triangle crossing caste lines that tries to hold it all together—*Rapa Nui* is essentially the story of Capital. The Protestant work ethic is crudely applied to the giddy South Seas as if a natural phenomenon intrinsic to human nature—a somehow inevitable fate, glossing the events of "way back then" with the here and now. Class struggle takes place around the Moai, the island's monolithic totems for whose construction the Long Ears (the bourgeoisie) subjugate the Short Ears (the proletariat) into forced labor. With hackneyed Nietzschean renunciations of the oppressor's sacred ornaments, the enslaved Short Ears exclaim from the dust of the quarry, "That's all there is—idiot statues—we make the Gods!" The Long Ear in charge retorts, "Just finish the Moai in time!"

"The mass ornament is the aesthetic reflex of the rationality to which the prevailing economic system aspires."[4)] Siegfried Kracauer's critique of mass spectacles of the early twentieth century resonates today. The mass ornament works "to train the broadest mass of people in order to create a pattern of undreamed dimensions."[5)] Breuning's work overflows with elements that display a cultish attraction to mechanic emissions, not for the products they are capable of producing, but for the sheer energy—lights, sounds, colors—of their effects. WOODWORLD (1998) is a video installation that displays a stationary Range Rover with zombie-like beings seated inside. Nothing happens except for a sequence of cheap stage devices—smoke, wind, snow, spotlights, and an electronic soundtrack, all together programmed to blink on and off in rhythmic and visual patterns. There is a cool ambivalence to this static image, which like Breuning's installation APES (2001), employs special effects as an end in itself—effects whose uniform, and potentially hypnotic, features are a pretense masking the lived irrationality of the economic system. The ornaments spawned from an out-of-control second nature take refuge in synchronized abstractions (like an iTunes Visualizer), seeking some semblance of reason in the longing to connect to human de-

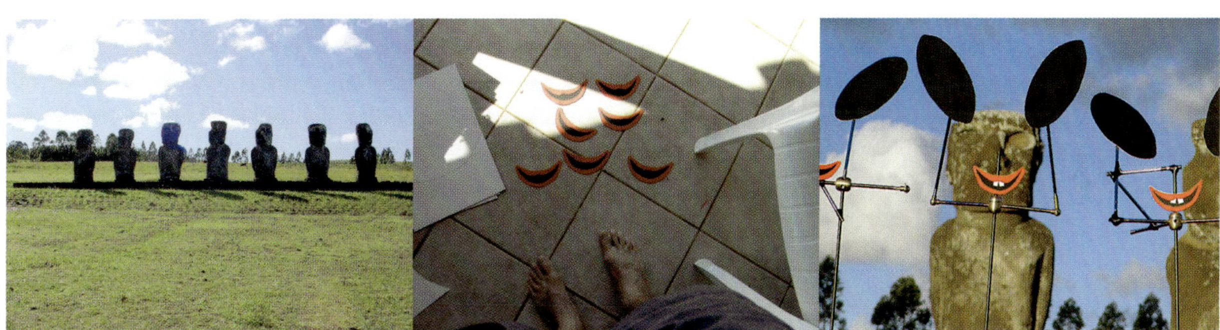

OLAF BREUNING, EASTER BUNNIES, 2004, production stills.

sires. Breuning animates his luxury vehicle and inert primates in artificial forests that are otherwise mute.

Soundtracks are an integral part of Breuning's work, with instrumentation composed entirely from the digital sound banks of recording software. He seems to take an individual sound almost literally, relating to its existence as an "aural object"[6)]—as the sound itself—and not the object or image of its source. Sometimes eerie noises are overlaid to collaborate with the eeriness of a visual scene, but in many instances, noises arise independently of the image to tickle us with their own emotional features. Quite apt for an artist who likes to feign an illiterate approach and prefers to convey ideas with onomatopoeic totalities such as "rumble, whirr, swish," by clicking buttons on sound loops.

Getting back to HOME, a different aural operation is at work in the series of vignettes strung together by its strung-out narrator. The split-screen video shows a pacing and ranting commentator confined to the right-hand frame, his voiceover dispelling the mysteries of his own and his friends' lives unfolding on the left. His monologue does not add a layer to the image, but doubles it, predicting and repeating what will or what just happened. Like an annoying movie date, the voice neutralizes the story before it has a chance to materialize. On the left screen a character stumbles out of a jacuzzi atop the Swiss Alps, sick from indulgence and too much champagne. Just as he is about to throw up, the narrator tells us that his vomit spells "I EXIST," dampening the suspense even before the drunken fellow's self-epiphany splatters on the snow. Is this redundancy the crisis of fiction laid bare? Redundancy becomes total in Breuning's photograph MR. HAND, MRS. ASS, MRS. KNEE AND MR. FOOT (2004), in which inane cartoon faces are drawn with magic marker on respective naked body parts. What these hapless little icons without substance seem to be reaching for is not some decoder that could give them a break, so to speak, but a breakdown of communicability as intrinsic value.

As Giorgio Agamben writes in *The Man Without Content,* "This space is the aesthetic space, but what is transmitted in it is precisely the impossibility of transmission, and its truth is the negation of the truth of its contents. A culture that in losing its transmissibility has lost the sole guarantee of its truth and become threatened by the incessant accumulation of its nonsense now relies on art for its guarantee; art is thus forced to guarantee something that can only be guaranteed if art loses its guarantees in turn."[7)]

The protesters on strike in Breuning's photograph WE ONLY MOVE WEHEN SOMETHING CHANGES (2002) seem marooned in this same ambivalence. How will contemporary art/life realize isles anew, second origins unwilling to forge the same deserted destiny of *Rapa Nui's* makeshift automatons in the drone of everyone keeping everyone else busy? Hello. Is anybody there?

Before submitting this text, I called Olaf on the telephone and of the art world he said: "Sometimes it's like being stuck on a little island. Each time you realize it, you want to vomit." So what is his art? "Sitting on an island and vomiting about my life."

What struck him most lucidly on Easter Island was relaxing on a volcano at sunset, getting drunk on Chilean wine and feeling lost in the sweeping vista, and an unbelievable feeling of solitude. From the mountainside he watched a gorgeous indigenous young man with a long flowing ponytail galloping on a horse along the shoreline, accompanied by a pack of dogs. He said this vision was like a real unspoiled dream. The young man spotted him as well, and galloped toward him calling out, "Hey! Aren't you from New York? Do you think you can get me a job? I'm totally bored with this place… I really got to get out of here!"

1) Gilles Deleuze, "Desert Islands" in *Desert Islands and Other Texts 1953–1974,* edited by David Lapoujade, trans. Michael Taormina (New York: Semiotext(e), 2004), p. 10 (emphasis in the original).

2) Siegfried Kracauer, "The Mass Ornament" in *The Mass Ornament: Weimar Essays,* translated, edited, and with an introduction by Thomas Y. Levin (Cambridge, Massachusetts and London: Harvard University Press, 1995), p. 76.

3) Serge Daney, "From Movies to Moving" in *Documenta X, Documents 2,* trans. Brian Holmes (Kassel: Documenta GmbH, 1996), p. 79.

4) Kracauer, op. cit., p. 79.

5) Ibid., p. 77.

6) Christian Metz, "Aural Objects" in *Yale French Studies #60: Cinema/Sound,* trans. Georgia Gurrieri (New Haven: Yale French Studies, 1980).

7) Giorgio Agamben, "The Melancholy Angel" in *The Man Without Content,* trans. Georgia Albert (Stanford: Stanford University Press, 1999), p. 110.

Ein Virtuose des Sakralen

CARISSA RODRIGUEZ

Von den Inseln träumen, ob mit Angst oder mit Freude, heisst davon träumen, dass man sich trennt, bereits getrennt ist, fern von den Kontinenten, dass man allein und verloren ist – oder aber träumen, dass man wieder bei Null beginnt, dass man neuerschafft, dass man von vorne anfängt. Es gab abgedriftete Inseln, aber die Insel ist auch das, wohin man driftet; und es gab ursprüngliche Inseln, aber die Insel ist auch der Ursprung, der radikale, absolute Ursprung.

– Gilles Deleuze[1)]

Das Ornament (der Masse) ist sich Selbstzweck.

– Siegfried Kracauer[2)]

Von Anfang bis Ende... sich einen fiktiven Ursprung der Welt ausdenken und ihn wie ein Kunstobjekt behandeln, seine grosse zeitliche wie räumliche Ferne kennzeichnen, in phantastischen Tableaus, deren Dekor aus Produkten des modernen Lebens besteht. Schöpfungsmythen, verlorene Paradiese und einsame Zivilisationen inszenieren mit nichts als einem Laptop und dem vagen Gefühl irgendwo da draussen hinzugehören – ein abstrakter, aber deswegen nicht minder lebendiger Reflex. Ein symbolisches System zu schmieden, das selbst eine verlassene Insel, also jedem externen Bedeutungskontinent entfremdet ist. Und dann diese Insel auch noch bevölkern, mit Charakteren die wiederum verlassene Inseln sind: Ausgestossene, obdachlose Penner und Stadtstreicherinnen, Cowboys, Gangster, Heavymetal-Fans, Gespenster samt den modischen Sexpüppchen, die sie zu entführen pflegen. Genau solchen *dramatis personae* ohne Drehbuch und klare Regie – isoliert, schwebend und nicht verwurzelt in dieser Welt – begegnen wir in Olaf Breunings Video mit dem paradoxen Titel HOME (2004).

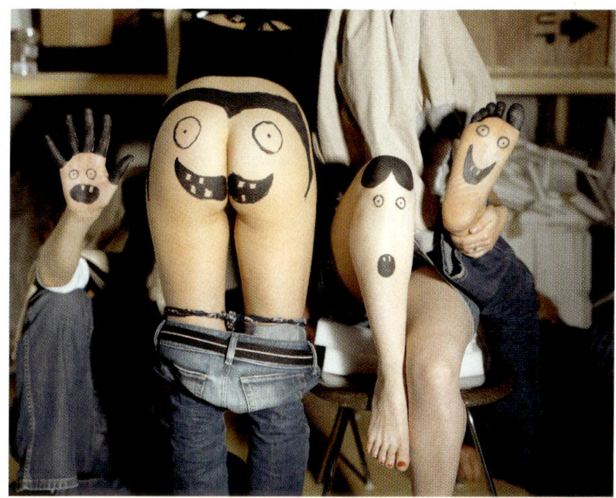

OLAF BREUNING, MR. HAND, MRS. ASS, MRS. KNEE AND MR. FOOT, 2004, C-print, laminated and mounted on aluminum, 48 x 61" and 31 1/2 x 39 3/8" / C-Print, laminiert, auf Aluminium aufgezogen, 122 x 155 cm und 80 x 100 cm.

Breunings Figuren bringen uns mit nichts anderem in Berührung als mit ihren eigenen, ein weites Feld abdeckenden Fassaden: der Tracht, in der sie

CARISSA RODRIGUEZ schreibt und lebt in New York.

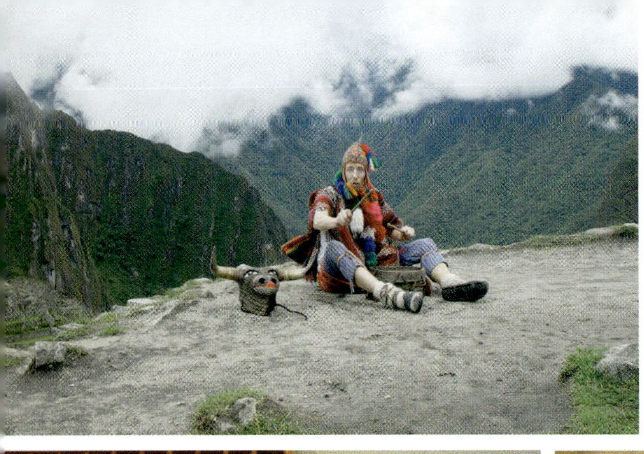
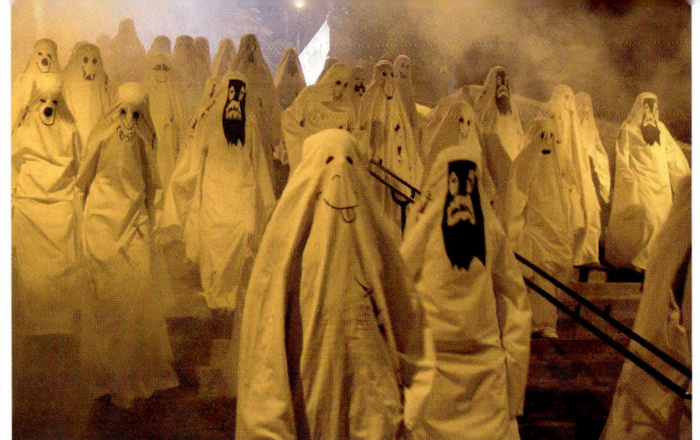
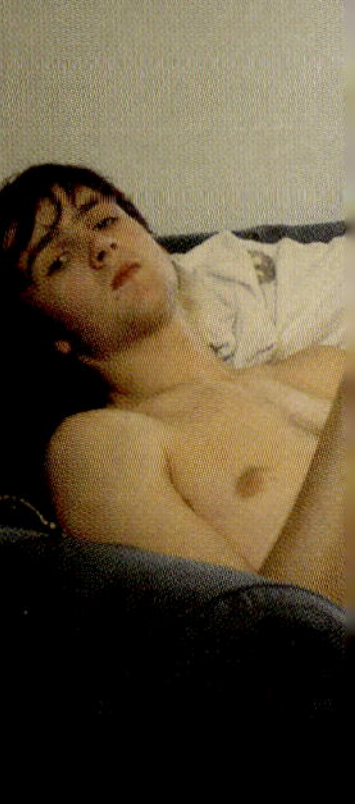
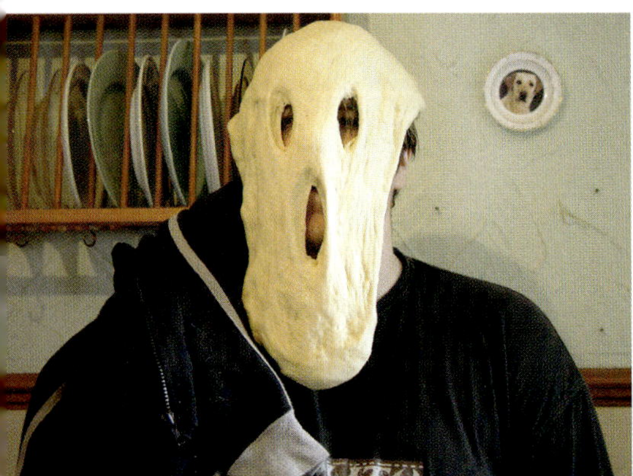
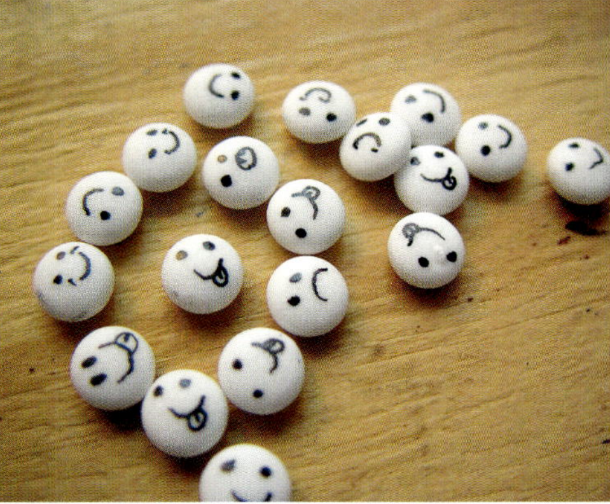
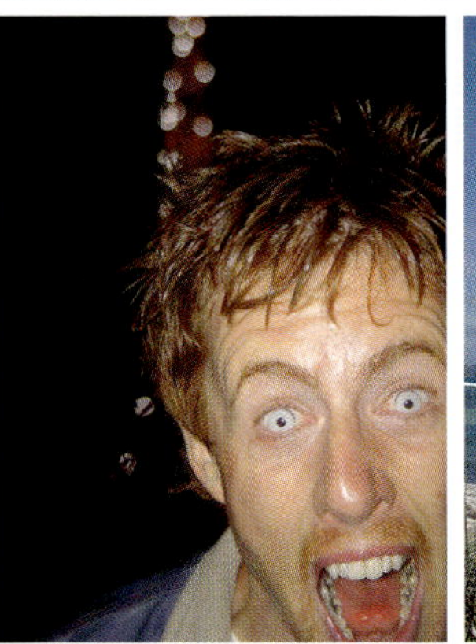
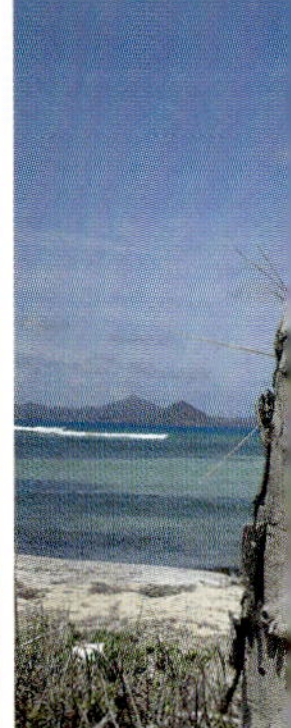
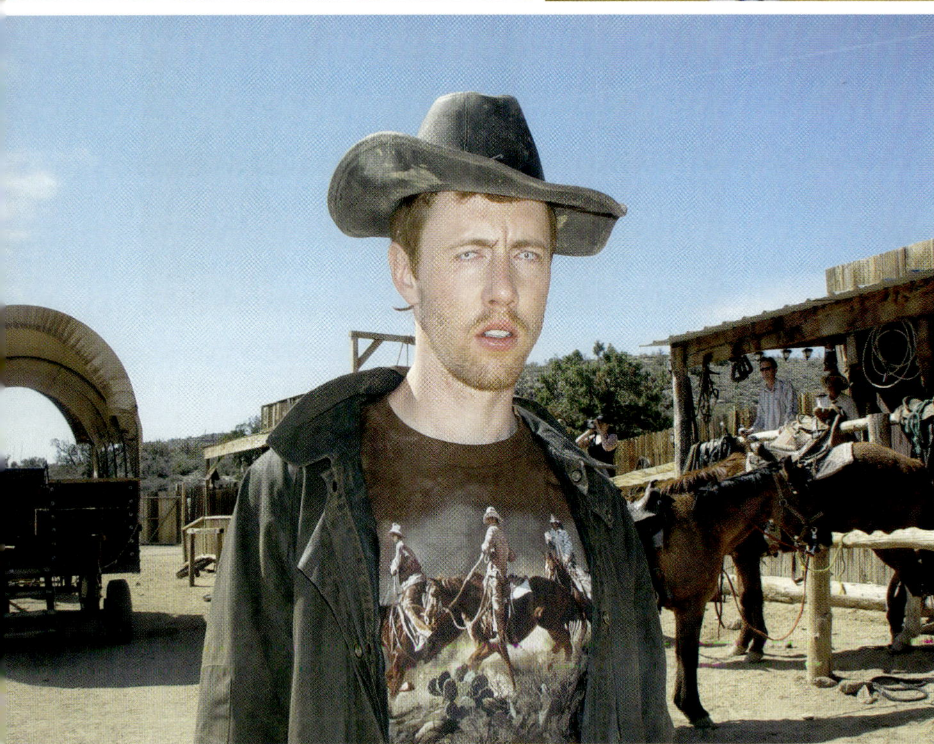
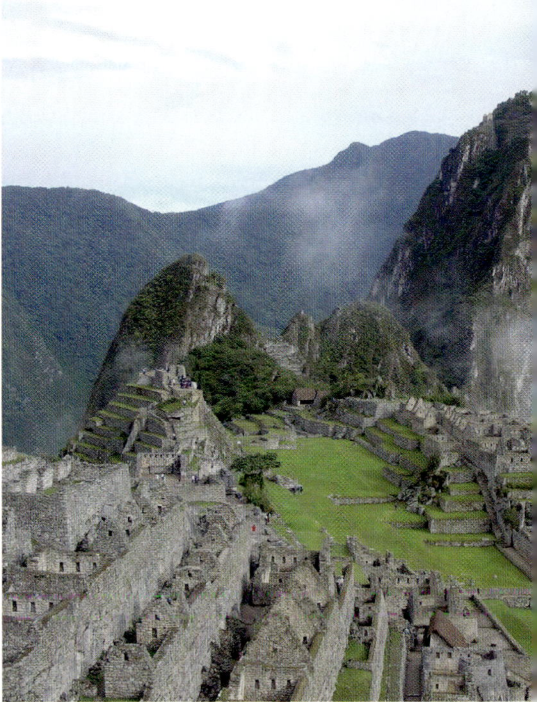
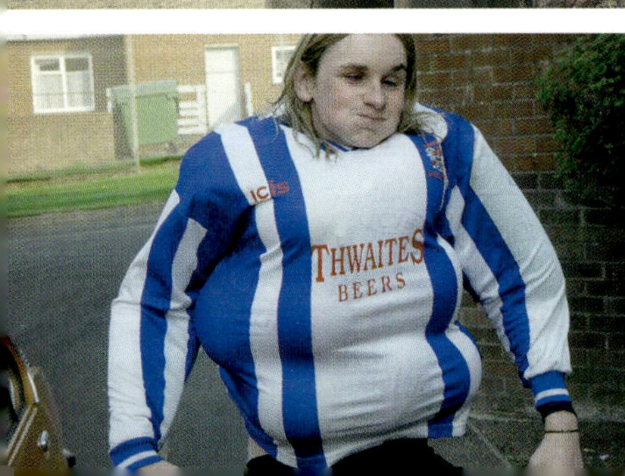
THWAITES
BEERS
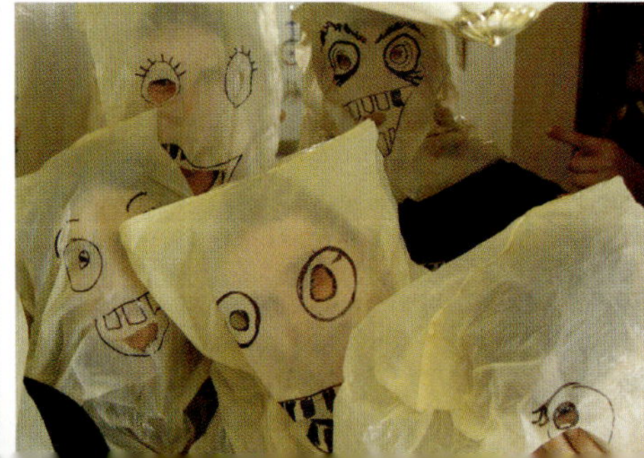
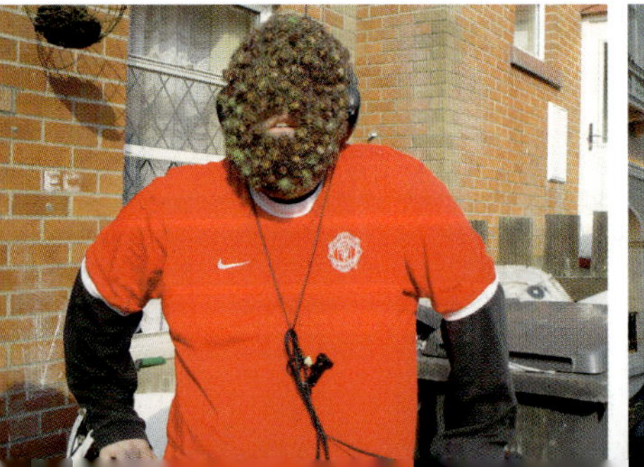
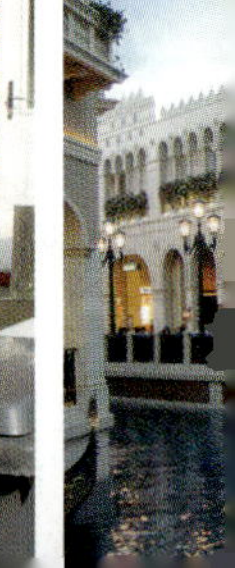

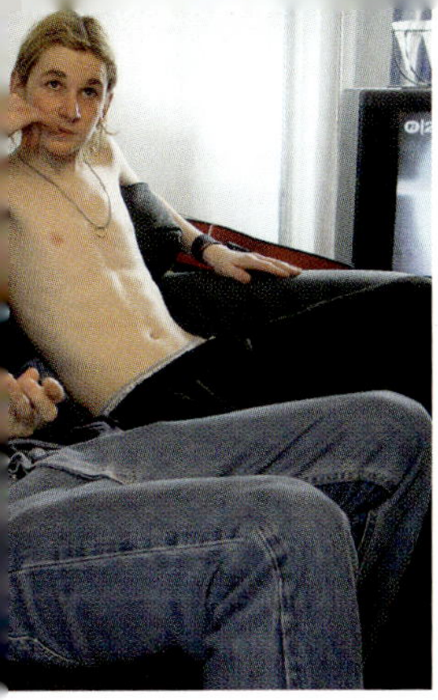

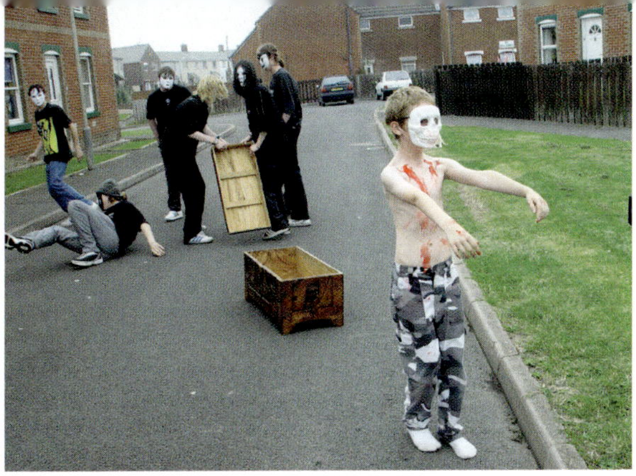

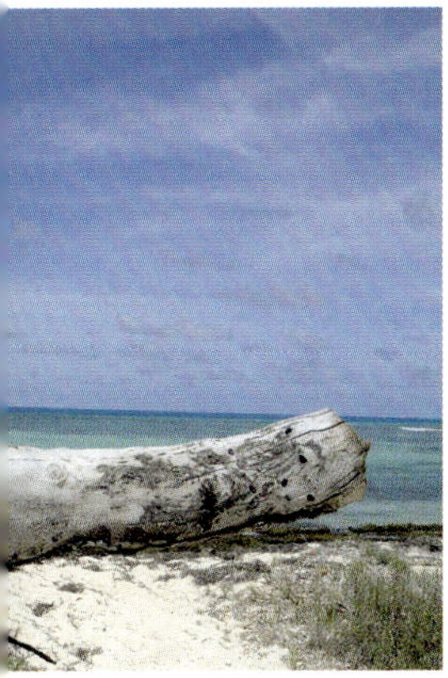

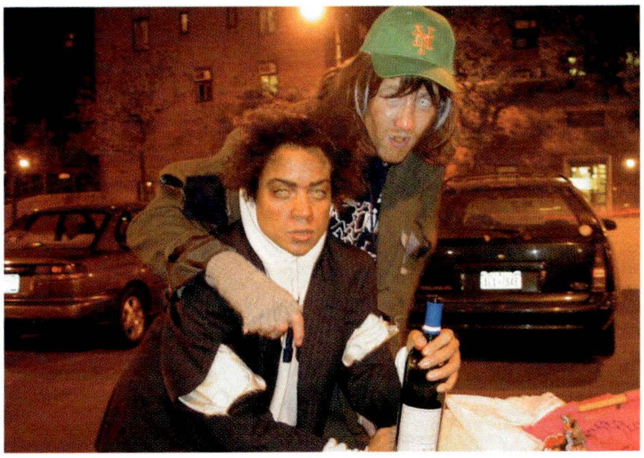

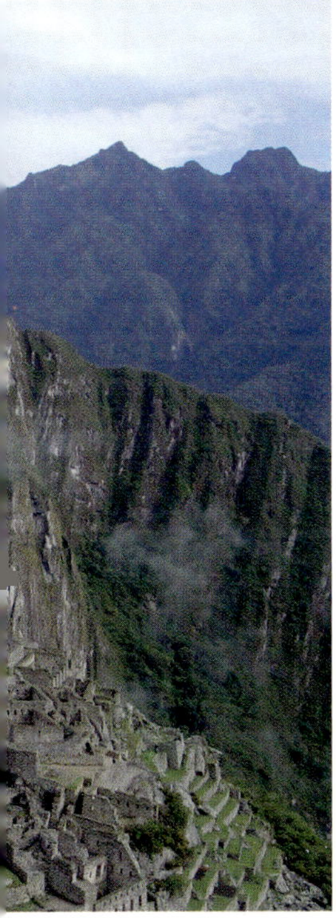

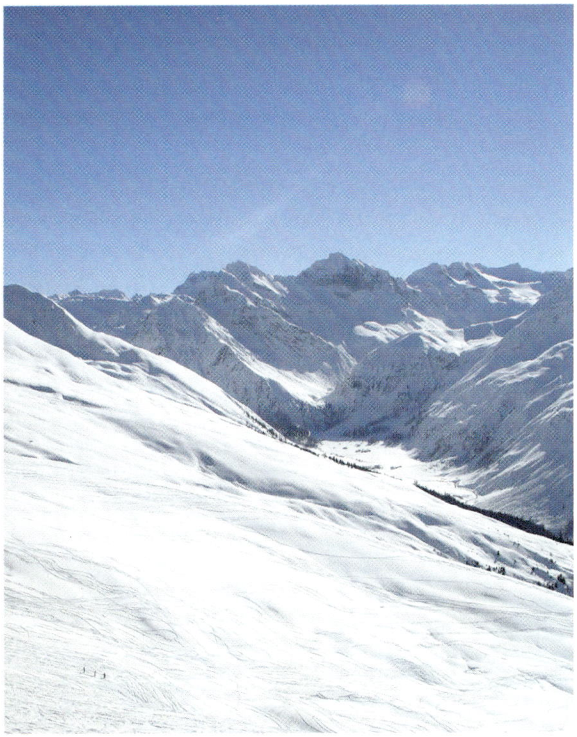

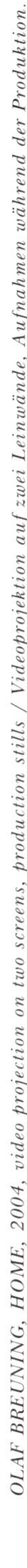

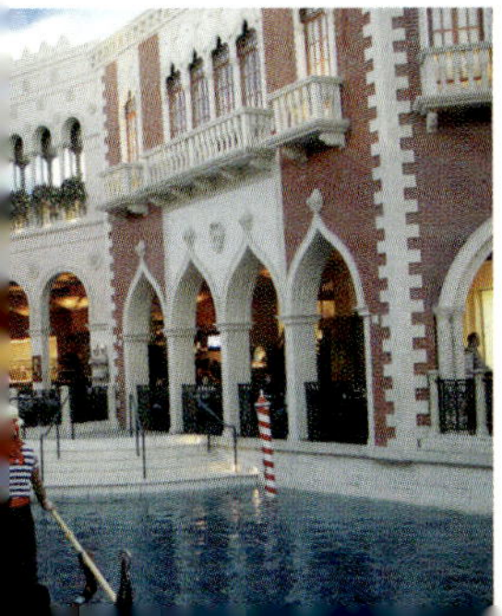

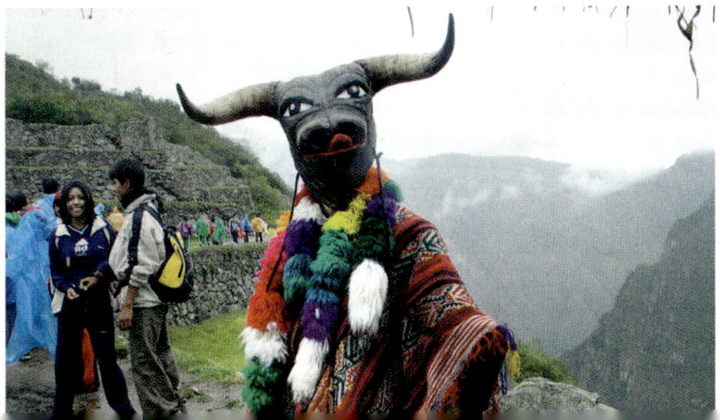

OLAF BREUNING, HOME, 2004, video projection on two screens, production stills / Videoprojektion auf zwei Leinwände, Aufnahmen während der Produktion.

daherkommen, der Tatsache, dass sie nichts als eine Larve sind, angesichts derer jede Kommunikation zum Stillstand kommt. In zahlreichen Photographien Breunings stehen hybride Wesen aufrecht in parallelen Reihen, eindrückliche Formationen, linear ausgerichteter Statuen; Breuning gibt sie zweidimensional wieder und ködert uns mit vertrauten Elementen (Autos, Turnschuhen, Sachen, die man kaufen kann). Ausgestattet mit einem Wirrwarr von Symbolen, der lediglich auf ihren abstrakten Charakter verweist, lässt Breuning diese Wesen als Gestrandete stehen, ohne erkennbaren Bedeutungszusammenhang, in dem sie eingebunden sein könnten. Sie tauchen auf und haben keine Geschichte als die ihrer Entstehung – eine Evolution durch Massenproduktion, die sie in eine von Breunings Szenen verschlagen hat. Zu sagen, dass diese Figuren unbeweglich sind, heisst nicht, dass sie nicht fähig wären, sich physisch zu bewegen, denn wie wir in HOME sehen, führen sie sogar ein ziemlich bewegtes Leben: Tiefseefischen zur Nahrungsbeschaffung, Touristen ärgern in Machu Picchu, Nutten ins Hotelzimmer bestellen in Las Vegas, oder auch amische Bauernjungen verspotten. Was ihre metaphorische Kraft angeht, sind diese Wesen dennoch extrem unbeweglich. Sie ersetzen das Erzählen einer Geschichte (die Mythologie) durch ein plakatives Zurschaustellen (Pornographie/Werbung), sind jedoch schlau genug (schliesslich sind sie seit «dem Anfang» weit genug herumgekommen), um zu wissen, dass diese Darstellungsarten immer schwerer auseinander zu halten sind. Man könnte fast sagen, dass die Bewegungen dieser Wesen im Vakuum von Breunings Rahmen stattfinden, in einem Fenster, das eine Insel umreisst, von der sie wie Extraterrestrische auf uns zurückschauen, als ob sie sich ähnlich clownesken Zerrbildern der Gegenwart an den Ufern unseres kollektiven Unbewussten niedergelassen hätten. Breunings Werk wird oft als Überfülle schrankenloser Fiktionen beschrieben, die ihrerseits wiederum noch groteskere Geschichten von Menschen erzeugen, die auf einem medienkontrollierten Planeten nach Lebensformen suchen. Aber laufen seine Bilder nicht eher auf eine Krise der Fiktion hinaus? Auf einen Prozess der Entmythologisierung dessen, was übrig geblieben ist, nachdem die Marktgesellschaft die für individuelle Gemeinschaften einst lebensnotwendigen Geschichten ihres Sinns beraubt hat, indem sie sie dem kapitalistischen Produktionsprozess einverleibte? Was für Geschichten lassen sich denn mit Automaten noch erzählen, mit einer «Kunstfigur, deren Prinzip gerade die Unbeweglichkeit ist, die Immobilität dessen, der nur eine Bewegung beherrscht, der sich weder entwickeln noch (durch Liebe oder Wettstreit) verändern kann, der sich einzig (eigentlich ist das geradezu rührend) hinter das Rätsel seiner eigenen Programmierung zurückziehen kann?»[3]

Ist es ein Ausdruck von Zynismus seitens des Künstlers, eines dunklen Verdachts, dass eine technokratische zweite Natur ihre eigenen Phantasien überholt, wenn er an exotische Orte reist, um dort mit lokalen Heiligtümern nichts anderes anzustellen, als was er zu Hause in einer Stunde auch mit Graphiksoftware am Computer hätte tun können? Um sein Photo EASTER BUNNIES (2004) zu schiessen

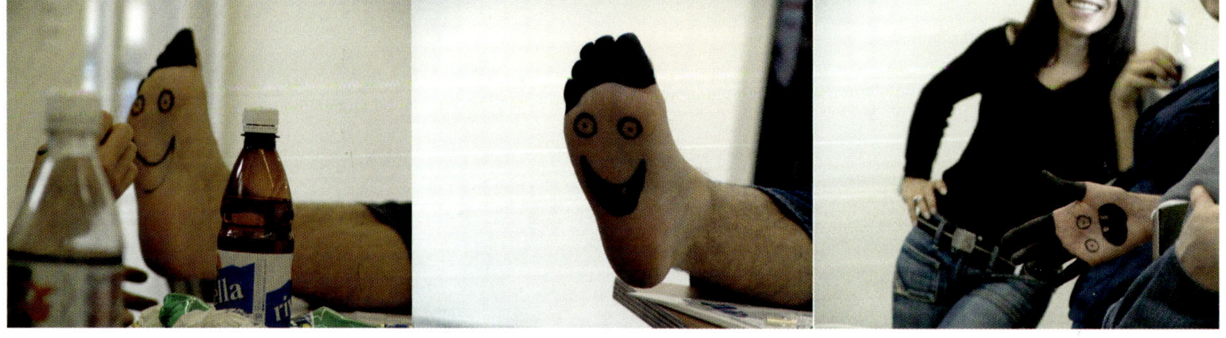

OLAF BREUNING, MR. HAND, MRS. ASS, MRS. KNEE AND MR. FOOT, 2004, production stills.

brach Breuning mit einem rudimentären Metallgerüst, das so beschaffen war, dass es den heiligen Monumenten Hasenohren und ein Hasenlächeln mit entsprechend vorstehenden Zähnen verpassen würde, zur Osterinsel auf. Laut Breuning war es eine Reise mit dem Ziel, den «Gegensatz von Dummheit und Heiligkeit» zu erfahren.

Auch ich bin auf die Osterinsel gereist, mittels des von Kevin Costner produzierten Hollywoodfilms *Rapa Nui* (1994), so heisst die Insel bei den Eingeborenen, und habe versucht, Breunings ironische Haltung nachzuvollziehen. Abgesehen vom ethnologischen Beiwerk – dem Einsatz von Maori-Schauspielern und -Kostümen, den abgestandenen Sprüchen mit britischem Akzent, wie «Bald werden wir nichts mehr zu essen haben als einander», der Inszenierung eines heiligen Ritus im Stil einer Sportübertragung am Fernsehen, der sanften, ökologiefreundlichen Didaktik, und nicht zuletzt der schablonenhaften Dreiecksbeziehung über die Kastengrenzen hinweg, welche das Ganze zusammenhalten soll –, ist *Rapa Nui* eigentlich ein Film über das Kapital. Die protestantische Arbeitsmoral wird auf die leichtlebige Südsee übertragen, als wäre sie ein natürlicher Bestandteil der menschlichen Natur, ein irgendwie unabwendbares Schicksal, das die Ereignisse von anno dazumal mit dem Hier und Jetzt beschönigt. Der Klassenkampf manifestiert sich rund um die *Moai,* die monolithischen Totems der Insel, zu deren Errichtung die Kurzohren (das Proletariat) von den Langohren (dem Bürgertum) in Fronarbeit gezwungen werden. In altbekannter, an Nietzsche gemahnender Ablehnung der Götterbilder der Unterdrücker, rufen die versklavten Kurzohren aus dem Staub des Steinbruchs: «Das ist alles, nichts als – idiotische Standbilder – wir machen die Götter!» Das Dienst habende Langohr antwortet: «Schaut bloss zu, dass die Moai rechtzeitig fertig werden!»

«Das Massenornament ist der ästhetische Reflex der von dem herrschenden Wirtschaftssystem erstrebten Rationalität.»[4] Siegfried Kracauers Kritik der Massenspektakel des frühen zwanzigsten Jahrhunderts hat heute noch Gültigkeit, wenn er etwa davon spricht, dass das Massenornament «die Ertüchtigung breitester Menschenmassen zur Gewinnung eines Musters von ungeahnten Dimensionen» wünschbar erscheinen lässt.[5] Breunings Werk ist überreich an Elementen, die eine geradezu kultische Faszination durch mechanische Prozesse verraten, nicht wegen der derart erzeugten Produkte, sondern wegen der puren Energie – Licht, Töne Farben –, die dabei frei wird. WOODWORLD (1998) ist eine Videoinstallation, die einen stillstehenden Range Rover zeigt, in dem an Zombies erinnernde Wesen sitzen. Es geschieht nichts, ausser ein paar billigen Bühnentricks – Rauch, Wind, Schnee, Scheinwerferlicht und ein elektronischer Soundtrack, alles so programmiert, dass es nach einem rhythmischen und sichtbaren Muster ein- und ausgeschaltet wird. Dieses statische Bild wirkt auf kühle Weise ambivalent und wie Breunings Installation APES (2001) verwendet es die Spezialeffekte um ihrer selbst willen – Effekte, hinter deren einförmigen und potenziell hypnotischen Zügen sich die faktische Irrationalität des Wirtschaftssystems verbirgt. Die Ornamente, Ableger einer ausser Kontrolle geratenen zweiten Natur, flüchten sich in synchronisierte Abstraktionen (wie einen *iTunes Visualizer*), um dem Verlangen, eine Verbindung zu den menschlichen Sehnsüchten herzustellen, wenigstens den Anschein von Vernunft zu geben. Damit haucht Breuning seinem Luxusfahrzeug und den leblosen Primaten in ihren künstlichen Wäldern Leben ein.

Die Soundtracks sind ein integraler Bestandteil von Breunings Arbeiten, und für deren Instrumentierung bedient er sich ausschliesslich digitaler Tondatenbanken von Aufnahme-Software. Dabei scheint er einen einzelnen Ton beinah wörtlich als «aurales Objekt»[6] zu verstehen, als Ton selbst, und nicht als Objekt oder Bild seiner Quelle. Manchmal verwendet er gespenstische Töne zur Untermalung gespenstischer Bildszenen, doch oft ertönen Geräusche unabhängig vom Bild und reizen uns mit ihrer eigenen Emotionalität. Ziemlich geschickt für einen Künstler, der sich gern unbelesen gibt und Ideen mit onomatopoetischen Formeln wie *rumble, whirr, swish* vermittelt, indem er auf irgendwelche Knöpfe für Klangschlaufen drückt.

Aber zurück zu HOME: Hier ist das akustische Vorgehen ein anderes, da die Abfolge von Vignetten von einem unter Drogeneinfluss stehenden Erzähler zusammengehalten wird. Die zweigeteilte Videoprojektion zeigt einen auf und ab gehenden, schwadronierenden Kommentator, der in den rechten Bildraum verbannt ist, während sein Off-Kommentar die Geheimnisse seines eigenen und des Lebens seiner Freunde ausplaudert, das sich auf der linken Bildhälfte abspielt. Sein Monolog erweitert das Bild nicht um eine weitere Bedeutungsschicht, sondern verdoppelt es, indem er voraussagt, was gleich geschehen wird, oder wiederholt, was eben geschehen ist. Wie ein nervtötender Begleiter im Kino neutralisiert die Stimme die Geschichte, bevor sie richtig Gestalt annehmen kann. Auf der linken Seite stolpert jemand aus einem Jacuzzi, irgendwo hoch in den Schweizer Alpen, und es ist ihm speiübel vor lauter Nichtstun und zu viel Champagner. Kurz bevor er sich übergibt, erzählt uns der Sprecher, dass sein Erbrochenes die Buchstaben «I EXIST» bildet, und zerstört damit die Spannung, noch bevor der Betrunkene seine Selbsterklärung in den Schnee kotzt. Entspricht diese Redundanz einer Offenlegung der Krise der Fiktion? Vollendet finden wir die Redundanz in Breunings Photographie MR. HAND, MRS. ASS, MRS. KNEE AND MR. FOOT (2004), auf welcher ungestalte Cartoon-Gesichter mit einem Magic Marker-Stift auf die jeweiligen nackten Körperteile gezeichnet sind. Wonach diese unseligen kleinen substanzlosen Bildchen die Hand auszustrecken scheinen, ist nicht irgendein Decoder, der ihnen auf die Sprünge helfen würde, sondern das Ende der Kommunizierbarkeit als Wert an sich.

Wie Giorgio Agamben schreibt: «Dieser Raum ist der ästhetische Raum, doch was in ihm vermittelt wird, ist gerade die Unmöglichkeit der Vermittlung, und seine Wahrheit ist die Negation der Wahrheit seiner Inhalte. Eine Kultur, die mit dem Verlust ihrer Vermittelbarkeit die einzige Garantie ihrer Wahrheit verloren hat und von der unendlichen Anhäufung ihres Unsinns bedroht wird, verlässt sich nun ganz auf die Kunst als Garantie: die Kunst wird so dazu gebracht, etwas zu garantieren, das nur garantiert werden kann, wenn die Kunst ihrerseits ihre eigenen Garantien verliert.»[7)]

Die protestierenden Streikenden auf Breunings Photographie WE ONLY MOVE WEHEN SOMETHING CHANGES (Wir bewegen uns erst, wehenn sich etwas ändert, 2002) scheinen im gleichen Dilemma zu stecken. Wie soll die zeitgenössische Kunst oder das zeitgenössische Leben neue Inseln, zweite Anfänge schaffen, denen nicht das öde Schicksal der zusammengebastelten Automaten von *Rapa Nui* drohen soll, wo jeder allein damit beschäftigt ist, alle anderen zu beschäftigen? Hallo, ist jemand da?

Bevor ich diesen Text ablieferte, habe ich Olaf angerufen, und über die Kunstszene sagte er Folgendes: «Manchmal ist es, als sässe man auf einer kleinen Insel fest. Und jedes Mal, wenn mans merkt, möchte man kotzen.» Was ist also seine Kunst? «Auf einer Insel sitzen und über mein Leben kotzen.»

Sein eindrücklichstes Erlebnis auf der Osterinsel war, bei Sonnenuntergang auf einem Vulkan zu sitzen, sich mit chilenischem Wein zu betrinken und sich in der überwältigenden Aussicht und einem unglaublichen Gefühl der Einsamkeit zu verlieren. Vom Berg aus sah er einen wunderschönen jungen Eingeborenen, die Haare zu einem langen Rossschwanz gebunden, auf einem Pferd den Strand entlang reiten, begleitet von einem Rudel Hunde. Er sagte, dieser Anblick sei wie ein wirklicher unverdorbener Traum gewesen. Der junge Mann sah ihn ebenfalls, gallopierte ihm entgegen und rief: «He, bist du nicht aus New York? Kannst du mir vielleicht eine Arbeit verschaffen? Ich langweile mich hier zu Tode… Ich muss endlich weg von hier!»

(Übersetzung: Suzanne Schmidt)

1) Gilles Deleuze, «Ursachen und Gründe der einsamen Inseln», in: *Die einsame Insel: Texte und Gespräche 1953–1974,* hrsg. v. David Lapoujade, übers. v. Eva Moldenhauer, Suhrkamp, Frankfurt am Main 2003, S. 11 (Hervorhebung im Original).

2) Siegfried Kracauer, «Das Ornament der Masse», im gleichnamigen Essayband, Suhrkamp, Frankfurt am Main 1963, S. 52.

3) Serge Daney, «From Movies to Moving», in: *Documenta X, Documents 2,* Documenta GmbH, Kassel 1996, S. 79. Hier aus dem Englischen übersetzt.

4) Kracauer, op. cit., S. 54.

5) Ebenda, S. 52

6) Christian Metz, «Aural Objects», in: *Yale French Studies No. 60: Cinema/Sound,* New Haven 1980. Hier aus dem Englischen übersetzt.

7) Giorgio Agamben, «The Melancholy Angel», in: *The Man Without Content,* Stanford University Press 1999, S. 110; im Original italienisch: *L'uomo senza contenuto,* Rizzoli, Milano 1971. Hier aus dem Englischen übersetzt.

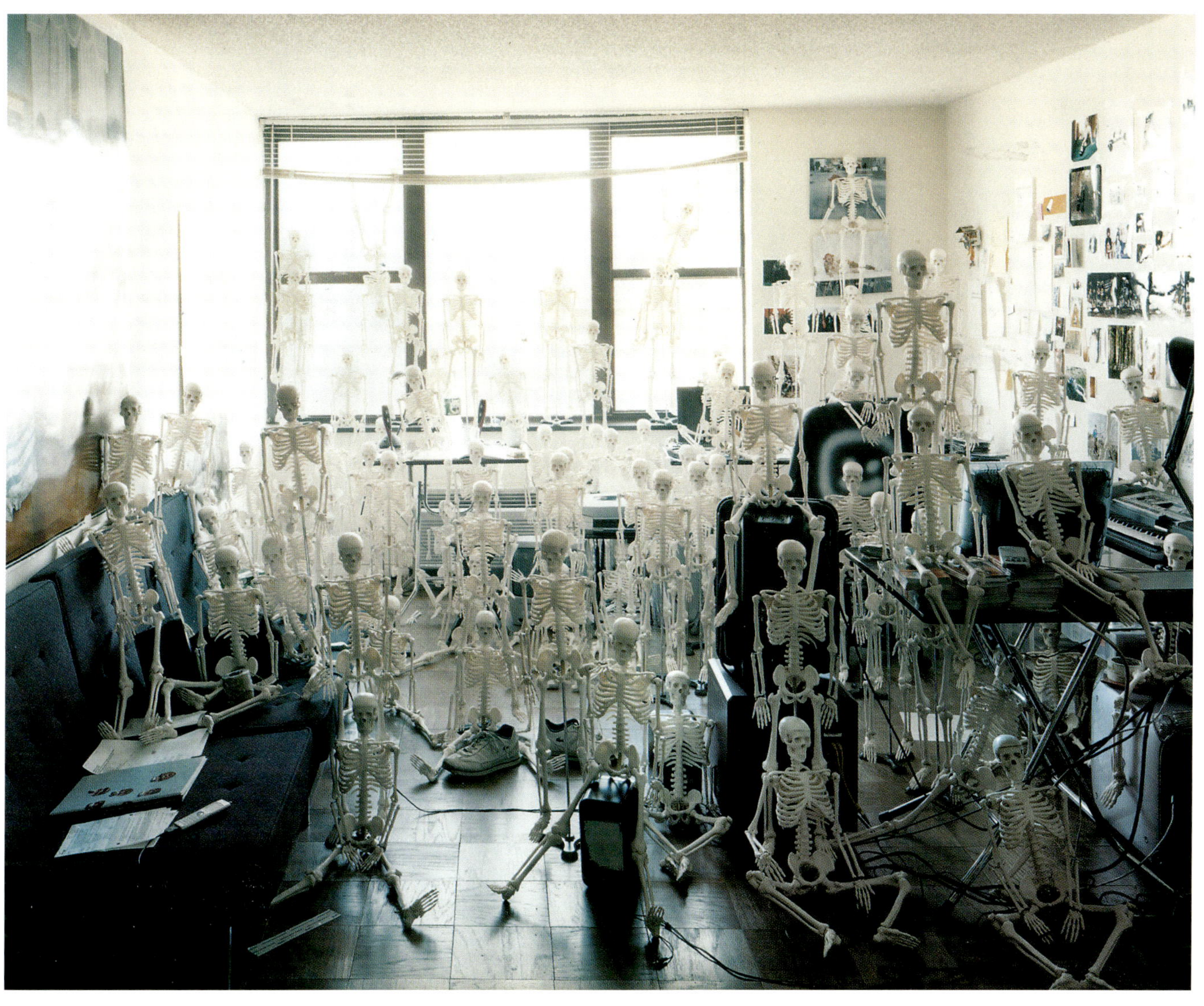

OLAF BREUNING, SKELETONS, 2002, C-print, laminated and mounted on aluminum, 48 x 61" and 31 1/2 x 39 3/8"/ C-Print, laminiert, auf Aluminium aufgezogen, 122 x 155 cm und 80 x 100 cm.

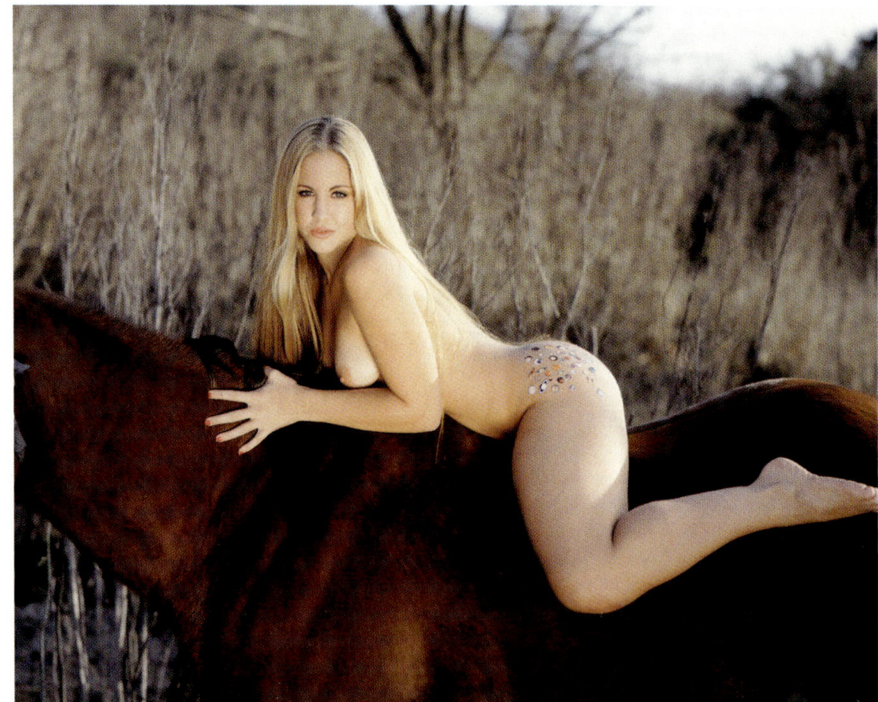

OLAF BREUNING, LADY G., 2002, C-print, laminated and mounted on aluminum, 48 x 61" and 31 1/2 x 39 3/8" / C-Print, laminiert, auf Aluminium aufgezogen, 122 x 155 cm und 80 x 100 cm.

GIANNI JETZER

AUF DER SUCHE NACH DEM VERLORENEN SINN

Als Meister des Zitats wird Olaf Breuning oft charakterisiert. Er finde seine Bilder in der Massenkultur und agiere dabei ein bisschen wie ein Regisseur, das Augenmerk auf den visuellen Fundus der Gegenwart gerichtet. Die Interpretation seines Werks gerät dadurch bisweilen zum blossen Benennen von Quellcodes wie etwa amerikanische Fernsehserien, Filme aus Hollywood, Modephotographie, B-Movies und so weiter. Damit ist über die künstlerische Dimension seiner Arbeit noch wenig gesagt.

GIANNI JETZER ist Kurator und Kritiker. Seit 2001 leitet er die Kunsthalle St. Gallen.

Wichtiger als die Herkunft dieser Versatzstücke ist ihr glaubwürdiges Nebeneinander. Die künstlerische Inszenierung wird zum nivellierenden Kontext, zum Rahmen, durch den ein gegenseitiger Bezug erst möglich wird. Um diese Struktur zu errichten ist ein feines Gespür nötig. Olaf Breuning kommt dabei seine Liebe zum Unnatürlichen und zur Übertreibung zugute, seine Erfindungsgabe sowie sein Hang zu Manierismen. Er theatralisiert unsere Alltagserfahrung, mischt Vulgäres mit Existenziellem, erteilt uns eine Lektion in gutem schlechtem Geschmack. Dabei ist durchaus auch ein gewisser Ehrgeiz herauszuspüren, die Liebe zum Detail, bis hin zur Besessenheit.

Einer vertieften Interpretation seiner Bilder weicht Olaf Breuning durch Doppeldeutigkeit aus. Auf den ersten Blick sind sie ein rein ästhetisches Phänomen. Bei eingehender Betrachtung treffen wir auf Fährten möglicher Sinnstiftung. Die Pattsituation zwischen visueller Verführung und interpretatorischer Sackgasse führt dazu, dass wir – zwischen Sinn und Unsinn oszillierend – seine Kompositionen als Vexierbild wahrnehmen. Zum Beispiel: In meinem Esszimmer hängt das Bild LADY G. (2002). Auf dem Po der nackten Lady kleben kleine Planeten. Sie sitzt auf einem Pferderücken vor Schilfhalmen. Der Kopf des Pferdes ist durch den Bildrand abgeschnitten, ebenso sein Hinterteil. Dadurch entsteht ein merkwürdiger Bezug zwischen Frauen- und Pferdekörper. Der noch weit merkwürdigere Bezug ist jedoch jener zwischen den Planeten und dem sehr runden Hinterteil der Dame. In den letzten zwei Jahren hat sich meine Rezeption von LADY G. erstaunlicherweise kaum verändert: Ich überblicke kurz die Gesamtkomposition, fühle mich in die Pferdefrau hinein und frage mich augenblicklich, ob die Planeten in irgendeinem inhaltlichen Zusammenhang zum weiblichen Po stehen; was ich sofort verneine, denn dagegen wäre einiges einzuwenden (auch wenn der weibliche Körper in der westlichen Kunst zweifelsohne von universaler Bedeutung ist). Nichtsdestotrotz werde ich mich wahrscheinlich auch in Zukunft auf diesen interpretatorischen Holzweg begeben. Weder gelingt es mir, den Effekt zu missbilligen, noch meinen Reflex abzuwehren.

Die Rezeption von Olaf Breunings Bildern wird durch diese gebrochene Erlebnisweise charakterisiert. Einzelne Zitate sind ihr untergeordnet und daher nicht wirklich von Bedeutung. In manchen Punkten erinnert diese Erlebnisweise an jenes Phänomen, das Susan Sontag einst in ihren «Anmerkungen zu Camp» beschrieb.[1] Die Ursprünge des Camp-Geschmacks siedelt sie im achtzehnten Jahrhundert an. Dazu zählt sie unter anderem Schauerromane, Chinoiserie, Karikatur oder künstliche Ruinen. All dies findet sich in Breunings Werk reichlich: Steine aus Styropor, verkleidete Wikinger, Maoris und Indianer, Gruseleffekte sowie karikaturistische Verkür-

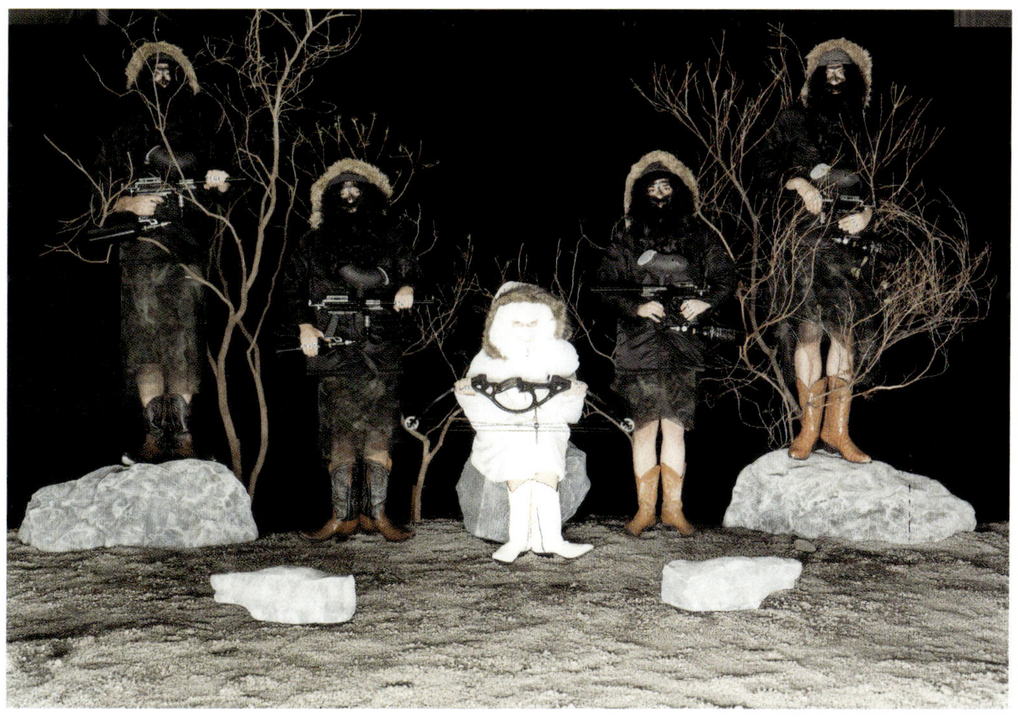

OLAF BREUNING, CAMP, 2002, 1 of 5 C-prints, laminated and mounted on aluminum, 48 x 61" each / 1 von 5 C-Prints, laminiert, auf Aluminium aufgezogen, je 122 x 155 cm.

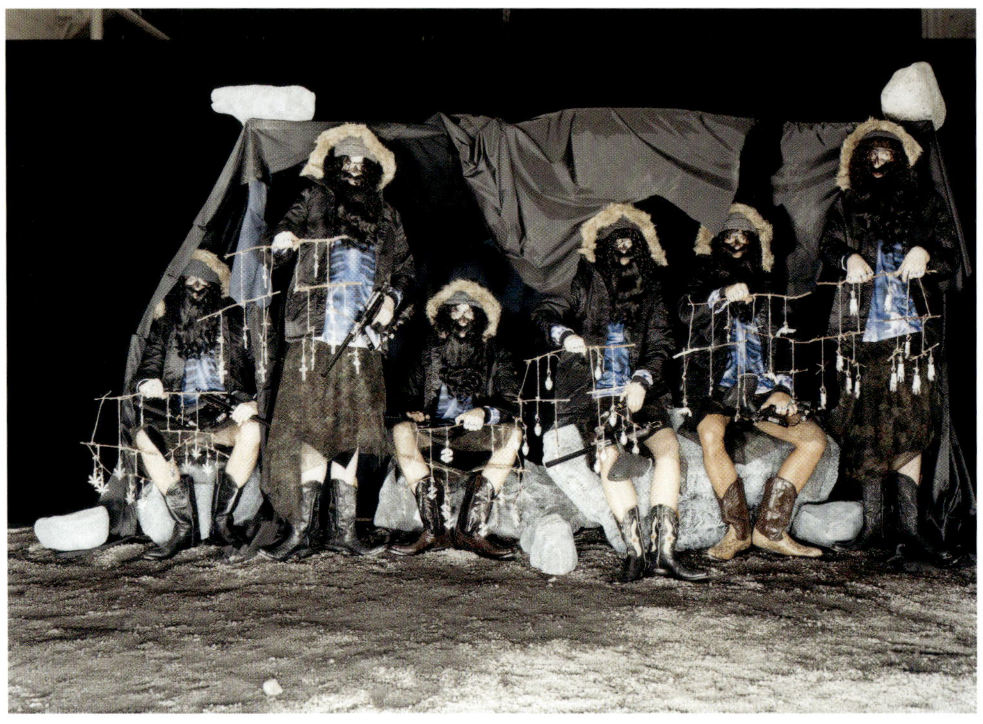

OLAF BREUNING, CAMP, 2002, 2 von 5 C-Prints, laminiert, auf Aluminium aufgezogen, je 122 x 155 cm.

zungen gehören zu seinem formalen Grundvokabular. Es ist aber vor allem die inhaltliche Struktur seiner Werke, die Analogien zu Camp aufweist. Etwa die von Sontag verzeichnete Mischung von «Übertreibung, Phantastik, Leidenschaftlichkeit und Naivität» oder das Phänomen der «Ernsthaftigkeit, die ihren Zweck verfehlt». Ferner das ständige Untergraben von Werten: «Camp offenbart Naivität, untergräbt sie aber zugleich, wenn die Möglichkeit dazu besteht.» Und schliesslich das Instrumentalisieren einer zweiten Bedeutungsebene, die sich von den bezeichneten Dingen löst und verselbständigt: «Camp sieht alles in Anführungsstrichen; nicht eine Lampe, sondern eine ‹Lampe›; nicht eine Frau, sondern eine ‹Frau›.» Alle diese Techniken stehen im Dienste der Ambivalenz. Sie führen dazu, dass «Bedeutung» in einen diffusen Schwebezustand abdriftet und, wenn auch irgendwo präsent, nicht mehr lokalisierbar ist. Alles steht unter Verdacht etwas zu bedeuten, eine spezielle Aussage zu beinhalten, die jedoch unverzüglich wieder als unwahrscheinlich oder aber naiv verworfen wird.

Es mag irritieren, dass das Werk eines Künstlers der Gegenwart mit einem Essay in Verbindung gebracht wird, der vor vierzig Jahren geschrieben wurde. Das hat einerseits damit zu tun, dass Sontags Anmerkungen viel von ihrer Frische bewahrt haben. Zudem sind inzwischen eine Fülle von Kunstwerken entstanden, die sich direkt auf Camp beziehen und diese Kunstform ständig weiterentwickeln. Erwähnt seien in diesem Zusammenhang unter anderem Andy Warhol, John Waters, Jeff Koons, Brice Dellsperger, Paul McCarthy, John Currin oder Fischerspooner, um nur einige zu nennen. Camp als konsequente ästhetische Erfahrung der Welt hat darüber hinaus eine viel grössere Ausbreitung erfahren und das Feld der bildenden und darstellenden Kunst offensichtlich verlassen. Der «Sieg des ‹Stils› über den ‹Inhalt›, des ‹Ästhetischen› über das ‹Moralische›, der Ironie über die Tragödie» ist zu einem wichtigen Merkmal der

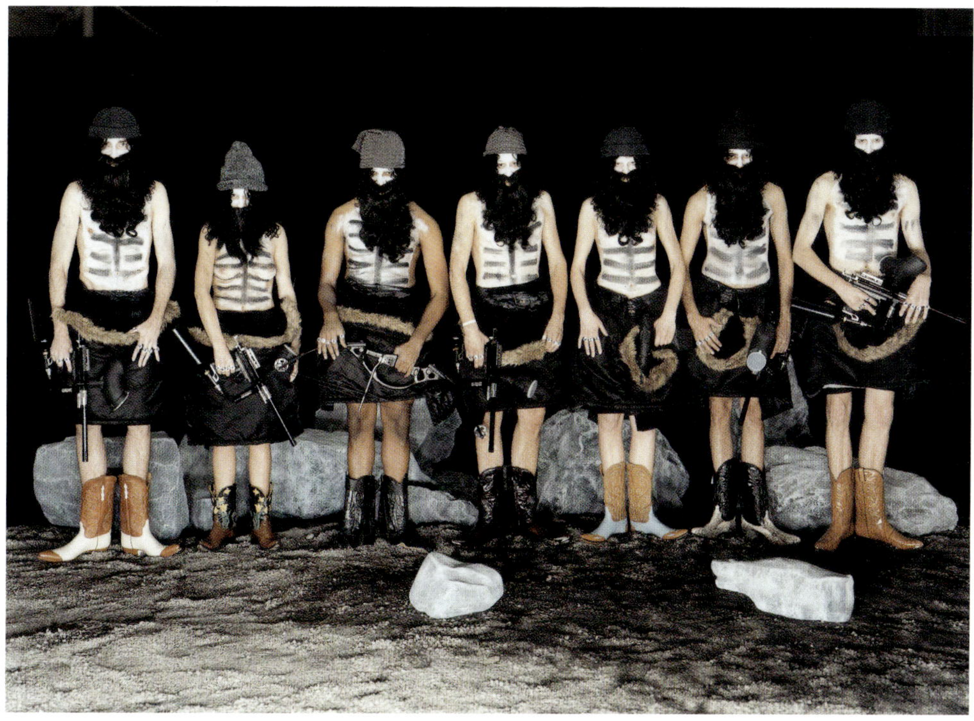

OLAF BREUNING, CAMP, 2002, 2 of 5 C-Prints, laminated and mounted on aluminum, 48 x 61" each.

Mediengesellschaft geworden. Nicht nur Eminem und Madonna machen von Verführungsmethoden und Glaubensmustern Gebrauch, die strukturell viel mit Camp zu tun haben. Auch Paris «Simple Life» Hilton oder der Metrosexuelle David Beckham sind mediale Figuren, die zum Übertriebenen und Übergeschnappten neigen, ein total entpolitisiertes Dasein fristen und gleichzeitig Teil einer sehr erfolgreichen, über Bilder operierenden Massenkultur sind. Die «Entthronung des Ernstes» hat sich breit durchgesetzt und als Erfolgsmodell etabliert. Susan Sontag hat den direkten Bezug zwischen Hedonismus und Camp bereits in den frühen 60er Jahren betont: «Camp-Geschmack ist seinem Wesen nach nur denkbar in reichen Gesellschaften, in Gesellschaften oder Kreisen, die in der Lage sind, die Psychopathologie des Überflusses zu erleben.»

Seit kurzem ist im Werk von Olaf Breuning eine Tendenz auszumachen, welche die hedonistische Weltsicht bewusst bricht und sogar Sinnfragen einbringt. Die bisher unengagierte Haltung seiner Figuren wird gekontert durch die plötzliche Präsenz von Forderungen, Frage- oder Feststellungen, denen oft eine sozialpolitische Dimension zugrunde liegt. Dazu eingeladen, für die Schweizerische Landesausstellung künstlerische Nationalbilder mit zu entwerfen, reagierte Olaf Breuning mit einem Panorama von über dreissig Figuren mit dem ganz wörtlich zu verstehenden Titel CAMP (2002). Dargestellt ist eine Wüstenlandschaft. Die einzelnen Darsteller sind modisch verkleidet, zu extravaganten Cowboystiefeln tragen sie Vierfrucht-Jupes. Lange Bärte und zerzauste Haare geben ihnen den Anschein von urchiger Wildheit. Sie führen Spielzeugwaffen mit sich und blicken den Betrachtern frontal ins Gesicht.

Unschwer erkannten die Besucher der Landesschau den formalen Bezug zu den von den Amerikanern beschworenen Ausbildungslagern in Afghanistan und einzelne unter ihnen fühlten sich möglicherweise darüber hinaus an die Marignano-

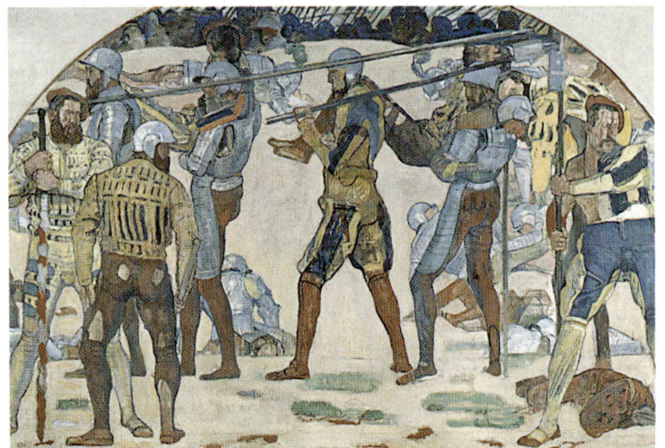

FERDINAND HODLER, DER RÜCKZUG BEI MARIGNANO, 2. Fassung, um 1897, Öl auf Leinwand, 257 x 437,5 cm / THE RETREAT FROM MARIGNANO, oil on canvas, 101 3/16 x 172 1/4". (PHOTO: KUNSTHAUS ZÜRICH)

Krieger von Ferdinand Hodler erinnert. Beides sind Darstellungen bärtiger Mannsbilder mit nackten Beinen und wilder Entschlossenheit. Es sind der künstlerischen Phantasie entsprungene Kriegsvisionen, die mehr von männlichem Willen und Wahn zeugen, als dass sie eine Wiedergabe historischer Ereignisse wären. Als lose Buchstabenfolge ist auf den Fingerringen der Protagonisten eine Botschaft appliziert: «Wir können tun, was wir wollen, wir sind immer dieselben Blödmänner, wir lernen nicht und werden dadurch auch nicht klüger, wir sind einfach dumm und bleiben das für immer.» Ein melancholischer Kommentar zur *Condition humaine*, der Weltpolitisches auf philosophischer Ebene reflektiert.

Kurz darauf entstand in Spanien ein Photo mit dem Titel WE ONLY MOVE WEHEN SOMETHING CHANGES (2002). Die etwas linkische Forderung mit Orthographiefehler ist als Graffiti auf einem Wandstück appliziert. Rund herum sind Dutzende von Figuren drapiert, die in ihrer frontalen Unbeweglichkeit besagter Parole Nachdruck verleihen. Auch wenn jeglicher Hinweis zum geforderten Wechsel fehlt, ist eine pointierte Verweigerungshaltung hier Programm. In ihrem lumpigen Outfit erinnern die Gestalten mehr an Hausbesetzer als an die früher evozierten Lara Crofts, Filmstarlets oder MTV-Figuren. Die künstlerische Phantasie hat die mediale Realität überschrieben.

Breunings bisher umfangreichstes Werk ist der Videofilm HOME (2003), entstanden in zwölf Monaten Reisezeit rund um die Welt. Aufgeteilt in zwei Projektionsflächen, farbig und schwarzweiss, nehmen wir am Leben eines jungen Mannes teil, der gleichzeitig in Reduplikation seiner selbst als Navigationshilfe den Erzählrahmen mitliefert. Wir erkennen ein rustikales Hotelzimmer mit Feuerstelle, Bettüberzügen mit Blumenmuster und feudalem Badezimmer. Dieses wohnliche Ambiente ist der Ort der Erzählung und Reflexion. Im Film links tauchen wie aus einer magischen Laterne die vom Erzähler evozierten Bilder aus dem Dunkel hervor. Eine unheimliche Konspiration besteht zwischen den beiden Seiten, angedeutet durch die teils punktgenau inszenierte Gleichzeitigkeit des jeweils Anderen, bis hin zum Kurzschliessen beider Bilder, zur Begegnung der geteilten Persönlichkeit mit sich selbst.

Der Hauptdarsteller von HOME, eine Art Dandy des digitalen Zeitalters, ist die personifizierte Heimatlosigkeit. In gesteigerter Langeweile bewegt er seinen Körper durch alle möglichen Schauplätze und Kontinente – er weilt in New York, Las Vegas, Paris oder sogar auf dem Machu Picchu, ohne dass irgendeine Besserung einträte. Dabei stehen ihm alle Mittel und Rollen zu: Er ist Cowboy, Zuhälter, Tourist, Homeboy oder Dealer und bleibt nichtsdestotrotz die verlorene Seele auf der Suche nach ein wenig Heimat, *home*. Im Zeitalter der uneingeschränkten Information und Imitation mutet es befremdend an, dass man so weit reist, nur um festzustellen, dass man nicht dort hingehört. Die Ernsthaftigkeit der angestrebten Sinnsuche verfehlt ihr Ziel und endet in schrulliger Selbstunterhaltung und Einsamkeit im Hotelzimmer.

HOME ist Olaf Breunings *Dreigroschenoper.* Vieles ist überzeichnet, grell und übertrieben und steht dennoch in direktem Bezug zum Leben. Es wird viel gesungen und eine gewisse Aussichtslosigkeit ist allgegenwärtig. Der Chor der Clochards unter der Brooklyn Bridge singt wie aus einer Brust, «We can't believe that something changes» (Wir können nicht glauben, dass sich etwas ändert), und wippt dazu im Takt mit leeren Bierflaschen.

1) Alle Zitate in diesem Text stammen aus Susan Sontags Essay «Notes on ‹Camp›», *Partisan Review*, XXXI (Herbst 1964), S. 515ff. Deutsche Übersetzung von Mark W. Rien, «Anmerkungen zu Camp», in: Susan Sontag, *Kunst und Antikunst, 24 literarische Analysen,* Fischer 1982, S. 322–341.

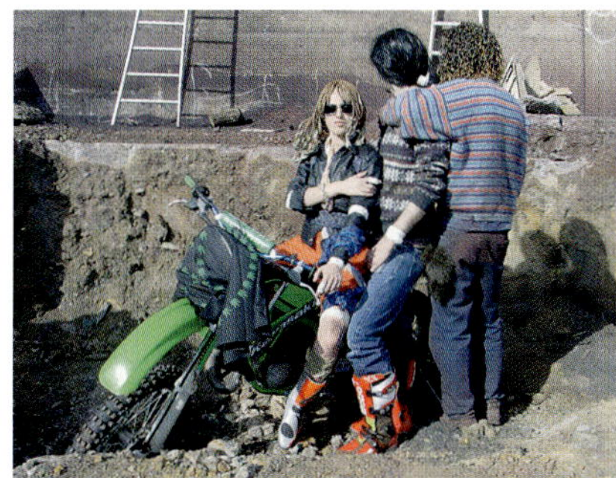

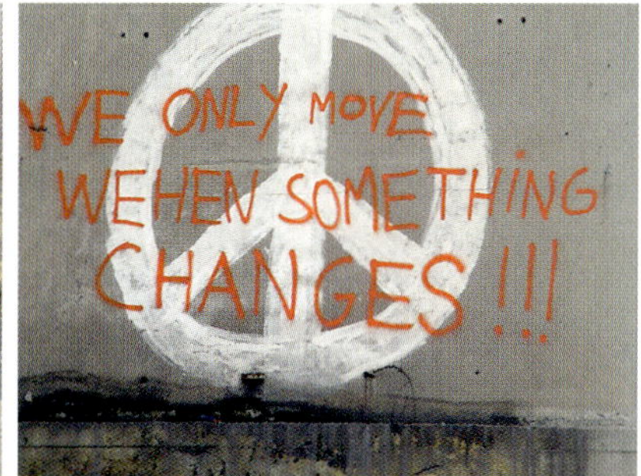

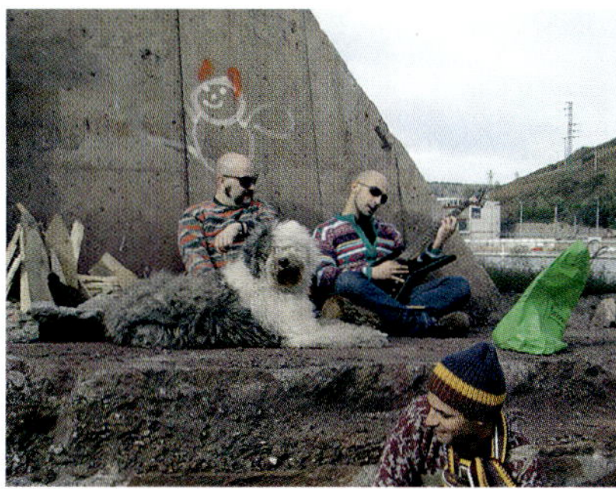

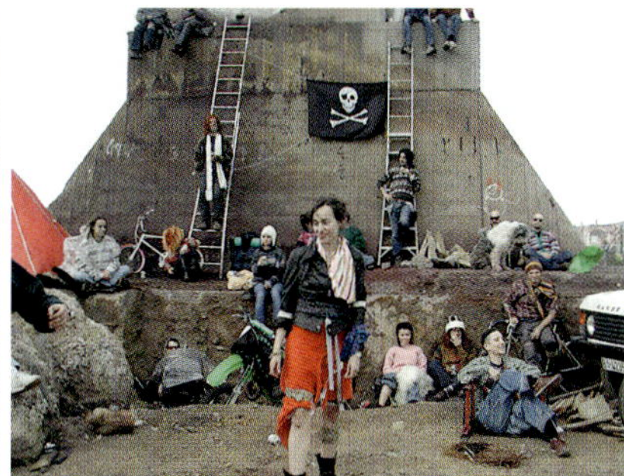

OLAF BREUNING, WE ONLY MOVE WEHEN SOMETHING CHANGES, 2002, production stills / Aufnahmen während der Produktion.

GIANNI JETZER

IN SEARCH OF LOST PURPOSE

Olaf Breuning is often characterized as a master of citation. It is said that he finds his images in mass culture, and in so doing works somewhat like a director, focusing his attention on the visual archive of contemporary life. The interpretation of his work thus sometimes devolves to a mere naming of sources: American television shows, Hollywood films, fashion photography, and B-movies. But this says little about the artistic dimension of his work.

More important than the origin of the individual components is their plausible juxtaposition. The artistic mise-en-scène becomes a leveling context, a frame that first makes mutual reference possible. To erect this structure, it becomes necessary for Breuning to have a fine sense of his natural materials. It is here that he is aided by his love of the unnatural, the exaggerated, his gift of invention, as well as his penchant for mannerisms. He theatricalizes the world of everyday experience, mixing the vulgar with the existential, and giving us a lesson in good and bad taste. In so doing, he shows a certain ambition, a love of detail, and almost an obsession.

Olaf Breuning's pictures elude deeper interpretation by way of ambivalence. Upon first viewing, they would appear to be a purely aesthetic phenomenon. On closer inspection, however, one encounters various lines of meaning. The impasse between visual

GIANNI JETZER is a curator and critic. Since 2001, he has been director of the Kunsthalle St. Gallen.

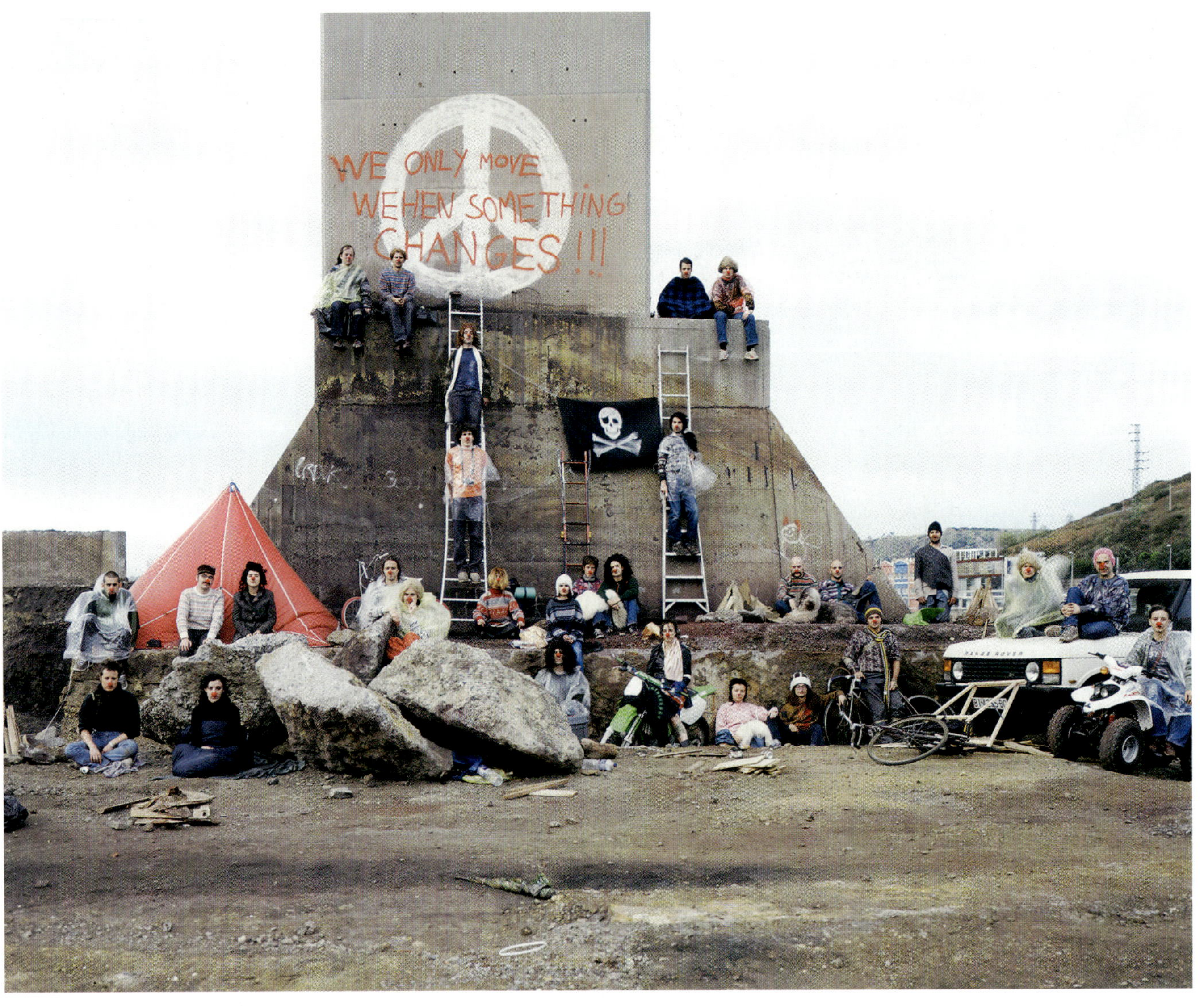

OLAF BREUNING, WE ONLY MOVE WEHEN SOMETHING CHANGES, 2002, C-print, laminated and mounted on aluminum, 48 x 61" and 31 1/2 x 39 3/8"/ laminiert, auf Aluminium aufgezogen, 122 x 155 cm und 80 x 100 cm.

seduction and interpretive dead-ends leaves the viewer, oscillating between meaning and nonsense, to perceive his compositions as puzzles. For example, the work LADY G. (2002) hangs in my dining room. In it a naked woman's bottom is covered with tiny planet stickers; the woman is on horseback, sitting before a landscape of reeds. The head of the horse is cropped by the margin of the image; the same is true of its rear. This leads to a strange link between the body of the woman and the body of the horse. An even stranger relation links the planets to the woman's very round bottom. Surprisingly, in the last two years my reception of LADY G. has hardly changed at all. Each time I view the work I briefly examine the overall composition, empathize with this horse woman, and for a moment, ask myself whether the planets stand in any kind of meaningful relation to the female bottom. I immediately answer this question negatively, since there would be plenty of objections to raise (even if the female body in Western art is undoubtedly of universal significance). Nonetheless, in the future, I will probably keep barking up this interpretive wrong tree, for I can get myself neither to disapprove of the effect, nor to block my reflex.

The reception of Olaf Breuning's works is characterized by this fractured mode of interpretation, where individual citations play a subordinate role and are thus not of real importance. In one respect, this is reminiscent of the phenomenon that Susan Sontag described in her "Notes on 'Camp,'" where she located the origins of camp taste in the eighteenth century, as subsumed in horror stories, chinoiserie, caricature, and artificial ruins. All of these can be found in Breuning's work: Styrofoam stones, costume Vikings, Maoris, and Indians—scary effects, as well as a caricature-like, visual shorthand, are part of his basic formal vocabulary. But it is primarily the thematic structure of his work that reveals analogies to camp. Consider, for example, Sontag's "mixture of the exaggerated, the fantastic, the passionate, and the naïve," or the phenomenon of "a seriousness that fails."[1] Furthermore, there is the constant undermining of values: "Camp discloses innocence, but also, when it can, corrupts it." And finally, there is the instrumentalization of a second layer of meaning that, once divorced from the actual things named, takes on a life of its own. "Camp sees everything in quotation marks, not a lamp, but a 'lamp'; not a woman, but a 'woman.'" All of these techniques serve to produce an ambivalence: they cause "meaning" to drift off into a diffuse state of flux. Although meaning is somewhere present, it is not localized. Everything is suspected to mean something, to contain a special message that is, nonetheless, immediately rejected as improbable or naïve.

It might seem problematic that the work of a contemporary artist is being linked to an essay written forty years ago. This, on one hand, has to do with the fact that Sontag's "Notes" have retained a great deal of their freshness. Meanwhile, many artworks have emerged that directly refer to camp, in a way which constantly furthers the development of this art form—take the work of Andy Warhol, John Waters, Jeff Koons, Brice Dellsperger, Paul McCarthy, John Currin, or Fischerspooner, to name but a few. Furthermore, camp, as a "consistently aesthetic experience of the world," has taken on much greater dimensions, clearly extending beyond the field of the visual arts: the "victory of 'style' over 'content,' 'aesthetics' over 'morality,' of irony over tragedy" has become an important characteristic of media society. Eminem and Madonna are not the only ones to use methods of seduction and patterns of belief that structurally have a great deal to do with camp. Paris "Simple Life" Hilton and the metrosexual David Beckham are also media figures who tend towards the exaggerated and over-the-top, living out a totally depoliticized existence as part of a very successful mass culture that operates by using images. The "dethron[ing of the] serious" has widely prevailed, establishing itself as a model of success. Susan Sontag already emphasized the direct link between hedonism and camp in the early sixties: "Camp taste is by its nature possible only in affluent societies, in societies or circles capable of experiencing the psychopathology of affluence."

Recently, a tendency became prevalent in the work of Olaf Breuning that consciously breaks with the hedonistic view of the world, even integrating questions of meaning. The previously unengaged stance of his figures is countered by the sudden presence of demands, questions, or realizations, often rooted in a sociopolitical dimension. Invited to participate in developing artistic national images for the Swiss National Exposition, Olaf Breuning reacted by creating a panorama of over thirty figures with the title CAMP (2002), which he meant to be taken quite literally. In it, a desert landscape is depicted, and the individual actors occupying it are dressed fashionably, wearing extravagant cowboy boots and four-fruit skirts. Long beards and messy hair give them an appearance of primeval wildness. Holding toy weapons, they stare out directly at the beholder.

It is not difficult for exhibition visitors to recognize the formal link to training camps the Americans attested to in Afghanistan; and some may be reminded of Ferdinand Hodler's Marignano warriors. Both are representations of bearded men with naked legs and a frightening sense of decisiveness. They are visions of war that emerge from artistic fantasy, showing more of male will and madness than any depiction of actual historical events. Written as a loose

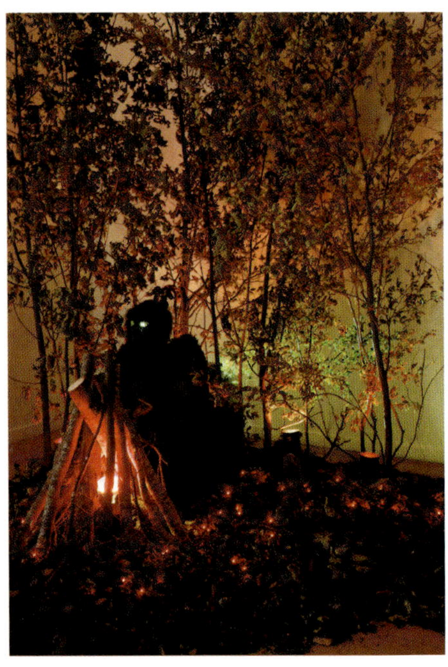

OLAF BREUNING, APES, 2001, installation view, Le Magasin, Grenoble, Oct. 2003 – Jan. 2004.

series of letters, a message is subtly transcribed in the rings on the protagonists' fingers. Translated, it reads, "We can do what we want, we are always the same idiots, we don't learn anything and don't get any more intelligent, we're just stupid and will stay like that forever," a melancholic commentary on the *condition humaine* that philosophically reflects on the world's political situation.

Shortly thereafter, Breuning made a photograph in Spain with the title WE ONLY MOVE WEHEN SOMETHING CHANGES (2002). This somewhat clumsy formulation is applied as graffiti on a section of wall. Dozens of figures are draped around it, underlining, through their frontal stasis, the slogan's lethargic message. Even when there is no invitation to take on the demanded change there still exists a pointed attitude of refusal. In their shabby outfits, the figures are more reminiscent of squatters than the Lara Crofts, film starlets, or MTV figures evoked in his earlier works. Breuning's artistic fantasy has overwritten media reality.

Breuning's most expansive work to date is his video HOME (2003), made during a twelve-month trip around the world. Divided into two projection surfaces (one color and the other black and white), our attention is split between the life of a young man, who at the same time provides, as a double, the narrative framework as a navigational aid: One recognizes a rustic hotel room with fireplace, bed covers with floral patterns, and a sumptuous bathroom. This domestic atmosphere becomes the site of narration and reflection. In the film on the left, images emerge as if from a magic lantern, evoked by the narrator's voice echoing from the darkness. An uncanny conspiracy results between the two sides; each is implied by the simultaneity of the other, often quite precisely, until the images on both screens short circuit—symbolizing an encounter of the split personality with itself.

The main actor in HOME, a kind of dandy of the digital age, represents a personified sense of homelessness. In a heightened state of boredom, he moves through all sorts of settings and continents, whiling away his time in New York, Las Vegas, Paris, and even Machu Picchu, without experiencing any kind of improvement. In so doing, he has all possible means and roles at his disposal: he is a cowboy, pimp, tourist, homebody, or dealer, and yet, he still remains a lost soul in search of the slightest sense of home. In the age of unlimited information and imitation, it seems surprising that one may travel so far only in order to establish that one does not belong there. The seriousness of the search for meaning that is strived for misses its goal and ends in quirky, one-man conversations and hotel-room loneliness.

HOME is Olaf Breuning's *Threepenny Opera*. Much of it is overdone, gaudy, and exaggerated, and nonetheless stands in direct relation to real life. There's a lot of singing, and a certain hopelessness is omnipresent. The beggars' chorus under the Brooklyn Bridge sings as if with one voice, "We can't believe that something changes," swaying their empty beer bottles to the beat.

(Translation: Brian Currid)

1) All quotations come from Susan Sontag's essay "Notes on 'Camp,'" first published in *Partisan Review*, XXXI, Fall 1964, pp. 515f., also in Sontag, *Against Interpretation and other essays* (London: Random House, Vintage Books 1994), pp. 275–292.

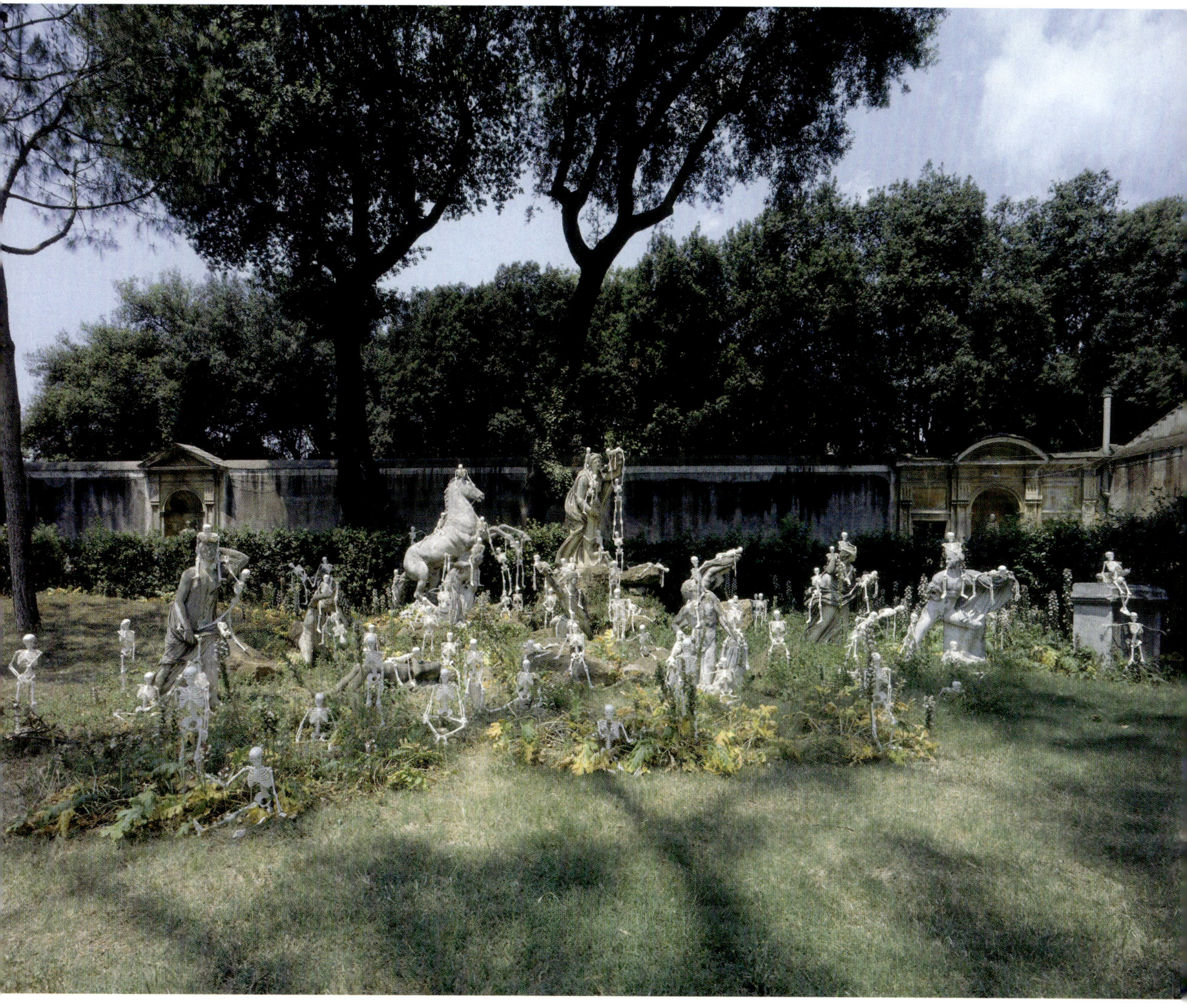

OLAF BREUNING, SKELETONS, 2002, installation view, "Tutto normale," Villa Medici, Roma.

Edition for Parkett

OLAF BREUNING

Lemon Pig, 2004

Styrofoam, ca. 9 13/16 x 9 x 12 3/16".

Edition of 60 / XX, signed and numbered.

Styropor, ca. 25 x 23 x 31 cm.

Auflage: 60 / XX, signiert und nummeriert.

PHOTO: RETO RODOLFO PEDRINI, ZÜRICH

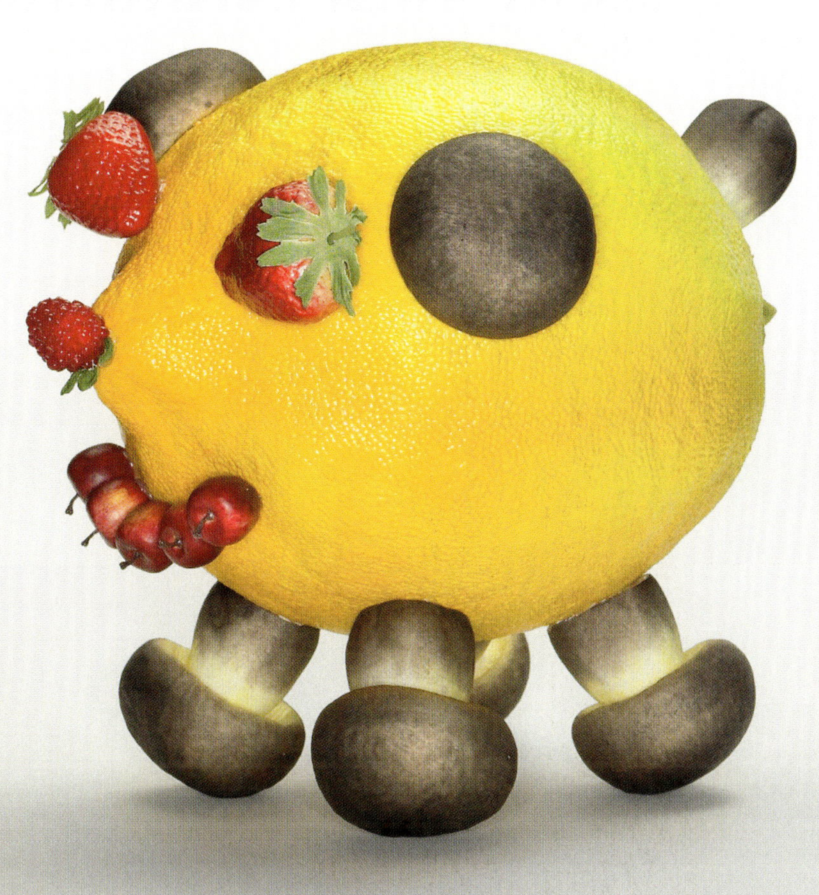

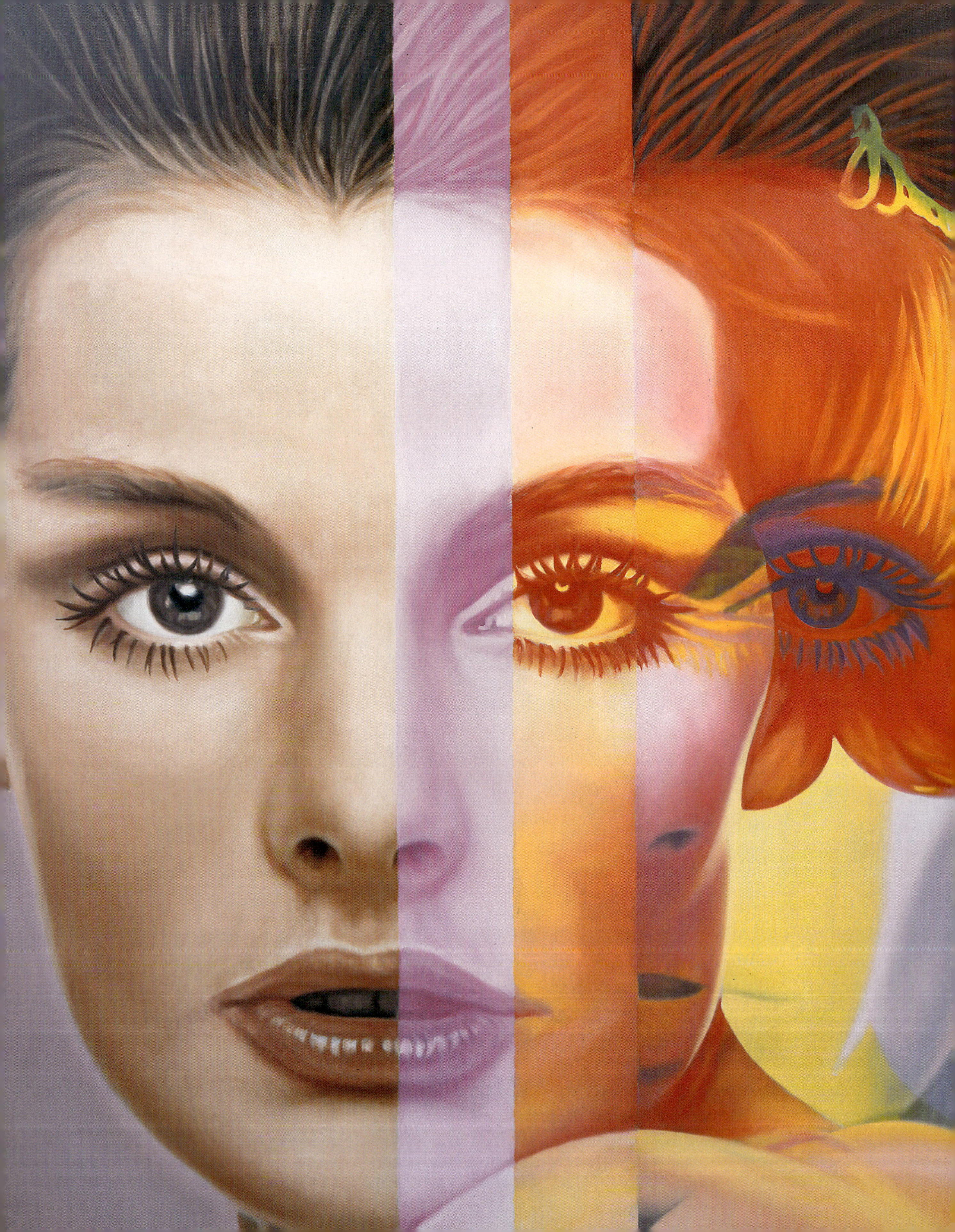

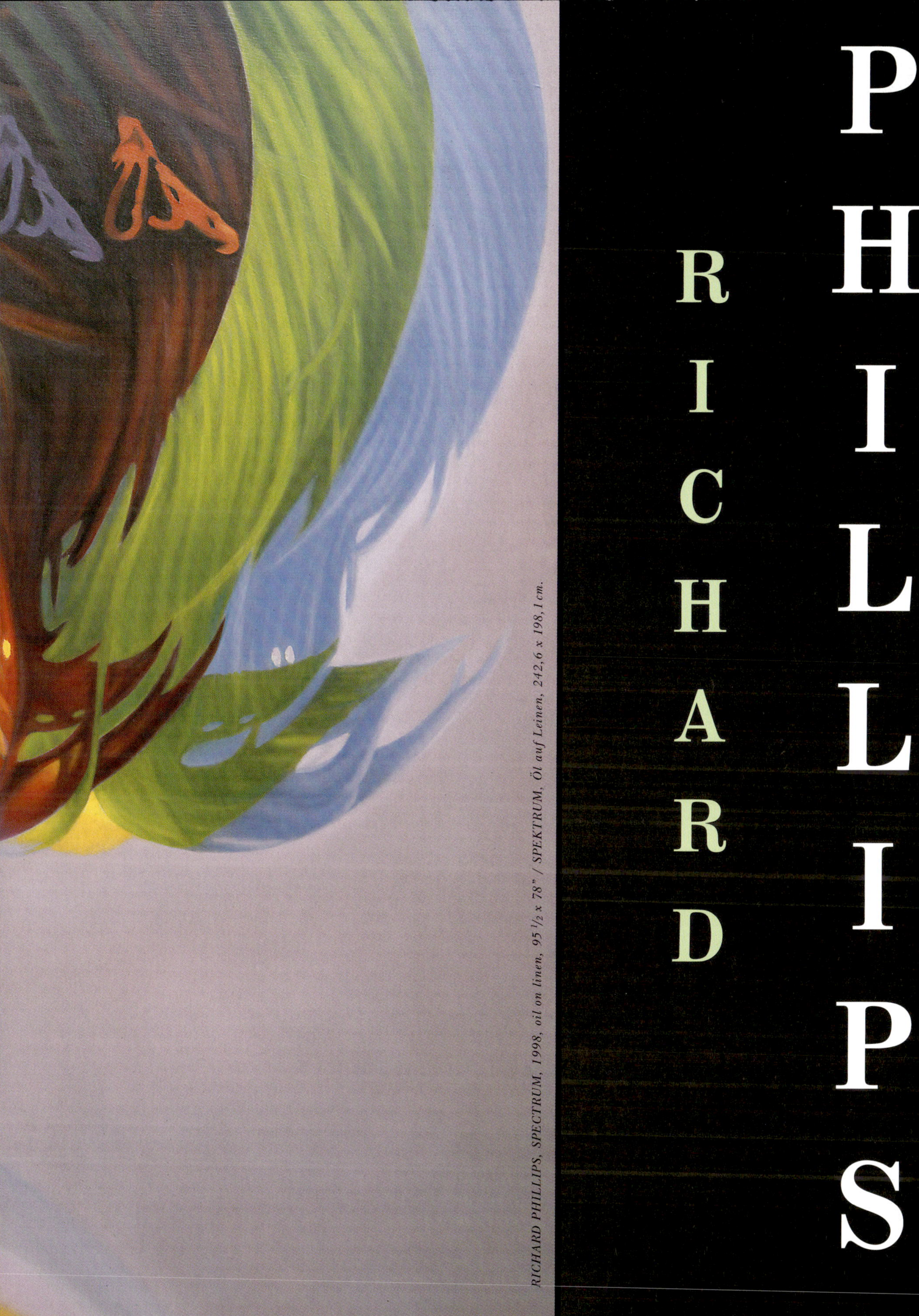

RICHARD PHILLIPS, SPECTRUM, 1998, oil on linen, 95 1/2 x 78" / SPEKTRUM, Öl auf Leinen, 242,6 x 198,1 cm.

OUT OF TIME AND PLACE

A CONVERSATION

DIEDRICH DIEDERICHSEN & RICHARD PHILLIPS

Diedrich Diederichsen: While trying to find a perspective on your work that has not been explored before, I came up with two ideas that I would like to propose as the basis of our conversation. The second is psychedelia and the first, applied art and its history, especially graphic design and magazine illustration.

Richard Phillips: ...which is a field I find increasingly interesting.

DD: Pop artists exhibited the styles, techniques, and even the aesthetic achievements of applied art in the context of the fine arts. And in the process, they reconfigured some of those achievements and took a detached view of them, but they also clearly exploited the effects of that aesthetic. The applied arts of the seventies—photography for advertising and magazines, layout, illustration—have now come to terms with high art's decontextualized take on their trade and have reacted to it. This is exactly the phase that you concentrate on in many of your works. On the other hand, you reference the specific marketing of sex, sexual liberation, and the shift of this liberation toward pornography. And the relationship of pornography to love and sexuality is almost homologous to that of graphic design to the fine arts, at least as far as prevailing bourgeois ideology is concerned. Applied art and applied love.

RP: In relation to applied art the best example is Richard Bernstein's 1984 illustration of Rob Lowe that he did for the cover of *Interview* magazine. In 1986 I moved to New York. One of my first jobs was to do construction work for Warhol's studio in the basement of *Interview* magazine, where I was surrounded by stacks and stacks of those images. My approach to the medium of painting versus the illustrative work of Bernstein was to try to get the idea of the time which had passed between the moment when Rob Lowe was the ultimate desired person (for both males and females) and the time of the painting. By the time I made the painting, Rob Lowe's career had gone through a crisis as a result of a sex scandal involving the video taping of an underage girl in his hotel room, which effectively ended his Hollywood career. His renaissance, which happened years later after I made the painting, came with the TV drama *The West Wing*, where he plays the Deputy Communications Director. The idea of feeding back this image of 1983 to 1998 to show the differences between the times and the consequential reality of celebrity was different from the empty representation of celebrity in Pop Art. The structural emptiness of the celebrity didn't really interest me. I was focused on the consequential reality that could be dealt with if it were to be brought back into a static art object entirely con-

DIEDRICH DIEDERICHSEN writes on music, art, cinema, theatre, and politics. He lives in Berlin and teaches in Stuttgart. His most recent publications are: *Sexbeat* (2002), *2000 Schallplatten* (2000), *Der lange Weg nach Mitte* (1999), and *Loving the Alien – Science Fiction, Diaspora, Multikultur* (1998). He is Co-Editor of the upcoming book, *Golden Years: on the queer avantgarde and subculture between 1959 and 1974* (autumn 2004).

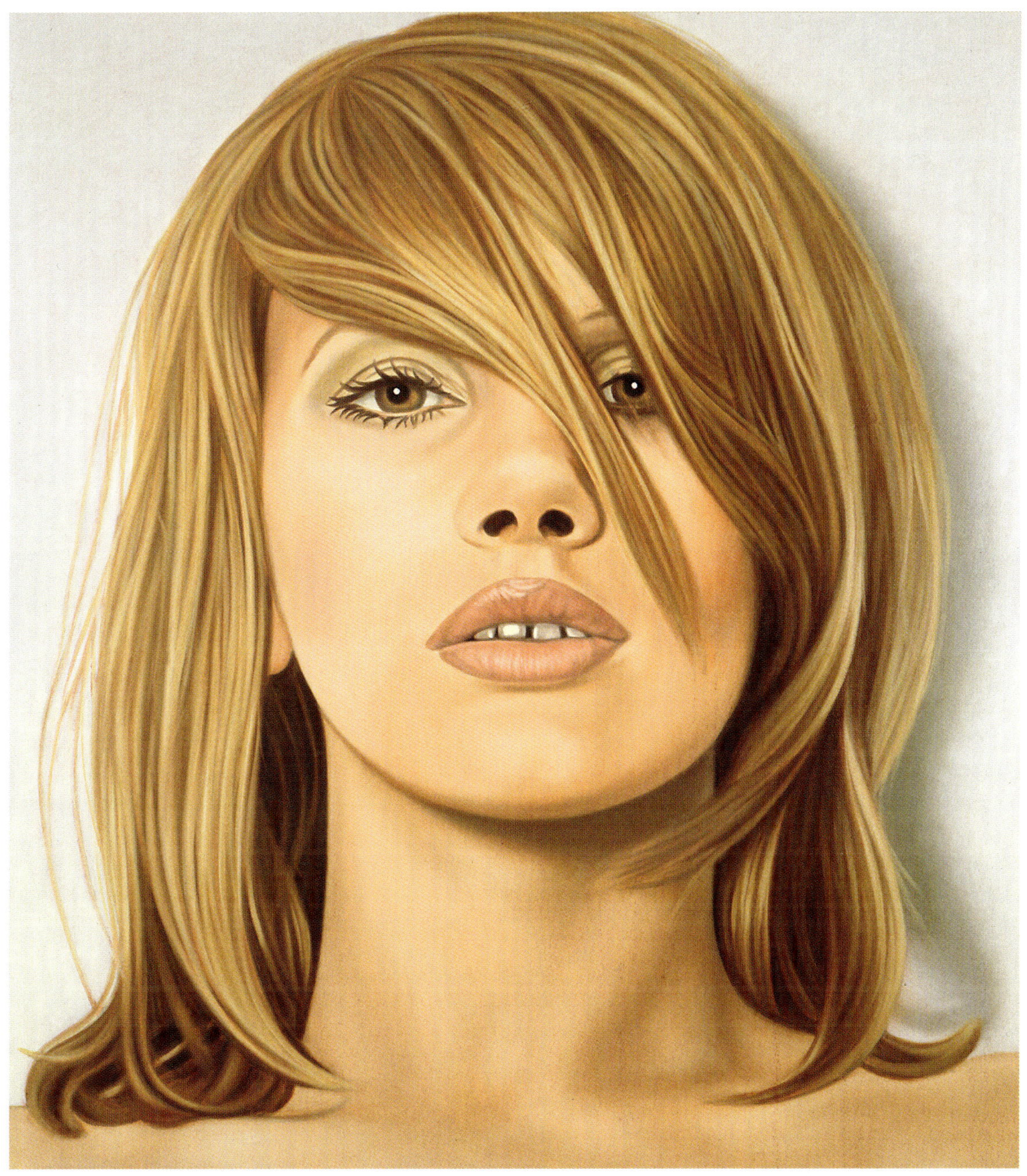

RICHARD PHILLIPS, JAZZ, 2000, oil on linen, 78 x 71 1/4" / Öl auf Leinen, 198,1 x 181 cm.
(ALL PHOTOS: FRIEDRICH PETZEL GALLERY, NEW YORK, UNLESS OTHERWISE INDICATED)

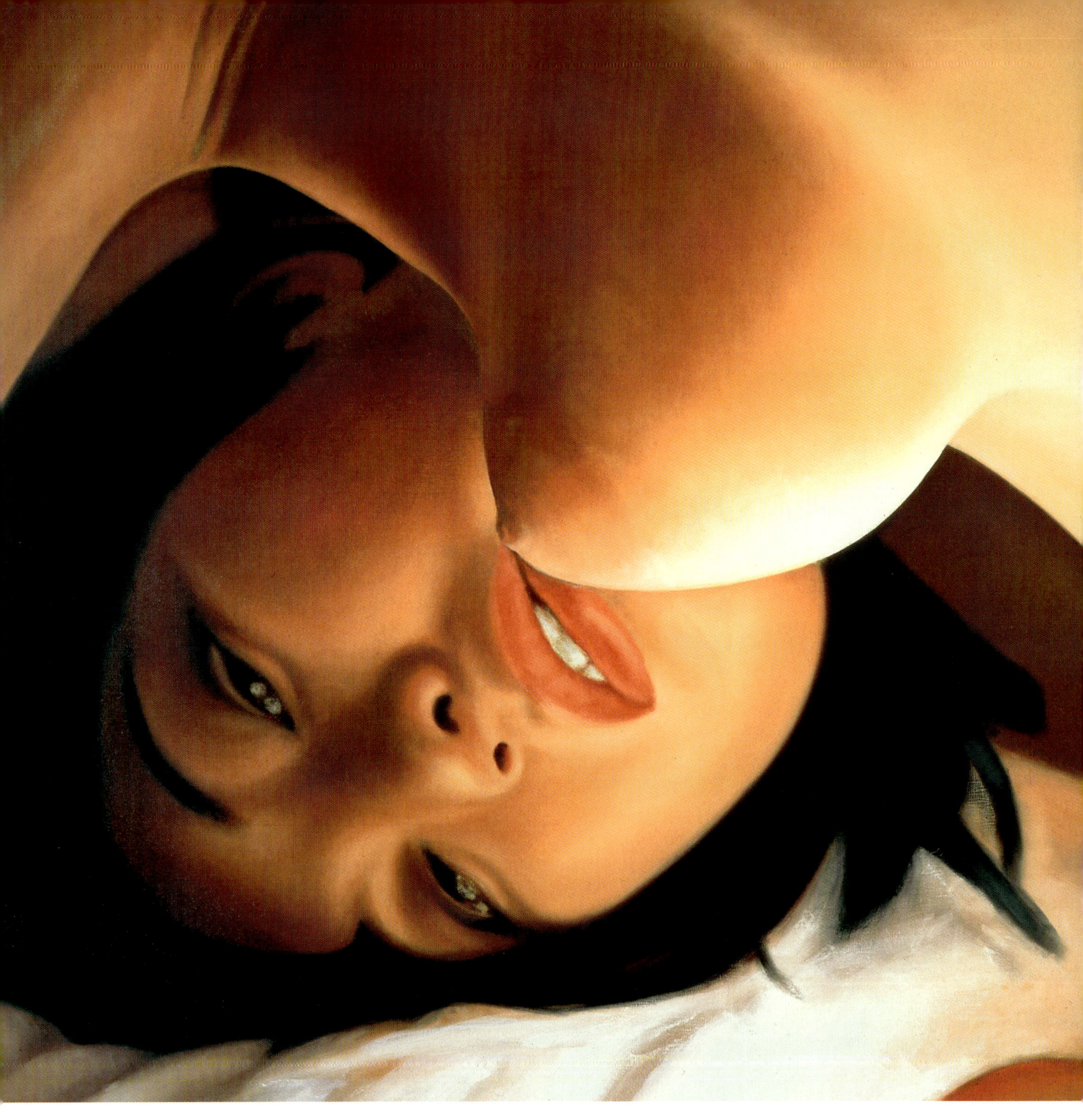

RICHARD PHILLIPS, BELOW, 1997, oil on linen, 78 x 115" / UNTEN, Öl auf Leinen, 198 x 292 cm.

structed by hand rather than being a reflection of a designer or photographer. It was more about a sensibility-based representation of the mechanical in Pop Art. Using that feedback, I wanted to get to another area of the psychology involved in understanding Pop images. So Rob Lowe would now be seen in an oil painting of a colored pencil drawing. It was perverted, in a way, to use a preferred medium to amplify a degraded or a lesser type of procedure. I later learned that Bernstein—he passed away last year—saw the painting at P.S.1 and was very happy because his legacy of being the *Interview* illustrator had already faded and gone the way of Rob Lowe's career. It was kind of an odd homage to his celebrity formats.

DD: The female nude has this dual genealogy: to show idealized bodies unmarred by work and reality, and on the other hand, bodies that have to market precisely that ideal of beauty, in other words portraits of prostitutes. In that respect it is especially embroiled in the political agenda of a bourgeois aesthetic. But by showing female nudes that are pretty obviously involved in marketing their bodies, you actually underscore the curiously ideological nature of the opposite, i.e. pure beauty and pure art. That's related to the fact that you don't simply portray the prostitute; you also show the act of selling. So you don't just apply the pimp aesthetic of visual sales promotion; you actually exhibit it, for example, by referencing the graphics and design, the photographic and illustrating tradition of, say, *Playboy*.

RP: There is a group of paintings from my first exhibition in Berlin at Max Hetzler's in January 2001: four portraits of women; two in particular, titled JAZZ and WAR (both 2000). JAZZ was in the style of the seventies. It was based on a hardcore pornographic magazine photo from, I guess, 1978. I had cropped the image to exclude the body and to focus strictly on the portrait, the spreading of her legs for the camera. The selling and the sex in the image had all been worked out fully, but the photographer had let the portrait escape until it became a window into how she actually felt. That she was prostituting herself for the camera became uncannily clear. But when I cropped away the rest of the image to focus only on her state of mind, I discovered that there was a kind of undoing of that stylistic gesture in terms of pornographic photography, and that there was a psychology that was not supposed to be visible, a psychology of exploitation in that slippage of her expression out of the pose. This is also true of the painting WAR, which was inspired by an early eighties phone sex ad. In the past I had only focused on the blankness of the face in the selling process of pornography, but in this case there is also the representation of the accident of a self-recognition of that particular moment.

DD: In other pictures of yours, you can also tell that the portrayed subject knows s/he's being observed, photographed, looked at, etc. There's always a touch of startled recognition in their faces, whether they're prostitutes or whether it's George W. Bush. Sometimes the face seems to show its embarrassment at realizing it's become a commodity; sometimes it's hard to tell whether the expression shows enlightenment or embarrassment or reverie.

RP: I guess the idea of self-recognition either relates to the constructedness of the self that is represented or to the failure of that representation. A recent painting that I just finished is a portrait of Joschka Fischer, from his Green Party campaign poster of 2002. The painting is a commission for Mont Blanc Corporation. Again, it addresses the question of the concept of the self in photography. Obviously the poster is about selling his image to the public to get elected. And its text reads "Joschka is coming." Translating this to a large scale painting and bearing down on the construction of that expression became very unnerving. I had to literally reconstruct what I thought they were thinking of when they planned the photo shoot. What were they trying to communicate, and what were they trying to sell about Joschka? The portrait has a vulnerability and almost feminine quality, while at the same time maintaining a desire for masculine strength. Showing both sides of the same coin became quite fascinating because I became aware of the constituent components of that expression. Through the process of literally reconstructing those expressions, it started to seem quite odd to have that image of him unwillingly employed as a spokesperson for a corporation that he was not involved in. Likewise, the corporate collection would have to take him as an un-contracted spokesperson for their product. For me that was a way of resolving an unusual request for a commission. I decided that the best way to implode the whole issue was to use a contemporary political poster from the world their corporation belonged to. I like to think of ways to take portraiture out of context, out of time, and out of technical reality—running the programs ahead towards each other and then forcing them to coexist.

DD: Fischer is Germany's most popular politician, probably because—due to his 1968 history and its revision—people think he's still very alive, still driven by political issues. This left-over vitality, which is what people like about him, is probably just as hard to pin down and represent as the vitality of sexuality. In both cases, it crops up in your work only after it's been commodified and fixed and you have tickled the left-over life out of these faces by way of a double negative—the aspect of embarrassment and self-recognition. But how does it work in your painting of George W. Bush (THE PRESIDENT OF THE UNITED STATES, 2001)? Is it a matter of self-recognition or is it more likely the opposite?

RP: It is the opposite. That image is an image of reverie because it depicts the specific moment when the Supreme Court handed him the presidency. That snapshot image was on the front page of *The New York Daily News*. That smugness of expression was the expression of knowing that he had been given the presidency. Yeah, it was a very different kind of self-recognition.

DD: What about the connection between psychedelic recognition and embarrassment? Psychedelic recognition resembles the reaction of embarrassment inasmuch as it happens very suddenly and unexpectedly. On drugs, something de-contextualized seems to be strangely true. But both sexual liberation and psychedelia were originally touted as expanding the mind and not as short-circuiting subjectivity.

RP: For an exhibition in 1997 in Los Angeles, I made a painting in which I was trying to address that subject directly. NUDE (1997) was a twelve foot wide by nine foot high portrait of a nude with her arms outstretched and her hair flying in the air like a California sunset cliché of sexual and psychedelic freedom. Though the subject is a nude woman, everything that I put into it—like the way the sunlight played on her body, the way that her hair was flowing, and the scale of the picture itself—amplified this type of freedom. It was an attempt to present that moment, that moment of self-reflexive freedom, where your nakedness and your sense of exuberance peaks. It was inspired by a 1967 stock photograph. So it was a direct representation of the standardization of that sort of freedom—of a pre-pornographic nude maybe already on the way to pornography, but still involved with the idea of the nude as an image of freedom.

DD: And she didn't have that psychotic look of the women in your pictures that refer to the late seventies.

RP: No, but in the same exhibition there was an image called TONGUE (1997), which was of a psychotic, lurid-looking girl with her tongue sticking out, as if she were making a provocation to have oral sex. The scale of that picture and the scale of that tongue reached grotesque proportions. Within the same exhibition there was also another painting of a nude Asian woman called BELOW (1997). The composition of the picture placed the viewer in the sixty-nine position whether he wanted to be in it or not. It was novelty, I guess, at the time. But the gesture of that position of sexual intimacy compared to the gesture of supposed sexual freedom, free from the pornographic, were two oppositions within the same exhibition. The third kind of sidebar was the proposition of oral sex. There were these different ideologies and their representations of sex. Also in that show was a painting of Engelbert Humperdinck (ENGELBERT, 1997) as the kind of male perspective client. In the end he was the crooner, the ultimate conqueror of all women through his voice. He was the pre-psychedelic idea of free sexuality. Later in a show in Germany with the prostitutes and phone-sex ads, I included Valentino (VALENTINO, 2000) instead of Engelbert. In a way, it was a reflection on the creation of female imagery through exterior clothing—the whole idea of revolutionary design in fashion was expressed by subjects who wore no clothes. But getting back to the idea of the psychedelic, it was very important to me growing up in the sixties in a small town north of Boston. The way the psychedelic filtered into my reality was quite different from living in the middle of San Francisco. It came through listening to *Sgt. Pepper* or observing the way my third-grade teacher changed wigs every third week and wore different kinds of miniskirts to class. In a way I kind of experienced it, and then came to experience it as a history that I never experienced, although I lived through it. It's not too dissimilar from the way my paintings are constructed in the first place. There are those displaced recognitions of events and occurrences out of time.

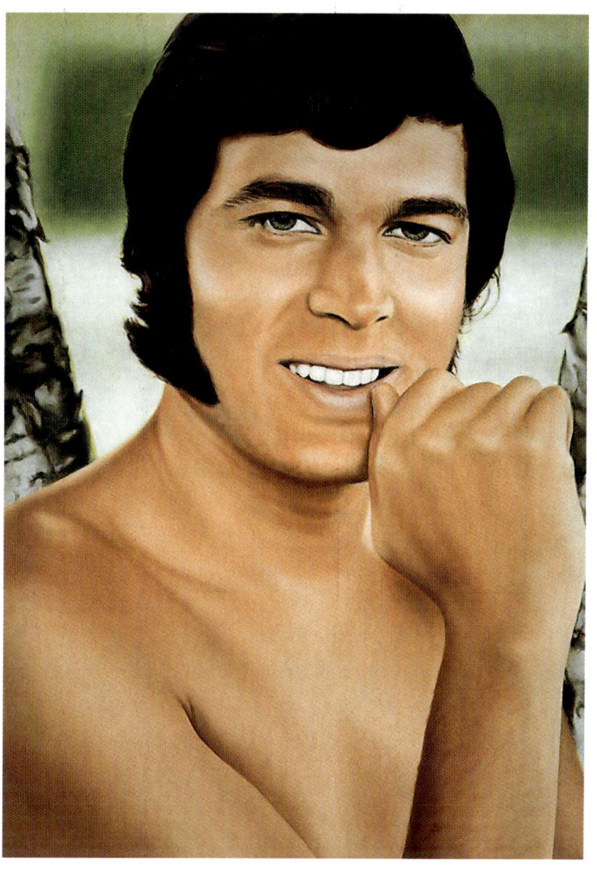

RICHARD PHILLIPS, ENGELBERT, 1997, oil on linen, 108 x 78"/ Öl auf Leinen, 274,3 x 198,1 cm.

VERRÜCKUNGEN

EIN GESPRÄCH

DIEDRICH DIEDERICHSEN & RICHARD PHILLIPS

Diedrich Diederichsen: Auf der Suche nach einer Perspektive, aus der deine Arbeit bisher noch nicht betrachtet worden ist, habe ich zwei gefunden, die ich gerne zur Grundlage unseres Gesprächs machen würde. Die eine wäre die der Psychedelia, die andere die der angewandten Kunst und ihrer Geschichte, insbesondere Graphikdesign und Illustration, Zeitschriftenillustration.

Richard Phillips: ...ein Bereich, dem mein zunehmendes Interesse gilt.

DD: Mir geht es dabei um zwei Konstellationen. Die Pop-Art hat ja Stile und Techniken, ja ästhetische Errungenschaften der angewandten Künste im Kunstkontext ausgestellt, teilweise diese Errungenschaften verfremdend und sich von ihnen distanzierend, zum anderen aber auch durchaus an deren ästhetischen Effekten partizipierend. Die angewandte Kunst der 70er Jahre – Werbe- und Zeitschriftenphotographie, Layout, Illustration — hat nun diese Erfahrung einer solchen dekontextualisierenden Bezugnahme auf ihr Geschäft durch die «hohe Kunst» hinter sich und reagiert darauf. Genau diese Phase steht ja im Mittelpunkt vieler Arbeiten von dir. Zum anderen sind deine Bezugspunkte aber auch in der spezifischen Vermarktung von Sex, der sexuellen Befreiung, dem Übergang von Befreiung in Pornographie etcetera angesiedelt. Und die Beziehung von Pornographie zu Liebe und Sexualität ist ja fast homolog zu jener von Graphikdesign und freier Kunst, zumindest in der zuständigen bürgerlichen Ideologie. Angewandte Kunst und angewandte Liebe.

RP: Was die angewandte Kunst betrifft, ist das beste Beispiel dafür wohl die Darstellung von Rob Lowe, die Richard Bernstein 1984 für das Cover von *Interview* machte. Ich zog 1986 nach New York. Einer meiner ersten Jobs war die Mitarbeit beim Bau von Warhols Atelier im Kellergeschoss der Zeitschrift *Interview.* Da lagen diese Bilder stapelweise herum. Meine Annäherung an das Medium der Malerei im Kontrast zur illustrativen Arbeit Bernsteins, bestand darin, mir die Zeit bewusst zu machen, die inzwischen verstrichen war: von jenem Moment, als Rob Lowe das begehrenswerte Idol aller (Männer und Frauen) war, bis zum Zeitpunkt meines Porträts. Denn als ich das Bild malte, war Rob Lowes Karriere längst ins Schlittern geraten, und zwar wegen eines Sexskandals rund um eine Videoaufnahme, auf der eine Minderjährige in seinem Hotelzimmer zu sehen war, was das abrupte Ende seiner Hollywoodkarriere bedeutete. Sein Comeback, Jahre nach der Entstehung dieses Bildes, begann mit der Fernsehserie *The West Wing,* in der er den Pressechef spielt. Die Idee, sein Bild von 1983 mit dem von 1998 in Beziehung

---

DIEDRICH DIEDERICHSEN schreibt über Musik, Kunst, Film, Theater und Politik. Er lebt in Berlin und lehrt in Stuttgart. Seine jüngsten Publikationen sind: *Sexbeat* (Neuauflage, 2002); *2000 Schallplatten* (2000); *Der lange Weg nach Mitte* (1999); *Loving the Alien – Science Fiction, Diaspora, Multikultur* (1998). Er ist Mitherausgeber von *Golden Years. Materialien und Positionen zur queeren Subkultur und Avantgarde zwischen 1959 und 1974* (Spätsommer 2004).

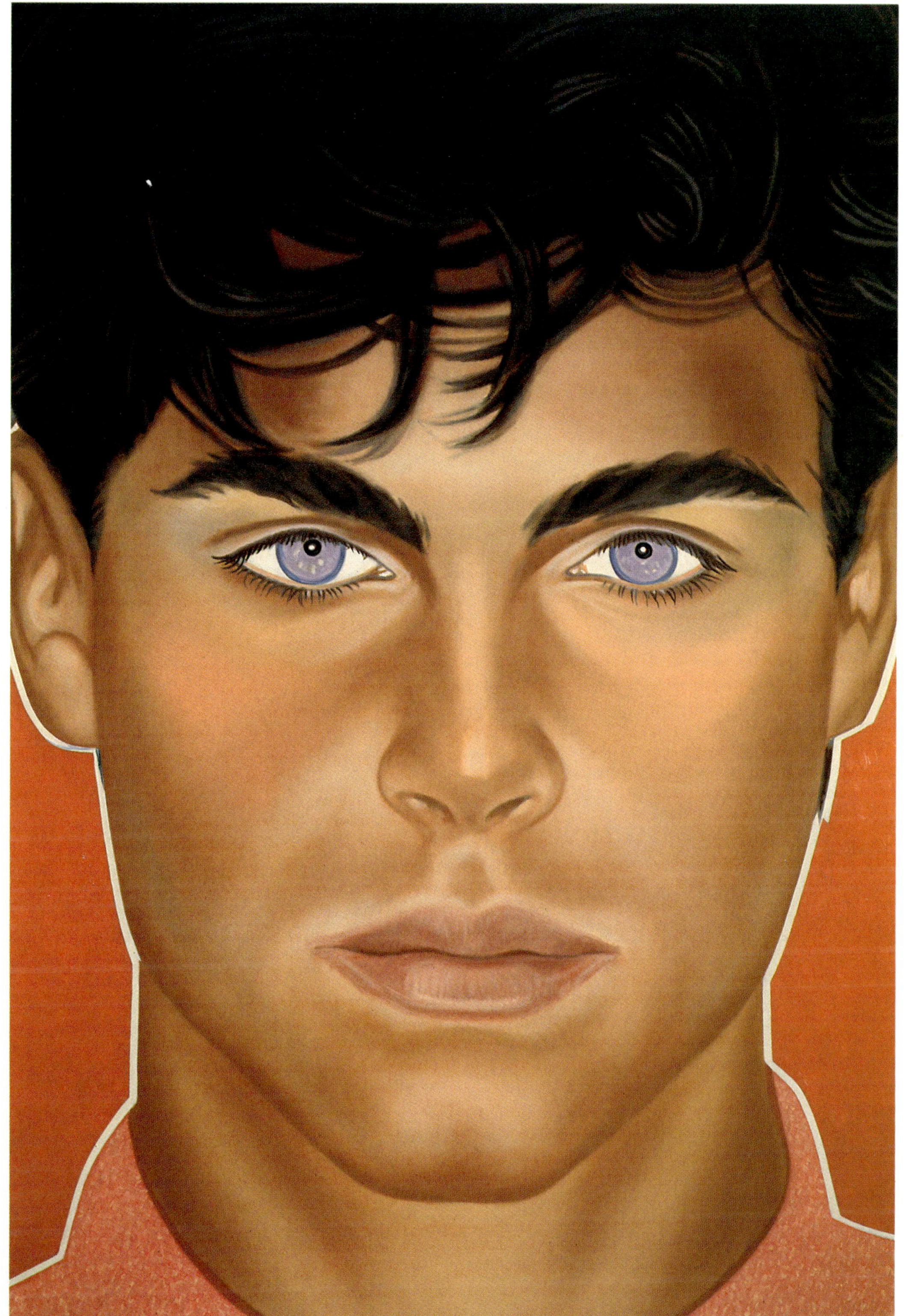

RICHARD PHILLIPS, PORTRAIT OF GOD (AFTER RICHARD BERNSTEIN), 1998, *oil on linen, 101 x 72"* /
PORTRÄT VON GOTT (NACH RICHARD BERNSTEIN), *Öl auf Leinen, 356,5 x 182,9 cm.*
(ALL PHOTOS: FRIEDRICH PETZEL GALLERY, NEW YORK, UNLESS OTHERWISE INDICATED)

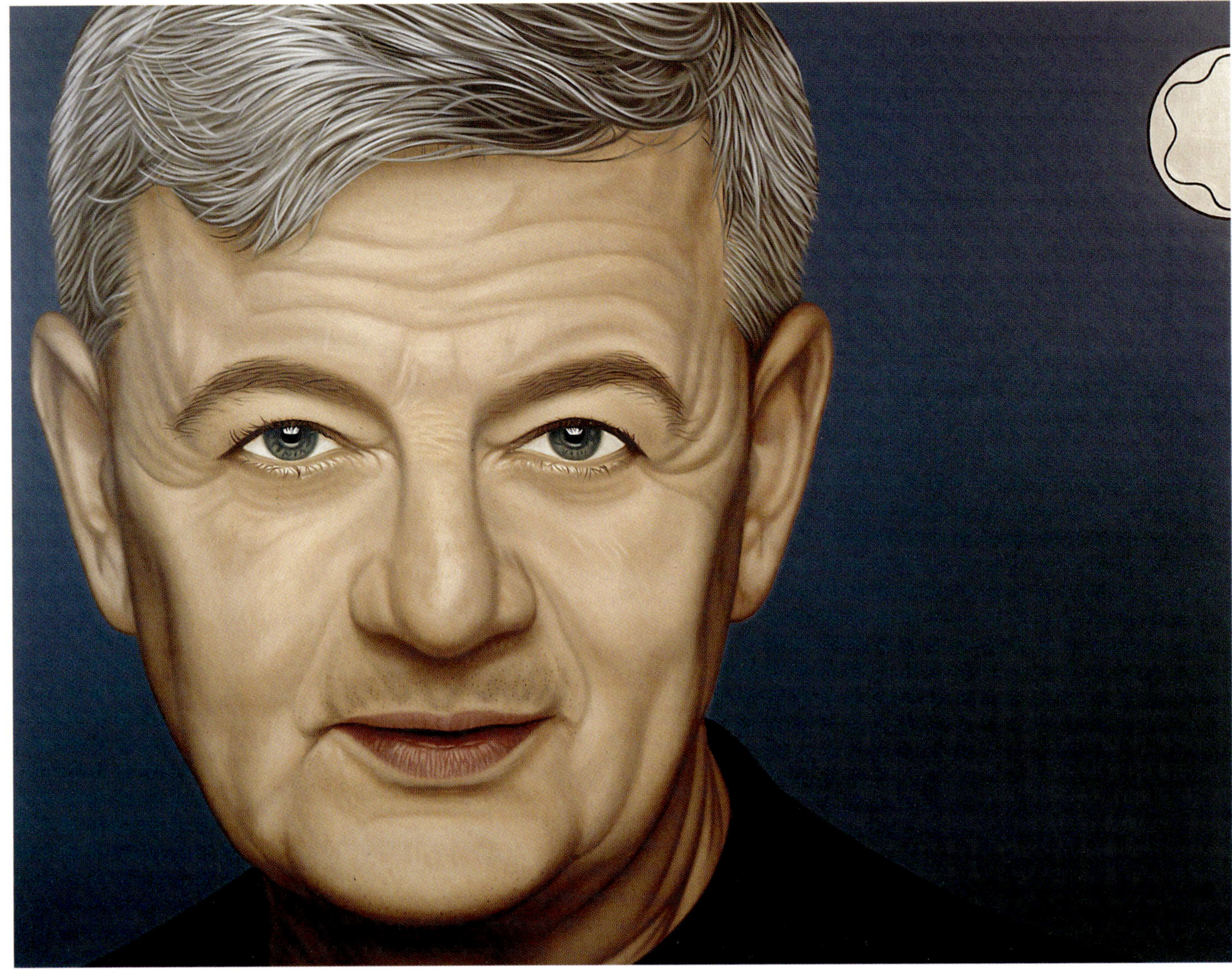

RICHARD PHILLIPS, THE SPOKESPERSON, 2004, oil on linen, 78 x 100" / DER WORTFÜHRER, Öl auf Leinen, 198,1 x 254 cm.
(PHOTO: LE CONSORTIUM, DIJON)

zu setzen und aufzuzeigen, wie sehr sich die Zeit und damit auch die Bedeutung der Stars seither verändert hat, war etwas ganz anderes als die leere Darstellung von Berühmtheiten, wie sie die Pop-Art betrieb. Die strukturell bedingte Leere des Stars interessierte mich nicht wirklich. Ich konzentrierte mich ganz auf die Realität, die sich daraus ergab und mit der man sich auseinander setzen konnte, sobald man sie in einem manuell produzierten, statischen Kunstobjekt zu fassen suchte, statt sich mit einem rein graphischen oder photographischen Abbild zu begnügen. Es ging also eher um eine auf Sensibilität gegründete Darstellung des Mechanischen in der Pop-Art. Mithilfe dieser Bezugnahme wollte ich in einen anderen Bereich der Psychologie vorstossen, der für das Verständnis der Bilder der Pop-Art eine Rolle spielt. Nun würde man Robe Lowe als Ölbild einer kolorierten Bleistiftzeichnung sehen. Irgendwie war es pervers, ein so beliebtes Medium zur Vergrösserung einer gering geschätzten, weniger bedeutenden Technik einzusetzen. Später erfuhr ich, dass Bernstein – er starb letztes Jahr – das Bild im P.S.1 gesehen und sich sehr gefreut habe, weil das Wissen darum, dass er der Illustrator von *Interview* gewesen war, inzwischen verblasst und zusammen mit Rob Lowes Karriere den Bach hinuntergegangen war. Es war eine vertrackte Art von Hommage an seine Starporträts.

DD: Kommen wir zu deinen Aktbildern: Der weibliche Akt hat ja diese doppelte Genealogie, einerseits idealisierte Körper jenseits von Arbeit und Realität zu zeigen und andererseits Körper, die gerade dieses Ideal, den schönen Körper, zu Markte tragen müssen, also Prostituierte zu porträtieren. Damit ist er besonders in die politische Problematik bürgerlicher Ästhetik verwickelt. Indem du nun weibliche Akte zeigst, die ziemlich offensichtlich mit der Vermarktung der Körper zu tun haben, wird die merkwürdige ideologische Natur ihres Gegenteils, der reinen Schönheit und der reinen Kunst, besonders deutlich. Das hat aber auch damit zu tun, dass du nicht einfach die Prostituierte porträtierst, sondern auch den Akt ihres Verkaufs, also sozusagen die zuhälterische Ästhetik der visuellen Verkaufsförderung nicht anwendest, sondern mit ausstellst, zum Beispiel, indem du Bezug nimmst auf graphikdesignerische, photographische und illustrative Traditionen, etwa des *Playboy*.

RP: Da wären eine Reihe von Bildern aus meiner ersten Ausstellung in Berlin bei Max Hetzler, im Januar 2001 zu nennen: vier Frauenporträts, insbesondere JAZZ und WAR (beide 2000). JAZZ ist im Stil der 70er Jahre gemalt. Es entstand anhand eines Photos aus einem Hardcore-Pornomagazin von 1978, wenn ich mich recht erinnere. Ich hatte das Bild so beschnitten, dass der ganze Körper wegfiel, und konzentrierte mich ausschliesslich auf das Porträt, die Tatsache, dass die Frau die Beine für die Kamera breit machte. Der Verkaufsaspekt und der Sex waren sorgfältig kalkuliert und ausgearbeitet, doch der Photograph hat sich das Porträt so weit entgleiten lassen, dass es zum Fenster ihrer wahren Gefühle werden konnte. Dabei wurde auf unheimliche Art deutlich, dass sie sich für die Kamera prostituierte. Als ich den Rest des Bildes wegschnitt, um mich ganz auf ihren Gemütszustand zu konzentrieren, entdeckte ich, dass in dieser für ein Pornophoto etwas allzu gestylten Pose etwas nicht stimmte; der nicht zur Pose passende Gesichtsausdruck liess einen psychischen Zustand erkennen, der nicht hätte sichtbar werden sollen, ein Zustand der Ausbeutung. Dasselbe trifft auch auf WAR zu, das von einer Telefonsexanzeige aus den frühen 80er Jahren angeregt wurde. Früher hatte ich mich lediglich auf die Leere des Gesichts beim pornographischen Verkaufsprozess konzentriert, doch in diesem Fall ist auch die zufällig stattfindende Selbstwahrnehmung in jenem spezifischen Moment mit dargestellt.

DD: Das gibt es ja auch in anderen Bildern von dir, dass man sieht: Das porträtierte Subjekt weiss, dass man es beobachtet, photographiert, anschaut, und so weiter. Da ist immer ein bisschen von einer plötzlichen Erkenntnis in den Gesichtern, egal ob es sich um eine Prostituierte handelt oder um George W. Bush. Manchmal ist es das Schamgefühl der Erkenntnis, zur Ware geworden zu sein, manchmal weiss man gar nicht, ob es sich um eine Erleuchtung, um Scham oder um einen Traum handelt.

RP: Ich nehme an, diese Art Selbsterkenntnis hat entweder mit der Konstruiertheit des dargestellten Ich zu tun oder mit dem Scheitern dieser Darstellung. Ein Bild, das ich erst kürzlich fertig gestellt habe, ist ein Porträt von Joschka Fischer nach einem Wahlplakat der Grünen aus dem Jahr 2002. Das Bild entstand im Auftrag der Firma Mont Blanc. Und wiederum stellt sich darin die Frage nach dem Begriff der Selbstdarstellung in der Photographie. Offensichtlich geht es bei diesem Poster darum, Fischers Bild der Öffentlichkeit dahingehend zu verkaufen, dass er gewählt wird. Der Text lautet: «Joschka kommt.» Dies in ein grossformatiges Gemälde zu übersetzen und dabei der Konstruiertheit dieses Ausdrucks zu Leibe zu rücken, war äusserst nervenaufreibend. Ich musste buchstäblich zu rekonstruieren versuchen, woran bei der Vorbereitung der Aufnahme gedacht worden war. Was sollte vermittelt werden, und was versuchte man mit Joschka zu verkaufen? Das Porträt hat etwas Verletzliches, beinah

Feminines, während es zugleich die Sehnsucht nach dem starken Mann anspricht. Beide Seiten ein und derselben Medaille zu zeigen war ziemlich spannend, denn mir wurden die verschiedenen Komponenten dieses Ausdrucks bewusst. Im Lauf der buchstäblichen Rekonstruktion der verschiedenen Aspekte seiner Miene, erschien es mir immer abwegiger, dass dieses Bild von ihm ohne sein eigenes Zutun zum Sprachrohr einer Firma werden sollte, mit der er nichts zu schaffen hatte. Auch die Firmensammlung würde ihn als vertragslosen Fürsprecher für ihr Produkt betrachten müssen. Darin lag für mich die Lösung für dieses ungewöhnliche Auftragswerk. Ich beschloss, dass der beste Weg, um dieses Thema aus der Welt zu schaffen, der wäre, ein politisches Plakat zu verwenden, das aus derselben Welt stammte wie die Firma selbst. Ich denke mir gerne Möglichkeiten aus, Porträts aus ihrem Kontext, ihrer Zeit und ihrer technischen Gegebenheit zu isolieren, indem ich diese Programme weiterführe, aufeinander zulaufen lasse und schliesslich zur Koexistenz zwinge.

DD: Fischer ist der beliebteste Politiker Deutschlands, und das wahrscheinlich, weil er wegen seiner 68er Vergangenheit und deren Revision als einer gilt, der noch am Leben ist, den noch politische Inhalte umtreiben. Das, was die Leute an ihm mögen, diese Rest-Lebendigkeit, dürfte etwas sein, was genauso schwer zu fixieren und zu repräsentieren ist wie die Lebendigkeit des Sexuellen. In beiden Fällen taucht es bei dir aber erst auf, nachdem es bereits kommodifiziert und fixiert ist und du sozusagen dieses Rest-Leben als Moment der Scham und Selbsterkenntnis aus diesen Gesichtern per doppelter Negation herausgekitzelt hast. Wie geht das aber nun bei George W. Bush (THE PRESIDENT OF THE UNITED STATES, 2001)? Ist es bei ihm auch ein Moment der Selbsterkenntnis oder nicht eher das Gegenteil?

RP: Es ist das Gegenteil. Dieses Bild zeigt einen Traumverlorenen, denn es zeigt den besonderen Moment, als der Oberste Gerichtshof ihm die Präsidentschaft zuspricht. Dieser Schnappschuss war auf der Frontseite der *New York Daily News* abgebildet. Die selbstzufriedene Miene war Ausdruck des Wissens, dass er nun zum Präsidenten ernannt war. Das war natürlich eine ganz andere Art von Selbsterkenntnis.

DD: Wenden wir uns dem Zusammenhang zwischen psychedelischer Erkenntnis und Scham zu: Die psychedelische Erkenntnis ähnelt dem Moment der Scham, indem sie sich sehr plötzlich und unvermittelt ereignet. Etwas erscheint unter Drogen dekontextualisiert auf seltsame Weise «wahr». Dennoch waren beide, sexuelle Befreiung und Psychedelia ursprünglich als Erweiterung und nicht als Kurzschluss der Subjektivität angetreten.

RP: 1997 machte ich für eine Ausstellung in Los Angeles ein Bild, mit dem ich dieses Thema direkt ansprechen wollte. NUDE (Akt, 1997) war ein drei Meter siebzig breites und zwei Meter fünfundsiebzig hohes Porträt eines Frauenaktes mit ausgestreckten Armen und fliegendem Haar entsprechend dem kalifornischen Sonnenuntergangsklischee der totalen sexuellen und psychedelischen Freiheit. Und obwohl das Motiv eine nackte Frau ist, verstärkt alles andere, was ich in dieses Bild steckte, etwa die Art, wie das Sonnenlicht auf ihrem Körper spielt, wie ihr Haar fliesst, aber auch die Grösse des Bildes an sich genau diesen Typ von Freiheit. Es war ein Versuch, diesen Moment einer auf sich selbst bezogenen Freiheit zu zeigen, in welchem die eigene Nacktheit und das Gefühl der Ausgelassenheit auf dem Höhepunkt sind. Ich war von einem Photo aus einem Werbephotokatalog aus dem Jahr 1967 dazu angeregt worden. Es war also ein direktes Abbild der Standardisierung dieser Art von Freiheit – eines präpornographischen Aktes, der vielleicht schon auf dem besten Weg zur Pornographie, aber immer noch mit der Idee des Nackten als Symbol der Freiheit verquickt war.

DD: Sie hatte auch noch nicht diesen psychotischen Blick, den die Frauen auf deinen Bildern haben, die auf die späten 70er Jahre anspielen.

RP: Nein, aber in derselben Ausstellung hing ein Bild mit dem Titel TONGUE (Zunge, 1997); es zeigt ein psychotisches, verführerisch blickendes Mädchen, das die Zunge wie eine unverhohlene Aufforderung zu oralem Sex herausstreckt. Die Grösse des Bildes war grotesk und damit auch die Grösse der Zunge. In derselben Ausstellung hing auch das Aktbild einer Asiatin, BELOW (1997). Die Bildkomposi-

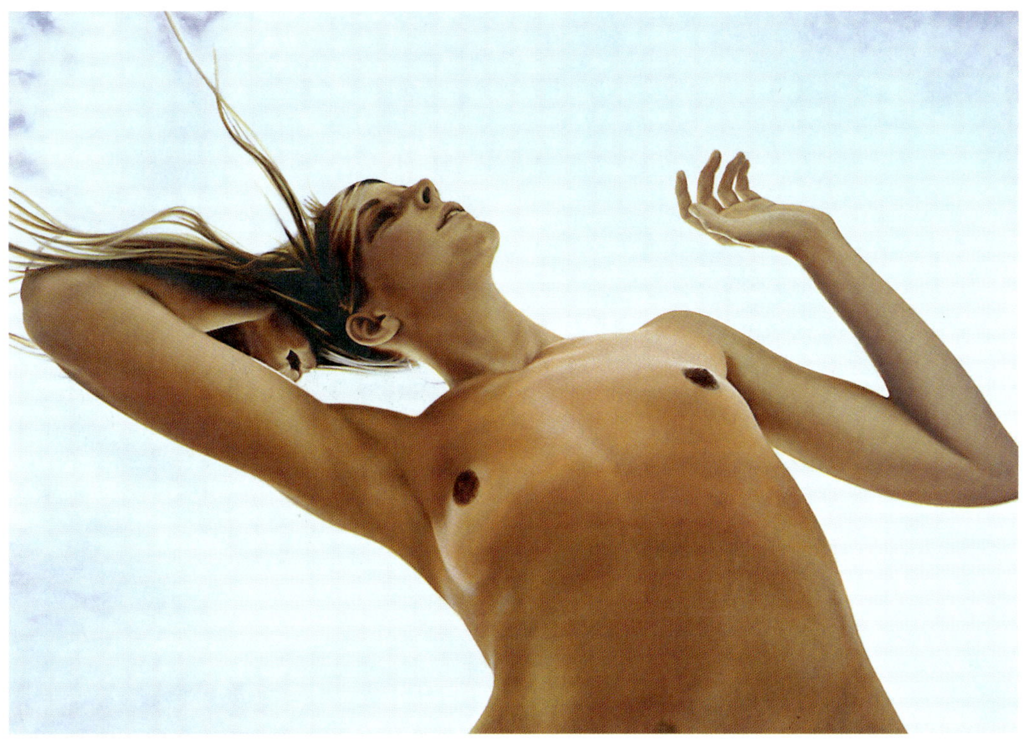

RICHARD PHILLIPS, NUDE, 1997, oil on linen, 103 x 148" / AKT, Öl auf Leinen, 261,6 x 375,9 cm.

tion versetzte den Betrachter in die 69er-Stellung, ob ihm das passte oder nicht. Damals war das, glaube ich, neu. Aber in ein und derselben Ausstellung stand die Geste dieser intimen Sexualstellung in krassem Widerspruch zu der einer angeblichen sexuellen Freiheit jenseits des Pornographischen. Der dritte Streich bestand in der Aufforderung zu oralem Sex. Das waren drei völlig verschiedene Ideologien und ihr jeweiliger sexueller Ausdruck. Ebenfalls in dieser Ausstellung hing das Bild von Engelbert Humperdinck (ENGELBERT, 1997) als potenzieller Freier. Schliesslich war er der Schnulzensänger, der ultimative Eroberer aller Frauen dank seiner Stimme. Er war das präpsychedelische Ideal der freien Sexualität. Später, in einer Ausstellung mit den Prostituierten und Telefonanzeigen in Deutschland, nahm ich statt Engelbert Valentino dazu (VALENTINO, 2000). In gewisser Weise lag darin eine Reflexion auf die Prägung von Frauenbildern durch Oberbekleidung – die Idee revolutionärer Mode wurde ja immer durch Mannequins verkörpert, die keine Kleider trugen. Aber zurück zum Psychedelischen: Das war für mich ungeheuer wichtig, da ich in den 60er Jahren in einer Kleinstadt nördlich von Boston aufwuchs. Die Art, wie das Psychedelische in meine Realität einfloss, war ganz anders als das Leben im Zentrum von San Francisco. Es begann damit, dass ich *Sergeant Pepper* hörte oder dass meine Lehrerin in der dritten Klasse alle drei Wochen eine neue Perücke trug und in diversen Miniröcken unterrichtete. Irgendwie habe ich es erlebt und lernte es dann als Geschichte kennen, die ich nie wirklich am eigenen Leib erfahren und doch miterlebt hatte. Das ist gar nicht weit von der Art entfernt, wie meine Bilder im Grunde entstehen. Da gibt es auch diese zeitlich verrückte Wahrnehmung von Ereignissen und Begebenheiten.

(Übersetzung der Antworten des Künstlers: Wilma Parker)

Face All Wrath!

MALEREI ALS DURCHGANG UND WIDERSTAND

JUTTA KOETHER

1. Es ist die Möglichkeit des Sich-zu-eigen-Machens von Malerei, die mich an Richard Phillips' Bildern interessiert. Man stösst auf etwas, das einen mit Hoffnung erfasst, etwas, das aufscheint, wenn man der Leere nur intensiv genug entgegenstarrt, bis diese anfängt zu flirren, um etwas zu enthüllen, herauslaufen zu lassen. Wenn Bilder sich bereitstellen für ihr eigenes Evidenz-Werden: Was gut aussieht, ist gut, was gut «schlecht» aussieht, ist gut. Wenn Malerei mich dazu treibt, einen Text zu schreiben, der sich das Zu-eigen-Werden von Malerei zu eigen macht. Wenn Malerei funktioniert als Feld, als Durchgang und Widerstand, wo Verlangen transformiert wird, indem sowohl Bild wie Betrachter wie Künstler allesamt ausführende Organe dieses Prozesses sind. Und wenn die Möglichkeiten des Künstlers als hysterisches Subjekt sichtbar gemacht werden.

2. Richard sagte, dass ihm etwas daran läge, eine Vibration zwischen Bild und Betrachter hervorzurufen. Dieser Text handelt davon, wie diese Vibrationen möglicherweise ausgelöst werden und was sie tun. Es ist die Absicht des Textes, kein Spiegel der Bilder zu sein, sondern – wie die Bilder selbst – die Konstruktion von Reflexion zu vollführen, in welcher der Künstler wie der Autor nach Momenten von Haltung und Erkenntnis Ausschau halten mögen, aber nichts finden als einen notwendigen Wahn im Kopf, hier zerlegt in 13 Splitter.

3. *...der Geist soll durch sich zur Einigkeit zurückkehren. Diese Einigkeit ist dann eine geistige, und das Prinzip jener Zurückführung liegt im Denken selbst. Dieses ist es, welches die Wunde schlägt und dieselbe auch heilt.*[1)]

> *...Like a warring sun, from a better kingdom / Beautiful, free, of different steel! / Dearly prized, and equally broken, he should have gone free of you!...*[2)]
> *Get served!*

4. Wie das einen komisch anmacht, auf diese Bilder zu schauen. Für mich sind sie nie, so gar nicht, was sie vorgeben zu sein. Die allerplakativsten Erscheinungen sind, sobald man sie erfasst hat, keine Bilder von irgendwas, sondern sind maskierte Malerei, sind lärmende – in Farb- und Formatwahl –, totale, stumme Artefakte. Da ist etwas Erschreckendes, Grässliches, man wird eingeladen zu gucken und nichts tut sich; dennoch starrt es zurück, etwas, von

JUTTA KOETHER lebt und arbeitet in New York.

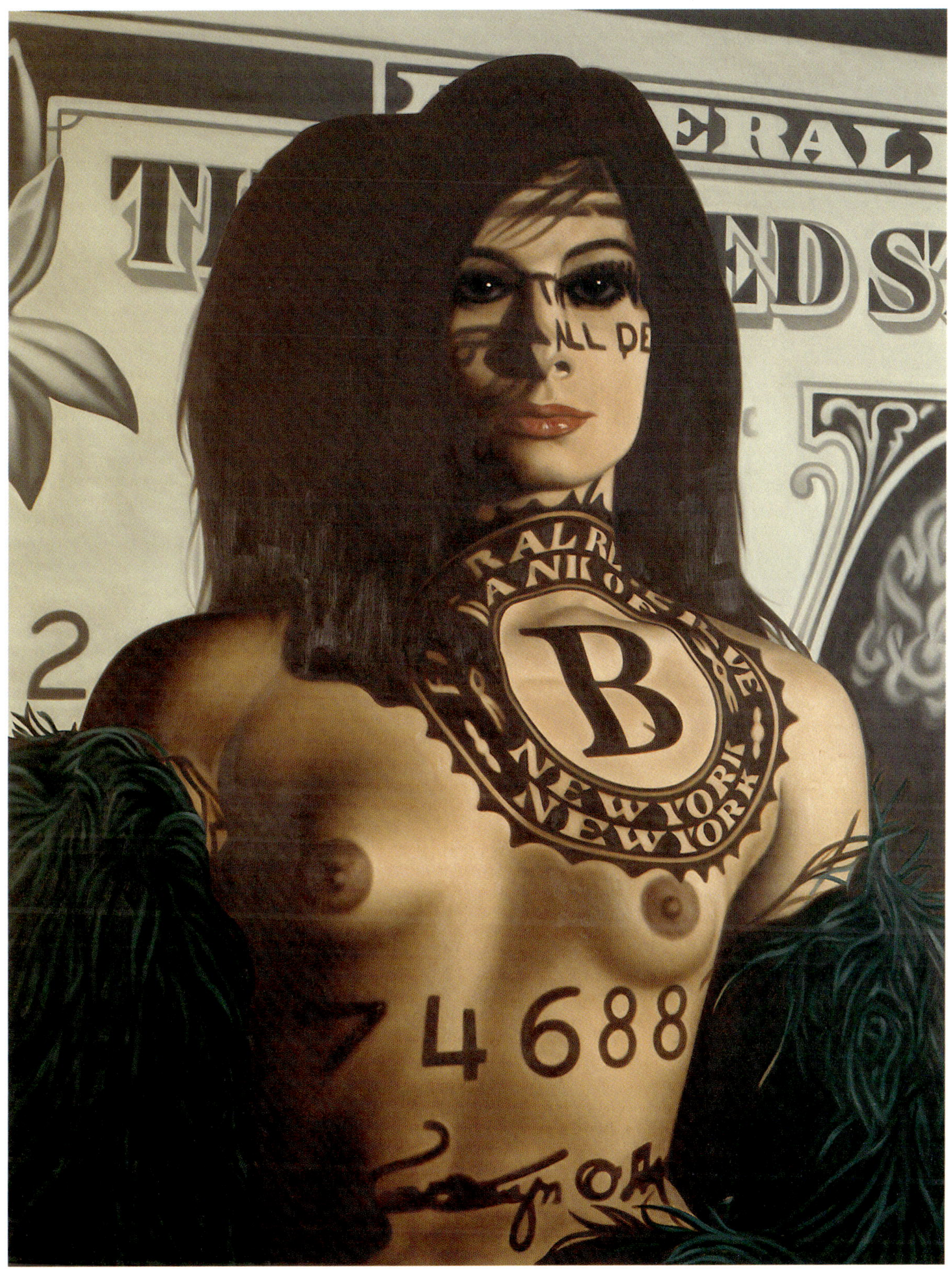

RICHARD PHILLIPS, $, 2003, oil on linen, 108 x 85" / Öl auf Leinen, 274,3 x 215,9cm.

dem man nicht weiss, ob man es nicht selbst geworden ist. Da ist ein Schmerz dabei. Die Bilder von Richard Phillips sind wie frisch gefundene (*Fake-*)Überbleibsel einer kultischen Praxis (vielleicht auch Popkultur genannt). Sie anzuschauen, das ist der Tanz mit dem Biest; der Blick ins magische Auge, das deshalb magisch wird, weil man sich eingelassen hat. Sich Sträuben ist keine Option. Subtilität auch nicht.

Bitchin' Art! Ja, die Bilder der grossen Masken. Sie verdecken nur ein Nichts, halten in Schach und werden in diesem Moment der Spannungsstarre zum Vehikel. Angsterfüllend, opak, undurchdringlich, abstossend, verfügbar, selbst ohne Gefühl.

There are no tears / No feeling of guilt / Nowhere to channel the anger / Nowhere to leave the pain...[3]

5. Sie verändern die äussere Erscheinung von Malerei, dessen, was Darstellung kann, soll, muss. Ich mag Richard Phillips' Bilder auch deshalb, weil sie mir die Freiheit verschaffen, die nur ein *Fake*-Schrecken, ein ritualisierter Prozess erzeugen kann. Sehe ich seine Bilder (ich beziehe mich auf die *America*-Bilder und die *Birds of Britain*-Serie), löst dies ein wenig Panik aus, Unheimlichkeit und Empörungskitzel. Er hat die Köder ausgelegt und man geht ran. Augen, weibliche Genitalien und ein grinsender Präsident haben einen schon angestarrt. Fashion Models haben einen in ihren Blick-Griff genommen. Am meisten betreffen mich die Bilder, in denen er Blattmetall verwendet (Aluminium und Gold). Das erhöht ungemein den *horror vacui,* den Kick, den Schmerz, die Reise ins Nirgendwo. Materialistische Aureolen. Moment der metallischen Vermischung. Materie in der Form eingeschlossen... Richard Phillips, der Maler vom totesten Licht! Licht ohne Bezug zu einem Vorder- oder Hintergrund, Licht wie hysterisches Lachen, obszöne Worte, verführerischer Müll. Eine Strahlung stellt sich ein. Offensichtlich – auf der Oberfläche in den Bleistiftmarkierungen wie in den Farbaufträgen

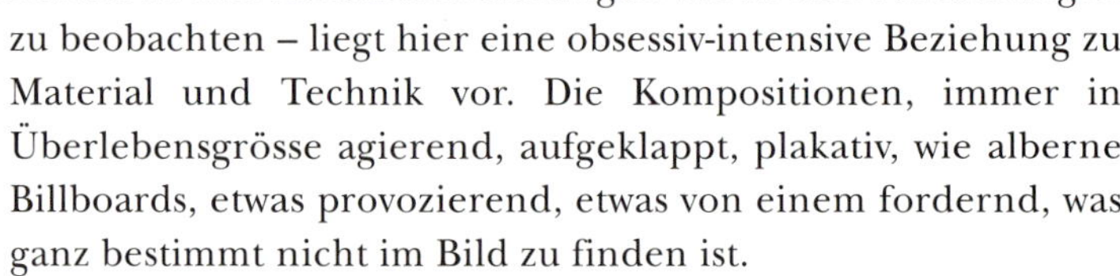

zu beobachten – liegt hier eine obsessiv-intensive Beziehung zu Material und Technik vor. Die Kompositionen, immer in Überlebensgrösse agierend, aufgeklappt, plakativ, wie alberne Billboards, etwas provozierend, etwas von einem fordernd, was ganz bestimmt nicht im Bild zu finden ist.

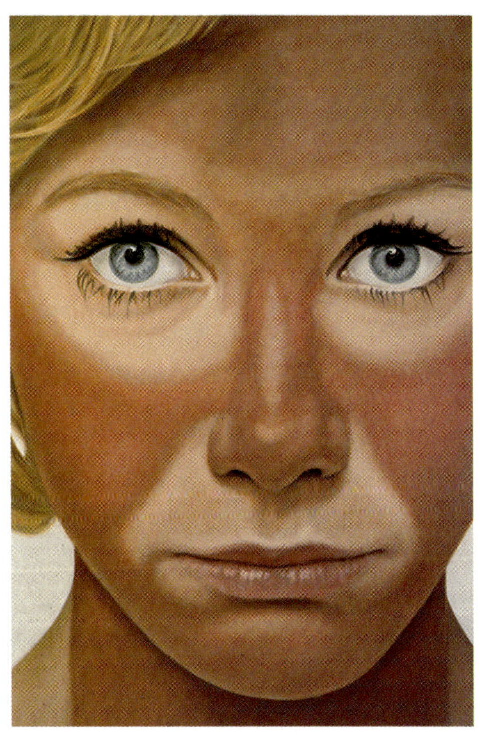

RICHARD PHILLIPS, BRANDBILD, 1997, oil on linen, 116 x 80" /
Öl auf Leinen, 294,6 x 203,2 cm.

6. Gegenstände und/oder Figuren, meist singulär. Ich bin konfrontiert mit einer wunderlichen Form von sich als Pop-Art gebärdenden Malerei. Sie lädt aber nie wirklich ein. Sie ist post-sozial und postkommunikativ. Sie redet nichts und will nichts «zeigen». Sie ist Darstellung von Darstellungen. Es ist wie ein Ritual. Es gibt keine Geschichte, nur ein Vorgehen. Eine Operation, deren Ausgang man kennt, in deren Verlauf sich aber Abweichungen, Irritationen einstellen.

7. Man muss sich der Sache übergeben. Die Bilder in ihrer passiv-aggressiven Starre nehmen einen in Empfang, ohne einen wirklich zu begrüssen. Es sind Öffnungen in ein Loch hinein. Sie stossen ab. Sie geben sich offen. Sie entziehen sich der Lesbarkeit. Sie manipulieren mein Verhalten und meine affektive Wahrnehmung. Was ist's? Eine Art S&M, Wahrnehmungen, Vorgänge und Austauschverfahren von einer Art, wie

man sie in der *Death Metal Music* findet, oder in radikalen *Techno-Noise-Dance*-Rhythmen; in Extremkultur-Segmenten also, wo Entäusserung sich nicht individualistisch vollzieht, sondern wo eben gerade die Möglichkeit für eine viel extremere kollektiv-tribalistische Entäusserungsweise besteht. Richards Bilder sehnen sich nach der Erzeugung solcher Momente. Sind das die Vibrationen, die er meinte?

8. Hier möchte ich anmerken, dass natürlich gewisse Objekte von Jeff Koons, vom BUNNY über PUPPY zum BALLOON DOG und natürlich den BUBBLES, ebendiese Operationen vollzogen haben. Während jene jedoch aus dem Wunsch nach der Schaffung eines gemeinsamen Nenners, eines universalistischen Emblems, einer Affirmation von Popkultur entstanden sind und sozusagen als Requisiten des «Grossen Kommunikators» sowie als Wert- und Währungssetzung verstanden werden könnten, funktionieren Richard Phillips' Bilder eher postkommunikativ, splitten Themen auf oder unterbrechen die Lesbarkeit von Bildgruppen.

9. Phillips imitiert die Darstellungen von Bildern mit seinen Mitteln, mit extremem handwerklich-technischem Aufwand, in einem Verfahren, das er sich selbst vorschreibt und auferlegt. Ein Raster entsteht, eine Grisaille-Zeichnung des Motivs. Dann folgt das Malen des Bildes. Während der Arbeit jedoch fallen Entscheidungen im Bild, die es aus dem Terrain des Photorealismus herausholen. Verschiebungen ereignen sich, im Vergleich zur Vorlage wie auch zur ersten Darstellung der Vorlage (Zeichnung). Schief und unkorrekt. Zur Imitation oder Demonstration von Können gesellt sich deren eigene Opposition (das Nervende, Unoffene, Mechanische). Die Unmöglichkeit von Malerei in Bezug zur Welt, zu den Geschichten, zur photographischen Erfassung und zum eigenen Malersein wird immer mit dargestellt. Die Malerei in Phillips' Bildern meldet massiv ihre Zweifel an sich selbst an, was besonders irritierend ist, wenn man «auf den ersten Blick» den Bildern Glauben schenkt. Sie ist immer gleichermassen attraktiv und abstossend. Aber genau in diesen Verschiebungen verfängt sich das Auge. Ganz besonders in diesen erstarrten metallischen Pfützen eröffnen sich Reflexionspotenziale, irre Engagements, strukturelle Idiosynkrasien, die man sich in dem Moment erlaubt, wo sich das Bild vom Bild als Bild auflöst und rein als Totem dahängt, dem Betrachter einen *crush,* eine perverse Subjektivität erlaubt, den Schritt hinein in den entfremdeten Seinszustand, in ein abstraktes Feld, wo Ordnung nicht ist.

Das Hässliche / Bild-Masken / Bild-Drogen / Bild-Hysterien / Bild-*Fake* / Im Schön-Werden

So gebe ich mich also freudvoll hinein in das temporäre Inkonsistente, ins Orientierungslose, ins Unhaltbar-Werden. Man muss nur auf eines der Monströsesten aller Bilder Phillips' gucken (DEEPAK, 2003, sich selbst multiplizierend, eine weit ausgebreitete panoramische Ansicht eines Gesichts) und man weiss und spürt das unaushaltbare Nichts.

10. Das Objekt des Begehrens ist das Verlangen des anderen. Das sind wohl die Vibrationen. Und das Bild selbst funktioniert als Vibrator. Bilder werden zu Durchgängen, die ein psychoaktives Potenzial aktivieren, als eine Art Widerstand gegen die kapitalistische Perversion der Idee der sexuellen und mentalen und formalen Revolutionen, die in grotesker Weise angesprochen werden (Sex, politische Führungsfiguren – George W. Bush, Joschka Fischer, das Stonewall-Denkmal, Guru Deepak), jedoch allesamt weniger Personen als vielmehr übernatürliche Entitäten nicht menschlicher Wesen darstellen. Make-up, Dekoration und Farb-

felder werden aufgefahren, intensiv in tage- und wochenlanger Arbeit angelegt, um Schönheit aus den hässlichen Situationen zu puhlen und alle grotesken Ausmasse von Hässlichkeit in der schönen Situation des Malerei-Machens ausfindig zu machen.

11. Nach den metallischen Effekten werden in neueren Arbeiten zur Erzeugung des Unheimlichen andere, extreme Mittel angesteuert. Auf die Abstraktion der Sinne folgt eine Überbetonung der physischen Präsenz (im Abbild von Joschka Fischer) und eine extreme Sensitivität (im Bild mit den heroisch-erotischen Eichhörnchen, gemalt nach einem Ölbild des Schweizer Aussenseiterkünstlers Adolf Dietrich). Hier findet sich ein malerischer physischer Schleier, der sich über die ganze grosse Leinwand ausbreitet. Das sich selbst in eine sensibel-malerische Aura hüllende Produkt lässt den Produktcharakter seiner Existenzweise erkennen, indem es sich anbietet. Die Basis für Phillips' Bilder sind promotionale Bildquellen: Joschka Fischer (Wahlwerbeplakat für Rede und öffentlichen Auftritt des deutschen Aussenministers); Dollarsymbol auf nackter Frau (Geld-/Sex-Werbung. Ursprünglich war diese Abbildung kritisch gemeint); Bukkake (ein japanischer Sexfetisch, heruntergeladenes Web-Bild, Anpreisung sexueller Praktiken, die gleichermassen pervers, verbreitet und ohne Geheimnis sind).

In der speziellen Malweise und Formatwahl von Richard Phillips geht aller Sinn dafür verloren, was die ursprüngliche Absicht und Referenz war. Ein Geschichtsbild von nichts. Ein Bild, das als Erklärung nicht funktioniert, aber dennoch da und in sich logisch ist, ganz wie ein Wahn. Embleme oder Spiegel werden freigesetzt, die unseren Zustand – entfremdet, fehlbar und so weiter – reflektieren. Kopf, Symbol, Geschichte, alles wird zu einer Nicht-Substanz, die Erregendes und Bedrohliches mit sich führt. Abscheu im Vergnügen. Vergnügen im Abscheu?

Ein Bedürfnis nach Harmonie mischt sich mit dem Wunsch nach radikaler Disharmonie. Die Bilder lösen Widerstand aus: Ich will nicht sehen, was ich sehe; meine Reaktion wird Teil des Bildes, wird zu einer seltsamen Form kulturellen Protests. Die mediale Öffentlichkeit trennt sich von den Bildern, so dass nur eine komplette Äusserlichkeit übrig bleibt, die nur sich selbst mitteilt. Keines der Bilder funktioniert nur für sich allein. Keins ist nur es selbst. Der Künstler ist ein Fremder in Bezug auf sein Bild. Er malt sich hindurch. Er ist sein eigener Tyrann: bewusste Begrenzung der sogenannten Ausdrucksfreiheit, nichts «erfinden» wollen, nicht man selbst sein wollen und können, gleichzeitig aber ganz intensiv den Vorgang und die Weise (des Malens) erleben, vollziehen. Im Tun aber – ganz archaisch, ohne Mittel und Methoden der Arbeitsteilung – sich den Möglichkeiten der Produktionsweisen der Pop-Art entziehend; konzentriert auf den Vorgang, physisch und mental, das «Ich und die Leinwand» vollziehend.

Den Manierismus, in den er sich hineinmalt, sehe ich als extremes, nicht ausgedrücktes Geräusch oder als Schrei, total unterdrückt und zugleich präsent; ein Produkt-Schrei als reiner nichtsubstanzieller Exzess der Subjektivität selbst, eine hysterische Inkonsistenz, die vorgibt nicht zu wollen, was sie anzeigt zu wollen.

12. Kurzschluss! Verursacht im alltäglichen Bewusstsein, in der «Realität». Nur dass der Kurzschluss hier nicht bloss eine Sekunde dauert, sondern anhält, Starre auslöst. Der mehrfache Verlust des Eigenen, aller Konstruktionen des Authentischen wird als etwas Befreiendes erfahren. Nichts «ist» das Subjekt. Ein hysterisches Subjekt, welches das Gesetz des Meisters dadurch provoziert, dass es ihn mit unmöglichen Forderungen bombardiert, sol-

chen die nicht eingelöst werden können. Die Geburt des Existenziellen aus dem Postexistenziellen. Es ist der Raum eines hysterischen Mannes, der sich da öffnet. Angefüllt mit grotesker Malerei, sentimentalem Realismus, *allover-fakeness.* Auch mit falschen Erinnerungen, mit Darstellungen von Bildern, die «etwas waren», Motive, Träger populärer Kultur, Sex, Folk, Werbung, Politik, Retro-Ästhetik-Charme samt den verklingenden Echos der dazugehörigen Diskurse, so entstellt, so re-appropriiert, dass sie komplett fremd erscheinen, austauschbar, so ausser sich, dass es in diesem Schritt möglich wird, sich das Moment der Umwandlung im Sinn von Transformation (von der reinen Farbe zu etwas, was man mit Farbe macht) zu eigen zu machen.

13. Es ist auf jeden Fall besser diese Bilder n i c h t in der Reproduktion zu sehen, sondern im Original, live, körperlich, auch wenn sie noch so sehr vorgeben, unendlich weiter abbildbar zu sein. Es ist am besten, sie so zu sehen, wie sie vorgeben, nicht gesehen werden zu wollen: vis-à-vis. Weil man nur dann die besondere Weise des Wandels erfahren kann, wenn man die

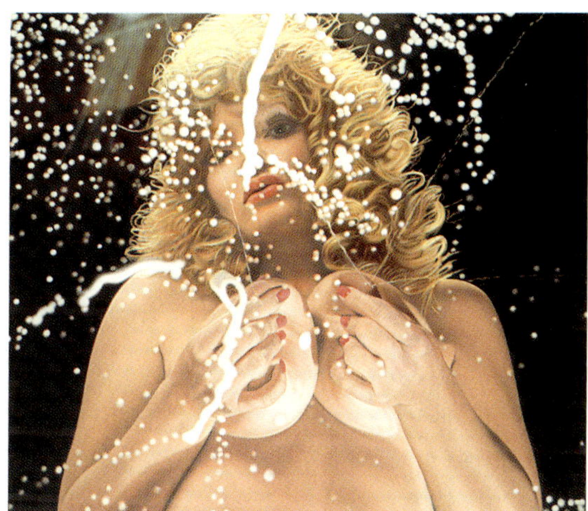

RICHARD PHILLIPS, ORIGIN OF THE MILKY WAY, 1998, oil on linen, 90 x 106 1/2" / URSPRUNG DER MILCHSTRASSE, Öl auf Leinen, 228,6 x 270,5 cm.

langwierigen Sessions, in denen der Künstler sich diese Malerei aneignet, spürt. Wenn man in den Spuren des mit Bleistift konstruierten Rasters etwas erkennt vom Verfahren, vom Aufbau des Bildes, von Ambition und Erschöpfung. Vielleicht ist Richard Phillips der Eminem der Malerei. Wenn man die Übertreibungen, die in der erstarrenden Malerei aufgefangen werden, von ganz nah sieht, so wie man bestimmte Musik laut hören muss. *Serve! Get served!*

Nur dann kann man sehen, wie die Bilder durch ihre eigene Manier hervorgebracht werden. Eine bizarre, erstarrte Form existenzieller Unruhe. Richard Phillips' Bilder sind mir ein Edvard Munch (revisited, ongoing), gerade weil sie nicht so aussehen und weil sie einen mit physisch-fundamentalistischen Effekten auf die Absurdität des Bildermachens und des Daseins hinweisen. Das macht Spass. Spass muss sein. Das ist tun, was zu tun ist, wenn man sich mit Malerei abgibt.

Die Bilder verhindern Identifikation, unterminieren alle ekstatischen transgressiven Gesten und sind doch schön vom Bösen beseeltes metaphysisches Delirium; sie verflüssigen Synchronität und Dissonanz, nicht in ihrem gestischen Gestaltetsein, sondern im Zeitablauf ih-

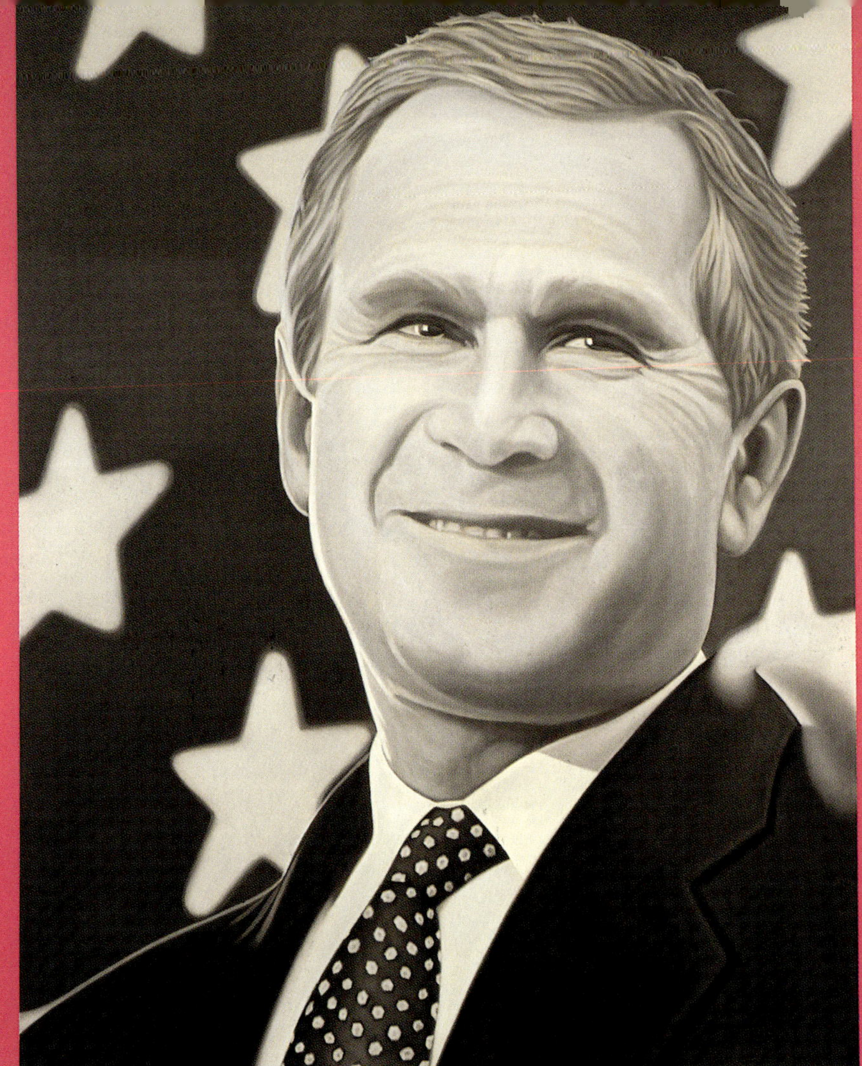

RICHARD PHILLIPS, THE PRESIDENT OF THE UNITED STATES, 2001, oil on linen, 103 1/2 x 156" / DER PRÄSIDENT DER VEREINIGTEN STAATEN, Öl auf Leinen, 262,9 x 396,2 cm.

rer Herstellung, in der Erfüllung der gestellten Aufgabe, in Dichte, Form, Entscheidungen. Ein streng ritualisiertes performatives Treiben ist das, bei dem man sich jedoch jedes Mal einem Wandel hingeben und sich die Zugehörigkeit zur Malerei aneignen muss, wie man sich die Potenziale von Malerei zu eigen macht.

Pernicious flow, redemptive perpetuity / Unholy drive, the gods arrogant grin / If my world's a joke, do you see them smile? / Hellbound me—on a throne of gold... World moves in mysterious ways / Body onwards, mind drifts / You die, then we hail (to our relief) / New age dawns / Face all wrath...[4]

1) Georg Wilhelm Friedrich Hegel, *Enzyklopädie der philosophischen Wissenschaften im Grundrisse (1830): Erster Teil. Die Wissenschaft der Logik, mit den mündlichen Zusätzen*, «Vorbegriff», §24, 3. Zusatz, in: *G.W.F. Hegel, Werke in 20 Bänden*, Bd. 8, Suhrkamp, Frankfurt am Main 1986, S. 88.

2) Zitat aus dem Song «Angstridden» auf der CD *Volcano* der Black-Metal-Band Satyricon. *(...Wie eine streitbare Sonne aus einem besseren Königreich / Schön, frei, aus einem edleren Stahl! / Tief verehrt und ebenso gebrochen, wäre er nur frei von dir gewesen!...)*

3) Aus «Suffering the Tyrants», ebenda. *(Keine Tränen / Kein Schuldgefühl / Kein Ort, um die Wut abzuleiten / Kein Ort, um den Schmerz abzulegen...)*

4) Aus «Black Lava», ebenda. *(Verderblicher Fluss, erlösende Unerschöpflichkeit / Unheiliger Elan, das arrogante Grinsen der Götter / Wenn meine Welt ein Witz ist, sieht man sie lächeln? / Ich, der Hölle geweiht – auf einem goldenen Thron (...) Die Welt bewegt sich auf geheimnisvolle Weisen / Weiter als der Körper wandert der Geist / Du stirbst, dann lobsingen wir (zu unserer Erleichterung) / Das neue Zeitalter bricht an / Tretet dem ganzen Zorn entgegen...)*

Face All Wrath!

PAINTING AS PASSAGE AND RESISTANCE

JUTTA KOETHER

1. What interests me about Richard Phillips' pictures is painting's faculty for appropriating and being appropriated. You bump into something that fills you with hope, something that shines through if you just stare at the emptiness intensely enough for it to start shimmering, allowing for revelations and things to flow. When pictures are prepared to act as their own evidence: what looks good is good; what does a good job looking bad is good, too. When painting compels me to write a text that appropriates painting's business of appropriating and being appropriated. When painting functions as a field, as passage and resistance, where desire is transformed when picture and viewer and artist altogether are the executing organs of that process. And when the artist's potential as hysterical subject surfaces.

2. Richard said he wants to cause a vibration between picture and viewer. This text deals with how those vibrations might be generated and what they do. It does not aim to be a mirror of the pictures but rather to construct reflection, as do the pictures themselves, in the course of which the artist and writer keep an eye out for moments of attitude and recognition, thereby finding nothing but a requisite madness in their minds, here laid out in thirteen fragments.

3. ... *The final concord then is spiritual; that is, the principle of restoration is found in thought, and thought only. The hand that inflicts the wound is also the hand which heals it.*[1)]

... Like a warring sun, from a better kingdom / Beautiful, free, of different steel! / Dearly prized, and equally broken, he should have gone free of you!...[2)]

Get served!

4. How odd it makes one feel to look at these pictures. To me they are never, in the least, what they pretend to be. The most blatant representations, the moment you grasp them, are not pictures of anything but rather masked painting, noisy—as regards the choice of color and format—and total, mute artifacts. That's dreadful, perfectly ghastly; we've been invited to look and nothing happens, but something stares back at us, and we can't tell if it's not what we ourselves have become. And there's the pain. Richard Phillips' pictures are like freshly found (fake) remnants of a cult practice (possibly named pop culture). Looking at them is tantamount to dancing with the beast, to gazing into a magic eye that has become magic only because we choose to get involved. Opposition is not an option. Nor is subtlety.

JUTTA KOETHER lives and works in New York City.

Bitchin' Art! Yes, those pictures of large masks. All they disguise is nothingness; they keep things in check and the moment rigidified tension kicks in, they turn into vehicles. Causing anxiety, opaque, impenetrable, repelling, available, with no feelings of their own.

There are no tears / No feeling of guilt / Nowhere to channel the anger / Nowhere to leave the pain...[3)]

5. They change the outward appearance of painting, of what representation can, should, must achieve. I also like Richard Phillips' pictures because they give me a freedom that can only be generated by a fake scare, by a ritualized process. When I see his pictures (I'm referring to the *America* and *Birds of Britain* series), they cause a sense of panic, creepiness, and a tickle of indignation. He dangles the bait and we grab it. We've seen eyes, female genitals, and a grinning president staring at us. Fashion models have a visual grip on us. To me, the most compelling pictures are those in which he uses metal (aluminum leaf and gold leaf). It gives such a powerful thrust to the *horror vacui,* the kick, the pain, the journey to nowhere. Materialistic aureoles. Moments of metallic mingling. Matter locked into form... Richard Phillips, painter of the deadest light! Light without reference to a foreground or a background, light like hysterical laughter, obscene words, seductive garbage. Radiation sets in. Obviously—as seen on the surface in pencil markings and the application of the paint—this is an obsessed, intense relationship to materials and techniques. The compositions, always bigger than life, folded out, blatant, like silly billboards, provocative, demanding something from us that is obviously not going to be found in the picture.

6. Objects and/or figures, usually in the singular. I am confronted with a wondrous form of painting posing as pop art. But it is never really inviting. It is post-social and post-communicative. It doesn't talk and it doesn't want "to show." It is the representation of representations. It's like a ritual. There is no story, only a procedure. An operation whose outcome is known, although it deviates in the process to thoroughly unsettling effect.

7. You have to submit. The pictures, with their passive-aggressive rigidity, receive us but they don't really greet us. They open into holes. They repel. They act as if they were open. They elude legibility. They manipulate my behavior and my affective perception. What is it? A kind of S&M; perceptions, processes, and exchanges of the kind found in Death Metal Music, in radical techno-noise-dance rhythms, in extreme segments of culture where total release is not individualistic but rather takes place in a much more extreme, collective-tribalist environment. Richard's pictures long to create such moments. Are those the vibrations he meant?

8. Naturally, certain objects by Jeff Koons—BUNNY or PUPPY or BALLOON DOG, and of course the BUBBLES—have performed these very operations. However, while Koons' works are products of the desire to create a common denominator, a universalist emblem, an affirmation of pop culture, and can be seen as the "great communicator's" props as well as a statement of value and currency, the effect of Richard Phillips' pictures tends to be post-communicative; they split things up or break down visual legibility.

9. He imitates representations of pictures using his own means, working with extreme craftsmanship, using a self-imposed, self-prescribed procedure. A grid results, a grisaille drawing of the motif. After that, the picture is painted. But, as work progresses, decisions are made

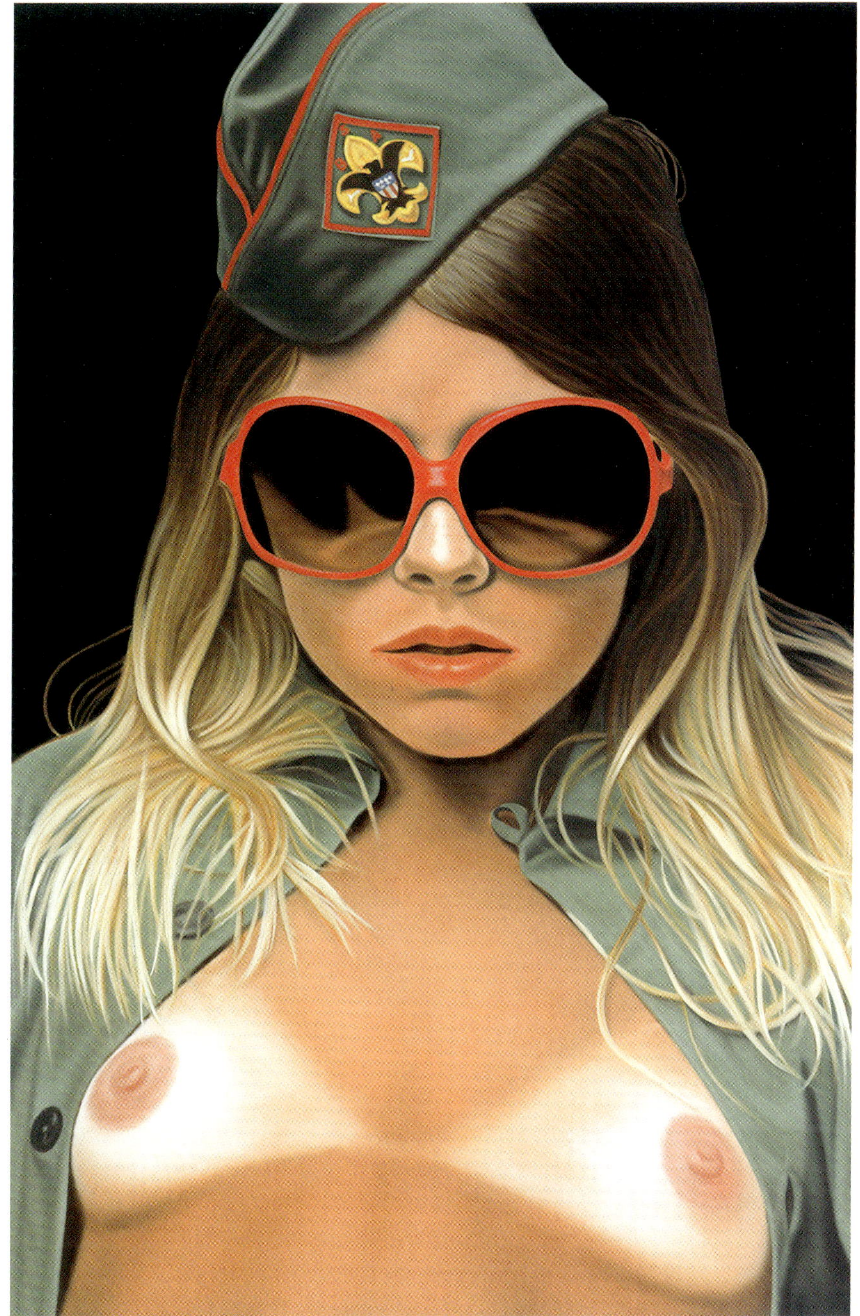

RICHARD PHILLIPS, SCOUT, 1999, oil on linen, 102 x 70" / PFADFINDERIN, Öl auf Leinen, 259,1 x 177,8 cm.

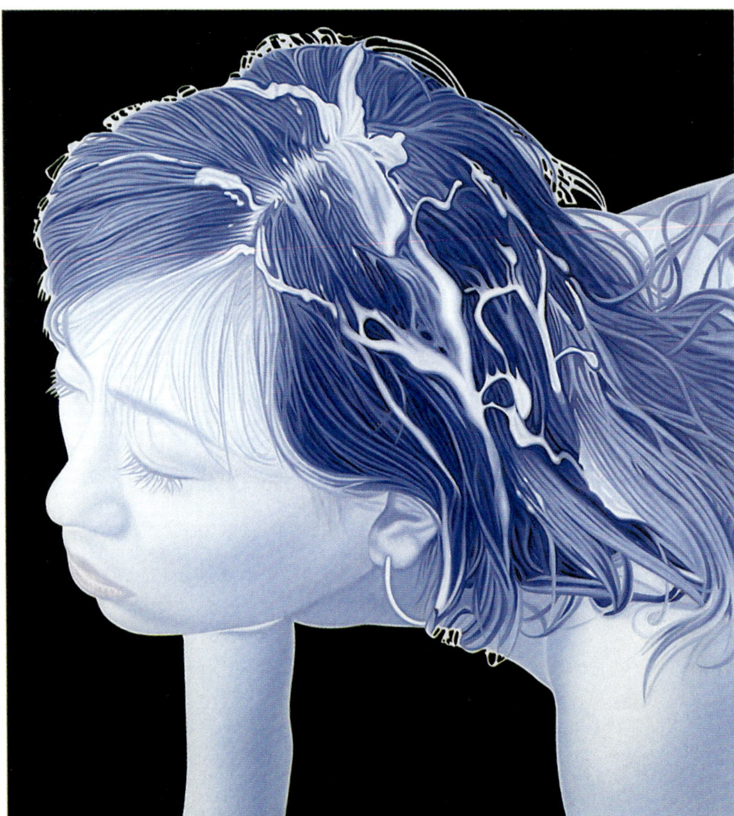

RICHARD PHILLIPS, BUKKAKE, 2004, oil on linen, 78 x 100" / Öl auf Leinen, 198,1 x 254 cm. (PHOTO: LE CONSORTIUM, DIJON)

that move the picture out of the terrain of photorealism. Shifts occur in comparison to both the source and the initial drawing. Awry and incorrect. The imitation/demonstration of craft joins forces with its own opposition (annoying, narrow, mechanical). Over and again, the works speak of the impossibility of painting in relation to the world, to stories, to photographic rendition, to one's own existence as a painter. Painting in Phillips' pictures is steeped in painterly skepticism—a particularly disconcerting effect "at first sight" if we take his pictures on faith. His painting is always attractive and repulsive in equal parts. But it is in exactly those forms of displacement that we find ourselves enmeshed. His congealed metallic puddles, in particular, encourage potential reflections, mad commitments, structural idiosyncrasies, and we indulge in them the moment the picture of the picture as picture dissolves, suspended there as pure totem, allowing the viewer to indulge in a crush, a perverse subjectivity, to step into an alienated condition, into an abstract field where order does not exist.

ugliness / picture masks / picture drugs / picture hysteria / picture fakes / turning into beauty

So I succumb with pleasure to temporary inconsistency, to lack of orientation, to the fact of untenability. One need only look at one of Phillips' most monstrous pictures (DEEPAK, 2003, multiplying himself, the panorama view of a face spreading and spreading) and one knows, one senses the intolerable void.

10. The object of desire is the longing of the other. Maybe those are the vibrations. And the picture itself functions as a vibrator. Pictures become rites of passage that activate a psychoactive potential as a means of resisting the capitalist perversion of the idea of sexual and mental and formal revolutions, grotesquely rendered (sex, political leaders—George W. Bush, Joschka Fischer, the Stonewall Monument, guru Deepak), yet none of them representing people but rather supernatural entities, nonhuman beings. Make-up, decoration, and fields of color are plied in days and weeks of hard work in order to winnow the beauty from ugly situations and track down all the grotesque excrescencies of ugliness in the beautiful situation of making paintings.

11. In addition to metallic effects, recent works exploit other extremes in order to generate the uncanny. The abstraction of the senses is followed by an overemphasis on physical presence (as in the picture of Joschka Fischer) and an extreme sensitivity (as in the picture of the heroic, erotic squirrel executed after an oil painting by the Swiss outsider Adolf Dietrich). Here there is a painterly veil that completely blankets the entire large canvas. The product, having enveloped itself in a sensitive painterly aura, presents itself and thereby exposes the nature of its existence as a product. Phillips bases his pictures on promotional sources: Joschka Fischer (poster advertising a speech and a public appearance of Germany's Secretary of State); the dollar symbol on a naked woman (money/sex advertisement, originally intended as a critique of product-hood); bukkake (a Japanese sex fetish, downloaded Web picture, promoting sexual practices that are perverse, widespread and unsecretive at once). Richard Phillips' manner of painting and choice of format completely undermines any sense of original intent and reference. A facial image of nothing. A picture that does not work as an explanation but is nonetheless there and logical in and of itself, quite like a delusion. Emblems/mirrors confront us, reflecting on our condition—alienated, fallible, etc. Head, symbol, story—everything is converted into a non-substance embodying excitement and menace. Disgust in pleasure. Pleasure in disgust?

A need for harmony merges with the desire for radical disharmony. The pictures provoke opposition: I don't want to see what I see; my reaction becomes part of the picture, becomes a curious form of cultural protest. The medial, public aspect of the pictures recedes so that all that is left is a complete outwardness that communicates itself and itself alone. None of the pictures functions in isolation. None are alone. The artist is a foreigner as regards his picture. He paints through it. He is his own tyrant, consciously restricting his so-called freedom of expression, not wanting to "invent," not wanting or able to be himself, while yet experiencing, implementing the procedure and manner (of painting) with utter intensity. Although the execution—entirely archaic, ignoring the means and methods of the division of labor—does not avail itself of the pop-art approach to modes of production. Completely focused on the process, physically and mentally, in the act of doing "me and the canvas."

I see the mannerism that he paints himself into as an extreme, unexpressed noise or scream, totally suppressed and yet present; a product scream as the pure, non-substantial excess of subjectivity per se, a hysterical inconsistency that claims that it does not want what it seems to want.

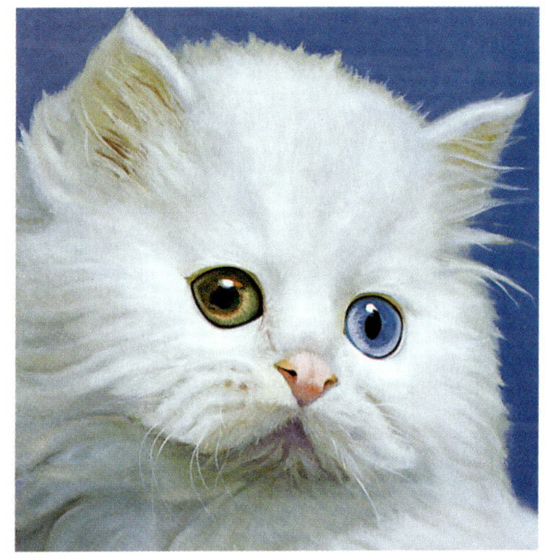

RICHARD PHILLIPS, PERSIA, 1996, oil on linen, 72 x 62" / Öl auf Leinen, 182,9 x 157,5 cm.

12. Short-circuit! Triggered in ordinary consciousness, in "reality." Except that it's not instantly over; it lasts, causes rigidity. The multiple loss of what is ours, of all constructions of authenticity has a liberating effect. Nothing "is" the subject. A hysterical subject that vexes the master's law by bombarding him with impossible demands of the kind that cannot be satisfied. The existentialist frame birthed by the post-existentialist frame. A space carved out by a hysterical man opens out in front of us. Filled with grotesque painting, sentimental realism, allover fakeness. And with false memories, with representations of images that "were something," motifs, vehicles of popular culture, sex, folk, advertising, politics, the charm of a retro-aesthetic along with the fading echoes of their attendant discourses, so warped, so reappropriated that they are completely estranged, interchangeable, so outside themselves that it is possible at this juncture for us to appropriate, to assimilate the moment of change in the sense of transformation (from pure paint to something that is made with paint).

13. Whatever the case, it is better not to see these pictures in reproduction, but to see the originals, live and physical, no matter how much they pretend to be infinitely reproducible. It is best to see them the way they claim they do not want to be seen: face-to-face. Because only then can one sense the special nature of the change and the prolonged sessions during which the artist appropriates this painting. Sense in the pencil traces of the constructed grid some of the procedure, the structure of the picture, the ambition and the exhaustion. Maybe Richard Phillips is the Eminem of painting. Sense, by moving in extremely close and seeing the exaggeration captured in the frozen painting, the way certain music must be heard with liberal quantities of decibels. *Serve! Get served!*

Only then can we see how the pictures are produced through their own manner. A bizarre, frozen form of existential unrest. To me, Richard Phillips' pictures are an Edvard Munch (revisited, ongoing) by very virtue of the fact that there is no resemblance between the two and because Phillips' work, with its physical-fundamentalist effects, pinpoints the absurdity of picture-making/existence. That's fun. There's gotta be fun. That's doing what has to be done when you get involved in painting.

The pictures prevent identification, undermine any ecstatic, transgressive gestures, and are still a metaphysical delirium quickened by evil; they liquefy synchronicity and dissonance, not through the gestural act of being designed but rather in the temporal course of their making, in the fulfillment of the proposed task, in density, form, and decisions. It's a rigorously ritualized performative business, but we still have to yield to a change every time and (re)appropriate our belonging to painting, just as we have to assimilate the potential of painting.

Pernicious flow, redemptive perpetuity / Unholy drive, the gods arrogant grin / If my world's a joke, do you see them smile? / Hellbound me—on a throne of gold... World moves in mysterious ways / Body onwards, mind drifts / You die, then we hail (to our relief) / New age dawns / Face all wrath...[4]

(Translation: Catherine Schelbert)

1) Georg Wilhelm Friedrich Hegel, *Encyclopaedia of the Philosophical Sciences (1830)*, Part One, II: Preliminary Notion, Logic derived from a survey of the whole system, § 24. (English quotation after www.marxists.org/reference/archive/hegel/works/sl/sl_ii.htm)

2) From the song "Angstridden" on the CD *Volcano* by Satyricon.

3) From "Suffering the Tyrants," ibid.

4) From "Black Lava," ibid.

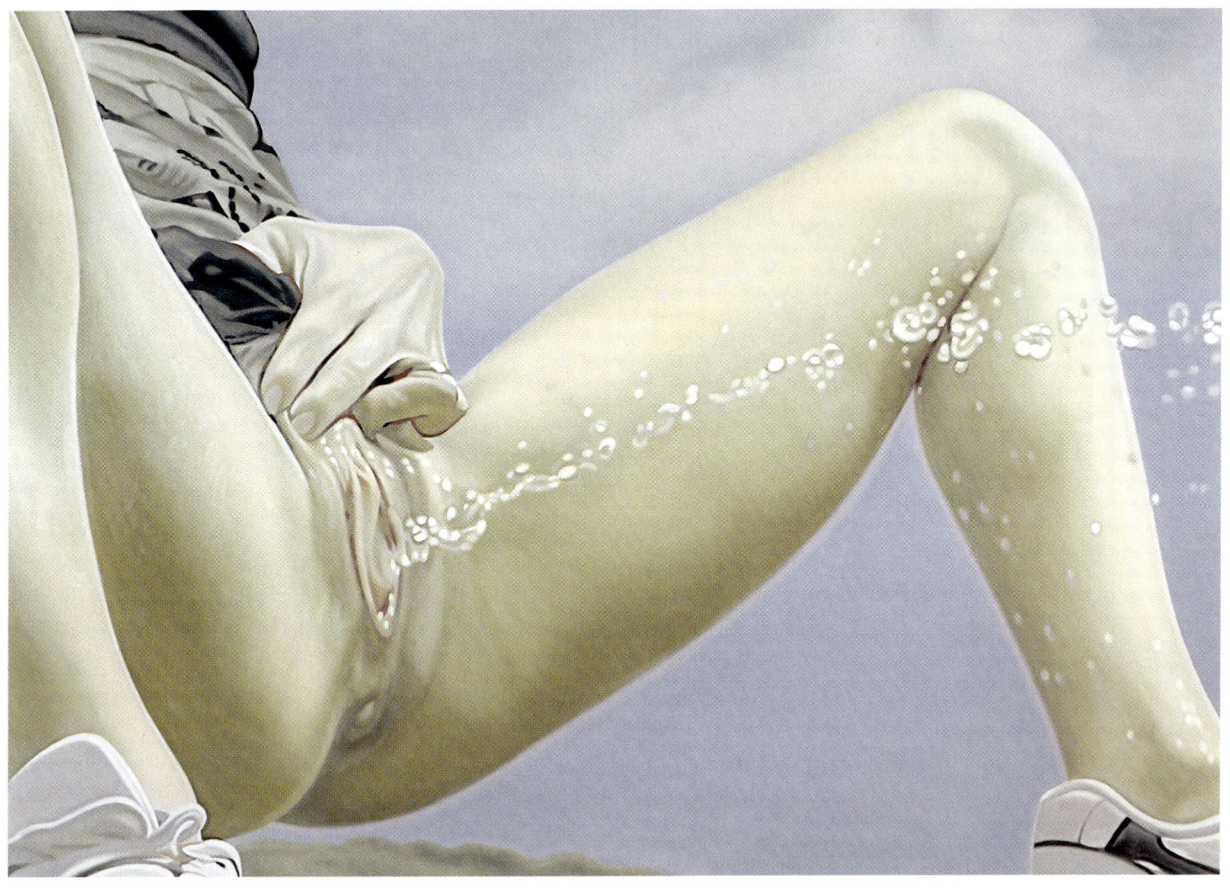

RICHARD PHILLIPS, NEGATION OF THE UNIVERSE, 2001, oil on linen, 78 x 109 1/2" / NEGATION DES UNIVERSUMS, Öl auf Leinen, 198,1 x 278,1 cm.

Contemporary American Sublime

CHRISTIAN RATTEMEYER

For a recent exhibition at Le Consortium in Dijon, France, Richard Phillips showed a group of six paintings together for the first time that were originally conceived as a series of sorts. The works can be roughly separated into two groups, following different thematic directions. The first grouping combines a portrait of Indian-born alternative medicine guru Deepak Chopra with a portrait of American actress Demi Moore in a pose of prayer. DEEPAK CHOPRA (2003) is a seven by twenty-six foot, large painting that presents a publicity headshot of the protagonist in a tightly staggered, sevenfold repetition, painted in warm tones of red, orange, and brown. DEMI MOORE (2003), measuring almost ten by seven feet, uses an early film still of the celebrity and is painted in faded shades of magenta, completely absent of any other colors. The second group is even more diverse in its sources, bringing together a portrait of German foreign minister Joschka Fischer, drawn from a recent campaign poster, and further modified by the inclusion of the logo of the luxury goods company Montblanc (THE SPOKESPERSON, 2004), a copy of a painting of squirrels, originally conceived by the Swiss naïve master Adolf Dietrich (1877–1957), titled SIMILAR TO SQUIRRELS AFTER A. DIETRICH (2004), an image of a nude woman superimposed with the shadow of a projected dollar bill taken from a sixties men's magazine ($, 2003), and a close up of a kneeling woman's head covered in sperm (BUKKAKE, 2004). One wonders how to bring together these paintings, what to make of Phillips' interest in thinking of them as a series, of his insistence in the shared ground they occupy. How do we account for the expanding range of visual source material in this series, diverging sharply from Phillips' earlier, iconographically more focused series, such as *Birds of Britain* (2002)? And how can one go beyond the initial thematic approach (suggested by Phillips), which identifies the first group as being concerned with spirituality and the second as a meditation on the issues of national representation spread across a group of randomly (or at least not functionally) selected countries?

The attempt to generate meaning beyond the identification of visually apparent themes highlights some of the main methodological oppositions found in the interpretations of Phillips' paintings of the last few years, particularly those which have drawn on source material from fashion photographs and pornographic magazines dating from the late sixties to the early eighties. In one reading, the apparent and immediate access to the visual material leads observers to conclude Phillips' close proximity to artistic practices of the pop tradition, and centers the works' meaning on the iconographic aspects of its (sexually coded) subjects, while another interpretation centers on the politics of representation. Both readings, ultimately, follow a falsely limiting dichotomy, defining "the image as referential *or* as simulacral,"[1] a critique Hal Foster similarly observed in the recep-

CHRISTIAN RATTEMEYER is curator at Artists Space in New York.

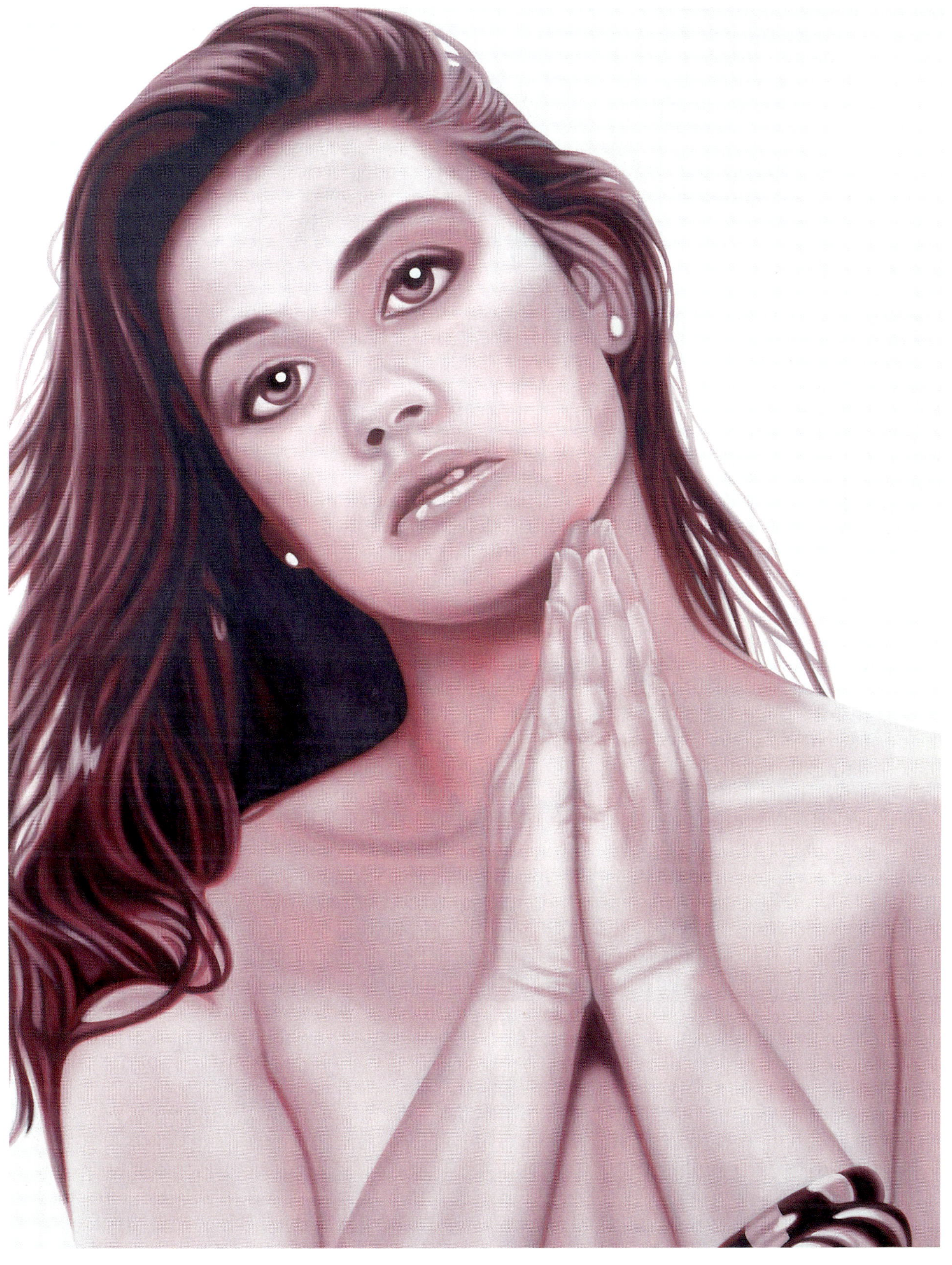

RICHARD PHILLIPS, DEMI, 2003, oil on linen, 107 x 84" / Öl auf Leinen, 271,8 x 213,4 cm.

tion of Andy Warhol. Two recent interpretations of Phillips' work divide along such fault lines: Ronald Jones' reading falls squarely in the iconographic tradition as it attempts to instill empathy for the paintings' alienated and subjected protagonists, and Juliane Rebentisch's discussion of Phillips' paintings, in light of different strategies of appropriation, introduces a matrix for a formal discussion based on an idea of belatedness, of a historical disjunction between source image and its representation that leads to a "latent uncanniness" in the work.[2)]

But how to respond to a group of works that precisely abandons such temporal disjunction and instead seems to thrive on such contested contemporaneous categories as spirituality and nationalism? And reversely, how to rescue the individual works from the grip of the series; how to isolate the discrete subjects again from their precariously established thematic unity? For, I suppose, it is in its resistance to serial subservience that the potential of Phillips' most recent works is articulated most fully, in their necessarily incomplete functionality as a group. And it is in their function as paintings that they need to be looked at again, and resituated.

Instead of interpreting the iconographic specificities of Phillips' sources, I read them as allusions to a movement that situates Phillips' practice, both conceptually and geographically, within a distinctly American debate of painting and representation. Trained at a time that combined the intellectual armatures on the critique of representation and the unabashed rise to prominence of a new painterly confidence, he resuscitates both the critical potential of the former and the visual splendor of the latter. Referencing a generation of artists active in the decade between the mid-seventies and mid-eighties, including Jack Goldstein, Richard Prince, Jeff Koons, Ross Bleckner, Julian Schnabel, Robert Longo, Troy

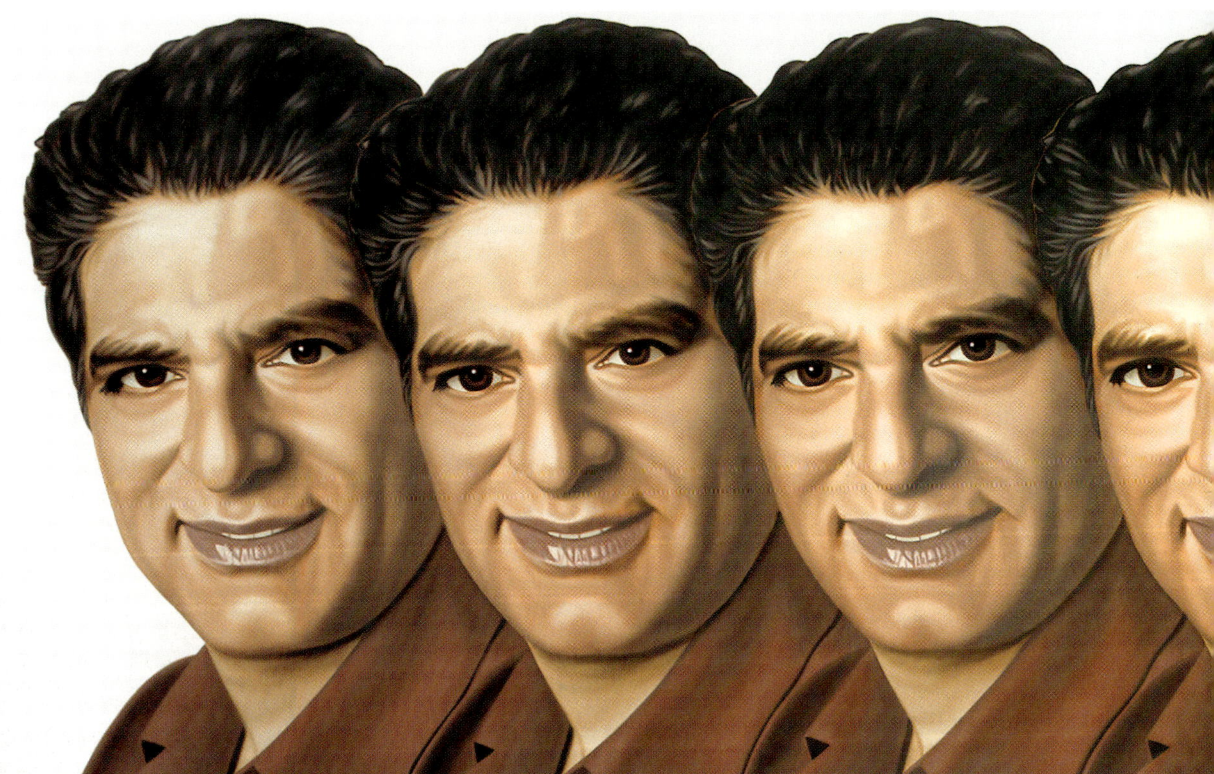

Brauntuch, and David Salle, Phillips is indebted precisely to the painterly examples of the then predominant debate. His work originates in the peculiar interstice where cultural resistance and criticality of representation could be successfully merged with an active belief in the possibilities of painting and a distinctly American tradition of the grandiose, individual image. Phillips' belief in the continuing relevance of such grand gestures of painting, its potential for dissent or resistance beyond the cynical refusal of skill—as understood to be at the core of the practice of, for instance, Martin Kippenberger—make him distinctly American in his approach.

In regards to this confluence of belief and dissent, consider some of Jack Goldstein's (always untitled) paintings from the early eighties, which have clearly served as a major influence for Phillips.[3] One of Goldstein's paintings from 1980 depicts a squadron of old fashioned fighter planes, presumably taken from a World War II photograph, seen against a dramatic background of storm clouds and painted in sumptuous, highly detailed, airbrushed shades of gray. Another work from 1983 shows a dramatic stroke of lightning coming from the top of the canvas and terminating in an ambiguous stripe of red color on the bottom edge of the painting. Executed meticulously, Goldstein's paintings revel in a dialectical oscillation between critical modes, exemplified by the status of the image as always already mediated by technology, and the heroic sublime of the subject matter. A response to Jack Goldstein's paintings written by Jean Fisher could almost effortlessly be transposed onto Phillips' production:

Maintaining the work in the field of literality rather than abstraction involves considerable risk; there is a fine line between the image's success as revelation and its failure, its becoming a kind of pornography—a voyeuristic spectacle—or just banal sci-fi fantasy. But it is precisely here that

RICHARD PHILLIPS, DEEPAK, 2003, oil on linen, 84 x 314" / Öl auf Leinen, 213,4 x 797,6 cm.

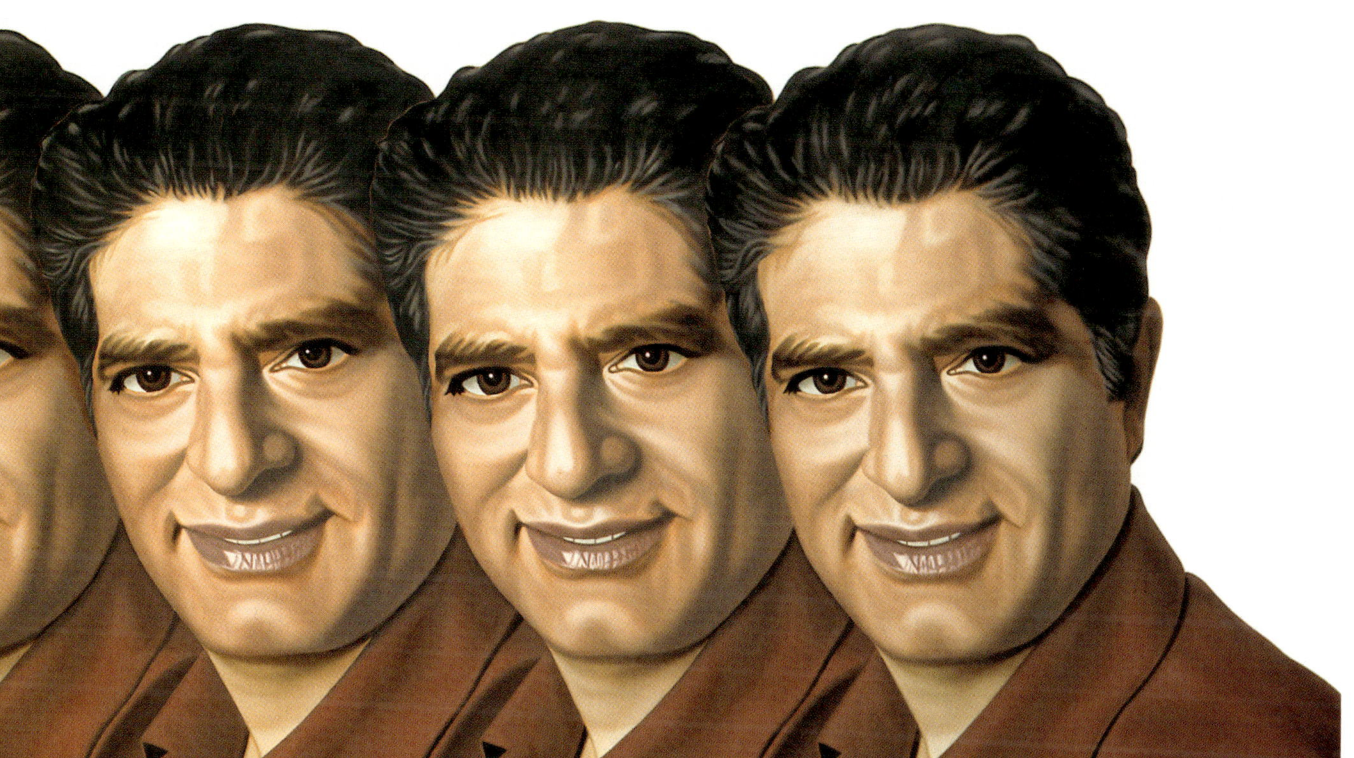

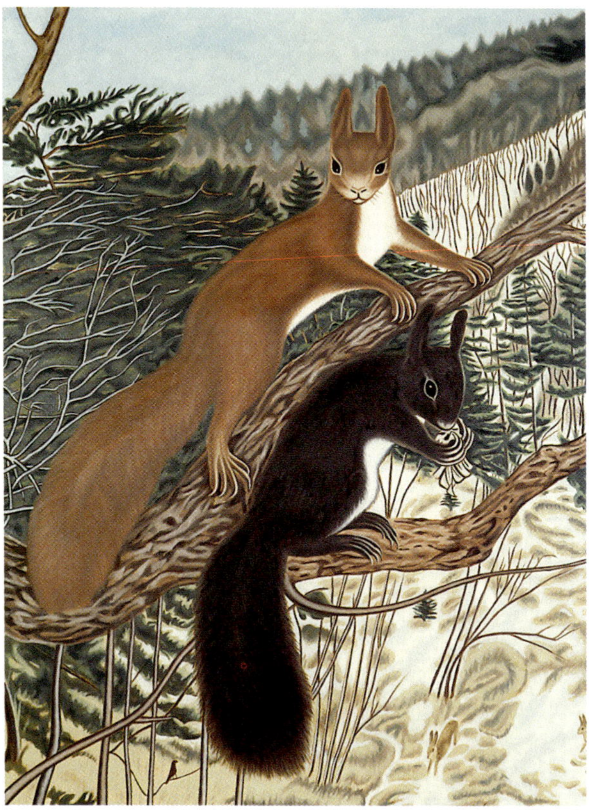

RICHARD PHILLIPS, SIMILAR TO SQUIRRELS AFTER A. DIETRICH, 2003, oil on linen, 102 ½ x 78"/ EICHHÖRNCHEN NACH A. DIETRICH, Öl auf Leinen, 260,4 x 198,1 cm.

Goldstein's pictures are radical—in their ambivalence and discursivity, their obstinate refusal to specify meaning, allowing it to hover dangerously at peripheries, opening a fissure in our expectations of representation.[4)]

The most important aspect of Fisher's quote, in my opinion, lies in the acceptance of the image's possible success as a "revelation." The painting's effect, distinctly visual and yet directly in opposition to voyeurism, originates in its embrace of subject matter taken from nineteenth century landscape painting traditions and in its alignment with the concept of the sublime. Revelation, here, is not understood as a simple shock or pleasure, but as an experience of visual rupture long rehearsed in American painting from Thomas Cole to Barnett Newman.

Already in previous works, Phillips has worked through some of the formal and iconographic possibilities that generate effects of rupture and revelation, most notably, in his use of twenty-two carat gold leaf in the LIBERATION MONUMENT (2001) and his use of aluminum leaf in the *Birds of Britain*. But it is particularly in the carefully orchestrated juxtaposition of the most recent paintings as a group that this rupture is explored as a principle beyond the use of materials and visual formulas. Easily identifiable as a provocative take on the notion of the national treasure, each painting contains an element of salvation that remains at odds with the thematic whole.

THE SPOKESPERSON points to the conundrum of advocacy, as it cross-fertilizes two spheres of influence without the consent of either, highlighting the always already compromised notion of public agency. SIMILAR TO SQUIRRELS AFTER A. DIETRICH oscillates between the flatness and naïve attention to detail of the original and the softened and smoothened effects of painterly bravura. $ shines as it grafts money and sex onto one another, introducing an impossible short circuit of meaning that most viewers would like to disavow as much as they agree to it. BUKKAKE may be the most directly disturbing painting, as it elevates the principles of subjugation to the status of a national treasure. It is in these moments that Phillips' paintings unfold their greatest potential—not as a humanist response to the alienated conditions of their subjects, nor as a disengaged contemplation of the always already mediated nature of their visual sources, but as paintings seeking those experiences of r e v e l a t i o n that decisively disrupt the viewer's relationship to the works; and that, I would call, for now, the contemporary American sublime.

1) Hal Foster, *The Return of the Real* (Cambridge, Mass.: MIT Press, 1996), p. 128 (emphasis in the original).

2) Juliane Rebentisch, "Richard Phillips's Psycho-Realism" in Yilmaz Dziewior (ed.), *Richard Phillips*, Kunstverein Hamburg/Hatje Cantz, Stuttgart, 2002, pp. 86–92, here: 89.

3) In a conversation with the author on June 8, 2004, Phillips mentioned specifically Jack Goldstein's exhibitions at Cash/Newhouse Gallery in 1985 and at Josh Baer and John Weber galleries in 1987.

4) Jean Fisher, "Jack Goldstein: The Trace of Absence" in Yves Aupetitallot/Lionel Bovier (eds.), *Jack Goldstein* (Grenoble: Magazine, 2002), pp. 95–97, originally published in *Artforum*, June 1983, pp. 61–63.

Das amerikanische Erhabene von heute

CHRISTIAN RATTEMEYER

Für eine Ausstellung im Consortium Dijon brachte Richard Phillips erstmals eine Gruppe von sechs Bildern zusammen, die ursprünglich als eine Art Serie konzipiert waren. Die Bilder können in zwei Gruppen unterteilt werden, die unterschiedlichen thematischen Strängen folgen. Die erste Gruppe enthält ein Porträt des indischen Gurus der alternativen Medizin, Deepak Chopra, und ein Bild der amerikanischen Schauspielerin Demi Moore in Betpose. DEEPAK CHOPRA (2003) ist ein ungefähr zwei mal acht Meter grosses Bild und zeigt in warmen Rot-, Orange- und Brauntönen ein offizielles Werbeporträt Chopras, das in dichter Staffelung, leicht überlappend, siebenmal nebeneinander gelegt ist. Das etwa zwei mal drei Meter grosse Bild DEMI MOORE (2003) ist ausschliesslich in blass rotvioletten Farbtönen gemalt und basiert auf einem Standphoto eines frühen Films von Demi Moore. Die zweite Gruppe bringt noch viel disparatere Motive zusammen, dazu gehört auch ein Porträt des deutschen Aussenministers Joschka Fischer, dem ein aktuelles Wahlkampfplakat zugrunde liegt und das mit dem Logo der Luxusmarke Montblanc ergänzt wurde (THE SPOKESPERSON / Der Wortführer, 2004); die Kopie eines Gemäldes des Thurgauer Aussenseiterkünstlers Adolf Dietrich (1877–1957), welche zwei Eichhörnchen zeigt (SIMILAR TO SQUIRRELS AFTER A. DIETRICH, 2004); ein Bild einer vom Schatten

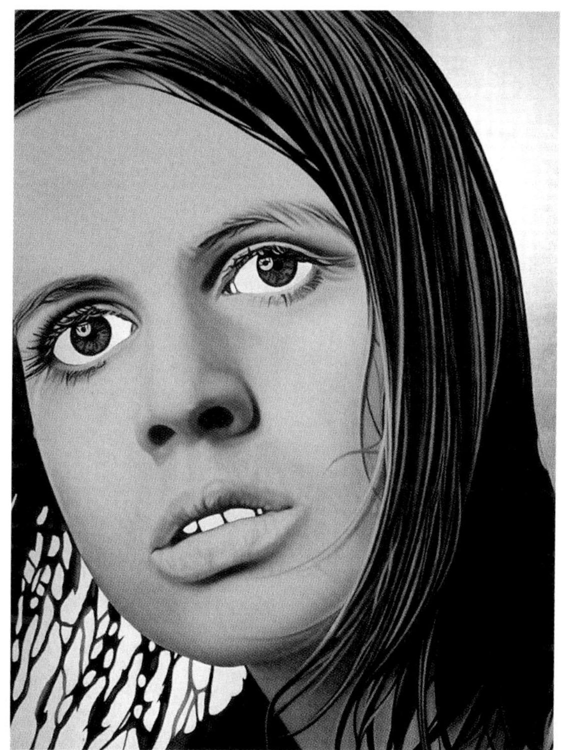

RICHARD PHILLIPS, VENETIA CUNNINGHAM (LEFT) (AFTER JOHN D GREEN), 2002, oil and aluminum leaf on linen, 84 x 64 1/2" / Öl und Blattaluminium auf Leinen, 213,6 x 163,8 cm.

CHRISTIAN RATTEMEYER ist Kurator des Artists Space, New York.

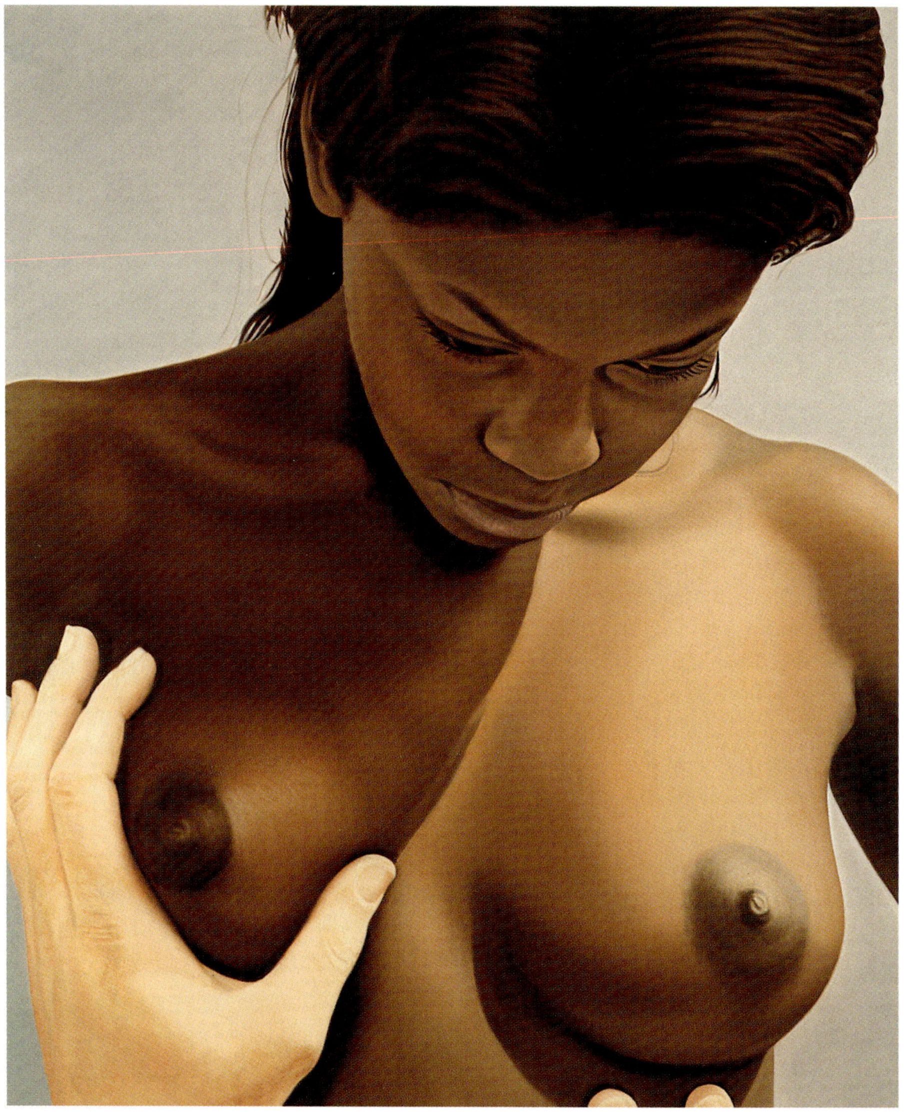

RICHARD PHILLIPS, BLESSED MOTHER, 2000, oil on linen, 84 x 72" / GESEGNETE MUTTER, Öl auf Leinen, 213,4 x 182,9cm.

einer projizierten Dollarnote überlagerten, nackten Frau, dem eine Ausgabe des *Playboy* aus den 60er Jahren zugrunde liegt ($, 2003); schliesslich die Nahaufnahme des Kopfes einer knienden Frau, deren Haar mit Sperma bekleckert ist (BUKKAKE, 2004). Wie kann man diese Bilder zusammenbringen, und wie lässt sich Phillips' Konzept der thematischen Gemeinsamkeit dieser Bilder erklären? Wie reagieren wir auf die breiter gestreuten Bildquellen, die sich deutlich von Phillips' früheren, ikonographisch konzentrierteren Serien wie etwa *Birds of Britain* (Vögel Grossbritanniens, 2002) unterscheiden? Und wie kann man über die von Phillips angedeuteten initialen Themenvorgaben hinausgehen, laut denen sich die erste Gruppe mit Spiritualität beschäftigt und die zweite als Meditation über die verschiedenen nationalen Repräsentationen zufälliger (jedenfalls nicht funktional ausgewählter) Länder zu verstehen ist?

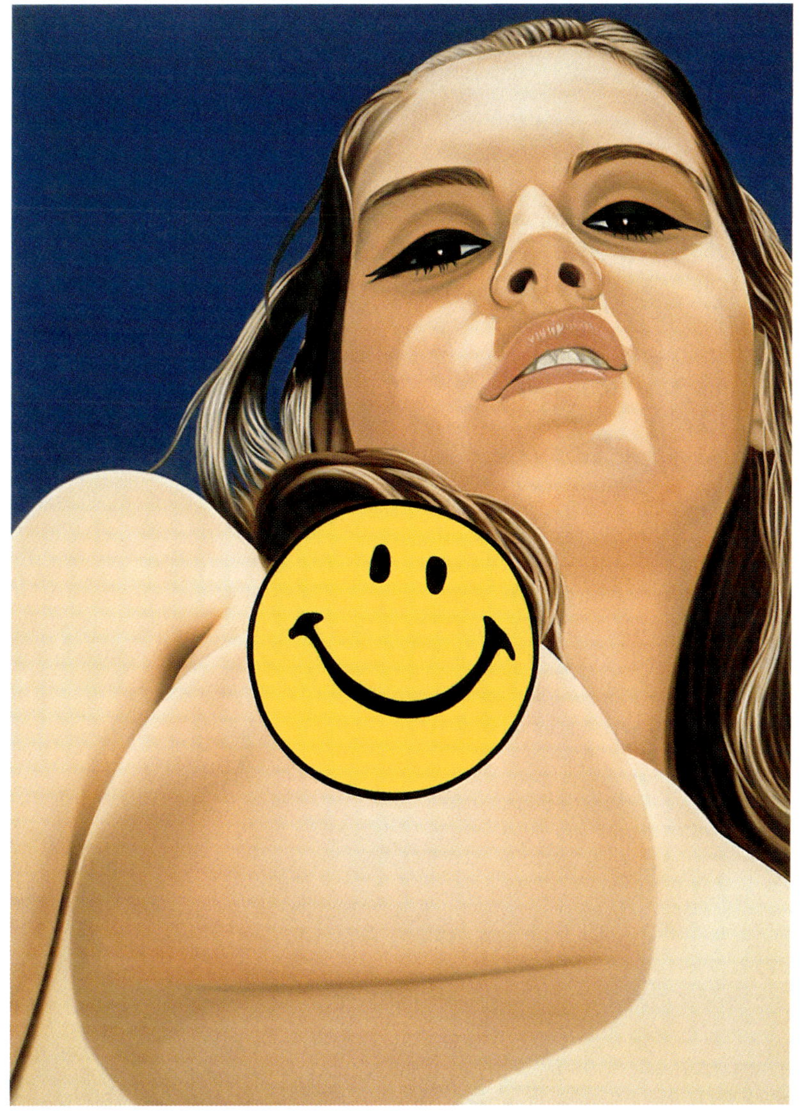

RICHARD PHILLIPS, UNTITLED (SMILEY), 2000, oil on linen, 84 x 62" / Öl auf Leinen, 213,4 x 157,5 cm.

Der Versuch, Bedeutung jenseits der Identifikation visuell nahe liegender Themen zu schaffen, verweist auf einige zentrale methodische Gegensätze in der Literatur zu Phillips' Arbeiten der letzten Jahre, besonders jener, deren Ausgangsbildmaterial in Modephotographien und pornographischen Magazinen der späten 60er bis frühen 80er Jahre zu finden ist. Eine Lesart, die auf dem augenscheinlich unmittelbaren Zugang zu diesem visuellen Material basiert, versteht Phillips' Werk als Fortsetzung der künstlerischen Praktiken der Pop-Art und konzentriert sich auf die ikonographischen Aspekte seiner (sexuell kodierten) Subjekte, während eine andere Interpretation den Schwerpunkt auf Fragestellungen einer Politik der Repräsentation legt. Beiden Lesarten liegt letztlich eine fälschlich einschränkende Dichotomie von Gegensätzen zugrunde, die «das Bild als entweder referentiell oder als Simulacrum» verstehen, wie es Hal Foster in einer Kritik der Warhol-Rezeption formuliert hat.[1] Zwei aktuelle Interpretationen von Phillips' Werk lassen sich als ein solches Gegensatzpaar verstehen: Ronald Jones folgt einer strikt ikonographischen Tradition in seinem Versuch, den Bildern Empathie für die entfremdeten und unterdrückten Protagonisten und Protagonistinnen abzugewinnen, während Juliane Rebentisch in Phillips' Arbeiten verschiedene Theorien von Appropriation am Werk sieht und ein Konzept der Verspätung als Matrix für eine formale Diskussion der Arbeiten einführt, das auf einer historischen Entkoppelung zwischen Quellenbild und Repräsentation basiert und zu einer «latenten Unheimlichkeit» im Werk führt.[2]

Aber wie lässt sich auf eine Werkgruppe reagieren, der keine solche temporale Entkoppelung zugrunde liegt, sondern die sich stattdessen auf so aktuelle und umstrittene Kategorien wie Spiritualität und Nationalismus beruft? Zudem stellt sich die Frage, wie die einzelnen Werke wieder aus der Klammer der Serie befreit und die Motive aus der prekären thematischen Einheit gelöst werden können. Denn Phillips' Bilder bleiben als Gruppe notwendigerweise unvollständig und entfalten ihr grösstes Potenzial im Widerstand gegen das Aufgehen in der Serie.

Anstelle einer thematischen Ausdeutung möchte ich Phillips' ikonographische Details eher als zeitliche Bezugnahmen auf eine Bewegung verstehen, die seine Praxis sowohl konzeptuell als auch geographisch innerhalb einer spezifisch amerikanischen Malereidebatte verortet. Phillips' Ausbildung fällt in die gleiche Zeit wie der kometenhafte Aufstieg einer neuen malerischen Selbstsicherheit und die Ausformung intellektueller Konzepte der Repräsentationskritik; in seinem Werk finden sich denn auch sowohl die visuelle Pracht wie das kritische Potenzial dieser gegenläufigen Bewegungen. Doch in seiner Bezugnahme auf Künstler wie Jack Goldstein, Richard Prince, Jeff Koons, Ross Bleckner, Julian Schnabel, Robert Longo, Troy Brauntuch und David Salle bezieht sich Phillips besonders auf die Malereiposition jener Künstlergeneration, die seit Mitte der 70er Jahre aktiv ist. Der Ursprung seiner Arbeiten liegt in jener besonderen Vermengung des kulturellen Widerstands der Repräsentationskritik mit dem Glauben an die Möglichkeiten der Malerei und der spezifisch amerikanischen Tradition des Monumentalbildes. Und Phillips' Überzeugung von der anhaltenden Bedeutung solch ausgreifender malerischer Gesten und ihres kritischen Potenzials – jenseits der zynischen Abweisung malerischer Vituosität, die zum Beispiel den Werken eines Martin Kippenberger nachgesagt wird – definieren seine Position als eindeutig amerikanisch.

Ein einflussreiches Beispiel dieser eigentümlichen Vermengung von Glauben und Widerspruch findet sich in den (unbetitelten) Bildern Jack Goldsteins aus den frühen 80er Jahren, die eine wichtige Quelle für Phillips waren.[3] Eines von Goldsteins Bildern aus dem Jahr 1980 zeigt eine Staffel altmodischer Kampfflugzeuge, denen augenscheinlich ein Photo aus dem Zweiten Weltkrieg zugrunde liegt. Ein dramatischer Gewitterwolkenhimmel bildet den Hintergrund und das ganze Bild ist mit Airbrushtechnik in extrem detaillierten und kontrastreichen Grautönen gemalt. Ein anderes Werk aus dem Jahr 1983 zeigt einen dramatischen Gewitterblitz, der sich vom oberen Bildrand über die gesamte Leinwand erstreckt und in einem undefinierten roten Farbstreifen am unteren Bildrand endet. Goldsteins Bilder sind akribisch genau gemalt und oszillieren schwelgerisch zwischen der Kritik des immer schon technologisch vermittelten Bildes und der heroischen Erhabenheit des Bildthemas. Ein Kommentar zu Goldsteins Bildern von Jean Fisher könnte leicht auf Phillips' Produktion umgemünzt werden:

Die Fortsetzung der Arbeit im Bereich des Figürlichen anstelle der Abstraktion birgt ein erhebliches Risiko; denn es ist nur ein schmaler Grat zwischen dem Gelingen des Bildes als Offenbarung und seinem Scheitern, seinem Verkommen zu einer Art Pornographie – einem voyeuristischen Spektakel – oder einer simplen Sciencefictionphantasie. Doch genau hier liegt die Radikalität von Goldsteins Bildern: in ihrer Ambivalenz und Diskursivität, ihrer hartnäckigen Verweigerung einer klaren Bedeutung, die es ihnen erlaubt, gefährlich nah an den Rändern zu verweilen und unsere gewohnten Vorstellungen von Darstellung aufzubrechen.[4]

Der wichtigste Aspekt von Fishers Zitat liegt meines Erachtens im Verständnis des Gelingens als möglicher «Offenbarung». Der Effekt des Bildes, vollständig visuell und dennoch dem Voyeurismus direkt entgegengesetzt, beruht auf der Aneignung von Bildthemen aus der Tradition der Landschaftsmalerei des neunzehnten Jahrhunderts und deren Vorstellungen vom Erhabenen. Dennoch wird der Begriff der Offenbarung hier nicht im Sinne einer blossen Überwältigung oder Freude verstanden, sondern als visuelle Erfahrung eines Bruchs oder Risses, wie sie in der amerikanischen Malerei bereits von Thomas Cole bis Barnett Newman erprobt wurde.

Schon in einigen seiner früheren Werke hat sich Phillips mit formalen und ikonographischen Möglichkeiten beschäftigt, die solch visuelle Erfahrungen von Bruch und Offenbarung ermöglichen, vielleicht am deutlichsten in seiner Verwendung von Blattgold im Bild LIBERATION MONUMENT (Befreiungsdenkmal, 2001) und dem Gebrauch von Schlagaluminium in der Serie *Birds of Britain.* Aber in der sorgfältig ausgeloteten Gegenüberstellung der Bilder der jüngsten Serie erforscht Phillips diese Bruchrfahrung erstmals als ein vom Gebrauch formaler Mittel und visueller Formeln unabhängiges Prinzip. Thematisch leicht identifizierbar als provokative Interpretation des Konzepts nationaler Repräsentation enthält jedes Einzelbild dennoch Elemente, die dem thematischen Ganzen drastisch entgegengesetzt sind.

RICHARD PHILLIPS, LIBERATION MONUMENT, 2001, oil and gold leaf on linen, 111 x 148 1/4" / BEFREIUNGSDENKMAL, Öl und Blattgold auf Leinen, 281,9 x 376,6 cm.

(ALL PHOTOS: FRIEDRICH PETZEL GALLERY, NEW YORK)

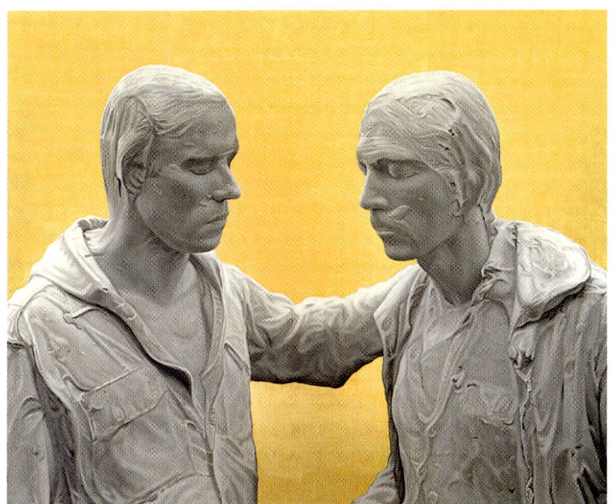

Das Bild THE SPOKESPERSON erhellt die komplexen Verhältnisse der Fürsprache, indem es zwei separate Einflussbereiche ohne deren Bewilligung miteinander kurzschliesst und so auf die ohnehin schon kompromittierte Rolle öffentlicher Vertreter verweist. SIMILAR TO SQUIRRELS AFTER A. DIETRICH oszilliert zwischen der Flächigkeit und dem naiven Detailreichtum des Originals sowie der makellosen und geglätteten malerischen Bravour des Bildes. Aus der Verbindung von Geld und Sex des Bildes $ leuchtet jener Bedeutungskurzschluss auf, an den wir nach Möglichkeit so wenig wie möglich erinnert werden möchten, auch wenn wir ihm zustimmen mögen. Das verstörendste Bild ist vermutlich BUKKAKE, weil es das Prinzip der Unterwerfung in den Stand eines nationalen Kulturgutes erhebt. In diesen Momenten entfalten Phillips' Bilder ihr grösstes Potenzial; nicht als humanistische Antwort auf die entfremdeten Verhältnisse ihrer Helden und Heldinnen, auch nicht als unbeteiligte Meditation über den immer schon mittelbaren und indirekten Status der Quellen, auf denen sie beruhen, sondern als Malerei, die jene Erfahrung der Offenbarung sucht, die das Verhältnis der Betrachter zum Bild massgeblich verstört; und dies würde ich, für den Moment, als das amerikanische Erhabene von heute bezeichnen.

(Übersetzung aus dem Englischen durch den Autor)

1) Hal Foster, *The Return of the Real,* MIT Press, Cambridge, Mass. 1996, p. 128. (Hervorhebung im Original.)
2) Juliane Rebentisch, «Richard Phillips' Psycho-Realismus», in: Yilmaz Dziewior (Hrsg.), *Richard Phillips,* Kunstverein Hamburg/Hatje Cantz Stuttgart, 2002, S. 8–15, hier: 14.
3) In einem Gespräch mit dem Autor vom 8. Juni, 2004, erwähnte Phillips besonders die Ausstellungen, die Jack Goldstein 1985 in der Cash/Newhouse Gallery und 1987 in den Galerien von Josh Baer und John Weber ausrichtete.
4) Jean Fisher, «Jack Goldstein: The Trace of Absence», in: Yves Aupetitallot, Lionel Bovier (Hrsg.), *Jack Goldstein,* Magazin, Grenoble 2002, S. 95–97 (zuerst veröffentlicht in *Artforum,* Juni 1983, S. 61–63), hier aus dem Englischen übersetzt.

Edition for Parkett

RICHARD PHILLIPS

Miss Parkett, 2004

5-color lithograph on Somerset white paper,
paper size 26 x 20 3/16"; image size 21 1/4 x 16 1/16".
Printed by Maurice Sanchez, Derrière l'Étoile Studio, New York.
Edition of 70 / XXVI, signed and numbered.

Lithographie (5-farbig) auf Somerset-Papier,
Blatt: 66 x 51,3 cm; Bild: 54 x 40,8 cm.
Druck: Maurice Sanchez, Derrière l' Étoile Studio, New York.
Auflage: 70 / XXVI, signiert und nummeriert.

PHOTO: RETO RODOLFO PEDRINI, ZÜRICH

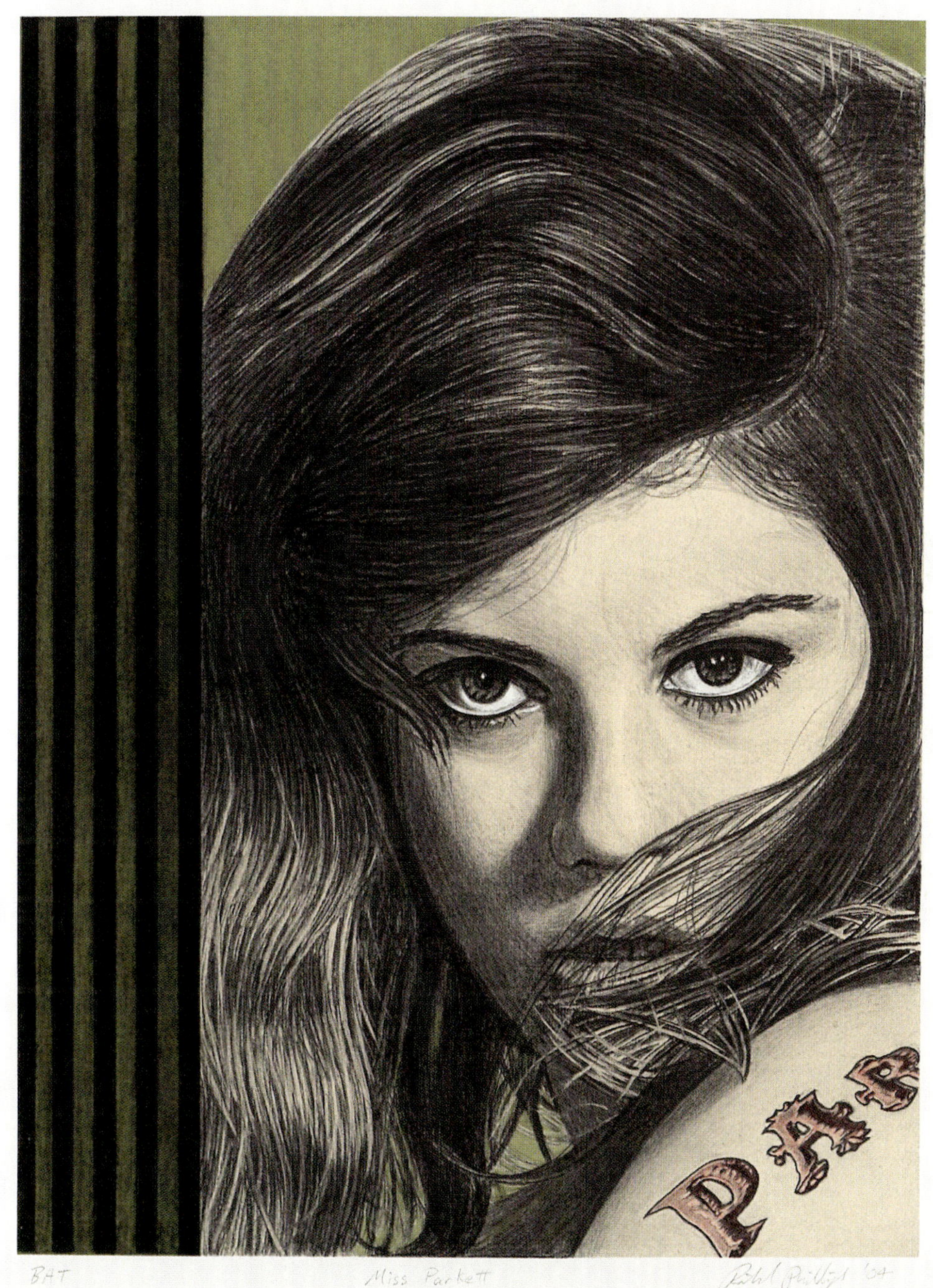

BAT Miss Parkett Richard Phillips '04

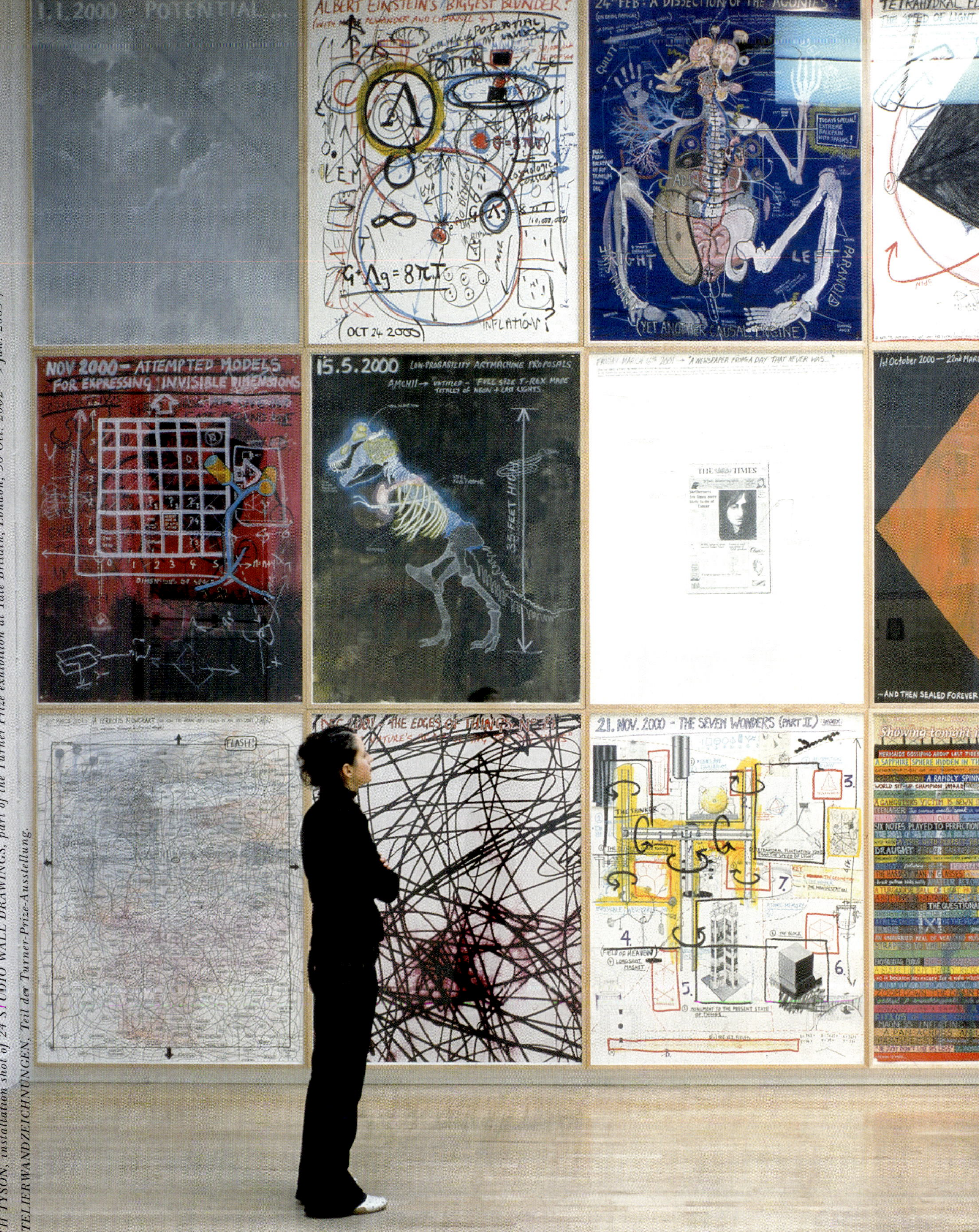

KEITH TYSON, installation shot of 24 STUDIO WALL DRAWINGS, part of the Turner Prize exhibition at Tate Britain, London, 30 Oct. 2002 – 5 Jan. 2003 /
24 ATELIERWANDZEICHNUNGEN, Teil der Turner-Prize-Ausstellung.

KEITH TYSON

4th FEB 2002 - OPEN THE SHUTTERS...
...A WIND OF CHANGE IS BLOWING THROUGH MY HEART...
AUG 23rd 2002 - NIKOLA TESLA'S THIRD EYE (MOD.37)
Oct 2002 - A LAST MINUTE PROBLEM.....
MOLECULAR COMPOUND Nº 8
1 STEP
May 2002 - Time-travelling with the clouds
DRIVERS WANTED

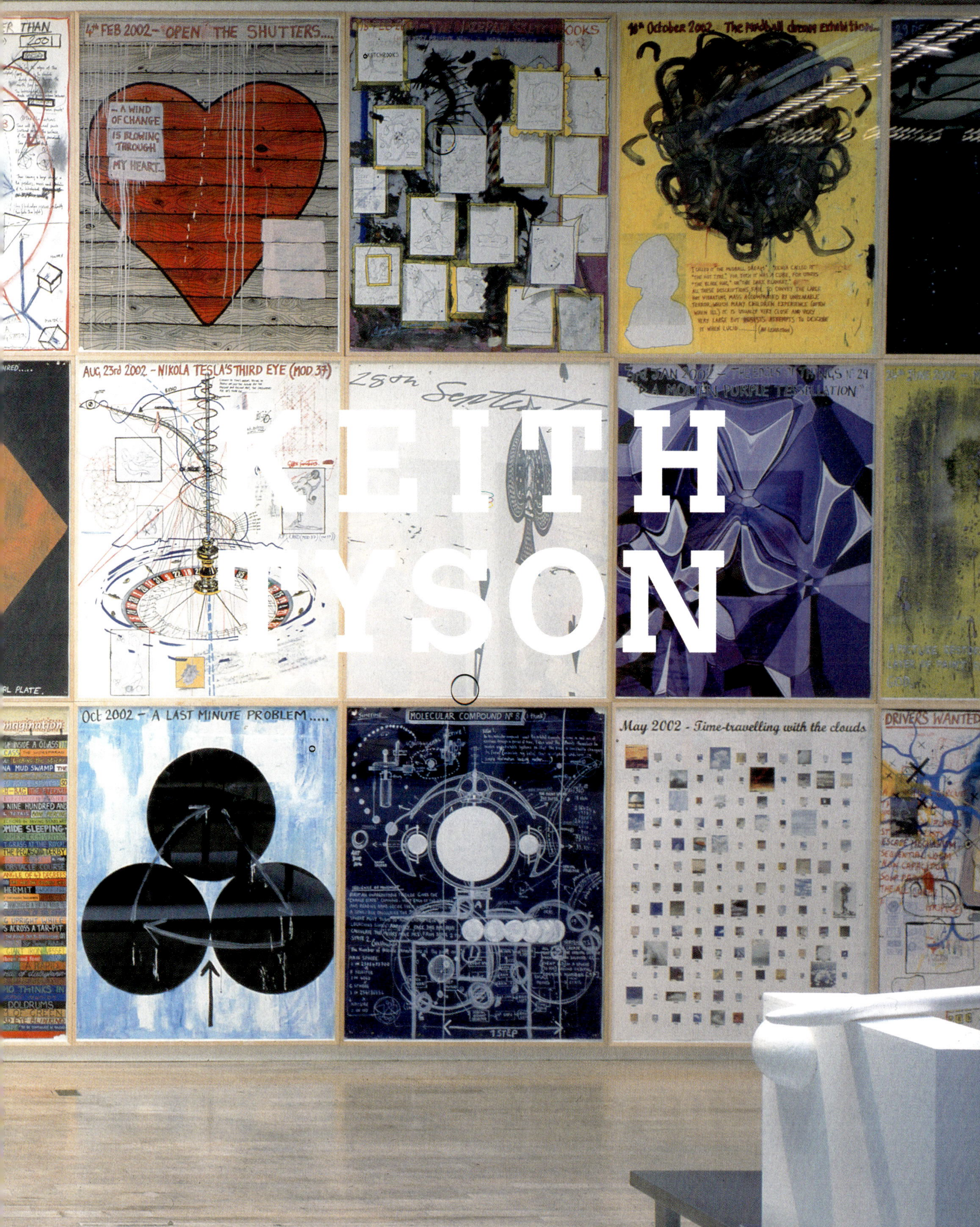

MICHAEL ARCHER

Primordial Soups

There is a small, fairly unremarkable still life painting. It shows some kiwi on a green, willow pattern plate, sitting on a table spread with a cloth printed in dark shades of blue, brown, and black. It's a banal image, but also quite a strange one—Cézanne out of the art society of an English provincial town circa 1975. And anyway, willow pattern is blue not green. Where did that come from?

There is a drawing on the wall in Keith Tyson's studio, where there are usually several of them on the go at any one time. He describes them as constituting a kind of diary, and this one is dated May 1, 2004. It has a long heading that relates to a new series of paired paintings that are just getting under way: *The Geno/Pheno Paintings* (2004). The rest of the drawing is covered in a variety of Conway Forms. These automata were invented by the Cambridge mathematician John Conway in 1970 to populate a two-dimensional cellular universe in what he called *The Game of Life.* Depending on the status of the surrounding cells, a cell is switched on or off, or left unaltered from one generation to the next, according to a set of Conway's simple rules. Think of a game board consisting of a large sheet of graph paper with some of the squares inked in to make a simple pattern. On your first move, some of the squares stay as they are, some go blank, and some new ones are inked in to make a new shape. Some shapes ("still lives") stay the same from one generation to the next, while others ("methuselahs") may take more than a thousand generations to stabilize. In general principle, some move, while others remain static; some die out, while others consume whatever comes near. Cells have amusing names based on what they look like and on how they behave—"fish hook," "barge," "aircraft carrier," "puffer train," "spaceship," etc. Apparently, a very small number of shapes have no father pattern, meaning that they cannot be

MICHAEL ARCHER is a London-based critic and writer on art. He teaches at the Ruskin School of Drawing and Fine Art, University of Oxford.

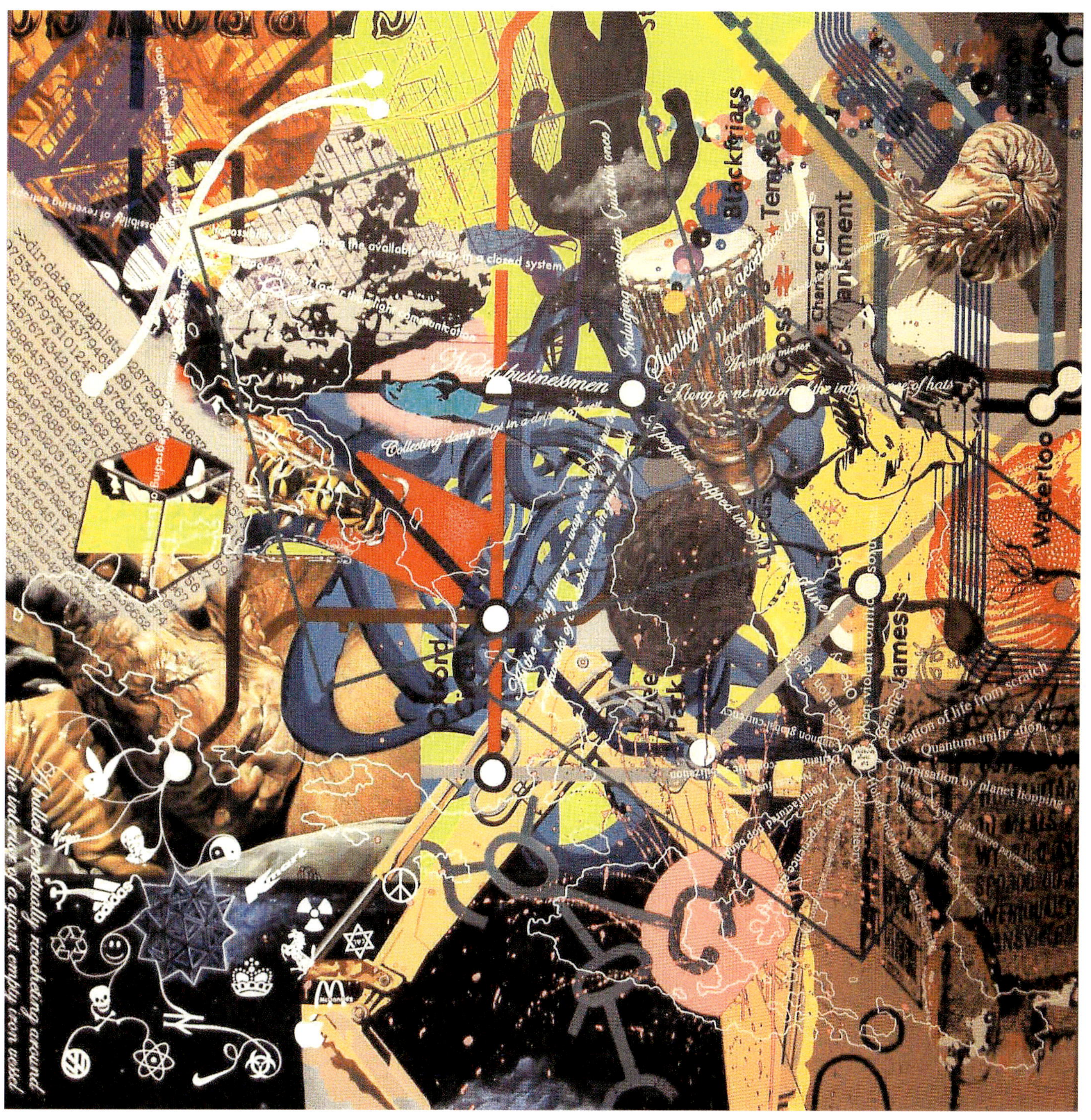

KEITH TYSON, SOUP PAINTING 2 (PRIMORDIAL SOUP), 2003, acrylic on aluminum, central panel, 120 x 120" / SUPPENBILD 2 (URSUPPE), Acryl auf Aluminium, Mittelbild, 305 x 305 cm. (ALL PHOTOS: KEITH TYSON & HAUNCH OF VENISON, LONDON)

KEITH TYSON, THINK TANK – (THINGS THAT ARE, THINKING ABOUT THINGS THAT ARE NOT), 2002, mixed media on aluminum, framed, 120 x 120 x 2 3/8" / THINK TANK – (DINGE DIE SIND, ÜBER DINGE NACHDENKEND, DIE NICHT SIND), Mischtechnik auf Aluminium, gerahmt, 305 x 305 x 6 cm.

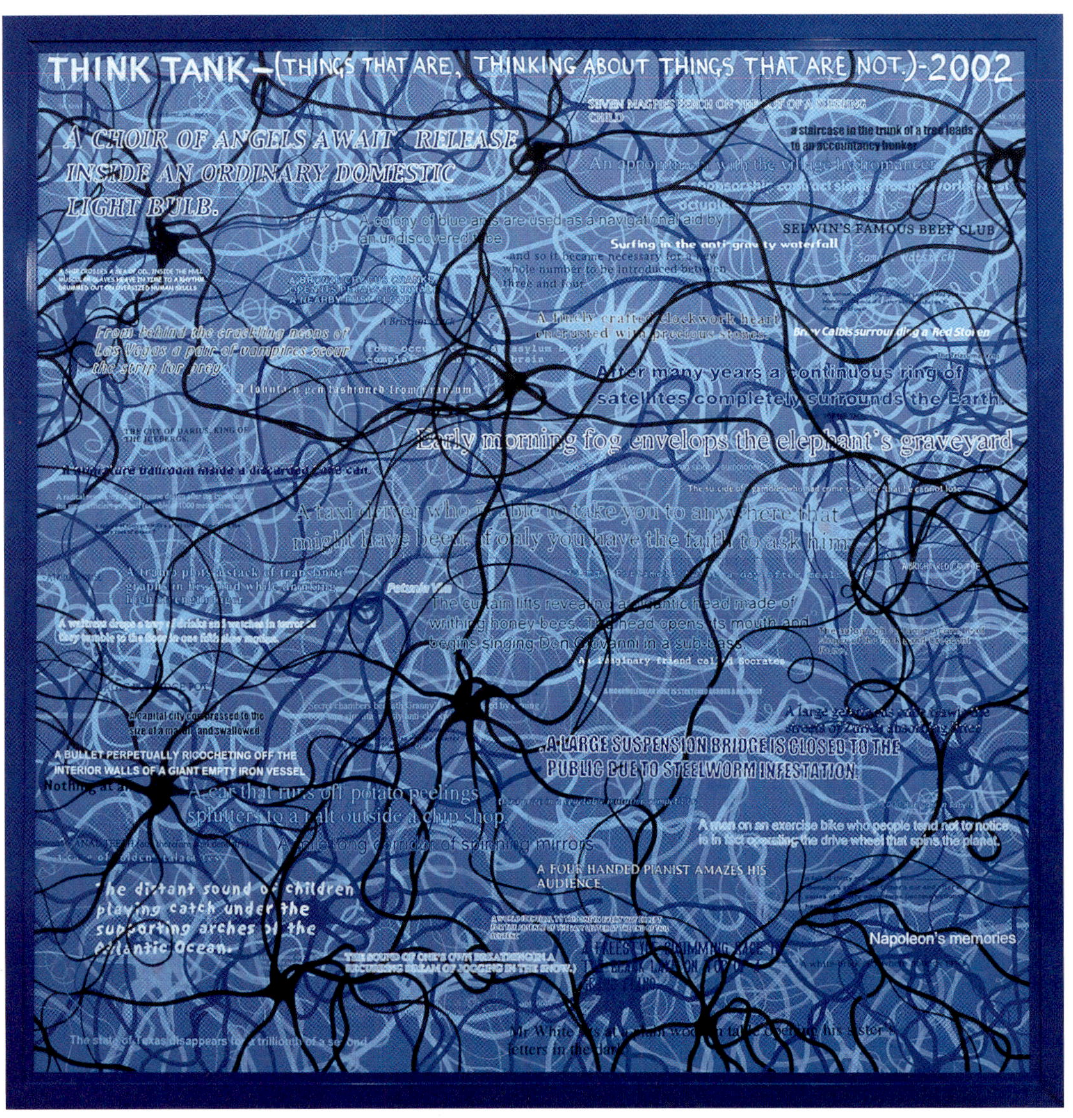

derived from any other form. Each one of these fatherless shapes is called a "Garden of Eden" for obvious reasons.

But humans are not quite like that. We all have a father and a mother, and there's not a lot we can do about it. Where we come from and what we are seem at one and the same time to be both utterly arbitrary and thoroughly determined. And at any and every moment we find ourselves in a situation that represents the confluence of countless other such arbitrary and determined facts. How to deal with the overwhelming, uncontrollable wonder and/or horror of this reality is what Tyson's art contends with. A second new *Studio Wall Drawing,* begun on April 18, includes the title SOMETHING BETWEEN EVERYTHING AND NOTHING (2004). Everything exists somewhere between these two extremes. However incalculably large the number of factors that act on us at any given instant, it is not infinite. There is a limit. And though things are destroyed, they are not annihilated. Something does not become nothing. We find ourselves in something of the same situation with Tyson's *Primordial Soups* (2003–present). The title is borrowed from a fifty-year-old experiment conducted by Stanley Miller, a then graduate student in Chicago. Miller's work has come to be regarded as an experiment to create life, but was in fact, more prosaically, an attempt to show that early in the earth's development the atmospheric and marine conditions were such that a natural event, such as an electric discharge resulting from a storm, might have been sufficient to bring about the synthesis of some of the compounds found in the cells of living organisms.

The starting point for each of Tyson's *Primordial Soups* is a large square panel that contains bits of anything and everything. There is no discernible order or consistent logic to the organization of these central panels, Tyson's aim being to produce a mix of layers, fragments, and snatches of perception that point in no particular direction. Though they are full of incident, color, and possibility, the overall impression they give is one of equanimity. It's a mix of the studied indifference Duchamp showed towards those objects he selected as readymades, and the overall presence of white noise. Everything is there at once and, while nothing is ruled out, neither is anything especially ruled in. Another of Tyson's *Soup* drawings in progress during my visit was begun on June 1, 2004, and is titled GIVEN THE UNIVERSE IS ISOTROPIC (2004). Tyson's aim in building the mix of imagery in the central panel of the *Primordial Soups* sequence is to generate a similarly isotropic situation—to allow the possibility that the agglomeration of visual material on the panel might allow the imagination to spin off in any or all directions equally.

The mix for the first *Soup* is a dense, blue-black, matted surface, combining lists, a hint of a car's tire, and networks of lines with a scattering of white blobs that look like a night sky somewhere in the universe. The second *Soup* mix is less dark. There's a cluster of familiar logos and signs—the VW of Volkswagen, KFC's Colonel Sanders, the smiley face, Kmart, the yin/yang symbol, the radioactivity warning, Adidas, the hammer and sickle, the Star of David, the Virgin, etc. There's a brown blob with a kind of umbilical cord extending from it to another, smaller blob. There's a fragment of the London tube map running over the whole area. There's an armadillo. There's a drum, possibly African. There's an upside-down silhouette of a man, and a spread of four or five white trails, which end in little blobs that appear to be sketched neural clusters or a ganglion. There are other figures, and other patterns, and colors as well—a wasp, a child, a fragment of fairground signage, and a block of numbers that could be computer code. There's an isometric cube with a diagram inside.

The diagram has a number of isolated words in rings joined to other words by hand-drawn lines. One might think of a hastily sketched flowchart, or Alfred H. Barr's famous diagram showing the relationships between the various movements and tendencies of modern art, or a drawing by the London-based artist Jeremy Deller that tracks the connections between rave culture and the way unions fought against the dismantling of heavy industry in northern England in the eighties. Tyson's diagram plays a multi-dimensional game of tennis-elbow-foot: the word "Manchester" joins in one direction to "Ship Canal" and in the other to "Real Madrid." In one direction, we're transported back to the nineteenth century, when the city of Manchester was famous for being the powerful motor of Britain's industrial and imperial expansion; and if read in the other direction, we're left to dwell upon the city's contributions to the leisure industry that make it known today—its football team and its erstwhile star player, David Beckham, who has since left to join the biggest team in Spain. Also in the diagram, "Carbon" is linked both to "C60," the formula for a Buckminster Fullerene (the model also, of course, looks somewhat like a football), and to "Diamond," which goes to "Ring," which goes to "Wedding," and/or "Boxing," and/or "Bullfight"... Across all of this there are also a number of statements written in a variety of scripts and arranged in several circular arrays. Just as the first *Soup* calls to mind Tyson's THINK TANK (2002), the arrangement here is reminiscent of his ESCAPE MECHANISM of the same year, where different text wheels contain statements of different varieties. One group relates to the imagination and the senses: "Unobserved manifestations of the miraculous," "A perfume trapped in soft folds of linen." While another collects phenomena of the world together with ideas and theories about how it works now or might work in the future: "Manufactured pop bands," "Non-violent conflict solutions," "Game theory," and "Holistic international health service." The words themselves, however, don't survive much beyond this first stage, though the ideas and sentiments they represent suffuse the whole process.

On one level, the production of the fifteen panels that make up each *Primordial Soup* sequence is straightforward. Two square areas are delineated on the initial panel. These are reproduced at double their dimensions, and the first-generation paintings are placed one at either side. Two square areas are marked out on each; these too are reproduced at double their dimensions and placed alongside the first-generation panel. All four second-generation paintings also have two squares marked out on them and in turn give rise to eight final paintings, making fifteen panels of four different sizes in all. Even though successive generations produce panels that are smaller than the dimensions of their predecessors, the portion of the generating image from which they are derived is only a quarter of their size. They might therefore be thought of as enlargements of the original. Tyson, however, refers to them as "dilutions." The model is a homeopathic one, implying that even if by the sequence's end nothing of the original material remains, we might nonetheless sense that the final images have retained an imprint or a memory of their origins.

All of this, the random plotting of the squares notwithstanding, is mechanical. What makes it more than the mere execution of a preordained set of moves is that each stage requires Tyson, and to a certain extent the assistant who is working on the panel with him, to select, interpret, and arrange the visual material. When pictorial elements are magnified they begin to change in appearance, and their distortions become suggestive. For example, a patch of patterning gains numerous horn-shaped peaks at its border. Tyson focuses on these elements in the next image and transforms them into a little devil figure smoking a cigarette and wielding a pitchfork. Another area in the same panel has more jagged lines along its edges, which morph into the open mouth of a snake. Among the pile of reading material sitting beside Tyson's desk are *Wired, New Scientist, Focus,* a book entitled *The Natural History of the Universe,* and volume one of *Cassell's Book of Knowledge: A–Boa.* On this occasion, then if not aardvark to boa, the illustration is at least from armadillo to boa.

The final panels show a diverse, but largely banal assortment of objects and views: an array of colored pipe-work, a diner called "The Nineteenth Hole," (its name is advertised on a huge golf ball sign mounted on a pillar shaped like a tee), a fifties car parked in a nearby lot, a fish swimming amidst a dense forest of seaweed fronds, that plate with the kiwi, etc. The end of the line trailing from the brown blob has detached and turned into an articulated knee protector, a portion of this morphing even further into the head of a Samurai warrior in full armor. One of the studs on his helmet looks like, and subsequently becomes, a halved kiwi, while the layered leather and metal of his armor provide the colors and patterning for the tablecloth.

It's all so simple and obvious, but neither of us would have arrived there from that beginning. Tyson is unapologetic about the fact that it is only he, really, who can decide what does and does not get through each stage of the production. The studied blankness of the original *Soup* and the series' title make a conscious reference to Warhol. But the link is less apparent given the light industrial scale in which Tyson now works; and I'm reminded of how, when talking about his *Oxidation Paintings,* Warhol complained that some people just didn't know how to piss right.

Keith Tyson's exhibition "Geno / Pheno Paintings" will be on view at Haunch of Venison, London, 3 November 2004 – 8 January 2005.

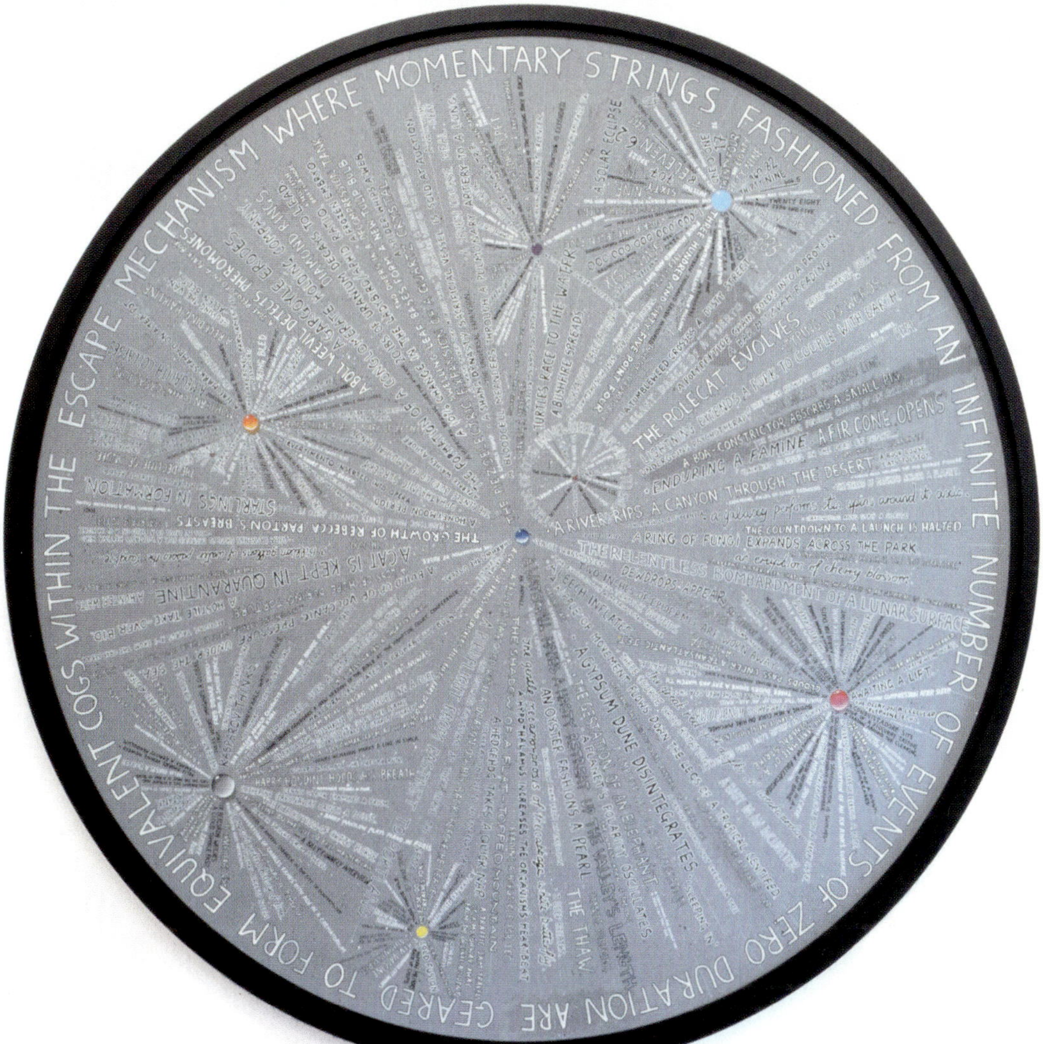

KEITH TYSON, ESCAPE MECHANISM, 2002, mixed media on aluminum, framed, 120" diameter / FLUCHTMECHANISMUS, Mischtechnik auf Aluminium, gerahmt, Durchmesser 305 cm.

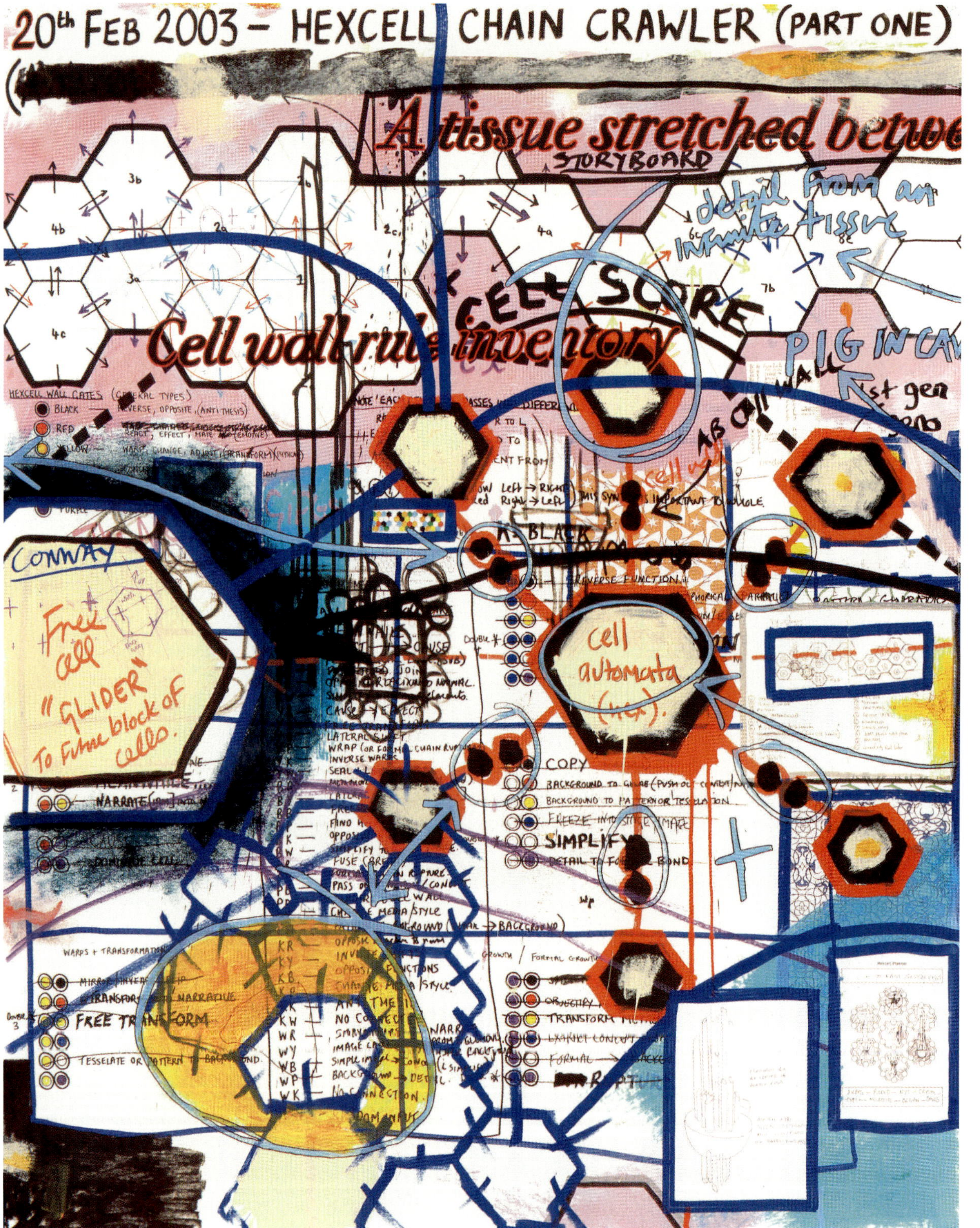

KEITH TYSON, STUDIO WALL DRAWING: 20TH FEB. 2003 – HEXCELL CHAIN CRAWLER (PART ONE), 2003, mixed media on paper, 61 13/16 x 49 5/8" / ATELIERWANDZEICHNUNG: 20. FEB. 2003 – HEXZELLEN-KETTENRAUPE (TEIL EINS), Mischtechnik auf Papier, 157 x 126 cm.

MICHAEL ARCHER

Ursuppen

Es gibt ein kleines, eher unauffälliges Stillleben: Es zeigt einige Kiwis in einer Schale mit grünem Weidenmuster auf einem Tisch, dessen Tischdecke in dunklen Blau- und Brauntönen sowie Schwarz bedruckt ist. An sich ein banales Bild, aber zugleich auch etwas seltsam – ein Cézanne, der aus der Kunstgesellschaft eines englischen Provinzstädtchens um zirka 1975 hervorgegangen sein könnte. Und überhaupt ist das klassische Weidenmuster eigentlich blau, nicht grün. Woher das wohl kommt?

An der Wand von Keith Tysons Atelier befindet sich eine Zeichnung; gewöhnlich hängen dort mehrere Zeichnungen, die noch in Arbeit sind. Er sagt, sie stellten eine Art Tagebuch dar. Diese hier trägt das Datum vom 1. Mai 2004. Sie trägt auch eine lange Überschrift, die auf eine neue Serie von Bildpaaren Bezug nimmt, die gerade im Entstehen begriffen sind: die *Geno/Pheno Paintings* (Geno-/Phäno-Bilder, 2004). Der Rest des Blattes ist mit diversen Conway-Figuren bedeckt. Diese Automaten wurden 1970 von John Conway, einem Mathematiker in Cambridge, erfunden, um in einem sogenannten «Spiel des Lebens» ein zweidimensionales Zelluniversum zu bevölkern. Abhängig vom Zustand der benachbarten Zellen wird eine Zelle Conways einfachen Regeln entsprechend entweder ein- oder ausgeschaltet oder von einer Generation zur nächsten nicht verändert. Man stelle sich ein Spielbrett vor, das aus einem grossen Bogen Millimeterpapier besteht, auf dem einige der Quadrate eingefärbt sind und ein einfaches Muster bilden. Beim ersten Zug bleiben einige der Quadrate unverändert, andere werden weiss und einige werden neu eingefärbt, so dass eine neue Figur entsteht. Manche Figuren («Stillleben») bleiben eine Generation lang unverändert, während andere («Methusalems») vielleicht über tausend Generationen brauchen um stabil zu werden. Das Grundprinzip ist, dass einige sich bewegen, während andere bleiben wie sie sind; einige sterben aus und andere verschlingen alles, was in ihre Nähe kommt. Die Zellen haben lustige Namen, die von ihrem Aussehen und ihrem Verhalten abgeleitet sind: «Fischhaken», «Schleppkahn», «Flugzeugträger», «Dampfzug», «Raumschiff». Offenbar haben nur sehr wenige Figuren kein «Vatermuster» beziehungsweise können nicht aus einer anderen hergeleitet werden. Jede dieser vaterlosen Formen wird als ein «Garten Eden» bezeichnet, die Gründe liegen auf der Hand.

Bei den Menschen ist es etwas anders. Wir alle haben einen Vater und eine Mutter, daran gibt es nichts

MICHAEL ARCHER ist Kunstkritiker und Publizist. Er lehrt an der Ruskin School of Drawing and Fine Art der Universität Oxford.

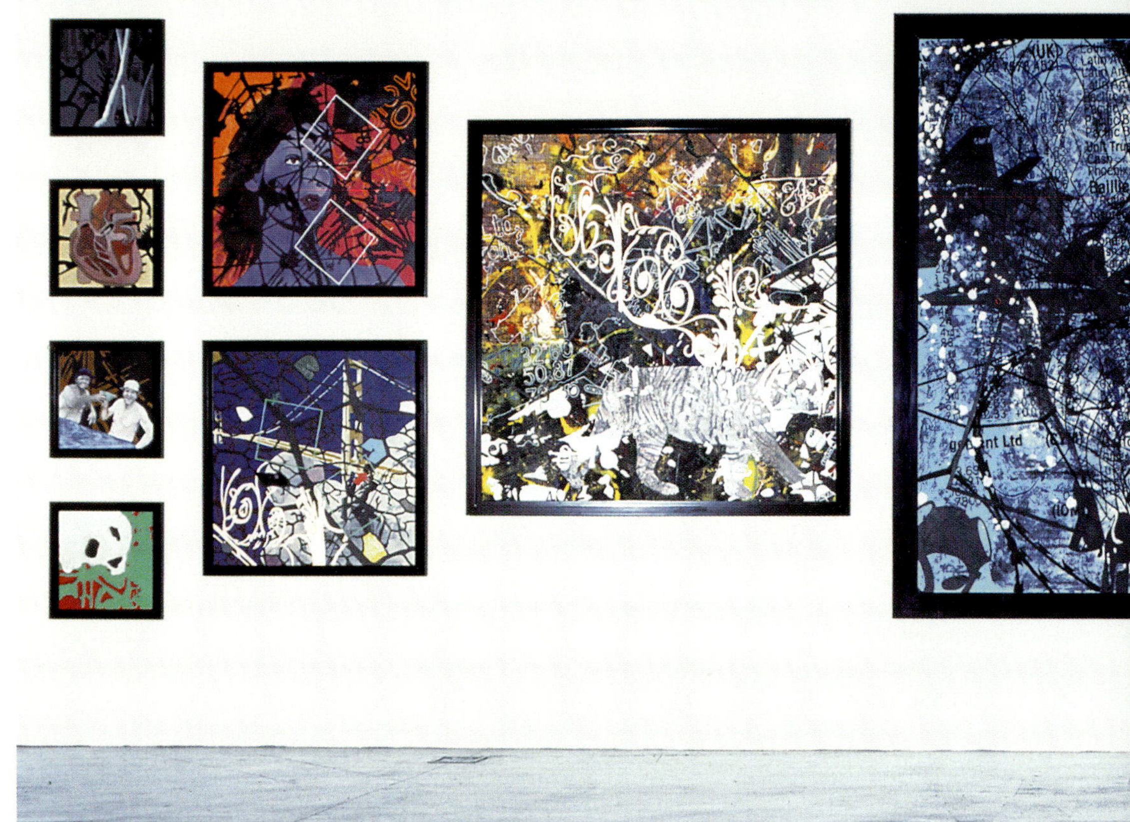

KEITH TYSON, SOUP PAINTING 1: PRIMORDIAL SOUP WITH HOMOEOPATHIC DILUTIONS, 2003, *acrylic on aluminum, central panel 120 x 120"; dilutions 79 1/8 x 79 1/8", 47 1/4 x 47 1/4", and 23 5/8 x 23 5/8"* / SUPPENBILD 1: URSUPPE MIT HOMÖOPATHISCHEN VERDÜNNUNGEN, *Acryl auf Aluminium, Mittelbild 305 x 305 cm; Verdünnungen 201 x 201 cm, 120 x 120 cm, und 60 x 60 cm.*

zu rütteln. Woher wir kommen und was wir sind, scheint zugleich völlig willkürlich und durch und durch vorherbestimmt zu sein. Und immer, in jedem Moment, befinden wir uns in einer Situation, die sich aus zahllosen genauso willkürlichen wie vorbestimmten Fakten ergeben hat. Wie man dem überwältigenden, unkontrollierbaren Wunder beziehungsweise Horror dieser Wirklichkeit begegnen kann, ist die Frage, die Tyson umtreibt. Auf einer weiteren neuen Wandzeichnung, die am 18. April begonnen wurde, findet sich der Titel SOMETHING BETWEEN EVERYTHING AND NOTHING (Etwas zwischen allem und nichts, 2004). Alles existiert irgendwo zwischen diesen beiden Extremen. Wie unberechenbar gross die Zahl der Faktoren auch sein mag, die in einem beliebigen Moment auf uns einwirken, sie ist nicht unendlich. Es gibt eine Grenze. Und wenn Dinge auch zerstört werden, so lösen sie sich doch nicht in nichts auf. «Etwas» wird nicht «nichts». Gegenüber Tysons *Primordial Soups* (Ursuppen, seit 2003) befinden wir uns in einer ähnlichen Situation. Der Titel ist von einem fünfzig Jahre alten Experiment entlehnt, das der damals graduierte Student Stanley Miller in Chicago geleitet hatte. Millers Arbeit wird heute allgemein als Experiment zur Erzeugung von Leben betrachtet, aber eigentlich war es eher ein nüchterner Versuch zu zeigen, dass die atmosphärischen und marinen Bedingungen in der Frühzeit der Entwicklung der Erde so beschaffen waren, dass ein natürliches Ereignis, wie eine durch einen Sturm ausgelöste elektrische Entladung, bereits genügt haben könnte, um den Entstehungsprozess eines Teils der Baustoffe, die man in lebenden Organismen findet, auszulösen.

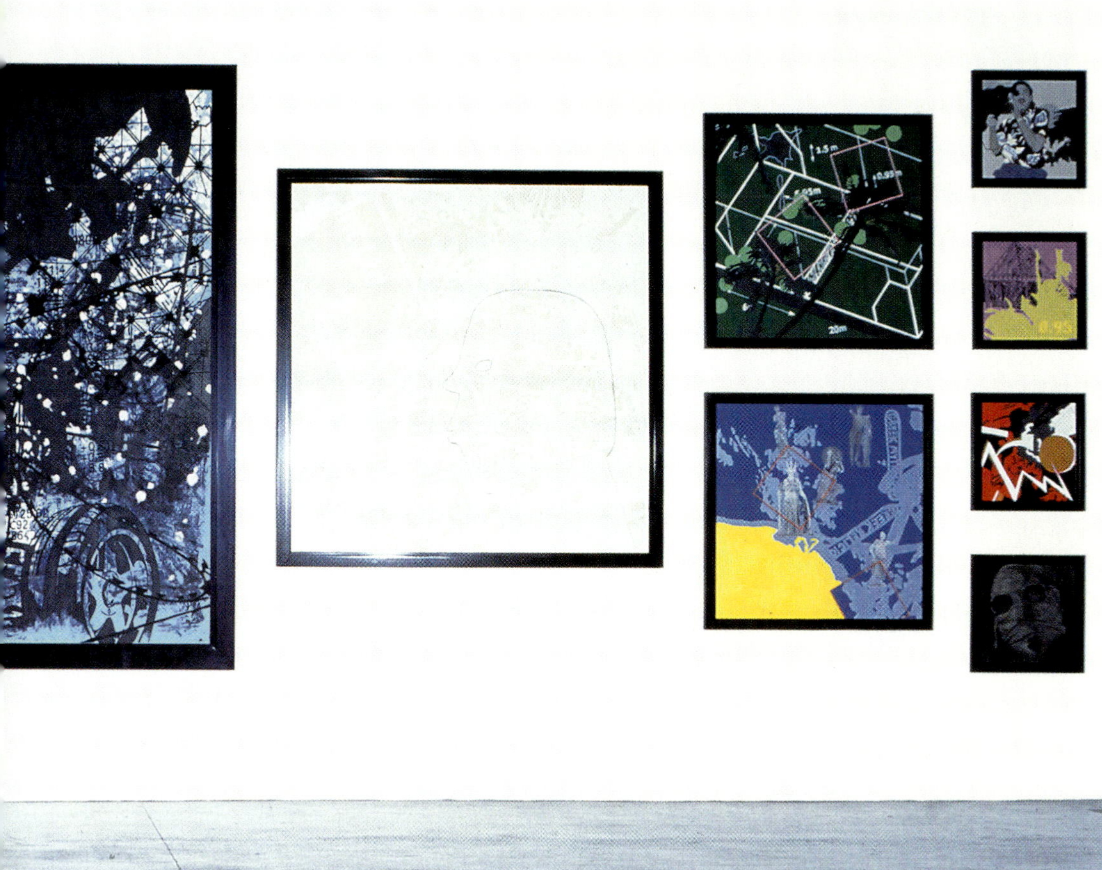

Ausgangspunkt für jede von Tysons *Primordial Soups* ist eine grosse quadratische Tafel, auf der sich alles Mögliche befindet. Es gibt keine erkennbare Systematik oder konsequente Logik in der Organisation dieser zentralen Tafeln, Tysons Ziel ist es eine Mischung aus Schichtungen, Fragmenten und flüchtigen Impressionen zu erzeugen, die in keine bestimmte Richtung weisen. Und obwohl sie voller Zufall, Farbe und Möglichkeiten stecken, wirken sie insgesamt ausgeglichen. Es ist eine Mischung aus jener bewussten Indifferenz, die Duchamp den Objekten entgegenbrachte, die er zu Readymades erklärte, und der Allgegenwart des Weissen Rauschens. Alles ist auf einmal da und, obwohl nichts ausgeschlossen ist, wird auch nichts ausdrücklich eingeschlossen. Eine weitere der *Soups*-Zeichnungen *in progress* wurde am 1. Juni 2004 begonnen und trägt den Titel GIVEN THE UNIVERSE IS ISOTROPIC (Vorausgesetzt, das Universum ist isotropisch, 2004). Tysons Ziel beim Aufbau des Bildmix der zentralen Tafel der *Primordial Soups*-Reihe ist es, eine ähnlich isotropische Situation zu erzeugen, das heisst, die Möglichkeit zuzulassen, dass die Ansammlung des visuellen Materials auf der Tafel es der Phantasie erlaubt, sich in jede oder alle Richtungen zugleich katapultieren zu lassen.

Der Mix für das erste *Soups*-Bild ist eine dichte, blauschwarze, matte Oberfläche, auf der sich Listen finden, die Andeutung eines Autoreifens und ein Netzwerk aus Linien, über welches weisse Kleckse verstreut sind, wie ein Nachthimmel irgendwo im Universum. Die Mischung des zweiten Bildes ist weniger dunkel. Da gibt es eine Ansammlung vertrauter Logos und Symbole – das VW für Volkswagen,

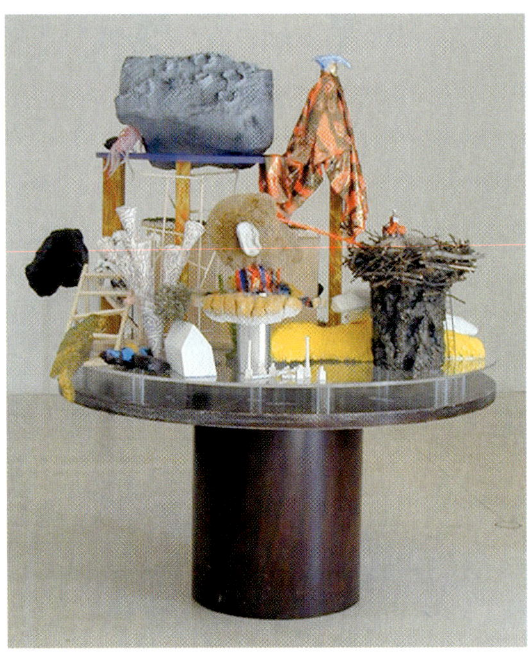

EXTRUDED TABLETOP TALES NO. 1, 2000, mixed media, 70 7/8 x 59 x 59" / EXTRUDIERTE-TISCHPLATTEN-GESCHICHTEN NR. 1, Mischtechnik, 180 x 150 x 150cm.

Colonel Sanders (das Werbemaskottchen der KFC-Fastfoodkette), Smileys, K-mart, Yin und Yang, das Warnsignet für Radioaktivität, Adidas, Hammer und Sichel, der Davidstern, die Rolls-Royce-Kühlerfigur, usw. Dann ist da ein brauner Klecks, von dem eine Art Nabelschnur zu einem zweiten, kleineren Klecks führt. Ein Fragment des Londoner U-Bahn-Plans breitet sich über die ganze Fläche aus. Ferner ein Gürteltier und eine Trommel, wohl aus Afrika. Dann ein auf dem Kopf stehender Scherenschnitt eines Mannes und ein Fächer aus vier oder fünf weissen Spuren, die in kleinen Klecksen enden, welche wiederum eine schematische Darstellung von Nervenknoten oder Ganglien sein könnten. Es gibt noch weitere Figuren und Muster, auch Farben – eine Wespe, ein Kind, ein Stück eines Messegelände-Wegweisers, ein Zahlenblock, der ein Computercode sein könnte. Und schliesslich ein isometrisch dargestellter Kubus, der ein Diagramm enthält.

Das Diagramm besteht aus einer Reihe isolierter, umrandeter Wörter, die durch handgezogene Linien mit anderen Wörtern verbunden sind. Man kann sich eine flüchtig skizzierte *Flowchart*-Seite vorstellen oder Alfred H. Barrs berühmtes Diagramm der Beziehungen zwischen den verschiedenen Bewegungen und Tendenzen der modernen Kunst, oder auch eine Zeichnung von Jeremy Deller, die den Verbindungen zwischen der *Rave*-Kultur und dem Kampf der Gewerkschaften gegen den Abbau der Schwerindustrie in Nordengland in den 80er Jahren nachspürt.

Tysons Diagramm spielt ein mehrdimensionales *Tennis-Elbow-Foot*-Spiel[1)]: Das Wort «Manchester» verbindet sich in einer Richtung mit «Ship Canal» und in der anderen mit «Real Madrid». In einer Richtung werden wir ins neunzehnte Jahrhundert zurück versetzt, als die Stadt ein starker Motor für das industrielle und imperiale Wachstum Englands war. In der anderen Richtung gelesen können wir über den Beitrag der Stadt zur Freizeitindustrie nachdenken, für welchen sie heute bekannt ist, mit ihrer Fussballmannschaft und deren Star David Beckham, der mittlerweile zur grössten Mannschaft Spaniens gewechselt hat. Auch das Wort «Carbon/Kohle» ist sowohl mit «C60» verbunden, der Formel für Buckminster Fullers architektonisches Paradestück (das offensichtlich auch mit der Form des Fussballs verwandt ist), als auch mit «Diamond/Diamant», das seinerseits wieder mit «Ring» verbunden ist, das zu «Wedding/Hochzeit» und/oder «Boxing/Boxen» und/oder «Bullfight/Stierkampf» führt... Quer über all dem stehen diverse handgeschriebene Aussagen, in verschiedenen Schriften und mehreren kreisförmigen Anordnungen. Wenn das erste *Soups*-Bild an Tysons THINK TANK (2002) denken lässt, so erinnert das Arrangement hier an sein ESCAPE MECHANISM (Fluchtmechanismus) aus demselben Jahr. Dort enthalten verschiedene Texträder verschiedene Arten von Aussagen. Eine Gruppe steht im Zusammenhang mit der Phantasie und den Sinnen («Unbeobachtete Manifestationen des Wunderbaren», «Ein Parfüm, gefangen in sanften Leinenfalten»), während andere Texträder Phänomene dieser Welt mit Ideen und Theorien darüber verbinden, wie die Welt funktioniert oder in Zukunft funktionieren wird («Fabrikgefertigte Popbands», «Gewaltfreie Konfliktsituationen», «Spieltheorie», «Ganzheitliche internationale Gesundheitsversorgung»). Die Wörter selbst überleben jedoch diese erste Stufe kaum, obwohl die Ideen und Gefühle, für die sie stehen, den ganzen Prozess speisen.

Die Produktion der fünfzehn Tafeln für die einzelnen *Primordial Soups* wirkt zunächst sehr geradlinig. Auf der ersten Tafel werden zwei quadratische Felder bezeichnet. Diese werden doppelt so gross reproduziert und als erste Folgegeneration links und rechts vom Ausgangsbild platziert. Auf jedem werden wiederum zwei Quadrate markiert, die in doppelter Grösse reproduziert und neben die Bilder der ersten Generation gestellt werden. Auf allen vier Bildern dieser zweiten Generation finden sich erneut zwei markierte Quadrate, die zu acht abschliessenden Bildern führen. Es sind also insgesamt fünfzehn Bilder in vier verschiedenen Grössen. Auch wenn die späteren Generationen Bilder ergeben, die kleiner als ihre Vorgänger sind, hat jeweils der Teil des Bildes, aus dem sie hervorgegangen sind, nur ein Viertel ihrer Grösse. Man könnte sie also als Vergrösserungen des Originals verstehen. Tyson bezeichnet sie jedoch als «Dilutionen», Verdünnungen. Der Vorgang ist ein homöopathischer, das heisst, wir spüren, selbst wenn am Ende der Reihe nichts vom ursprünglichen Material mehr übrig bleibt, dass die letzten Bilder dennoch eine Prägung oder Erinnerung ihres Ursprungs in sich tragen.

Trotz der zufälligen Bestimmung der Quadratausschnitte ist der Prozess rein mechanisch. Was ihn zu mehr als einer blossen Ausführung vorgegebener Spielzüge macht, ist, dass Tysons Mitwirkung in jedem Stadium notwendig ist, um das visuelle Material auszuwählen, zu interpretieren und anzuordnen; bis zu einem gewissen Grad gilt das auch für die Mitwirkung seiner Assistentin, die die Tafel mit ihm zusammen bearbeitet. Wenn Bildelemente vergrössert werden, verändern sie ihr Aussehen und ihre Verzerrungen regen die Phantasie an. So erhält etwa ein Muster am Rand plötzlich hornförmige Auswüchse. Tyson greift diese Elemente für das nächste Bild auf und verwandelt sie in eine kleine Teufelsgestalt, die eine Zigarette raucht und eine Mistgabel schwingt. Eine andere Stelle auf derselben Tafel zeigt gezackte Linien am Rand, die zum aufgerissenen Maul einer Schlange werden. Zu den Stapeln von Lesematerial neben Tysons Arbeitstisch gehören auch *Wired, The New Scientist, Focus,* ein Buch mit dem Titel *The Natural History of the Universe* und der erste Band von *Cassell's Book of Knowledge: A–Boa.* In diesem Fall führt uns die Reise also, wenn auch nicht von Aardvark bis Boa, so doch immerhin von Armadillo (Gürteltier) bis Boa.

Die letzten Tafeln zeigen eine etwas andere, aber weitgehend banale Ansammlung von Objekten und Ansichten: eine Anhäufung farbigen Röhrenwerks, ein Esslokal mit dem Namen «Nineteenth Hole» (Neunzehntes Loch: Der Name steht auf einem riesigen Golfball, der auf einer T-förmigen Säule montiert ist), ein Auto aus den 50er Jahren, das auf einem benachbarten Parkplatz steht, ein Fisch, der durch einen dichten Wald von Seegraswedeln schwimmt, die erwähnte Schale mit den Kiwis und so fort. Das Ende der Linie, die von dem braunen Fleck wegführt, hat sich gelöst und in einen biegsamen Knieschutz verwandelt, von welchem sich ein Teil sogar noch weiter verändert und die Gestalt eines Samuraikriegers in voller Montur annimmt. Einer der Buckel auf seinem Helm sieht aus wie eine halbe Kiwi und wird alsbald auch dazu, während die Leder- und Metallschichten seiner Rüstung die Farben und das Muster für die Tischdecke liefern.

Es ist alles so einfach und liegt auf der Hand, aber keine(r) von uns wäre von jenem Anfang zu diesem Resultat gelangt. Tyson macht keine Anstalten sich dafür zu rechtfertigen, dass er und nur er letztlich entscheiden kann, was in jedem Stadium der Produktion weitergezogen wird und was nicht. Die sorgfältig angestrebte Leere des Ausgangsbildes und der Werktitel nehmen bewusst Bezug auf Warhol. Doch angesichts der mässig industriellen Stufe, auf der Tyson jetzt arbeitet, ist die Verbindung nicht ganz so offensichtlich, und ich erinnere mich, wie Warhol im Zusammenhang mit seinen *Oxidation Paintings* beklagte, dass manche Leute nicht einmal richtig pissen könnten.

(Übersetzung: Suzanne Schmidt)

Vom 3. November 2004 bis 8. Januar 2005 zeigt Haunch of Venison, London, Keith Tysons Ausstellung «Geno / Pheno Paintings».

1) *Tennis-elbow-foot:* englischer Name des Spiels, bei dem ein Spieler ein Wort nennt, worauf der nächste blitzschnell eines nennen muss, das in irgendeiner Weise damit verwandt ist, usw.

A CONVERSATION

It's like an organic system

ETHAN WAGNER & KEITH TYSON

Ethan Wagner: Much has been written about your knowledge of science and the nature of the universe, and how this is all integral to your art making practice. Little has been said about the poetic quality of your images and words, the deeply-felt humaneness. In this regard, do you feel your work is misunderstood?

Keith Tyson: I don't think there's a specific way of viewing my work that's correct. And in regard to the dichotomy between a scientific reading and a poetic one, I don't see any. I see the work as embodying both equally. Maybe what you're pointing out is the consequence of the market, and press releases, and the ease of explaining something... the way we want to sort of box an artist in. But that isn't really my intention, and I feel sorry for the person who has to put it down in one paragraph. I couldn't. That's why I'm making all these different things. I don't see myself as being scientifically oriented. Science is just the language by which we understand nature, and so it's a language that I use. But really I'm concerned with the sort of human aspect of enduring that knowledge—the sort of weight of that knowledge—and how it affects your everyday life and understanding of your identity in the world around you. That's what I consider the more emotional side to the content. Often, science is seen as being very cold and rigorous

ETHAN WAGNER is a publisher and art advisor living in New York.

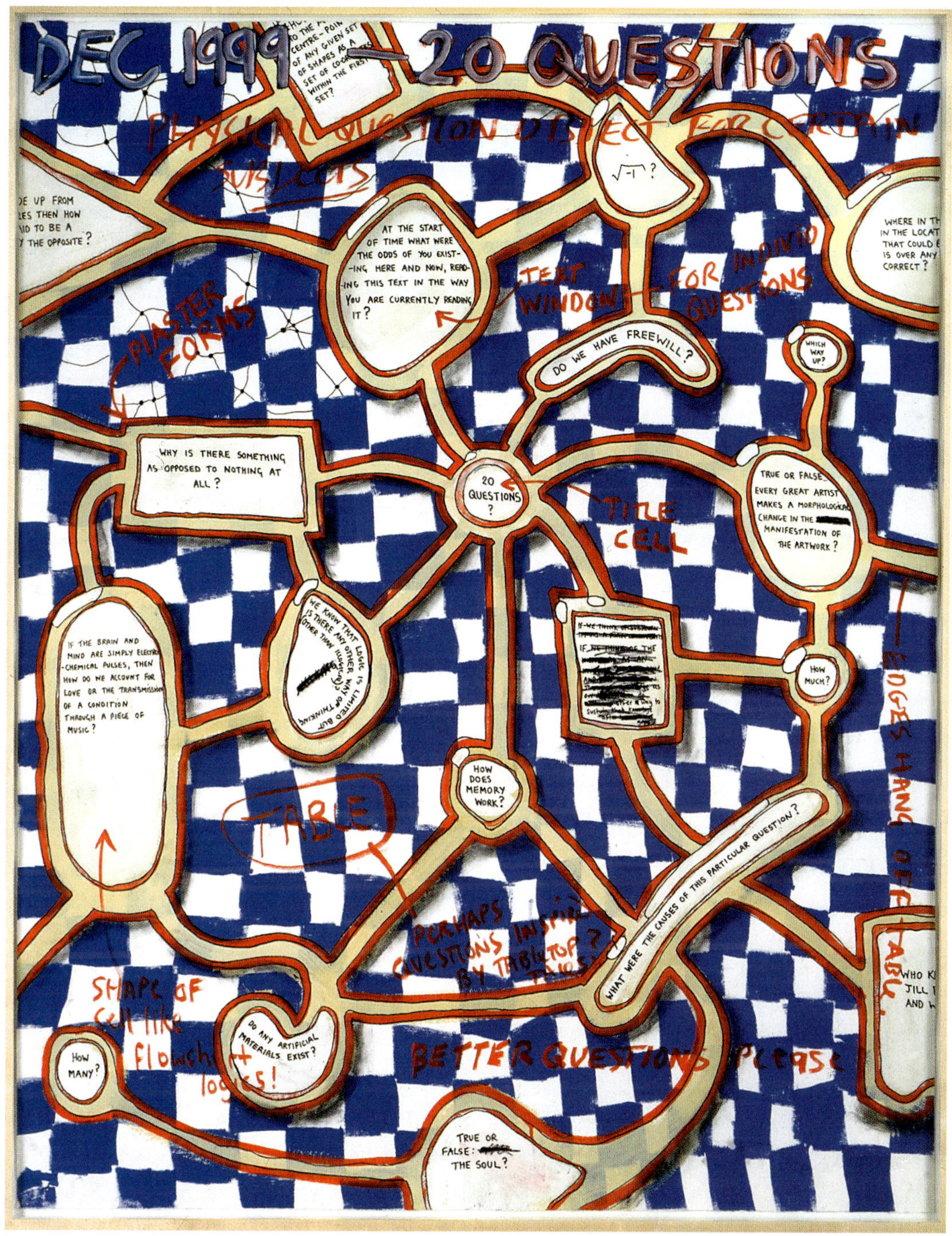

KEITH TYSON, STUDIO WALL DRAWING: DEC. 1999 – 20 QUESTIONS, mixed media on paper, 61 13/16 x 49 5/8" / ATELIERWANDZEICHNUNG: DEZ. 1999 – 20 FRAGEN, Mischtechnik auf Papier, 157 x 126 cm.

and cluttered with human activity. But I see both a Mozart concerto and an Einstein paper on general relativity as great human outputs. And they are both very emotional.

EW: But I'm afraid there may be a bit of a slant to the viewer's notion of science because the laws of science are cold facts, and when an artist is using science to express him/herself, maybe it gets read through a scrim of objective facts.

KT: But that would be like confusing somebody who is doing a documentary about science, and saying, "God, that wasn't a very scientific documentary." Science has a certain rigor to it, and it has a mathematical language that is cold and provable, at least initially. A religious painting doesn't have to be spiritual. A scientific methodology doesn't have to be rigorous. The great thing about being an artist is you can do things inconsistently. You can hold two contradictory ideas in your head, and believe them both. Science isn't a discipline that allows you to do that.

EW: If there were only one alternative, would you rather be recognized for your mind or for your heart?

KT: ...um ...They're the same thing. *(Laughter)*

EW: At first glance, works of yours that delve into physics, mathematics, and the systems of the universe can be intimidating, even sometimes impenetrable to the average viewer. Yet, these works are invariably visually rich and aesthetically rewarding. Do considerations of visual beauty enter into your evaluation of your own work?

KT: I don't spend that much time looking back. I'm too excited about the next thing. I do look back and say, "Wow, look at that huge sort of snail-trail of stuff that I've left behind me as I've been going." But the most successful ones for me are curious, in the sense that they can engage my interest in all sorts of ways. I'm more interested in putting the conundrum on the wall, something that resonates and asks questions. I'm not interested in making relics. I've often thought that art is just the detritus from an artist's activity. But I'm trying to put dynamism into these things, so that they can go on living, at least cerebrally, long after the context of the history of their making has been lost.

EW: So when the viewer steps back and looks at that drawing in a gallery, a year from the time it was created, and looks at the wonderful colors, spontaneous line, and intensity—components that add up to something that has visual interest...

KT: Yeah, I think what you're talking about is the idea of play. And I think that I'm meant to be enjoying myself. When I'm absorbed and involved in the work, then all that stuff is automatic. I don't think, "Is this a beautiful color? Or is this an ugly color?" I just think of the right color. It's like being a pianist. They just play... I just don't have a cerebral manifesto of what I'm doing. I've always maintained that when I don't know what I'm doing my work is apt to be very interesting and alive. It's like an organic system. It has to keep growing. If a tree stops growing, it dies.

EW: Do you think that even when the content of the work is not understood, the work somehow signals to the viewer its weight and importance?

KT: Well, I don't know about its weight and importance, but I try to allow the work to reward the viewer willing to go into depth. If you want to come to the work and go much deeper into a sort of existential discussion about the human condition, it will reward that. So I try to make things that will operate on whatever level you want to go to. It is a bit like a film maker who starts with a good script and a great cinematographer, and then puts it all together to make a highly entertaining film.

EW: Speaking of that, as I mentioned earlier, certain bodies of your work subordinate authorship, yet many of the *Studio Wall Drawings* are like pages in a diary, reflecting your experiences, moods, and emotions. Are there times, or situations, when you don't open up your inner feelings to be exposed in your art. Is anything for you out of bounds?

KT: I just don't see my inner feelings as interesting, or to the greater good of the rest of the work. I see them as commonplace and mundane. So there doesn't seem any point to be revealing.

EW: But isn't it possible that those things are churning within you and, in an involuntary way, finding their way into the works of art?

KT: Yeah. Sure. It's a slightly interesting game to look back and tie up those knots and think about why you're doing certain things. I mean the world is full of expressionist artists. There are millions of people painting their lungs out around the world, but I don't think I can give anything to the world by talking about my own demons or ... I think I do that in my own way. *(Laughter)*

EW: As you look back on all of your work, including those works generated by distancing mechanisms, like the *Artmachine,* is it more biographical than you would have anticipated?

KT: Yes, in the sense that I have interests in the real mechanism, and that I am very into gambling—or have a gambling problem, to be more accurate. I've found myself in situations in my life, and thought, "Well, how did I get here? How did this occur?" And thought how none of this was of my doing. This is all stuff that happens before you're born. The decisions are made, and you don't ask to replace art history. You don't ask your parents to replace your genetics. You don't ask for any of these things. So all those things are happening before you even put a brush to the canvas, so how can I claim authorship over their manifestation? So ultimately the action is about an emotional disturbance that I'm trying to solve.

EW: A few years ago you undertook a body of work called *The Seven Wonders of the World* (2001–present). Your wonders deal not with edifices built by man, but with the wonders of the human mind, thought, and human experience. Another aspect of these works, one which I believe very significantly sets them apart in the development of art, is that they manifest rather than represent what they are about. Would you comment on this?

KT: *The Seven Wonders of the World* pieces were just manifestations of things I find wondrous. So it would be, for instance, the idea that matter could develop self-awareness, in the sense that we are aware of ourselves and we can think. Or it could be the infinite scale in variants throughout the universe from the very tiny to the very large. But rather than create a painting that commented on this, I wanted to make something that literally had scale in variants or literally altered the universe in a way. I try to generate those ideas of things that are sort of rocked in the way of a bare resonance. And that's what those pieces were about. So *The Seven Wonders of the World* are activated when a viewer realizes the wonder in what they're observing. Not that you look at them and say, "How wondrous."

EW: For the Venice Biennale, three years ago, you exhibited sixty-nine *Studio Wall Drawings.* Of course, being prolific is not in itself meaningful, but what is remarkable is that just about every studio wall drawing, as well as each of the many other works in your oeuvre, deals with a different idea of subject matter. What's it like feeding this monster? You once wrote in one of your drawings, "Give me more whale meat Tyson, or I'll chuck you in the fucking pit!"

KT: My problem isn't how I feed the monster. It's much more that I've been cursed or blessed with so many ideas and so many observations about the world. As if I had a mild form of autism, I find everything interesting. But the question is how can I make them fascinating? My problem isn't how do I think of that many ideas, it's the other way around—how do I decide which one is more interesting than the other one. I don't see it as a monster. I see it as just a natural outpouring of the way I think.

EW: In another drawing titled DECEMBER 1999: TWENTY QUESTIONS (1999) you ask, among other questions, "Why is there something, as opposed to nothing at all?"

KT: The thing that keeps me awake most at night, I have no doubt, is just a very general terror of the specificity of things. People talk about the authorship element of my work, but you can also view the work in terms of the relationship between pure potential and specificity. Before a horse race any horse can win. Once a horse race has been run, of course Dr. Death was going to win the race—it was obvious. Before you make an artwork, the blank canvas is full of potential. Afterwards, it's very specific. Before I came into existence, there was potential. I could have been anything. But I'm Keith Tyson—exactly what I've got... and I think there's definitely a kind of built in intellectual engine, or emotional engine. I think it's been called one of the darkest questions because it hurts to think about. When you really look at it deeply it's a painful thing to try to understand the specificity of your existence given the boundless potential, if you have a sort of free-floating mathematical mind.

EW: Here you are lying on a couch, free associating, and you name a horse "Dr. Death."

KT: But it's not just a question about death. It's a question about oblivion. How what happens before you are born equates to what happens after you're born. It's this kind of tiny sandwich between these infinite matters of nothing-ness or everything-ness that I'm in the painful and privileged position of observing. For some reason I find it very hard to say, "I don't know." That's one thing I have trouble doing. I think that's why I make so much work.

EW: Can you imagine yourself doing something other than making visual art? Say, going back to the shipyard, playing the blackjack tables, or writing fiction?

KT: I don't see any difference between making a feature film, making a painting, and making a ... conference. That said, the reason I don't do all those things is because I keep feeling that I would be doing it for diversity's sake. When the time comes, I'll do what ever I feel like doing—I'll find the right form to manifest my idea. At the moment I'm kind of interested in making visual things that go on walls, and go in blank rooms, and in peoples' houses, and in museums.

EW: Okay, one last question. Would you like to join us for a bowl of noodles?

KT: Yes, that would be quite pleasurable. Thank you.

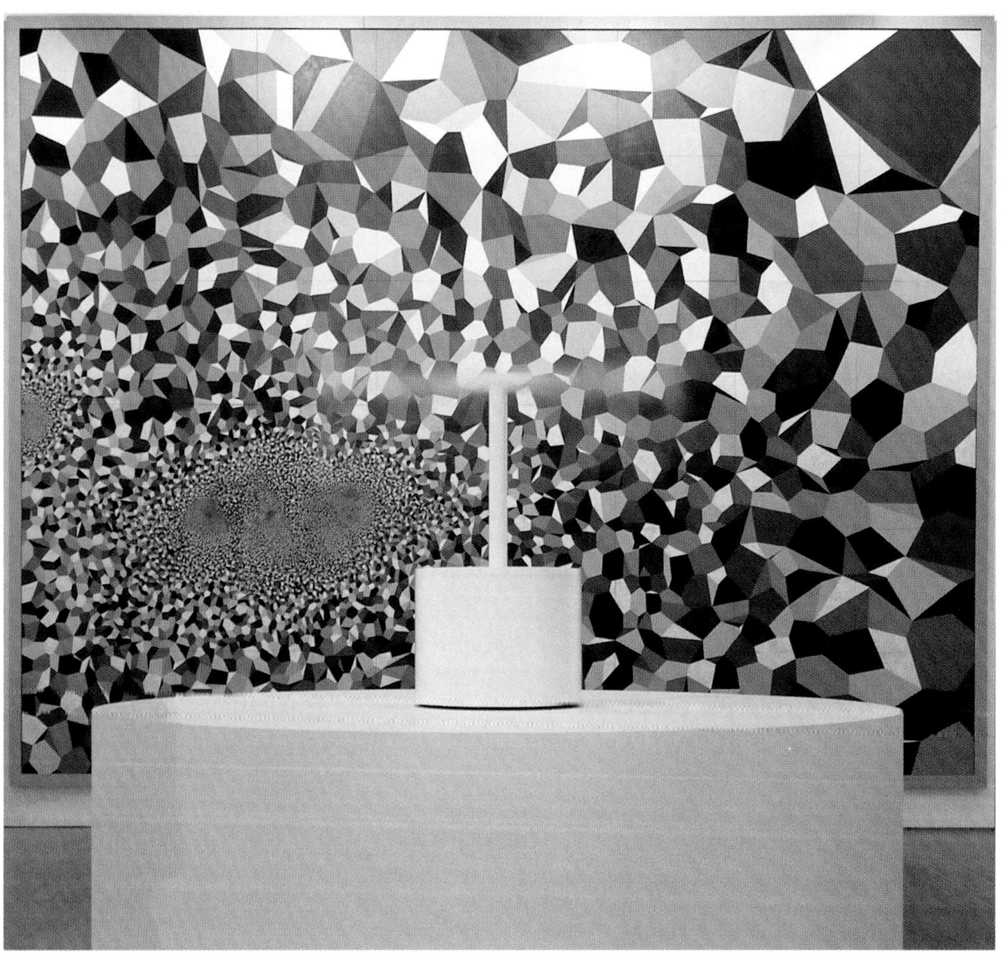

KEITH TYSON, FIELD OF HEAVEN (THE LONGSHOT MAGNET), 2001, part of THE SEVEN WONDERS OF THE WORLD series, steel and aluminum kinetic housing, pyrite, meteorites, moon, Mars, and minerals, 118 1/8 x 129 15/16 x 129 15/16" / HIMMELSFELD (DER FERNWIRKUNGS-MAGNET), Teil der Serie DIE SIEBEN WELTWUNDER, bewegliche Halterung aus Stahl und Aluminium, Pyrit, Meteoriten, Mond, Mars und Mineralien, 300 x 330 x 330 cm.

Wie ein organisches System

EIN GESPRÄCH

ETHAN WAGNER & KEITH TYSON

Ethan Wagner: Über deine Kenntnisse auf dem Gebiet der Naturwissenschaften und dein Interesse für die Beschaffenheit des Universums sowie die Bedeutung, die diese Dinge für dein künstlerisches Schaffen haben, ist schon viel geschrieben worden. Aber die poetische Qualität, die tief empfundene menschliche Komponente deiner Bilder und Worte werden nur selten erwähnt. Findest du, dass dein Werk in dieser Hinsicht missverstanden wird?

Keith Tyson: Ich glaube nicht, dass mein Werk auf eine bestimmte, einzig richtige Art zu betrachten ist. Und eine Dichotomie zwischen wissenschaftlicher und poetischer Interpretation kann ich sowieso nicht erkennen. Für mich ist beides gleichermassen in meiner Arbeit enthalten. Vielleicht ist das, was du erwähnt hast, eine Konsequenz des Marktes und gewisser Pressetexte, nach einfachen Erklärungen zu suchen – wir alle haben die Tendenz, Künstler in eine bestimmte Schublade stecken zu wollen..., aber es entspricht nicht meiner Absicht. Mir tun die Leute Leid, die alles in ein paar Zeilen auf den Punkt bringen müssen, ich könnte das nicht. Deshalb mache ich ja so viele verschiedene Dinge. Ich finde auch nicht, dass ich naturwissenschaftlich ausgerichtet bin. Naturwissenschaft ist einfach die Sprache, mit der wir die Natur beschreiben, und deshalb verwende ich diese Sprache auch. Eigentlich interessiert mich aber der menschliche Aspekt, wie sich dieses Wissen überhaupt ertragen lässt – die Last dieses Wissens – und wie es unseren Alltag verändert und unser Selbstverständnis innerhalb unserer Umwelt. Das ist die emotionalere Seite dieser Themen. Die Naturwissenschaft gilt oft als kalt und streng und mit viel Aufwand verbunden. Für mich sind sowohl ein Mozartkonzert wie eine Abhandlung Einsteins über die Relativitätstheorie grosse menschliche und kulturelle Leistungen. Und beide sind äusserst emotional.

ETHAN WAGNER ist Verleger und Kunstberater in New York.

EW: Aber ich fürchte, der Betrachter hat eine bestimmte Vorstellung von Naturwissenschaft, weil Naturgesetze nun einmal sterile Fakten sind, und wenn ein Künstler auf die Naturwissenschaft zurückgreift, um sich auszudrücken, schieben sich diese objektiven Daten womöglich wie ein Gazeschleier zwischen seine Arbeit und den Betrachter.

KT: Aber das wäre, wie wenn man jemanden, der einen Dokumentarfilm über ein naturwissenschaftliches Thema macht, kritisieren wollte, indem man sagt: «Du liebe Güte, das war aber kein sehr wissenschaftlicher Film.» Die Wissenschaft besitzt eine gewisse Strenge und bedient sich einer mathematischen Sprache, die steril und beweisbar ist, zumindest am Anfang. Ein religiöses Bild muss nicht spirituell sein und eine wissenschaftliche Methodologie nicht starr und unflexibel. Das Grossartige an der Kunst ist ja gerade, dass sie inkonsequent sein darf. Ein Künstler kann zwei einander widersprechende Ideen im Kopf haben und beide gleich ernst nehmen. In der Naturwissenschaft ist dies nicht erlaubt.

EW: Wenn du wählen müsstest, möchtest du lieber, dass man dich um deines Kopfes oder deines Herzens willen schätzt und anerkennt?

KT: Hmm – das ist doch ein und dasselbe! *(Lacht)*

EW: Auf den ersten Blick wirken jene deiner Arbeiten, die sich mit Physik, Mathematik und kosmischen Theorien beschäftigen, vielleicht etwas einschüchternd, für den durchschnittlichen Betrachter sogar unzugänglich. Dennoch sind die Arbeiten immer ein grosses visuelles und ästhetisches Vergnügen. Zählen für dich bei der Beurteilung deiner eigenen Arbeit eigentlich Kriterien wie visuelle Schönheit?

KT: Ich verbringe nicht viel Zeit mit Zurückschauen. Dazu bin ich viel zu sehr von dem in Anspruch genommen, was kommt. Manchmal blicke ich aber tatsächlich zurück und sage mir: «Schau mal an, was für eine riesige Schneckenspur du auf deinem Weg hinterlassen hast.» Am besten finde ich die Sachen, die irgendwie merkwürdig sind und dadurch mein Interesse in vielerlei Richtungen lenken können. Ich hänge lieber ein Rätsel an die Wand, das beim Betrachten etwas auslöst und Fragen aufwirft. Die Produktion von Reliquien ist nicht meine Sache. Oft denke ich, dass Kunst eigentlich nur ein Abfallprodukt der künstlerischen Tätigkeit ist. Aber ich versuche, diese Dinge mit so viel Energie aufzuladen, dass sie – auf geistiger Ebene zumindest – weiterleben können, selbst wenn der Kontext ihrer Entstehungsgeschichte längst verloren gegangen ist.

EW: Wenn also der Betrachter einen Schritt von der Wand zurücktritt und sich diese Zeichnung ein Jahr nach ihrer Entstehung in einer Galerie anschaut, die wunderbaren Farben, die spontane Linienführung und die Intensität – alles Elemente, die für das Auge ein aufregendes Ganzes bilden…

KT: Ich nehme an, du meinst das Moment des Spielerischen. Ja, ich bin davon überzeugt, dass ich selbst auch Spass an der Sache haben soll. Wenn mich die Arbeit ganz in Anspruch nimmt und ich völlig in sie vertieft bin, geht alles wie von selbst. Ich frage mich nicht: «Ist diese Farbe schön? Oder ist sie hässlich?» Sie muss einfach nur stimmen. Das ist wie bei einem Pianisten, der spielt halt einfach… Nur habe ich in meinem Kopf kein festes Programm für meine Arbeit. Ich war schon immer der Ansicht, dass ein Werk sich gerade dann als besonders interessant und lebendig erweist, wenn ich nicht weiss, was ich tue. Es ist wie ein organisches System, ein System, das wachsen muss. Wenn ein Baum nicht mehr wächst, stirbt er.

EW: Glaubst du, dass ein Werk dem Betrachter etwas von seinem Wert und seiner Bedeutung vermitteln kann, auch wenn er es inhaltlich nicht versteht?

KT: Na ja, Wert und Bedeutung, ich weiss nicht recht… Aber ich versuche schon dem Betrachter, der bereit ist, sich auf eine Arbeit einzulassen, auch etwas zu geben. Wenn man eine Arbeit zu verstehen sucht und sich dabei auf eine Diskussion über die menschliche Existenz einlässt, dann wird sich das auf jeden Fall lohnen. Ich versuche also Dinge zu machen, die auf allen möglichen Ebenen funktionieren. Ähnlich wie ein Filmemacher, der sich zunächst ein gutes Drehbuch und einen grossartigen Kameramann holt und dann alles zu einem spannenden Film verquickt.

EW: Wie schon erwähnt, ist bei manchen deiner Projekte die Urheberschaft zweitrangig, dennoch sind viele *Studio Wall Drawings* wie Seiten eines Tagebuchs, die deine Erfahrungen, Stimmungen und Gefühle wiedergeben. Gibt es Zeiten oder Situationen, in denen du deine Gefühle nicht in der Kunst exponieren willst? Gibt es Dinge, die für dich tabu sind?

KT: Meine Gefühle sind für mich nicht so interessant, und ich sehe nicht, was sie zu anderen Arbeiten beitragen könnten. Ich halte sie für ganz alltäglich und normal. Da gibt es nichts zu enthüllen.
EW: Aber könnten diese Dinge nicht auch in dir brodeln und gegen deinen Willen in deinen Arbeiten zum Ausdruck kommen?
KT: Klar doch. Vielleicht ist es ja auch gar nicht so uninteressant zurückzublicken, gewisse Knoten aufzudröseln und sich zu überlegen, warum man bestimmte Dinge tut. Die Welt wimmelt von expressionistischen Künstlern. Es gibt Millionen von Leuten auf der Welt, die sich die Seele aus dem Leib malen, aber was mich betrifft, glaube ich nicht, dass es der Welt etwas bringen würde, wenn ich über meine eigenen Dämonen spreche oder… Auf meine Art mache ich das wohl schon. *(Lacht)*
EW: Wenn du auf dein Werk zurückblickst, also auch auf jene Arbeiten, die mittels einer Verfremdungstechnik entstanden sind, wie die *Artmachine*-Arbeiten, sind die dann nicht viel biographischer, als du gedacht hättest?
KT: Ja, und zwar in dem Sinn, dass mich der tatsächliche Mechanismus interessiert und ich mich schon sehr für Glücksspiele interessiere beziehungsweise danach süchtig bin. Ich bin in Situationen geraten, wo ich mich fragte: «Wie komme ich hierher, wie ist das passiert?» Und ich sagte mir, dass ich nichts damit zu tun hätte. Das sind Dinge, die sich schon vor unserer Geburt entscheiden. Die Würfel sind gefal-

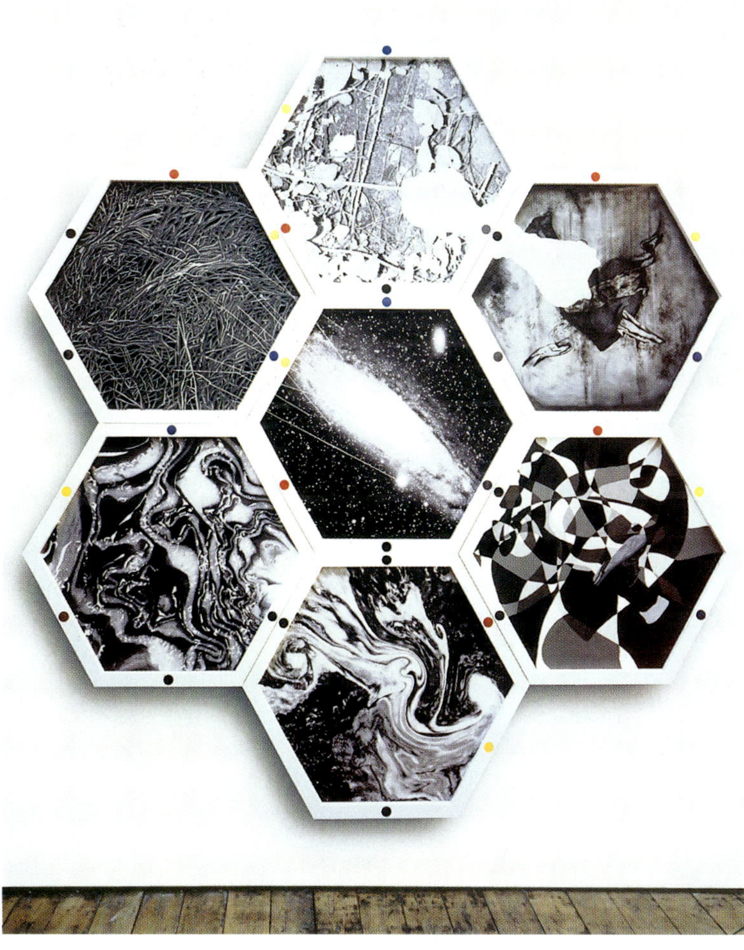

KEITH TYSON, 7 HEXCELLS: FACETS OF THE SWIRL, 2003, photographic prints and acrylic paint on aluminum panels, steel frames, 118 1/8 x 113 13/16" / 7 HEXZELLEN: FACETTEN DES WIRBELS, Photodrucke und Acrylfarbe auf Aluminium, Stahlrahmen, 300 x 289 cm.

KEITH TYSON, THE THINKER, 2001, from THE SEVEN WONDERS OF THE WORLD series, enamel sprayed aluminum, steel, computers and software, 118 1/8 x 49 3/16 x 43 5/16" / DER DENKER, aus der Serie DIE SIEBEN WELTWUNDER, lackiertes Aluminium, Stahl, Computer und Software, 300 x 125 x 110 cm.

KEITH TYSON, MONUMENT TO THE PRESENT STATE OF THINGS, 2000, from THE SEVEN WONDERS OF THE WORLD series, steel and newspapers, 120 x 44 7/8 x 44 7/8" / DENKMAL FÜR DEN GEGENWÄRTIGEN STAND DER DINGE, aus der Serie DIE SIEBEN WELTWUNDER, Stahl und Zeitungen, 305 x 114 x 114 cm.

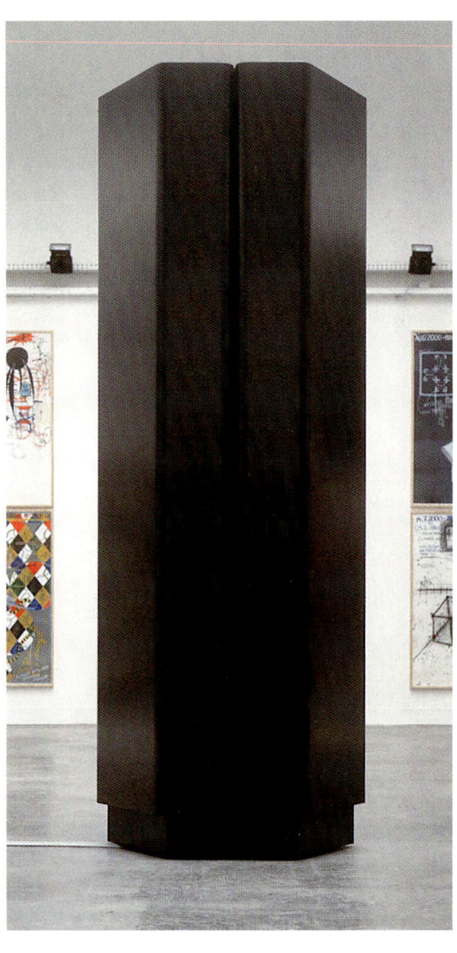

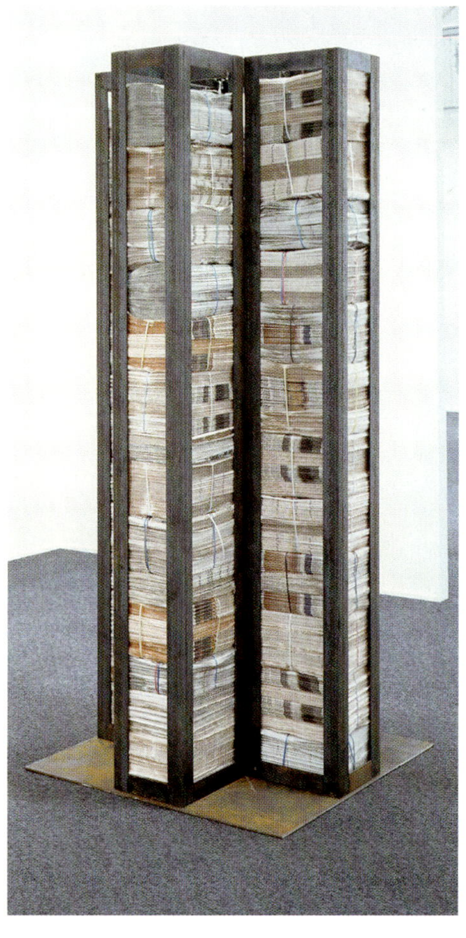

len und man wird die Kunstgeschichte nicht umschreiben wollen. Man bittet seine Eltern nicht um andere Gene. Man hat sich das nicht ausgesucht. Diese Dinge sind gelaufen, bevor man überhaupt einen Pinsel zur Hand nimmt; wie kann ich also die Urheberschaft für deren konkrete Umsetzung reklamieren? Letztendlich hat das, was ich mache, mit einer emotionalen Störung zu tun, die ich in den Griff zu bekommen versuche.

EW: Vor ein paar Jahren hast du ein Projekt in Angriff genommen mit dem Titel *The Seven Wonders of the World* (Die sieben Weltwunder, seit 2001). Deine Wunder beschäftigen sich aber nicht mit Bauten, sondern mit den Wundern des menschlichen Geistes, des Denkens und der menschlichen Erfahrung. Ein anderer Aspekt dieser Arbeiten, weshalb ihnen meiner Meinung nach ein ganz besonderer Platz in der Kunstgeschichte zukommt, ist die Tendenz, etwas eher manifest werden zu lassen als darzustellen. Kannst du dazu etwas sagen?

KT: *The Seven Wonders of the World* ist einfach eine Manifestation von Dingen, die mir wunderbar vorkamen. Dazu gehört, zum Beispiel, die Vorstellung, dass Materie ein Selbstbewusstsein entwickeln könnte, so wie wir uns unsrer selbst bewusst sind und denken können; oder auch die unendlichen Grössenordnungen des Universums, vom Klitzekleinen bis zum Riesengrossen. Aber statt dies in einem Bild zu kommentieren wollte ich etwas machen, was buchstäblich verschiedene Grössenordnungen enthält und das Universum tatsächlich irgendwie verändert. Ich versuche, Vorstellungen von Dingen entstehen zu lassen, die wie blosse Resonanzen leicht zu erschüttern sind. Darum ging es in diesen Arbeiten. *The Seven Wonders of the World* werden lebendig, wenn ein Betrachter das Wunder in dem erkennt, was sie zum Ausdruck bringen. Nicht dass man sie anschaut und sagt: «Wie wunderbar!»

EW: Vor drei Jahren hast du auf der Biennale von Venedig neunundsechzig *Studio Wall Drawings* ausgestellt. Natürlich hat Produktivität allein noch nichts zu bedeuten, trotzdem ist bemerkenswert, dass fast jede deiner Atelierwandzeichnungen und auch viele andere Arbeiten sich jeweils mit ganz verschiedenen Ideen zu diversen Themen befassen. Wie ist es, diese Bestie füttern zu müssen? Auf einer deiner Zeichnungen steht: «Gib mir mehr Walfischfleisch, Tyson, oder ich schmeiss dich in die verdammte Grube!»

KT: Mein Problem ist nicht, wie ich die Bestie füttere. Ob das nun ein Segen oder ein Fluch ist, diese ganzen Ideen und Beobachtungen über die Welt sind einfach da. Ich finde einfach alles spannend, als wäre ich leicht autistisch. Die Frage ist jedoch, wie mache ich etwas Spannendes daraus. Mein Problem ist nicht, wie ich auf so viele Ideen komme, sondern im Gegenteil, wie ich entscheide, was wirklich interessant ist. Ich kann darin keine Bestie erkennen. Es ist einfach die natürliche Folge meiner Art zu denken.

EW: In einer Zeichnung mit dem Titel DECEMBER 1999: TWENTY QUESTIONS (Dezember 1999: Zwanzig Fragen, 1999) stellst du unter anderem die Frage: «Warum gibt es etwas und nicht vielmehr nichts?»

KT: Was mir am meisten schlaflose Nächte beschert, ist zweifellos ein ganz allgemeiner heilloser Schrecken vor dem Spezifischen. Man redet über das Element der Urheberschaft in meinem Werk, aber man kann es genauso gut unter dem Aspekt des Verhältnisses von reinem Potenzial und spezifischer Ausprägung betrachten. Vor dem Rennen kann jedes Pferd gewinnen. Ist das Rennen jedoch vorbei, dann war natürlich von Anfang an klar, dass Dr. Death gewinnen würde. Bevor man sich an die Arbeit macht, steckt die leere Leinwand noch voller Möglichkeiten. Danach ist alles sehr spezifisch. Bevor ich existierte, war ein Potenzial vorhanden. Ich hätte alles Mögliche werden können. Aber ich bin Keith Tyson – mit genau dem, was ich zur Verfügung habe – und ich bin überzeugt, dass es eine Art eingebaute intellektuelle oder emotionale Maschine gibt. Diese Frage wurde als eine der düstersten bezeichnet, weil es weh tut, darüber nachzudenken. Denn bei näherem Hinsehen ist es für einen freien mathematischen Geist keine sehr angenehme Beschäftigung, eingedenk der unbegrenzten Möglichkeiten das Spezifische der eigenen Existenz zu ergründen.

EW: Da liegst du auf einer Couch, lässt die Gedanken frei schweifen und gibst einem Pferd den Namen Dr. Death…

KT: Es geht nicht nur um den Tod, es geht ums Vergessen. Wie das, was vor unserer Geburt geschieht, aufwiegt, was danach kommt. Ich habe das zweifelhafte Vergnügen, aber auch das Privileg, diese winzige Sandwichzone zwischen den unendlichen Themen des Alles und Nichts zu beobachten. Aus irgendeinem Grund fällt es mir schwer zu sagen: «Ich weiss nicht.» Das ist eines meiner Probleme. Wahrscheinlich ist es auch der Grund, warum ich so viel arbeite.

EW: Könntest du dir vorstellen, etwas anderes als bildende Kunst zu machen? Zum Beispiel wieder in der Werft zu arbeiten, an die Blackjack-Tische zurückzukehren oder einen Roman zu schreiben?

KT: Für mich ist es ein und dasselbe, ob man einen Film macht, ein Bild malt oder… eine Konferenz organisiert. Ich tue all diese anderen Dinge bloss nicht, weil ich es nur um der Abwechslung willen tun würde. Wenn es soweit ist, mache ich sowieso, was ich machen will – ich werde die passende Form für meine Idee finden. Im Augenblick finde ich es interessant, Dinge zu machen, die auf Wänden Platz finden und in leeren Räumen, Wohnungen oder Museen.

EW: Eine letzte Frage. Würdest du mit uns einen Teller Spaghetti essen?

KT: Ja, das klingt gut. Vielen Dank!

(Übersetzung: Uta Goridis)

HANS RUDOLF REUST

FABELHAFTE KUNST

KEITH TYSONS FORSCHUNG NACH LÜCKEN FÜR EIN WELTBILD

a) «Mein Weltbild» – eine eigentümliche Wendung. Der Versuch, in der aktuellen Flut verfügbarer Daten ein Bild der Welt zu entwickeln, wirkt leicht lächerlich, zumindest naiv. Eine unzulässige Komplexitätsreduktion scheint zwingend. Immerhin bleibt mit einem «Bild» – trotz Barnett Newman – die Vorstellung von Überblick, Kohärenz und Verfügbarkeit verbunden. Der Begriff der «Weltanschauung» wäre da schon viel offener, auf einen fortwährenden Prozess der Erkenntnis bezogen. In ihren krakeligen Strichfiguren und Formeln wirken die Welt- und Systembilder von A. R. Penck aus den 60er und frühen 70er Jahren heute wie Überreste aus einer Frühzeit, als sich die politischen Widersprüche noch in klaren Gegensätzen darstellen liessen. Das Pseudonym «Penck» war der Name eines Eiszeitforschers.

b) Zur Untersuchung bekannter und möglicher Welten und ihrer Bilder entwickelt Keith Tyson immer neue Apparaturen und Versuchsanordnungen für den Geist, den TELEOLOGICAL ACCELERATOR (Teleologischer Akzelerator, 2003) zum Beispiel: Eine Scheibe mit Hunderten radial angeordneter Begriffe aus der Enzyklopädie, von abstrakten Kategorien im Zentrum bis zur Bezeichnung konkreter Phänomene und Personennamen an der Peripherie, kann von einer beweglichen Geraden in unendlicher Vielzahl geschnitten werden. Jede mögliche Linie verbindet Begriffe, deren Konstellation das Bedeutungsfeld für eine künstlerische Arbeit umreisst. «Homeopathy, pollution, social change, biological science»:

HANS RUDOLF REUST ist Kurator und Dozent an der Hochschule der Künste Bern.

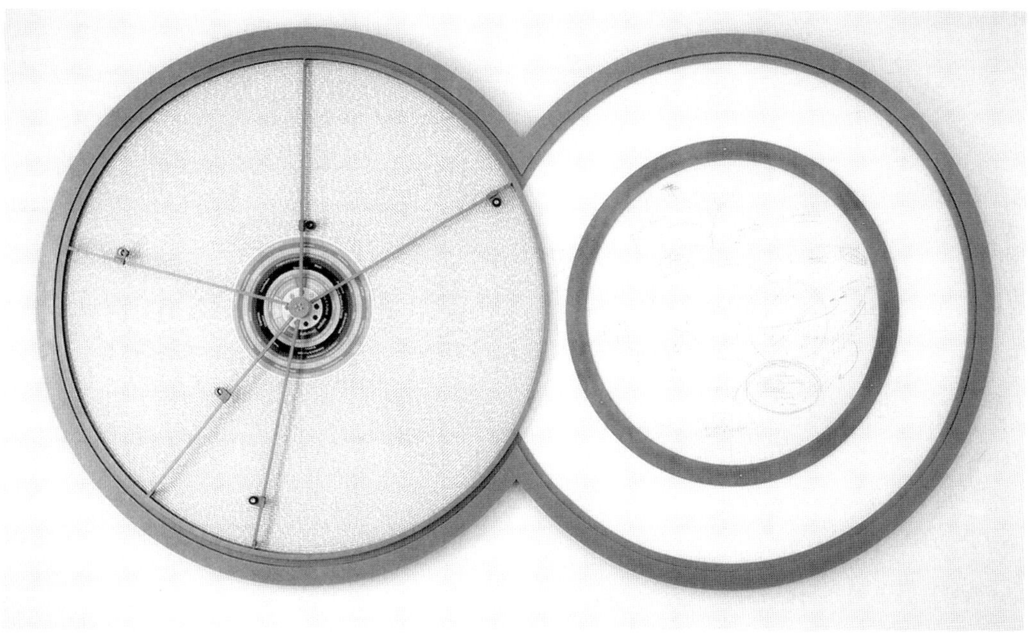

KEITH TYSON, TELEOLOGICAL ACCELERATOR, 2003, aluminum, steel, pencil on graph paper, photographic print, 85 7/16 x 151 9/16 x 2" / TELEOLOGISCHER AKZELERATOR, Aluminium, Stahl, Bleistift auf Millimeterpapier, Photodruck, 217 x 385 x 5 cm.

Aufgrund dieser Auswahl ist eine bronzene Blüte entstanden, deren Stempel in kleinsten Mengen Gift an die Umgebung absondert. Aufgestellt in einer Kleinkinderschule, dürfte die Skulptur ökologische Debatten provozieren, besonders wenn deutlich wird, wie gering sich die Schadstoffbelastung dieser künstlichen Blume ausnimmt im Vergleich zu derjenigen der Luft, welche die Kinder auf dem Schulweg einatmen. Tysons Beschleuniger der Zweckrationalität mag mitunter auch skurrile Ansätze generieren, vor allem aber erschliesst er eine unbegrenzte Zahl von Möglichkeiten zur Konzeption von Kunst. Dabei bleibt Tyson nicht beim Konzept. «Ceci n'est pas une pipe», die Einsichten von Magritte und Foucault nach Magritte sind Tyson vertraut. Bei der Arbeit geniesst er seine eigene Pfeife, ganz real, erläutert, diskutiert im Team, fragt nach. Erst die Umsetzung ins Sichtbare schafft die Erfahrung von Differenzen. Seine sinnlich genaue, oft opulente Anwendung gewählter Regeln kann in den verschiedensten Medien und Materialien erfolgen – Zeichnung, Objekt, Installation, Video, Tanzperformance, Malerei –, so dass das Werk formal nie zu fassen sein wird. Dies, obwohl jede Möglichkeit nur gerade einmal zur Ausführung gelangt und die schlichte Wiederholung, selbst in der Serie, bewusst vermieden wird.

c) Nach Georg Wilhelm Leibniz (1646–1716) hat Gott in der Unendlichkeit aller Möglichkeiten die beste aller Welten gewählt. Obwohl sie aus unserer begrenzten menschlichen Perspektive in mancher Hinsicht rätselhaft bleibt, könnte ihr Bild potenziell aus jeder einzelnen der einmaligen, unteilbaren und fensterlosen Monaden entwickelt werden: Eine Monade spiegelt durch ihre Differenz, durch die Summe ihrer spezifischen «Perzeptionen» die ganze Welt, in der teleologisch alles geregelt ist. Keith Tyson stellt sich heute der existenziellen «Angst», die von einem expandierenden Universum ohne Zentren ausgeht. Blasen und ihre Anlagerung zu Molekülen sind die Ingredienzien einer Ursuppe von Realitäten, aus denen die Kunst mit präzise gewählten Schnitten flüchtige Einsichten gewinnen kann. Eine Enzyklopädie ist nicht länger denkbar. Welterkenntnis ist die Bewegung auf und zwischen «Tausend Plateaus»: «Eine seltsame Mystifikation: Das Buch wird immer umfassender, je fragmentarischer es ist. Das Buch als Bild der Welt ist jedenfalls völlig langweilig. Es genügt nicht zu rufen, *Es lebe das Mannigfaltige!*, so schwer dieser Ausruf auch fallen mag. Keine typographische, lexikalische oder syntaktische Geschicklichkeit kann ihm Gehör verschaffen. Das Mannigfaltige muss gemacht werden, aber nicht dadurch, dass man immer wieder eine höhere Dimension hinzufügt, sondern vielmehr schlicht und einfach in allen Dimensionen, über die man verfügt, immer n-1 (das Eine ist nur dann Teil des Mannigfaltigen, wenn es davon abgezogen wird). Wenn eine Mannigfaltigkeit gebildet werden soll, muss man das Einzelne abziehen, immer in n-1 Dimensionen schreiben. Man könnte ein solches System ein Rhizom nennen.»[1] Mit seinen *Oggetti in meno* (1965/66) und der Idee des *Artista in meno* hat schon Michelangelo Pistoletto diesen Gedanken aufgenommen. Jedes Kunstwerk ist letztlich eine Subtraktion: die Realisierung einer einzigen aus der Unendlichkeit aller möglichen Formulierungen, die es als reine Denkmöglichkeit nun nicht länger gibt.

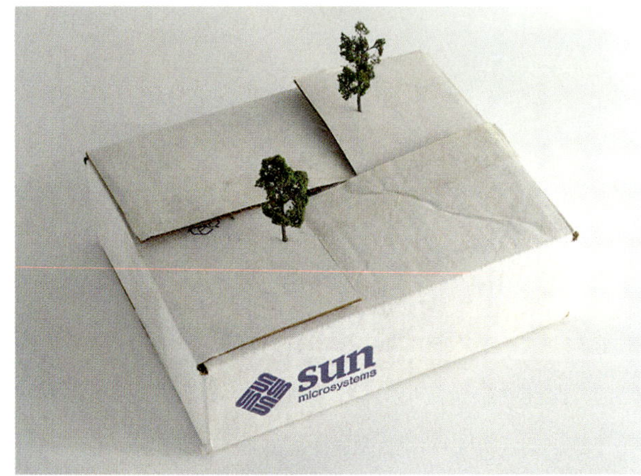

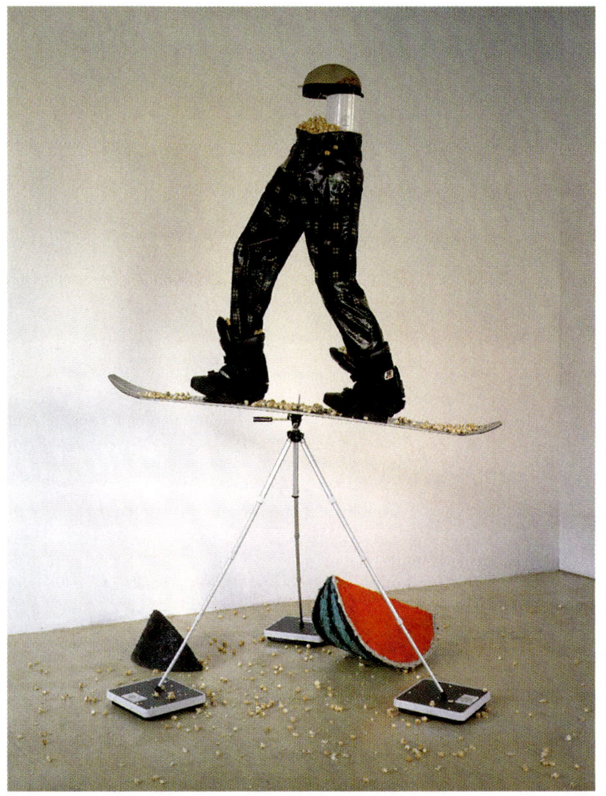

In der Unbegrenztheit möglicher Welten sind auch die möglichen wirklich. So hat Keith Tyson Landschaften noch unerkannter Welten entworfen, aus denen sich plastische Fetische – oder sind es Alltagsobjekte? – zu einer Ausstellung versammeln lassen. So wäre auch die Welt des Müllers Menocchio aus dem Friaul denkbar, der um 1600 zur Kosmogonie meinte, dass «alles ein Chaos war.... Und jener Wirbel wurde also eine Masse, gerade wie man den Käse in der Milch macht, und darinnen wurden Würmer, und das waren die Engel. (...) Dieser Gott war im Chaos gleich als einer, der sich im Wasser ausdehnen will, oder als einer, der sich in einem Wald ausdehnen will: So will sich jener Verstand, wenn er erkannt hat, ausdehnen, um die Welt zu machen.»[2] Dem Widerspruch, dass die Unendlichkeit aller Möglichkeiten von den endlichen Strukturen unseres Denkens erfasst werden soll, dass mithin das expandierende Universum als reine Extrapolation eines endlichen Universums gedacht wird, begegnet Keith Tyson mit Strategien zur Erfindung von Regeln. Er entwirft keine statischen Welt-Bilder, auch keine lineare Sequenz von Bildern, vielmehr sucht er immer neue Regeln, nach denen ein grosser Spieler seine Welten generieren kann. Dabei zieht er in Betracht, dass die Zeit selber, dass Entwicklung eine Illusion sei, die sich nur aus der Entfaltung einer währenden Struktur für die menschliche Wahrnehmung ergibt. Durch die Reversibilität der Zeit kann es geschehen, dass ein Phänotyp den Genotyp bestimmt. Sichtbar wird dann nur, was immer schon da war. Auch Zufall und Steuerung sind keine echten Gegensätze. Es sind zwei Momente der Denkbarkeit von Welt. Entsprechend treten sie gleichwertig nebeneinander auf. Apparaturen provozieren den Zufall, Zufälle bestimmen auf Zeit feste Regeln für den Künstler als Explorer im Datenall.

d) Tysons umfassende Praxis geht davon aus, dass auch Kunst und Naturwissenschaft nicht länger reine Gegensätze sind, wie selbst die jüngere Entwicklung der Wissenschaftstheorie gezeigt hat: «Die Wahl eines Stils, einer Wirklichkeit, einer Wahrheitsform, Realitäts- und Rationalitätskriterien eingeschlossen, ist die Wahl von Menschenwerk. Sie ist ein sozialer Akt, sie hängt ab von der historischen Situation, sie ist gelegentlich ein relativ bewusster Vorgang – man überlegt sich verschiedene Möglichkeiten und entschliesst sich dann für eine –, sie ist viel öfter direktes Handeln aufgrund starker Intuitionen. ‹Objektiv› ist sie nur in dem durch die historische Situation vorgegebenen Sinn. (...) Und da man bisher glaubte, dass sich nur die Künste in dieser Lage befinden, da man also die Situation bisher nur in den Künsten einigermassen erkannt hat, so beschreibt man die analoge Situation in den Wissenschaften und die vielen Überschneidungen, die es zwischen ihnen gibt (...), am besten, indem man sagt, dass die Wissenschaften Künste sind im Sinne dieses fortschrittlichen Kunstverständnisses.»[3)] Keith Tyson bewegt sich denn auch mit hoher Selbstverständlichkeit zwischen verschiedenen Feldern der Erkenntnis, zwischen Ökonomie, Naturwissenschaft, Politik und Kunst. «Wider den Methodenzwang», wie Feyerabend formuliert, wächst bei Tyson die Methodenlust. «The fortress of rationalism»[4)] ist nicht zu halten, aber ist deswegen der «Schlaf der Vernunft» zu riskieren, der Monstren gebiert, wie Goya zeigte? Auch Keith Tysons *Caprichos* wissen um beides und lassen sich nicht in Ausschliesslichkeiten fangen.

e) Die Kosmologien Keith Tysons liegen fern der Engführung in den jüngsten künstlerischen Befindlichkeiten und Haltungen: Die pflanzenartige Beauty- und Wellness-Lounge-Laune der 90er Jahre hat sich verflüchtigt, der dekonstruktivistische Reflex untergräbt seine eigene Bedeutung durch unerbittliche Wiederholungen in der Diagnose von Unmöglichkeiten. Tyson setzt dagegen eine analytische Energie, mit der sich sein Denken in die Vielfalt der Welten hineinwagt. Sein künstlerisches Ego tritt hinter Konzepte zurück, ohne sich als Ausgangspunkt der Suche zu verleugnen. Die *Artmachine* ist ein höchst subjektiv motivierter Prozess der Operationalisierung von Fragen an die Welt. Eine Identität des Künstlers mag es geben, aber sie ist, wie die Unschärfe einer physikalischen Grösse, nie in all ihren Aspekten gleichzeitig erkennbar.

In der aktuellen Kunst wären viele Ansätze zu komplexen Systemen zu nennen – Jason Rhoades, Thomas Hirschhorn, Verne Dawson, Wilhelm Sasnal… Gemeinsam ist ihnen die Handschrift, mit der sich ein Einzelner die Welt schreibt. Mark Manders entwickelt sein SELFPORTRAIT AS A BUILDING (seit 1986) als parallelen Prozess des Bauens von Teilen seines imaginären Selbstgebäudes und deren Schaffung in Worten. In ihrem Anspruch ein Universum zu schreiben – nicht zu beschreiben – sind Tysons Forschungen auch dem zeichneri-

KEITH TYSON, ARTMACHINE ITERATION: FIELD, 1995, cardboard box and model trees, 9 13/16 x 9 13/16 x 3 15/16" / KUNSTMASCHINE-WIEDERHOLUNG: FELD, Kartonschachtel und Modellbäume, 25 x 25 x 10 cm.

KEITH TYSON, ARTMACHINE ITERATION: BAY CITY POP-COLOSSUS, BULIMIC STILL LIFE WITH MELONS, 1996, fiberglass resin, rubber, snowboard, tripod, bathroom scales, popcorn machine, ca. 83 7/8 x 72 x 72" / KUNSTMASCHINE-WIEDERHOLUNG: BAY-CITY-POPKOLOSS, BULIMISCHES STILLLEBEN MIT MELONEN, Fiberglasharz, Gummi, Snowboard, Stativ, Badezimmerwaagen, Popcornmaschine, Popcorn, ca. 213 x 183 cm.

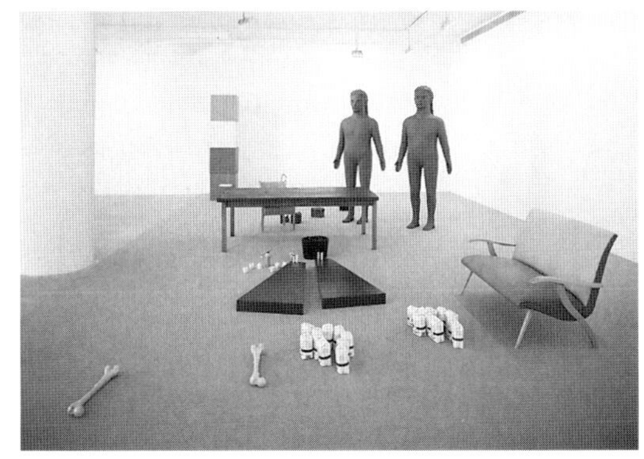

MARK MANDERS, *REDUCED NOVEMBER ROOM (FRAGMENT FROM SELF-PORTRAIT AS A BUILDING, REDUCED TO 88 PERCENT)*, 2000, *mixed media installation* / *VERKLEINERTER NOVEMBERRAUM (FRAGMENT AUS SELBSTPORTRÄT ALS GEBÄUDE, VERKLEINERT AUF 88 PROZENT).* (PHOTO: MARK MANDERS & GREENE NAFTALI GALLERY, NEW YORK)

schen Universum von Raymond Pettibon verwandt. Landkarten, Pläne, Skizzen, Diagramme sind die Spuren von Tysons Erkenntnisprozessen: ein Element der Kommunikation wie der Forschung selbst. Sie verdichten sich auf Wandzeichnungen im Atelier, auf flüchtigen Notizen, Alliterationen und Skizzen an Wänden, und auf Tischen, als Tables und Tableaus, als Tondo an der Wand. Verteilt im Raum, bilden die *Tabletop Tales* einen Archipel von Weltmodellen. «Das archipelische Denken entspricht dem Lauf unserer Welten. Es entleiht ihm das Zwiespältige, das Unsichere, das Abgeleitete. Es stimmt der Praktik der Ausflucht zu, die aber kein Entfliehen und kein Verzicht ist. (...) Uns wird bewusst, was kontinental war und dicht und uns belastete in dem prachtvollen Systemdenken, das bis heute die Geschichte der Menschheiten beherrscht hat und das für unsere Zersprengtheiten, unsere Geschichten und für unsere nicht weniger prachtvollen Irrfahrten nicht mehr angemessen ist. Das Denken des Archipels, der Archipele, eröffnet uns diese Meere.»[5)]

f) Zwischen den Tischen, wie zwischen zwei Punkten, dehnt sich der Raum für zahllos viele weitere Orte, zu denen es immer nur Näherungen gibt, Iterationen der *Artmachine,* in unabschliessbaren Loops. Grenzwert der Näherung ist die Lücke. Keith Tysons Kunst hat den Status einer Fabel, wie Jean-François Lyotard sie versteht:

«...eine Fabel ist eine sprachliche Organisation, die wiederum ein sehr komplexer Zustand der Energie, ein symbolischer, technischer Apparat ist. Um sich entfalten zu können braucht das Fabulieren eine Art von raumzeitlicher und materieller Leerstelle, wo die sprachliche Energie nicht den direkten Zwängen ihrer Ausbeutung als Machen, Wissen und Können unterliegt.

In der Fabel wird die Sprachenergie dafür angewendet, etwas zu imaginieren. Sie fabriziert also durchaus eine Realität, nämlich die der Geschichte, die sie erzählt, aber diese Realität wird in der Schwebe gelassen, was ihren kognitiven und technischen Gebrauch betrifft. Sie wird reflexiv ausgebeutet, das heisst zur Sprache zurückgeleitet, damit sie sie mit ihrem Vorhaben verbindet (was ich gerade mache). Dieses ‹in der Schwebe halten› unterscheidet die Poetik von der Praxis und vom Pragmatischen. Das Fabulieren hält diese Realität in Reserve und auf Abstand von ihrer Ausbeutung im System.»[6)] (...) «Ausser Kritik ermöglicht die Leerstelle auch Phantasie. Sie erlaubt zum Beispiel, dass man ganz frei Geschichten erzählt. Und ich würde die gegenwärtige Situation gern in einer Weise beschreiben, die nichts Kritisches hat, die schlichtweg ‹darstellend› und eher referentiell als reflektierend ist, also ganz naiv und kindlich. (...) Ich habe immerhin die Entschuldigung, dass meine Geschichte auf einer physikalischen, biologischen und ökonomischen Ebene eine gewisse Glaubwürdigkeit hat. Zwar nur informell, sprich ängstlich, als ob diese Fabel der uneingestehbare Traum wäre, den die postmoderne Welt über sich selbst träumt. Ein Märchen, das also die grosse Erzählung wäre, die diese Welt beharrlich über sich selbst erzählt, nachdem die grossen Erzählungen offensichtlich gescheitert sind.»[7)]

In einer Lücke setzen die gewählten Regeln aus, liegt die Entscheidung über einen Wechsel im System. Jedes Kunstwerk ist vor allem auch die Möglichkeit, eine Lücke zu öffnen, oder, wie auf einer von Tysons *Studio Wall Drawings* zu lesen steht: "A kite for flying in the void, upon the winds of its own potential... watch it swoop and dive!" (21 June 2001).[8)]

1) Gilles Deuleuze, Felix Guattari, *Tausend Plateaus* (Paris 1980), Merve Verlag, Berlin 1992, S. 16.
2) Carlo Ginzburg, *Der Käse und die Würmer, Die Welt eines Müllers um 1600* (Turin 1976), übers. v. Karl F. Hauber, Syndikat, Frankfurt am Main 1979, S. 86f.
3) Paul Feyerabend, *Wissenschaft als Kunst,* Suhrkamp, Frankfurt am Main 1984, S. 77f.
4) Keith Tyson, in *Tabletop Tales:* «Who could have imagined that a breach would have occurred within the walls of the fortress of rationality?» (2001), Mixed media, Durchmesser 307cm.
5) Edouard Glissant, *Traktat über die Welt* (Paris 1997), übers. von Beate Thill, Wunderhorn, Heidelberg 1999, S. 26.
6) Jean-François Lyotard, «Eine postmoderne Fabel», in: ders., *Postmoderne Moralitäten,* Passagen Verlag, Wien 1998, S. 90. (Auf den Inhalt von Lyotards Fabel weist Michael Archer in seinem Aufsatz im Katalog der Kunsthalle Zürich hin, *Keith Tyson,* Kunsthalle Zürich, 2002, S. 11ff.)
7) Jean-François Lyotard, «Mauer, Golf, System», ebenda, S. 78f.
8) «Ein Drachen für den Flug im leeren Raum, im Aufwind seines eigenen Potenzials… schau, wie er steigt und fällt!»

KEITH TYSON, TABLETOP TALES NO. 4: 8 DUKES MEWS, CENTRE OF THE MULTIVERSE, 1988, ink and marker on floorboards / TISCHPLATTENGESCHICHTEN NR. 4: DUKES MEWS NR. 8, ZENTRUM DES MULTIVERSUMS, Tinte und Filzstift auf Holzdielen.

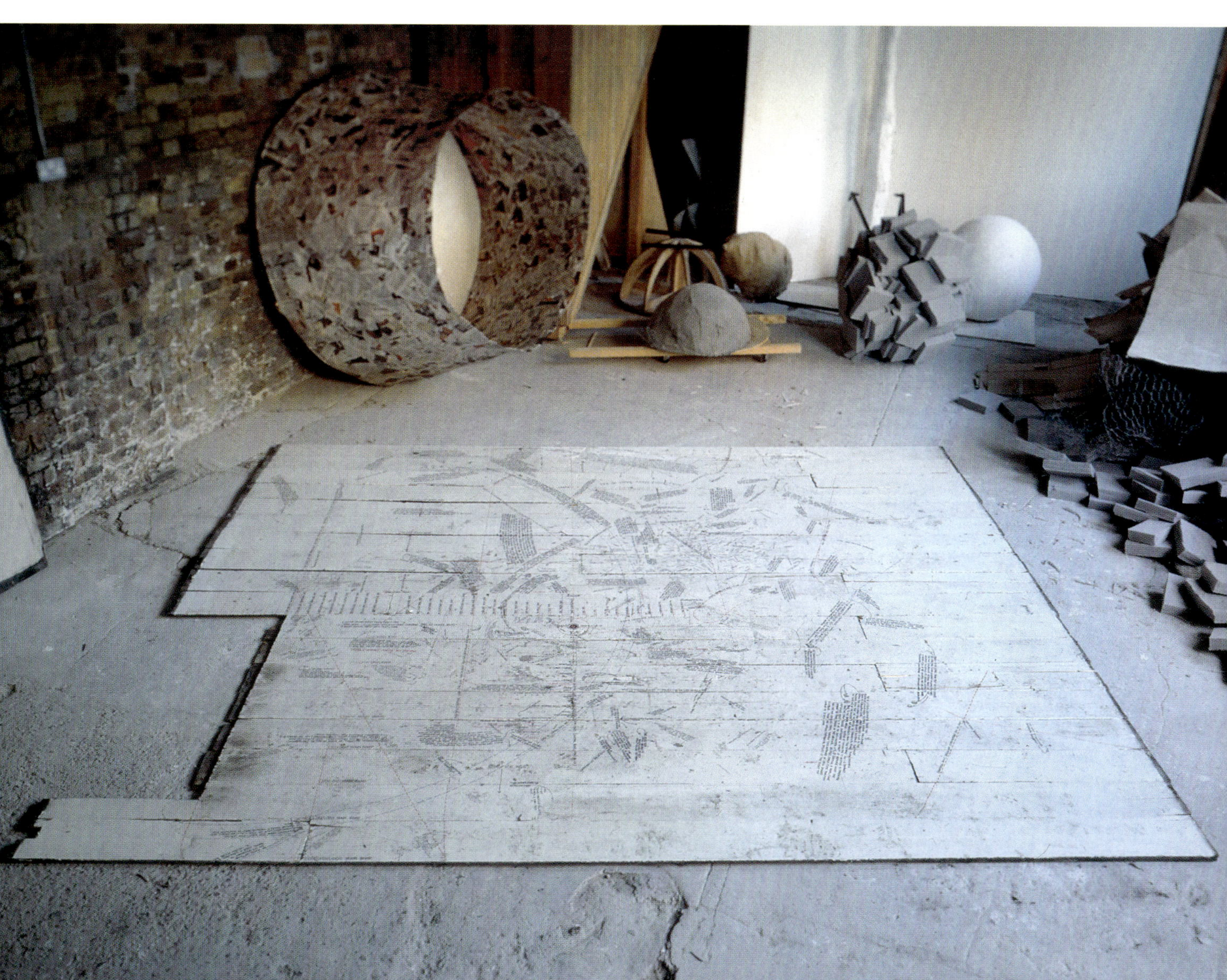

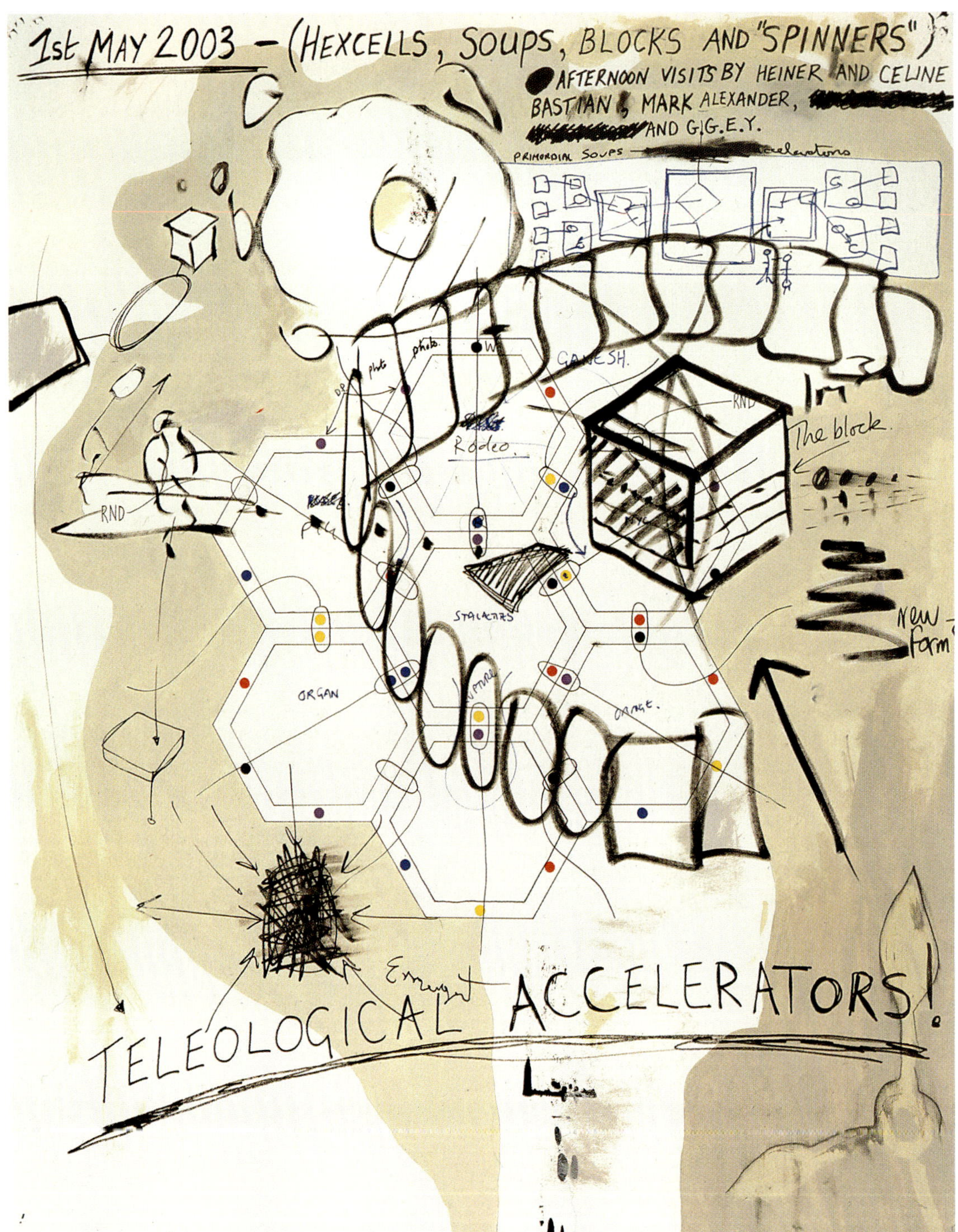

KEITH TYSON, STUDIO WALL DRAWING: 1ST MAY 2003 – (HEXCELLS, SOUPS, BLOCKS AND "SPINNERS"), mixed media on paper, 61 13/16 x 49 5/8" / ATELIERWANDZEICHNUNG: 1. MAI 2003 – (HEXZELLEN, SUPPEN, BLÖCKE UND KREISELBESCHLEUNIGER), Mischtechnik auf Papier, 157 x 126 cm.

HANS RUDOLF REUST

FABULOUS ART

KEITH TYSON'S RESEARCH INTO VOIDS FOR A WELTBILD

a) *Weltbild*—"world picture," "world image"—a strange turn of phrase. Any attempt to arrive at a picture of the world, in the current deluge of instantly accessible data, seems faintly ridiculous, or at best, naive. An inadmissible watering down of complexities seems unavoidable. Nevertheless, any "picture"—despite Barnett Newman's polemical assertions—is still inextricably bound up with notions of overview, coherence, and availability. The concept of *Weltanschauung,* however, is a much more open term in that it relates to a continuous process of cognitive perception. With their scratchy matchstick figures and formulas, A.R.Penck's "world pictures" and "system pictures" from the sixties and early seventies seem, today, like relics from an earlier age when political dissent could still be represented in clear opposites. The pseudonym "Penck" was, in fact, the surname of an ice age scholar.

b) For his exploration of unknown and possible worlds, and their pictures, Keith Tyson is constantly devising new equipment and experiments for the human mind, such as his TELEOLOGICAL ACCELERATOR (2003): A disc with hundreds of terms from the encyclopedia, arranged like the spokes of a wheel—from abstract categories in the center to concrete phenomena and names of people at the periphery—can be endlessly cut across by a movable straight edge. Each possible line combines concepts, which together summarize the remittance of an artistic work. "Homeopathy, pollution, social change, biological science": This "selection" led to a bronze blossom with stamens that release minute quantities of poison into the surroundings. Placed in a nursery school, this sculpture might, in turn, lead to

HANS RUDOLF REUST is a curator and teacher at the University of Arts Berne, Switzerland.

ecological debate, particularly when it becomes known how low the level of pollutants in the artificial flower is compared to that of the air the children breath in on their way to school. Tyson's device to accelerate our purposive rationalism may at times generate ludicrous responses, but, above all, it opens up an unlimited number of ways of conceiving art. But Tyson is not content with concept alone. *Ceci n'est pas une pipe:* Tyson is familiar with the views of Magritte and of Foucault after Magritte. At work he enjoys a pipe of his own (for real): explaining, discussing points with team members, questioning. It is only by translating his concepts into the "visible" that he makes a palpable difference. His sensuously precise, often opulent application of certain rules can manifest itself in the most diverse of media and materials—drawings, objects, installations, videos, dance performances, paintings. His work will never submit to formal description, the more so inasmuch as he realizes every possibility only once, deliberately avoiding repetition, even within a series.

c) According to Georg Wilhelm Leibniz (1646–1716), in the infinitude of endless possibilities, God chose the best of all worlds. While, from our limited human perspective, this may seem bewildering in some ways, a picture of it could potentially be made from each one of the unique, indivisible, and windowless monads: through its very difference and through the sum of its specific "perceptions," a monad reflects the whole world, a world in which everything is teleologically ordered. Keith Tyson today is confronting the existential *angst* induced by an ever-expanding universe. Bubbles and their accumulation into molecules are the ingredients of a primal soup of realities, from which art—with precisely chosen extracts—can gain fleeting insights. An encyclopedia is no longer a thinkable option. Understanding and knowing the world is about moving on and between *A Thousand Plateaus:* "A strange mystification: a book all the more total for being fragmented. At any rate, what a vapid idea, the book as the image of the world. In truth, it is not enough to say 'Long live the multiple,' difficult as it is to raise that cry. Not typographical, lexical, or even syntactical cleverness is enough to make it heard. The multiple must be made, not always by adding a higher dimension, but rather in the simplest of ways, by dint of sobriety, with the number of dimensions one already has available—always n-1 (the only way the one belongs to the multiple: always subtracted). Subtract the unique from the multiplicity to be constituted; write at n-1 dimensions. A system of this kind could be called a rhizome."[1] With his *Oggetti in meno* (1965–1966) and the idea of the *Artista in meno,* Michelangelo Pistoletto has already taken up this notion. Every work of art is ultimately a subtraction: the realization of just one of an infinity of possible formulations, which now no longer exists as a purely intellectual possibility.

In the boundlessness of possible worlds, the possible ones are also real. Bearing this in mind, Keith Tyson has created landscapes from still unknown worlds, from which plastic fetishes—or are they everyday objects?—can be collected to make an exhibition. And bearing the same thing in mind, the world of the miller, Menocchio, in the Friuli would also be a possibility. It was he who declared, sometime around 1600, that all of the cosmos "was chaos ... and out of that bulk a mass formed—just as cheese is made out of milk—and worms appeared, and these were the angels. The most holy majesty decreed that these should be God and the angels... This God was in the chaos like one who is in water and wants to expand, and like one who is in a forest and wants to expand: thus, this intellect having received knowledge wanted to expand to create this world."[2] Faced with the contradiction inherent in the notion that the infinitude of all possibilities should be grasped by the finite structures of our minds and, consequently, that the expanding universe is purely an extrapolation of a finite

KEITH TYSON, STUDIO WALL DRAWING: SOMEDAY—SOMEYEAR: THE NOW CAPACITOR V.3, 2001, mixed media on paper, 3 parts in vertical order, 61 13/16 x 49 5/8" each / ATELIERWANDZEICHNUNG: EINESTAGES—EINESJAHRES: DER JETZT-KONDENSATOR V.3, Mischtechnik auf Papier, 3 Teile in vertikaler Folge, je 157 x 126 cm.

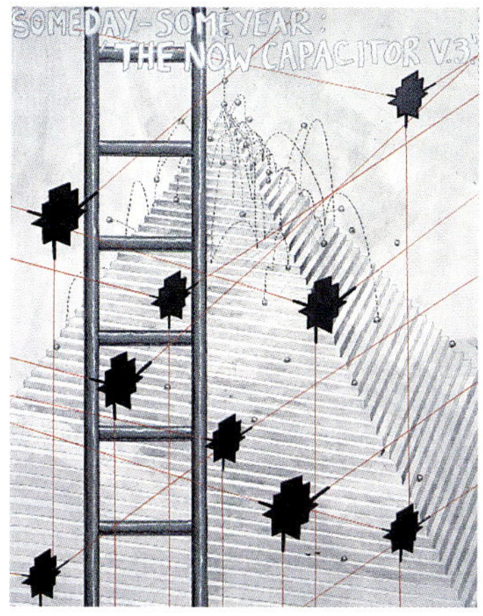

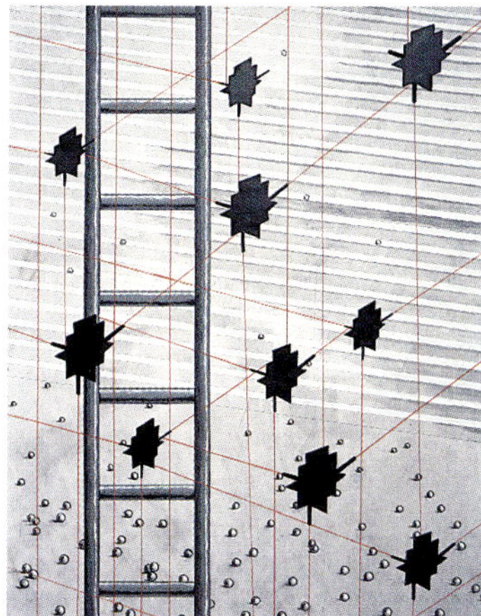

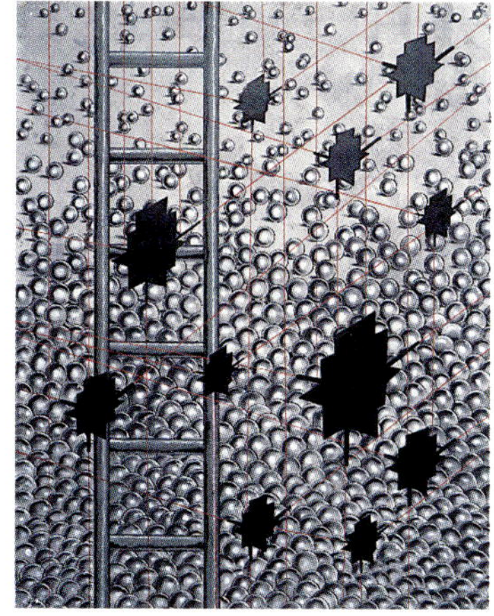

universe, Keith Tyson devises strategies to invent rules. He neither comes up with static "world pictures" nor with linear sequences of pictures. Instead he seeks completely new rules by which a major player could generate his own worlds. Albeit always mindful of the fact that time itself, that development, is an illusion arising from the evolution of a lasting structure for human perception. Since time is reversible, it is perfectly possible that the phenotype could determine the genotype. All that comes to light is only what was ever there to begin with. Even chance and control are not true opposites; they are simply two moments in a thinkable world, stepping onto the stage as equals. Technical equipment provokes chance, and coincidences determine firm rules—at least for the time being—for the artist-explorer in data space.

d) Tyson's wide-ranging praxis assumes that art and the natural sciences are no longer polar opposites. As recent developments in the theory of science have shown: "The choice of a style—a reality, a form for truth, taking into account criteria of realness and rationalism—is the choice inherent in what humans do. It is a social act, it depends on the historical situation, at times it is a relatively conscious process—a person considers various possibilities and decides on one—more often it is a direct response to a strong intuition. It is only 'objective' in the sense that ensues from the historical situation... And since people have believed up until now that only the arts are in this position, since people have only really recognized this situation in the arts, then the analogous situation in the sciences and the many areas where the two overlap ... is best described if we say that the sciences are arts in the sense of this advanced understanding of art."[3)] Keith Tyson moves with supreme ease between different areas of learning, between economics, the natural sciences, politics, and art. "Resisting the compulsion of method," as Paul Feyerabend puts it, Tyson is developing his own delight in method. "The fortress of rationalism"[4)] cannot be contained, but is this grounds to risk the "Sleep of Reason," which, as Goya has shown us, bears monsters? Keith Tyson's *caprichos* take both into account, and yet never get caught up in exclusivities.

e) Keith Tyson's cosmologies are a far remove from the stretto of recent artistic sensibilities and attitudes. The plant-like, beauty-and-wellness-lounge mood of the 1990s has dissipated, and the deconstructivist reflex is undermining its own meaning by the relentless repetitions of a diagnosis of impossibilities. Tyson counters this with an analytic energy that allows his thought processes to venture into a multiplicity of worlds. His artistic ego recedes behind concepts but he doesn't deny that it was his ego that triggered the search. His *Artmachine* (1992–2000) is a highly subjectively motivated process to operationalize questions to the world. The artist may have an identity, but—like the blurred edges of something physically present—all of the various aspects of this identity can never be seen simultaneously.

In art today, there are many makers of complex systems—Jason Rhoades, Thomas Hirschhorn, Verne Dawson, Wilhelm Sasnal. What links these artists is the fact that each uses his own handwriting to write the world. Mark Manders is developing his SELFPORTRAIT AS A BUILDING

(1986–present) through parallel processes: building parts of his imaginary "self-building," and at the same time creating it in words. As part of an attempt to "write the universe,“ and not just to write one down, Tyson's research is also related to the drawn universe of Raymond Pettibon. Maps, plans, sketches, and diagrams appear in the wake of Tyson's cognitive processes; all are forms of communication just like his research. They come together as wall drawings in his studio, hastily written notes, alliterations, and sketches on walls, on tables, in tabular form, tableaus, and tondos. Distributed throughout the space, the *Tabletop Tales* (1998–present) form an archipelago of world models. According to Edouard Glissant, "Archipelagic thinking

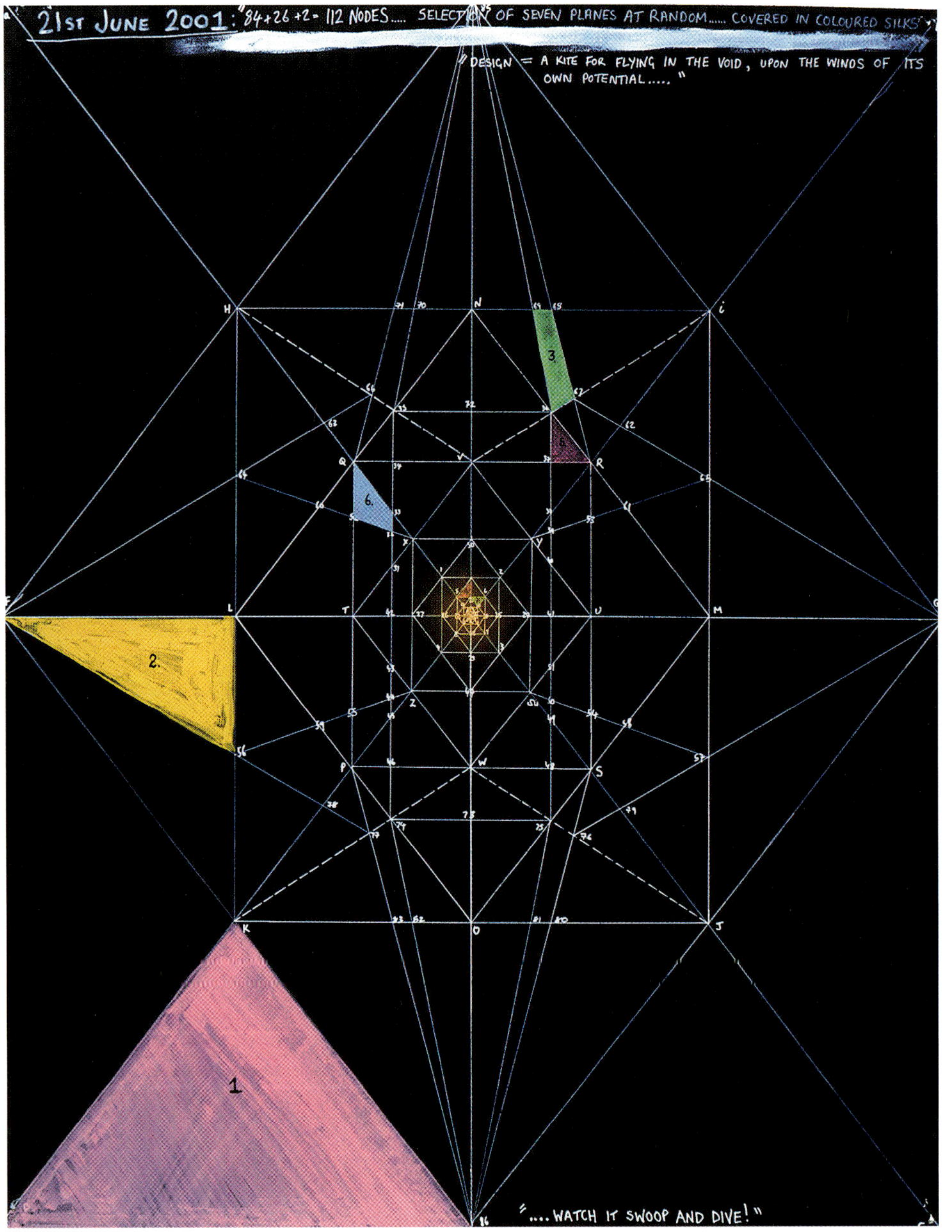

KEITH TYSON, STUDIO WALL DRAWING: 21ST JUNE 2003: "84 + 26 + 2 = 112 NODES..... SELECTION OF SEVEN PLANES AT RANDOM..... COVERED IN COLOURED SILKS," mixed media on paper, $61\,^{13}/_{16}$ x $49\,^{5}/_{8}$" / ATELIERWANDZEICHNUNG: 21. JUNI 2003: «84 + 26 + 2 = 112 KNOTEN..... ZUFÄLLIGE WAHL VON SIEBEN EBENEN..... MIT GEFÄRBTER SEIDE BEDECKT», Mischtechnik auf Papier, 157 x 126 cm. (ALL PHOTOS: KEITH TYSON & HAUNCH OF VENISON, LONDON)

suits the course of our worlds. It borrows from there all that is ambiguous, fragile, derived. It consents to the practice of making detours, which is neither evasion nor renunciation... We realize what was continental, slow-witted, and weighed us down in the sumptuous thought processes of a system that hitherto had ruled the history of humanities, but which was no longer adequate to our explosions, our stories and our less sumptuous wanderings. The thought processes of the archipelago, of the archipelagos, opens up these oceans to us."[5)]

f) Between the tables, just as between two points, there is a stretch of space for numerous other places to exist, which the artist can only ever express as approximations, iterations of the *Artmachine,* in unending loops. The limit of such approximations is emptiness, a void, a blank. Keith Tyson's art has the status of a fable as understood by Jean-François Lyotard:

"A fable is an organization of language, and language is a very complex state of energy, a symbolic technical apparatus. Now, in order to be deployed, fabulation calls for a kind of spatiotemporal and material emptiness, in which linguistic energy is not invested in the direct constraints of its exploitation as making, knowing, and know-how.
In a fable, linguistic energy is expended for imagining. It therefore does fabricate a reality, that of the story it tells, but this reality is left in suspense with regard to its cognitive and technical use. It is exploited reflexively, that is, referred back to language in order to link on to its topic (which I am in the process of doing). This 'putting into suspense' distinguishes poetics from practice and pragmatics. Fabulation maintains this reality in reserve and apart from its exploitation within the system."[6)] Elsewhere Lyotard writes, "...in addition to criticism, the blank also authorizes the imagination. It allows, for example, that stories be told in complete liberty. And I would love to describe the present situation in a way that had nothing of critique, that was frankly 'representational,' referential rather than reflective, hence naive and even puerile... My excuse would be that my story is adequately accredited in very serious places, among physicians, biologists, economists. In an informal fashion, of course, even a bit timid, as if this fable were the unavowable dream the postmodern world dreams about itself. A tale that, in sum, would be the great narrative that the world persists in telling itself after the great narratives have obviously failed."[7)]

In a void, the given rules cease to apply, allowing changes in the system to be implemented. Every work of art is a chance to open a void, or, as Tyson writes in one of his *Studio Wall Drawings:* "A kite for flying in the void, upon the winds of its own potential ... watch it swoop and dive!" (21 June 2001)

(Translation: Fiona Elliott)

1) Gilles Deuleuze, Felix Guattari, *A Thousand Plateaus* (*Mille Plateaux,* Paris 1980), trans. by Brian Massumi (London: Athlone Press, 1988), p. 6.
2) Carlo Ginzburg, *The Cheese and the Worms: The Cosmos of a Sixteenth-Century Miller* (*Il formaggio e i vermi: il cosmo di un mugnaio del '500,* Turin 1976), trans. by John and Anne Tedeschi (Baltimore: Johns Hopkins University Press, 1980), p. 53.
3) Trans. from Paul Feyerabend, *Wissenschaft als Kunst* (Frankfurt am Main: Suhrkamp, 1984), pp. 77–78.
4) Keith Tyson in *Tabletop Tales:* "Who could have imagined that a breach would have occurred within the walls of the fortress of rationality?" (2001), mixed media, 121" diameter.
5) Trans. from Edouard Glissant, *Traité du tout-monde,* Editions Gallimard, Paris 1997, p. 31.
6) Jean-François Lyotard, "A Postmodern Fable" in idem, *Postmodern Fables* (*Moralités postmodernes,* Paris 1993), trans. by Georges Van Den Abbeele (Minneapolis/London: University of Minnesota Press, 1997), pp. 94–95. (Michael Archer refers to Lyotard's text in his essay on the work of Keith Tyson, see *Keith Tyson,* exh. cat., Kunsthalle Zürich, 2002, pp. 11ff.)
7) Jean-François Lyotard, "The Wall, the Gulf, the System," ibid., pp. 81–82.

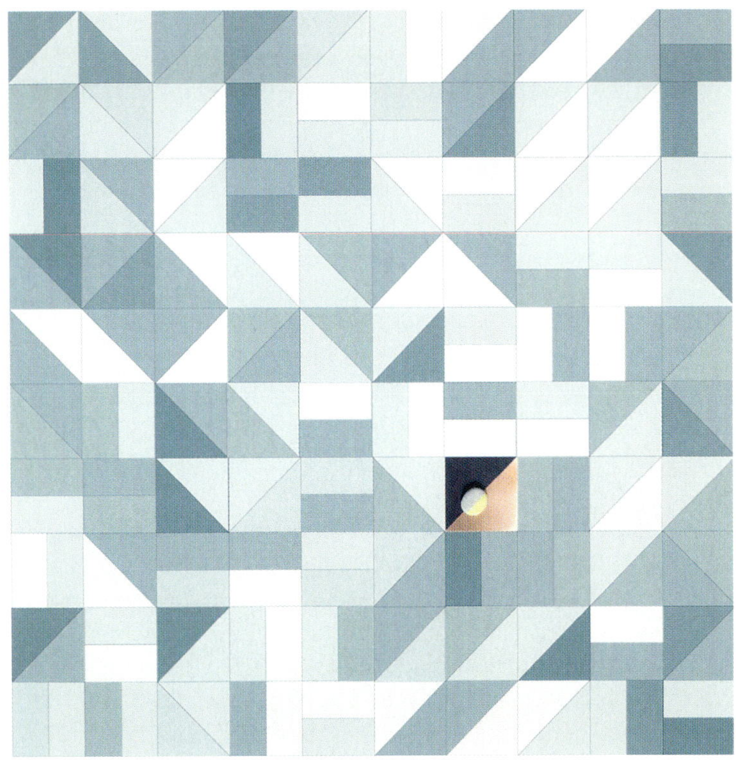

Edition for Parkett

KEITH TYSON

Parkett Paperweight, 2004

Pebble on copper plate, partially painted in enamel, mounted on wood, 3 15/16 x 3 15/16", ca. 1 9/16" high.
Each piece is unique in its combination of plate, pattern, pebble, paint, and position; and each comes with a pattern sheet showing its specific design within the 100 different possibilities (see above).
Edition of 75 / XXV, signed and numbered.

Parkett-Briefbeschwerer, 2004

Kieselstein auf Kupferplatte, teilweise farbig lackiert, auf Holz montiert, 10 x 10 cm, ca. 4 cm hoch.
Die Kombination von Platte, graphischem Muster, Farbe und Position des Steins ist je individuell.
Ein Blatt mit der Abbildung des jeweiligen Unikats und seines spezifischen Musters innerhalb der 100 verschiedenen Möglichkeiten ist Bestandteil der Edition (siehe Abb. oben).
Auflage: 75 / XXV, signiert und nummeriert.

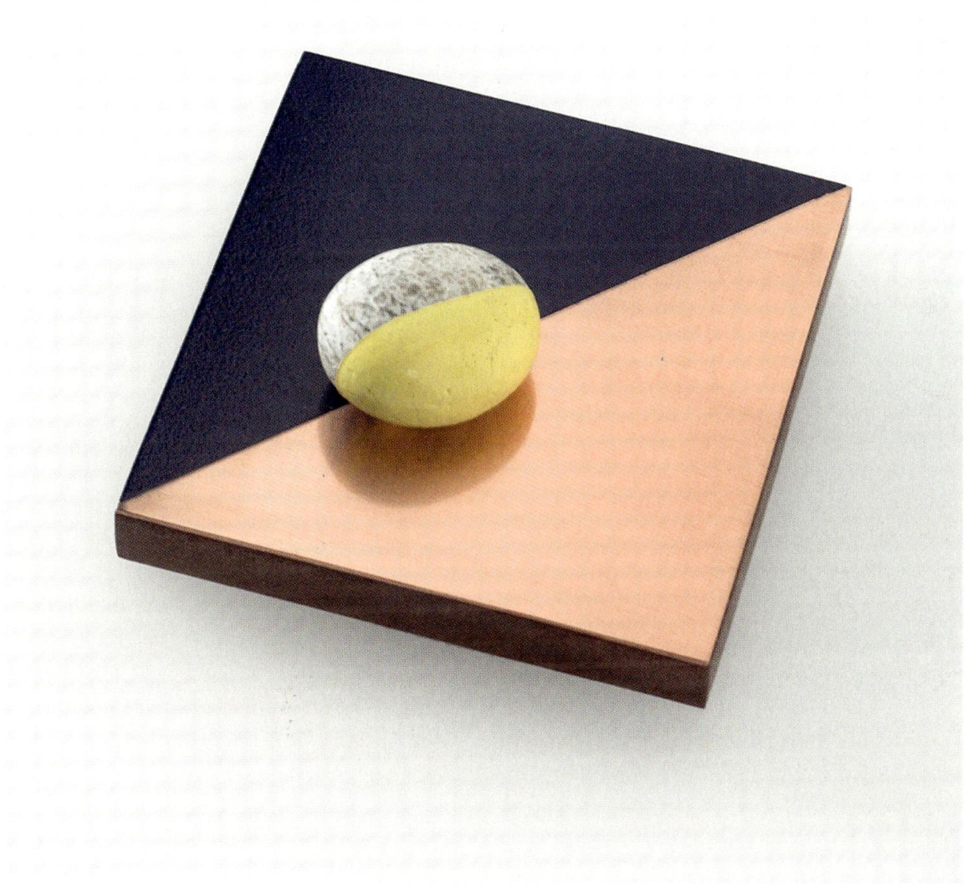

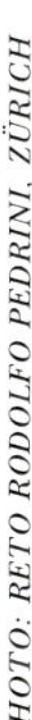

PHOTO: RETO RODOLFO PEDRINI, ZÜRICH

MICHELLE NICOL

WALTER TAG

I've never met a person I couldn't call a beauty.
— Andy Warhol in *The Philosophy of Andy Warhol*

Walter Pfeiffers Photographien sind speziell, weil sie uns auf eine ganz eigene liebevolle und zauberhafte Art mit einer unmittelbaren Erlebniswelt bekannt machen. Da räkelt sich eine getigerte Katze in einem Miniaturliegestuhl gerade so, als wäre sie ein Filmstar. Da ist ein Teller voller abgenagter Melonenschalen, auf denen deutlich Spuren von Zähnen zu sehen sind, was zugleich urchig, archaisch, obszön, aber auch sexy wirkt. Auf einem anderen Photo sehen wir eine wunderschöne Berglandschaft samt Bächlein. Von links nach rechts zieht in der Mitte des Bildes wie eine farbige Kette ein Zug von blauroten Wandersleuten durchs Bild, so dass in der Schwebe bleibt, was obsiegt: die Biederkeit der Freizeitbergler oder die innere Ruhe der Bergwelt. Da ist ein lustiges Arrangement von Kleidungsstücken auf einem Stuhl, so, dass der oberste Pullover, in dem ein Kleiderbügel steckt, menschliche Züge annimmt. Oder zwei nackte Männertorsi, die griechischen Skulpturen gleich interagieren. Oder junge Männer, die rotweiss karierte Schürzen über ihrer Alltagskleidung tragen und erwartungsvoll in die Kamera schauen, als wären sie Teil eines gespielten Witzes.

Der Schweizer Künstler Walter Pfeiffer begann 1970 seine Umgebung in Photographien zu inszenieren und darzustellen und hat bis heute nicht damit aufgehört. Bereits in seinen ersten Arbeiten präsentiert er einen Blick auf die Welt, der durch grosse Liebenswürdigkeit und Wärme besticht. Eine Sicht, die ganz ohne Pathos auskommt, eine Art Topographie des Biederen und Sympathischen und zuweilen des typisch Schweizerischen, als wäre die Welt ein einziger fröhlicher, bunter und hübscher Blumenstrauss. Dabei ging es nie um eine «Verklärung des Gewöhnlichen» (Arthur C. Danto), wie das die Pop-Art im Sinn hatte, und auch nicht um eine Banalisierung des Verklärten, wie das seine Landsleute Peter Fischli und David Weiss in den 80er Jahren demonstrierten. Walter Pfeiffer lotet vielmehr eine ganz persönliche Erlebniswelt aus, in der das Schöne, und sei es noch so banal und ordinär, gepflegt und zur Zauberwelt erhoben wird.

Obwohl der Kunstbetrieb zurzeit etwas photomüde ist, erfährt der heute 58-jährige Walter Pfeiffer mit seinen Photographien und Homemovies von den

MICHELLE NICOL ist Kunstkritikerin und freie Kuratorin. Sie lebt in Zürich.

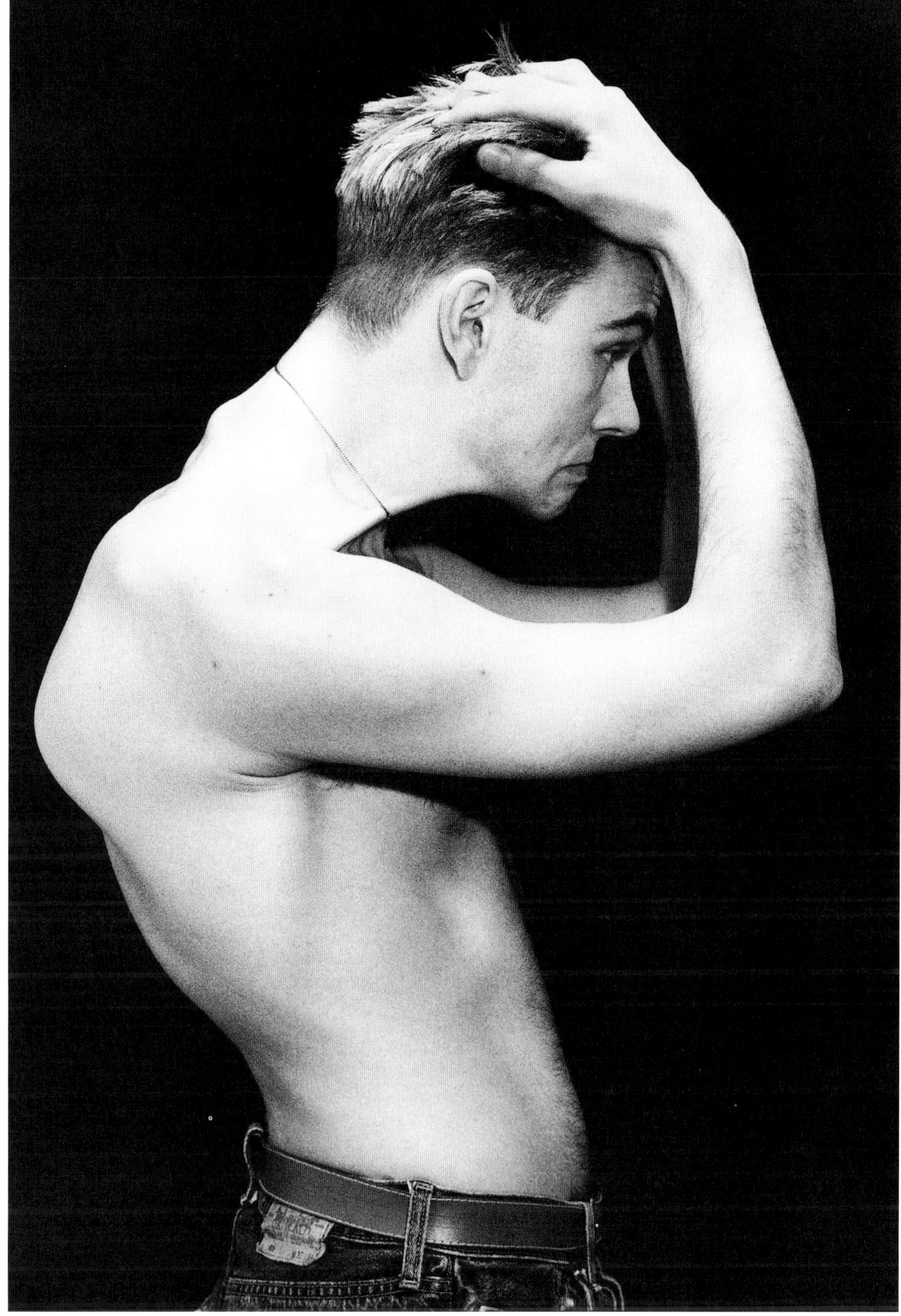

WALTER PFEIFFER, UNTITLED, black-and-white photograph from "Welcome Aboard" / OHNE TITEL, Schwarzweissphoto aus «Welcome Aboard», Edition Patrick Frey bei Scalo, 2001.

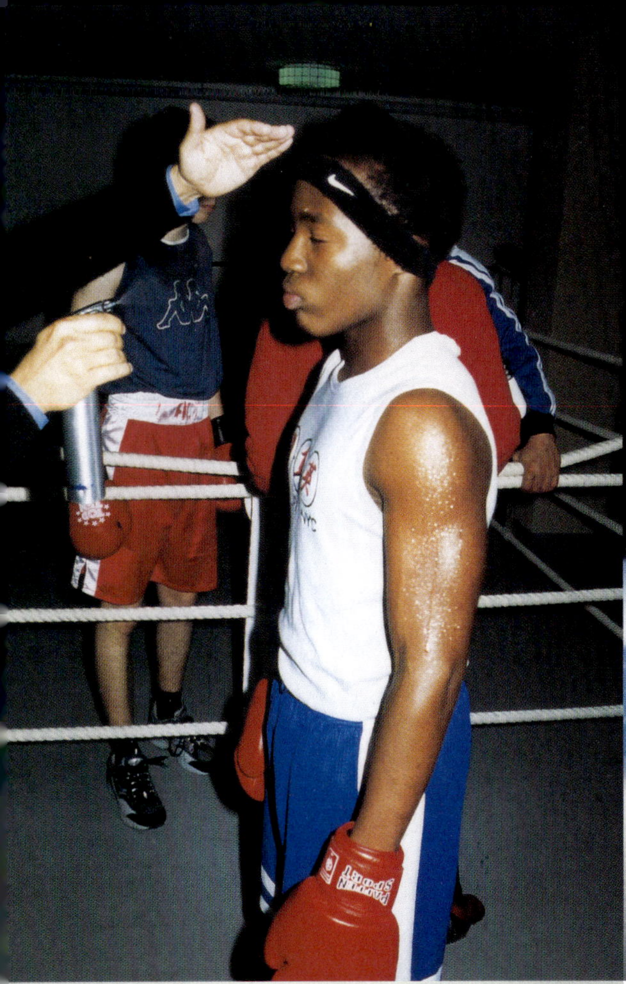

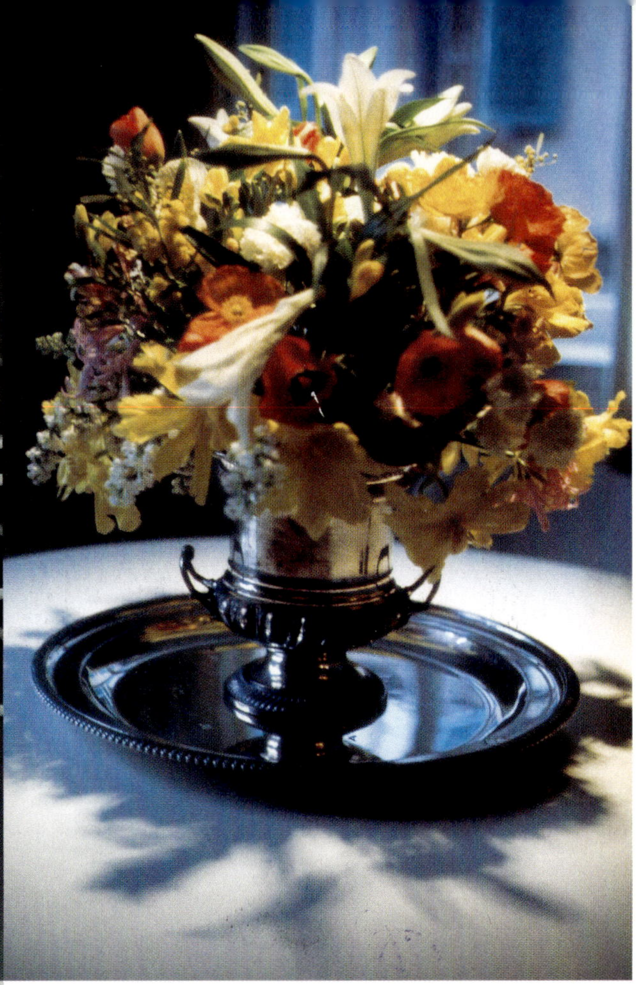

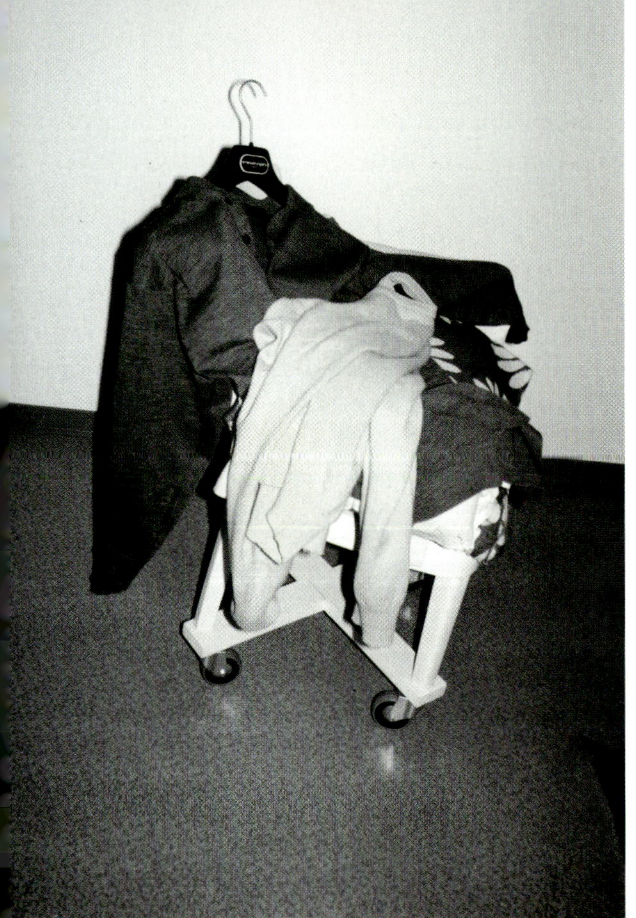

WALTER PFEIFFER, *3 untitled photographs from the series "Metrocolor," first shown at the exhibition "Plus ou moins jeunes," Centre Culturel Suisse, Paris, 2 May – 11 July 2004 / 3 Photographien ohne Titel aus der Serie «Metrocolor».*

70er Jahren bis heute plötzlich eine gesteigerte Aufmerksamkeit. 2001 erschien sein Photobuch *Welcome Aboard.* 2002 stellte er unter anderem in der Scalo Gallery in New York aus. 2003 berichtete Bob Nickas im *Artforum* mit Hingabe über den «verschränkten Hedonismus»[1] seiner Photographie und über die Tatsache, wie es möglich ist, dass ein Künstler eine jüngere Generation beeinflusst, ohne dass diese ihn je gekannt hat. Nickas spricht von Wolfgang Tillmans, von Jack Pierson, von Terry Richardson, von Ryan McGinley.[2] Im Sommer 2004 zeigt Pfeiffer im Centre Culturel Suisse in Paris eine Retrospektive seiner Arbeiten. Die Ausstellung heisst «Plus ou moins jeune». Die Tageszeitung *Libération* spricht von einer «deutschschweizerischen Factory».[3] Und zeitgleich zur Ausstellungseröffnung wird das vergriffene Kultbuch *Walter Pfeiffer (1970–1980)* neu aufgelegt. Auf dem titellosen Cover sitzt eine entblösste Ken-Puppe mit gespreizten Beinen. Die rechte Hand greift in den Schritt der Turnhose. Ken blickt freundlich nach rechts aus dem Bild. Es handelt sich dabei um die wohl erotischste Darstellung einer männlichen Barbiepuppe überhaupt. Im Buch dann die ewige Suche nach der immerwährenden Schönheit, so erotisch wie möglich. Randabfallend, Seite für Seite: Stillleben mit Blumen; Katzen; Dame, über die Wiese laufend; und immer wieder halb oder ganz entblösste junge Männer. Gruppenbilder von Halbstarken mit Schirmmützen, engen Lederjacken und weissen Jeans. Mal kindlich naiv, mal pragmatisch sexuell.

Das 1980 erschienene Buch zeigt Pfeiffers Obsession für die unaufgeregte Verhübschung des Alltags. Es zeigt auch, dass sein Darstellungsgestus ohne jegliches Pathos auskommt. Und die Erotik ist wie eine unverhoffte Beigabe, eine weitere Verzauberung des Alltags, und dennoch kommt sie knüppeldick. Man schaut sich dieses Buch an bis zur Umschlagrückseite, auf der ein lebendiger, echter Ken-Mann prangt, und weiss auf einmal, wieso Walter Pfeiffer in Zeiten der Photomüdigkeit zum Star werden konnte. Es ist diese Super-Entspanntheit, diese gelebte Selbstverständlichkeit der Bilder, die es so gar nicht nötig haben, gegen Repression oder Verklemmung aufzubegehren, was seine absolute Heutigkeit ausmacht. Und dieses Zeitgültige interessiert uns heute.

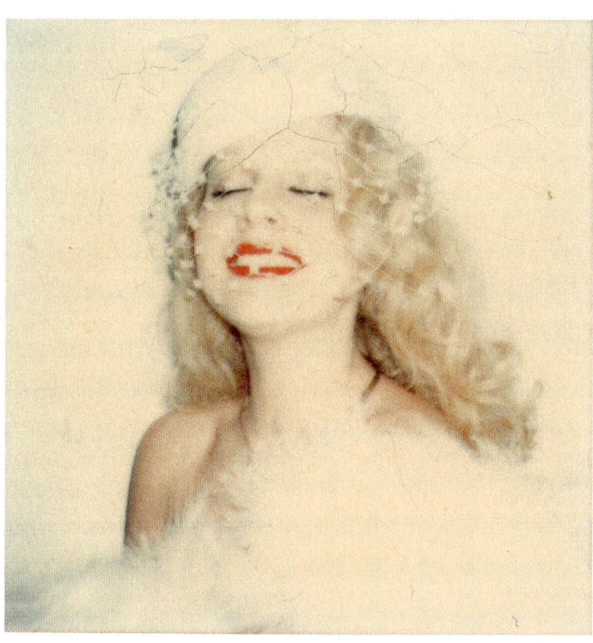

WALTER PFEIFFER, IRENE, 1975, polaroid photograph / Polaroidphoto.

Die antiheroische Haltung von Pfeiffers Arbeiten, heute eine international selbstverständliche Attitüde, war damals, zu Beginn der 70er Jahre, eine defensive Reaktion auf die international vorherrschende Hardliner-Konzeptkunst.[4)] In der Schweiz fand zu jener Zeit ein Aufbruch in der Kunst statt. Das persönlich Gefärbte, dieses sich Drehen um die eigene Identität, das Dandytum waren damals akut. Man denke etwa an Urs Lüthi, der 1970 all seine Kleider, Perücken und seinen Hausschlüssel in der Ausstellung «Visualisierte Denkprozesse» im Kunstmuseum Luzern präsentierte. Peter Fischli und David Weiss, die sich 1979 zusammentaten, entstammen ebenfalls diesem Umfeld. Auch sie haben das Anliegen, die Trivialkultur zu erschliessen und die Rolle des Künstlers als Monopolist von Sinnstiftung und Geschmack zu ironisieren. So kann durchaus eine geistige Verwandtschaft gefunden werden zwischen den fragillustigen Balance-Skulpturen ihrer Serie *Stiller Nachmittag* (1985), diesen Basteleien mit Alltagsgegenständen wie Möhren und Reibeisen und Walter Pfeiffers Strauss gelber Tulpen in einer Vase, die wiederum auf einem schwarzen Bürostuhl vor gelber Wand steht. Gemeinsam ist ihnen das Fehlen jener schöpferischen Melancholie, die dem Genie zugeschrieben wird. Da wird am tradierten Selbstverständnis des Künstlers gerüttelt, indem die grosse Schöpfungsgeste mit dem laschen Handschlag des Amateurs vertauscht wird.

Die in den 90er Jahren geführte Diskussion um den Begriff der künstlerischen Konstruktion von «Authentizität» resultierte in der eigentlichen Unmöglichkeit derselben. Malcolm McLaren führt jetzt, einige Jahre danach, eine neue Auffassung des Authentischen ein. McLaren beschäftigt sich zurzeit mit Chip Music, einer *Lo-fi*-Musik, die zum neuen musikalischen Untergrund gehört und, zum Beispiel, auf veralteten Game Boys erzeugt wird. McLaren ist ein Mann am Puls der gesellschaftlichen Entwicklung. Er würde Pfeiffers Werk wohl als puren Ausdruck von «anti-cool» bezeichnen. Anti-cool ist gemäss McLaren die Beschreibung dessen, was Leute heute begehren und suchen. Und anti-cool ist entweder authentisch oder Karaoke (japanisch «leeres Orchester»), also falsch. «Das Authentische ist das, was wahr ist, die Wurzeln, die Herkunft. Das ist der echte Deal.

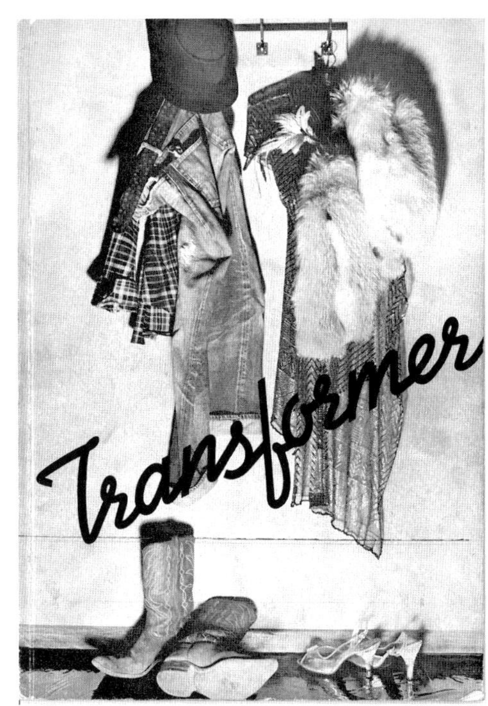

WALTER PFEIFFER, catalogue front cover, exhibition "Transformer," Kunstmuseum Lucerne, 1974 / Titelblatt des Ausstellungskatalogs «Transformer», Kunstmuseum Luzern.

Das ist das, woran ich glaube. Der Karaoke-Aspekt, jemand der so tut als ob, das ist meist Mainstream, etwas Etabliertes, und das ist etwas, woran man nicht glauben sollte.» McLaren weiter: «Wir leben in einer Karaoke-Welt, einer Welt der Nachahmung, die den unordentlichen Prozess der Kreativität ausschaltet und sie zugänglich macht, weil das Chaos wegfällt. Eine Art Stellvertreterleben.»[5)]

In einer Gegenbewegung zur aktuellen Situation erlebt Walter Pfeiffer gerade jetzt eine erhöhte kultische Aufmerksamkeit; er ist authentisch und anticool und somit das, was wir begehren. Um es mit McLaren zu sagen, er ist «der echte Deal». Trotzdem, Walter Pfeiffer ist ein Künstler, der die Hälfte der 80er und einen Grossteil der 90er Jahre im Schrank verbracht hat. Unbeachtet. Unzitiert. Nicht präsent.

Walter Pfeiffers Biographie sieht aus wie folgt: Ausbildung zum Dekorateur, dann Kunstgewerbeschule in Zürich. Ein Jahr Chefdekorateur in einer Zürcher Nobelboutique. Illustrator, unter anderem für *Elle* und *Twen*. Dann reisender Trendscout für ein führendes Warenhaus. («Urs Lüthi hatte sich ebenfalls beworben. Aber er war nicht gut genug.») 1971 der Entscheid für die Kunst. 1974 stellte Walter Pfeiffer erstmals Photographien aus, und zwar in der legendären Ausstellung «Transformer – Aspekte der Travestie» von Jean-Christophe Ammann im Kunstmuseum Luzern. Es war die erste grosse Ausstellung, welche die sexuelle Revolution auf die Kunst projizierte. Kunst, Pop- und Untergrundkultur kamen zusammen. Roxy Music und David Bowie waren visuell präsent, aber auch Urs Lüthi, Luciano Castelli, Alex Silber, Jürgen Klauke. Und die deutsche Künstlerin Katharina Sieverding besuchte die Eröffnung mit einem Mieder bekleidet.

Walter Pfeiffer zeigt eine Serie Porträts des 19-jährigen Carlo in verschiedenen Zuständen des Geschminktseins zwischen männlich und weiblich: Gender-Processing. Das Titelblatt des Ausstellungskatalogs stammte ebenfalls von Walter Pfeiffer, ein Faltenwurf von Jeans, T-Shirt und Tüllkleid an einem Garderobenhaken. Übrigens war Pfeiffers künstlerischer Ausdruck bis dahin das grossformatige, superrealistisch gezeichnete Bild gewesen. Die Photos hatten ihm eher als Vorlage, Notiz oder Inspiration gedient: «Ich dachte immer, meine Hände zittern zu sehr um zu Photographieren.»

Das Vergnügen des Zuschauers kommt oft aus einem unbeschreiblichen Gefühl der Langeweile. Die besten Bücher sind oft gerade diejenigen, die uns auf Seite zwanzig aus der Hand fallen. Und die grössten künstlerischen Erfahrungen beruhen eher auf Fehlern als auf Tugenden. Es haftet ihnen oftmals eine Leere, eine Arroganz, eine gewisse Faulheit und Unhöflichkeit an. Die wirklich coolen klassischen Werke sind ein Sprung ins Leere. In den 90er Jahren hat die Frage des Vergnügens und der Unterhaltung alle anderen Fragen verdrängt und kannibalisiert.

Walter Pfeiffer arbeitet nicht mit billigen Effekten. Er liebt die Schönheit («meine Modelle sollen sein wie Pfirsiche») und Verführung («sie können gar nicht erotisch genug sein»). Spektakulär unspektakulär sind seine Videos, die er in den 70er und 80er Jahren im Homemovie-Stil drehte. (Man könnte sagen, dass Pfeiffer zu den Erfindern dieses Stils gehört. Alle Videos wurden in der Enge seiner eigenen vier Wände gedreht.) Eigentlich handelt es sich um bewegte und vertonte Bilder. Zum Beispiel MUSIC FOR MILLIONS (1977), ein fünfzehnminütiges

«Best of» mit Material aus den späten 70er Jahren. Die erste Einstellung zeigt einen Zettel mit dem Satz: *Just what you've been waiting for* (Genau das, worauf du gewartet hast). Dann gehts schnell. Walter führt mit Künstlerin Lisa Enderli einen synchronen Tanz zur Titelmelodie von *Un homme et une femme* von Claude Lelouche auf. Sie gehen rhythmisch in die Knie, die Arme am Körper angewinkelt, die Hände zeigen himmelwärts. Dazu drehen sie sich langsam um die eigene Achse, und zwar in beide Richtungen. Spektakulär ist das nicht. Pfeiffer lächelt verlegen. Dann gibt es den Mann: Die Kamera untersucht, ausgehend von seinem Jeans-Unterleib, dessen Körper. Es folgen die bewegten Bilder eines Aschenbechers mit zwei Pferden; eine Katze, die aus der Küchenspüle steigt; zwei Hände, die sich mit Rosenkranz und Kruzifix einander annähern. Dann Pfeiffer und Enderli als Hochzeitspaar, Pfeiffer mit weisser Kochmütze, Lisa im Schleier. Kurz darauf sitzen sie am Tisch und trinken Kaffee. Zum Schluss zieht sich Pfeiffer langsam eine Schönheitsmaske vom Gesicht. MUSIC FOR MILLIONS wurde 1998 erstmals öffentlich gezeigt, also rund zwanzig Jahre nach seiner Entstehung.

Walter Pfeiffer hat ein Faible für Stars. Immer schon. Mit zwölf schnitt er sie aus Magazinen aus und legte eine Kartei an. Die Reklame für Luxseife mit Gina Lollobrigida inspirierte ihn augenblicklich zu deren Kauf und Verwendung. Obwohl: «Sie war scharf und tat höllisch weh in den Augen.» Da war er dreizehn. Pfeiffer hat schon früh in seiner künstlerischen Laufbahn eigene Stars um sich geschart. Zum Beispiel Irene und Beat. Er hat sie in einer Auftragsarbeit verewigt. 1966 fährt Walter Pfeiffer mit einem befreundeten Photographen nach Rom zum Rolling-Stones-Konzert. Er sitzt in der ersten Reihe. Neben ihm Federico Fellini, dann Roger Vadim mit seiner Frau Jane Fonda (sie hatte gerade *Barbarella* gedreht). Die Bühne, direkt vor ihm, ist so hoch wie ein Tisch. Brian Jones, zwei Meter entfernt im Schneidersitz, trommelt; daneben Mick Jagger, er tänzelt und intoniert «Satisfaction». «Ich bin fast gestorben.» Ein anderer Lieblingsmoment: Auf Schulreise mit der Kunstklasse schaut man sich im Amsterdamer Rijksmuseum einen Rembrandt an. Pfeiffer dreht sich um und sieht Gunter Sachs und Brigitte Bardot hereinspazieren – ein kleiner Tod.

Walter Pfeiffer hat fünfzehn Jahre im Schrank verbracht. Auch deshalb, weil er in keine Szene passte. Die Schwulenszene war nicht relevant, nicht zuletzt deshalb, weil er seine Models nach Attraktivität und nicht nach sexueller Präferenz aussucht. Und in der Kunstszene waren lange Zeit, genauer seit Beginn der 80er bis Ende der 90er Jahre, zwei Dinge suspekt, erstens Pfeiffers Tendenz vielen verschiedenen Aktivitäten auf einmal nachzugehen: Photographie, Video, Zeichnung, Illustration, Performance, Theater. Da war zum Beispiel das berühmte WALTERSPIEL, das 1981 mit grossem Erfolg im Kunsthaus Zürich aufgeführt wurde: eine Art sorgfältig inszenierter sprechender Bilder, eine Collage aus Pfeiffer-Hörspielen, die etwa in gleicher Manier entstanden waren wie seine Homemovies. «Kunst für eine neue Generation» titelte die Zürcher Wochenzeitung *Die Weltwoche* damals.[6] Der zweite Faktor, der Pfeiffer der Kunstszene suspekt erscheinen liess, war sein Interesse für einen bestimmten stilistischen Groove, noch bevor Mode ein Phänomen war, das in jedem Lebensbereich mitmischte. Das Spiel mit der Oberfläche, die Darstellung von reiner Attraktivität bar jeden tieferen Sinns, radikale Inszenierung von Coolness, kompromisslose Darstellung von Leere – all das durfte (noch) nicht sein.

Es brauchte eine nachfolgende Generation, die seine Arbeiten in einen neuen Kontext stellte. Pfeiffers jüngste Bilderserie *Metrocolor* (2004), die diesen Sommer erstmals im Pariser Centre Culturel Suisse gezeigt wurde, beweist jedoch, dass er kein Künstler ist, der sich in Nostalgie verliert. Diese Bilder haben eine neue Qualität, sind feiner, sensibler, weniger laut und dennoch stark. Übrigens: Ich freue mich auf die Publikation seiner Gästebücher, ein Dutzend Alben gefüllt mit Polaroids. Udo Kier und Christine Kaufmann sind auch darunter.

1) engl.: *entwined hedonism.*
2) Bob Nickas, «Camera libido: the photography of Walter Pfeiffer», *Artforum,* Juni 2003.
3) Elisabeth Lebovici, «Pfeiffer, sans tabou», *Libération,* 15. Juni 2004.
4) Vgl. Bice Curiger, «Der erweiterte Horizont», in: *Freie Sicht aufs Mittelmeer. Junge Schweizer Kunst,* Scalo-Verlag, Zürich 1998.
5) Malcolm McLaren im Interview mit Michelle Nicol/neutral für den Film *The Next Three Years* (für Zürich Financial Services) im Pariser Café Flore, 6. Januar 2004. Teilweise unpubliziert.
6) Irene Prerost: «Bescheidener Maestro: Das neue Gesicht», *Die Weltwoche,* Nr. 44, 1981, S. 39.

WALTER PFEIFFER, UNTITLED, 2002, double portrait from the series "Le Journal" / OHNE TITEL, Doppelporträt aus der Serie «Le Journal».

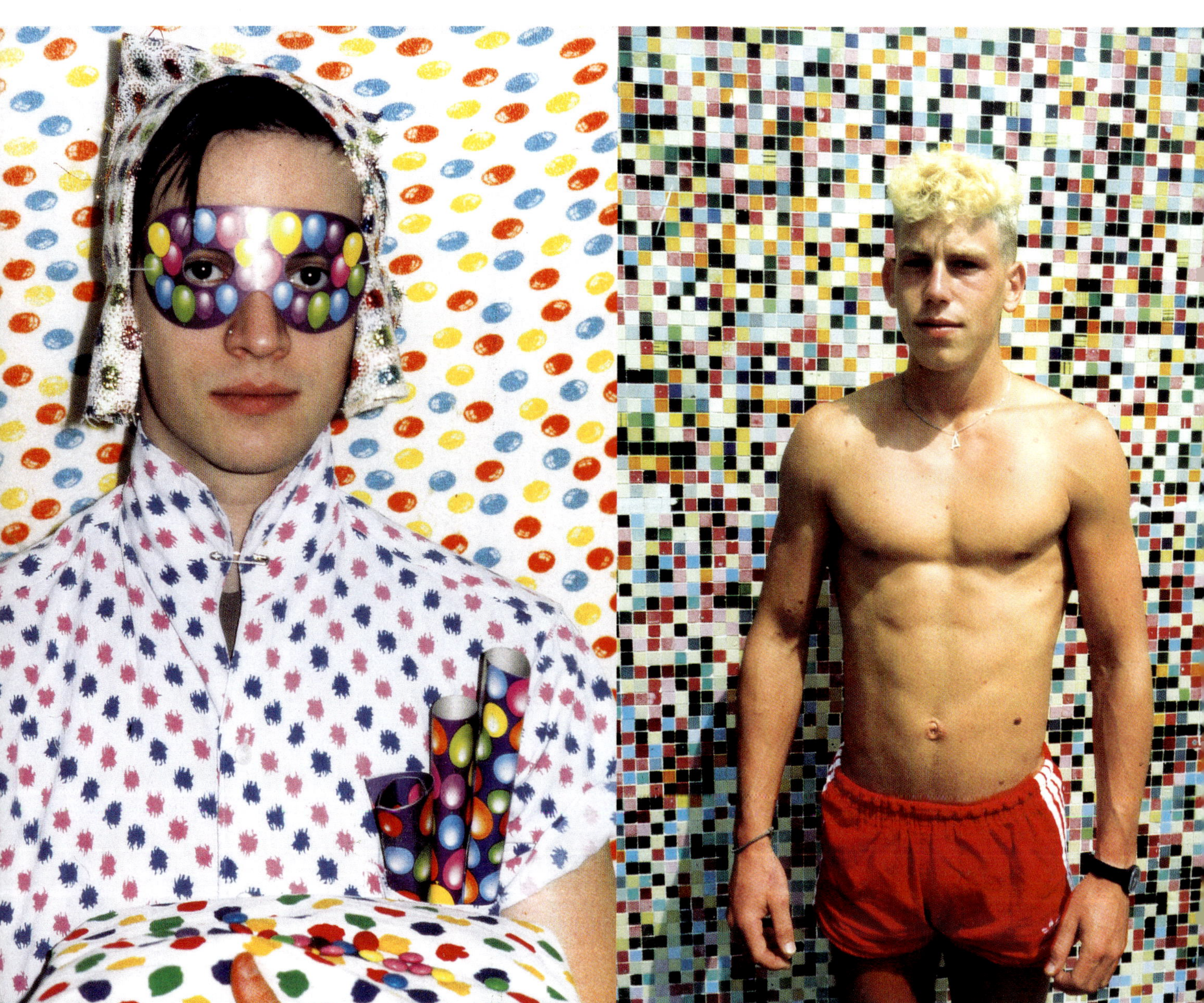

MICHELLE NICOL

WALTER DAY

I've never met a person I couldn't call a beauty.
– Andy Warhol in *The Philosophy of Andy Warhol*

Walter Pfeiffer's photographs are special because of the singularly loving and enchanting way in which they acquaint us with the immediacy of an unfiltered world. A tabby cat is stretched out on a miniature deck chair, looking for all the world like a film star. A plateful of chewed melon skins with obvious teeth marks in them exudes an earthy, archaic, obscene and even sexual appeal. Another photograph presents us with a magnificent mountain landscape, complete with burbling brook. A colorful chain of red and blue hikers cuts across the middle of the picture from left to right, leaving the thrust of the message suspended in ambiguity: is it the conformity of weekend mountaineers or the serenity of the mountains? A cheerful composition of clothing is draped over a chair; on top of it a pullover still on its hanger acquires human traits. Or: the torsos of two naked men interact like Greek sculptures. Or: young men, wearing red and white checked aprons over their clothing, gaze expectantly into the camera as if they were part of a dramatized joke.

MICHELLE NICOL is an art critic and freelance curator. She lives in Zürich.

The Swiss artist Walter Pfeiffer started staging and depicting his surroundings for the camera in 1970, and has been doing so ever since. From the first, his photographs have always presented a view of the world that is characterized by an exceptional kindness and warmth. It is a view entirely without pathos, a kind of topography of conformity and niceness and sometimes typical Swissness, as if the world were one single, joyfully colorful and pretty bouquet of flowers. But he is not interested in pop art's desire to "transfigure the commonplace" (Arthur C. Danto), nor does he want to trivialize transfiguration, as his compatriots Peter Fischli and David Weiss did in the eighties. Walter Pfeiffer probes a very personal world that cultivates beauty, no matter how mundane and ordinary, and invests it with magic.

The art business may be suffering from photography overload, but 58-year-old Walter Pfeiffer has not noticed: his photographs and home movies from the seventies to the present-day have met with a sudden spate of interest. The year 2001 saw the publication of his photographs in *Welcome Aboard.* In 2002, he had several shows including one at Scalo Gallery in New York. In 2003 Bob Nickas, enthused about the

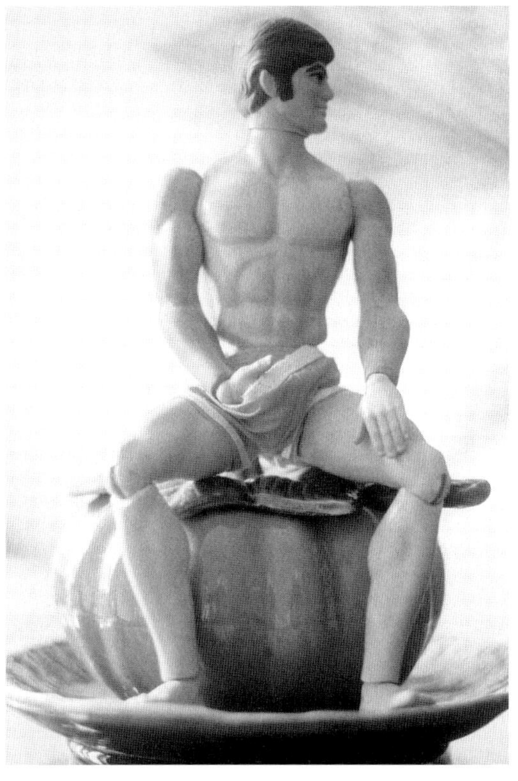

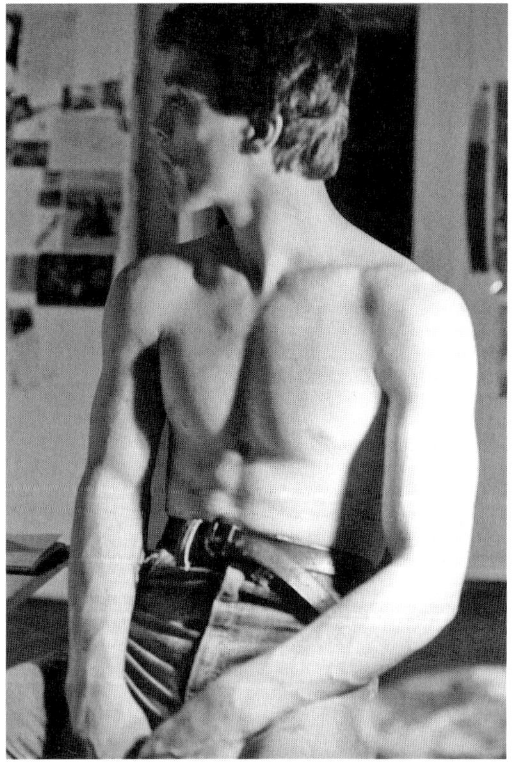

WALTER PFEIFFER, front and back cover of "Walter Pfeiffer (1970–1980)," reprint by JRP Ringier Kunstverlag AG, 2004 / Vorderes und hinteres Umschlagphoto des neuaufgelegten Kultbuchs.

"entwined hedonism" of his photographs, suggested that Pfeiffer may possibly have influenced a young generation that never even knew him. Nickas ranks him with Wolfgang Tillmans, Jack Pierson, Terry Richardson, and Ryan McGinley.[1]

In the summer of 2004, Pfeiffer enjoyed a retrospective of his work at the Centre Culturel Suisse in Paris. The exhibition was titled "Plus ou moins jeune" (More or Less Young). The daily newspaper *Libération* spoke of a "Swiss-German Factory."[2] And the out-of-print cult book *Walter Pfeiffer (1970–1980)* was reissued to coincide with the Paris exhibition. On the title-less cover a Ken doll sits almost in the buff and with legs spread apart. His hand is thrust into his briefs as he gazes amiably out of the picture to the right. This is perhaps the most erotic image ever of a male Barbie doll. And between the covers, the everlasting quest for eternal beauty, as erotic as possible. Bleeding to the edges, page after page: still lifes of flowers, cats, a woman walking across a meadow, and always these young nude or semi-nude men. Group portraits of kids wearing peaked caps, tight leather jackets, and white jeans. From childishly naïve to pragmatically sexual.

Published in 1980, the book demonstrates the artist's obsession with a laid-back beautification of the everyday. It also demonstrates how well his photographic regime makes do without pathos. The eroticism is an unexpected bonus that heightens the enchantment of the everyday, despite the liberal use of hyperbole. Having looked at this book all the way through to the back cover, which flaunts a genuine, real-life Ken, one suddenly realizes why Walter Pfeiffer became a shooting star in times of photo fatigue. It's the hyper-relaxation, the obviously internalized self-evidence of the pictures. They have no need to rebel against repression or inhibition, which is what makes them so undeniably cutting edge, so contemporary, so valid, and therefore of such interest today.

The anti-heroic attitude intrinsic to Pfeiffer's works has become a confirmed and internationally prevalent given, but back in the early seventies it was a defensive reaction to the international dominance of hard-line conceptual art.[3] This was a turbulent period for art in Switzerland, marked by acute personal involvement and intense, often dandy-like exploration of the artist's own identity. Take Urs Lüthi, for example: he displayed all of his clothes, his wigs, and even the key to his house in the 1970 exhibition "Visualisierte Denkprozesse" (Visualized Thought Processes) at the Kunstmuseum Luzern. Peter Fischli and David Weiss, a team since 1979, also represent this approach. They, too, made trivial culture the subject matter of their art and gave an ironic twist to the role of the artist as sole arbiter of meaning and taste. There is undoubtedly a spiritual kinship between the frivolous fragility of their *Stiller Nachmittag* (Quiet Afternoon, 1985), a series of precariously balanced sculptures made out of such unlikely items as carrots and kitchen graters, and Walter Pfeiffer's bouquet of yellow tulips in a vase placed on a black office chair against a yellow wall. Both show a dearth of the creative melancholy, traditionally ascribed to the workings of genius. Their art rattles at the gates of the artist's cherished self-image, impelling the grand gesture of creation to bow to the insouciance of the amateur.

The nineties discourse on the concept of the artistic construction of "authenticity" ultimately precluded its very existence. Enter Malcolm McLaren with a new approach to authenticity. He is currently working on lo-fi chip music, made, for example, on an old Game Boy and belonging to a new musical underground. McLaren has his finger on the pulse of society. He would probably call Pfeiffer's work the pure expression of "anti-cool," a term that he says describes what people desire and seek. And anti-cool is either authentic or karaoke, Japanese for "empty orchestra," in other words, fake. "The authentic is what they believe is their truth, their roots, their origins. This is the real deal. This is what I fundamentally believe in. The karaoke aspect, this is somebody pretending to be, this is something that isn't real, this is usually something mainstream, usually something very established and this is something genuinely not to believe in." McLaren continues: "We live in that world, that world is a karaoke world which takes out the messy process of creativity. Takes it out and makes

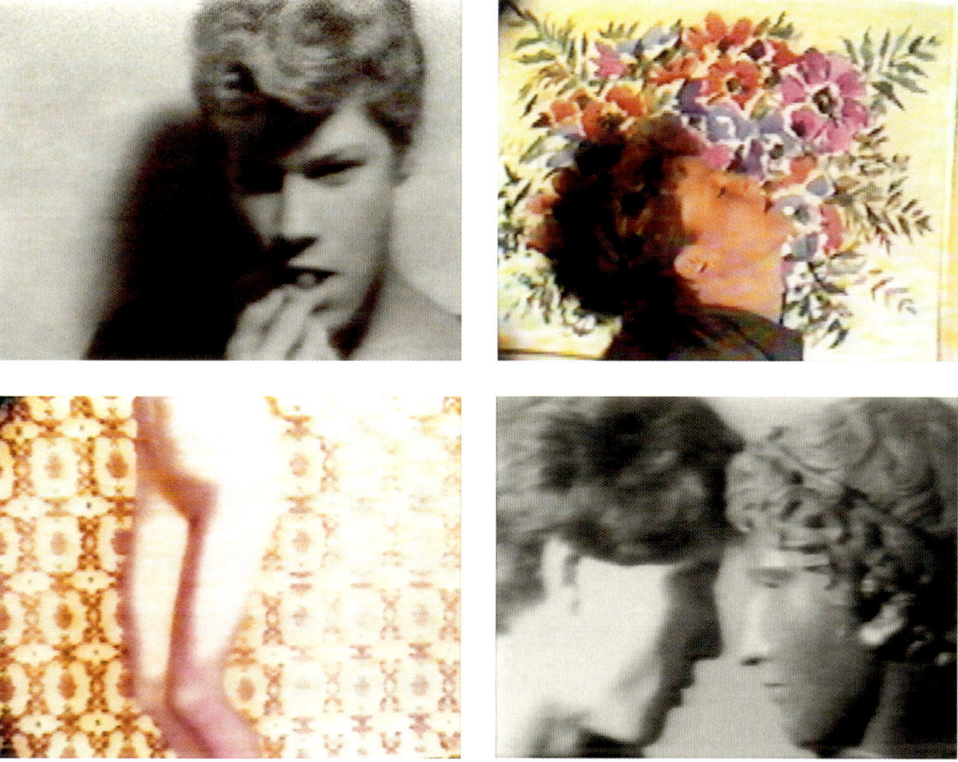

WALTER PFEIFFER, MUSIC FOR MILLIONS, 1977, video stills.

it very accessible because there's no chaos in it, it's a kind of lifestyle by proxy."[4)]

In a trend that is running counter to the current situation, Walter Pfeiffer is now enjoying heightened cult attention because he is authentic and anti-cool and therefore what we desire. As McLaren puts it: He's "the real deal." Even so, Walter Pfeiffer is an artist who spent half the eighties and most of the nineties in the closet. Ignored. Unquoted. Not present.

WALTER PFEIFFER, MANOLO BLAHNIK'S ARCHIVE, photograph from "Welcome Aboard" / MANOLO BLAHNIKS ARCHIV, Photo aus «Welcome Aboard», Edition Patrick Frey bei Scalo, 2001.

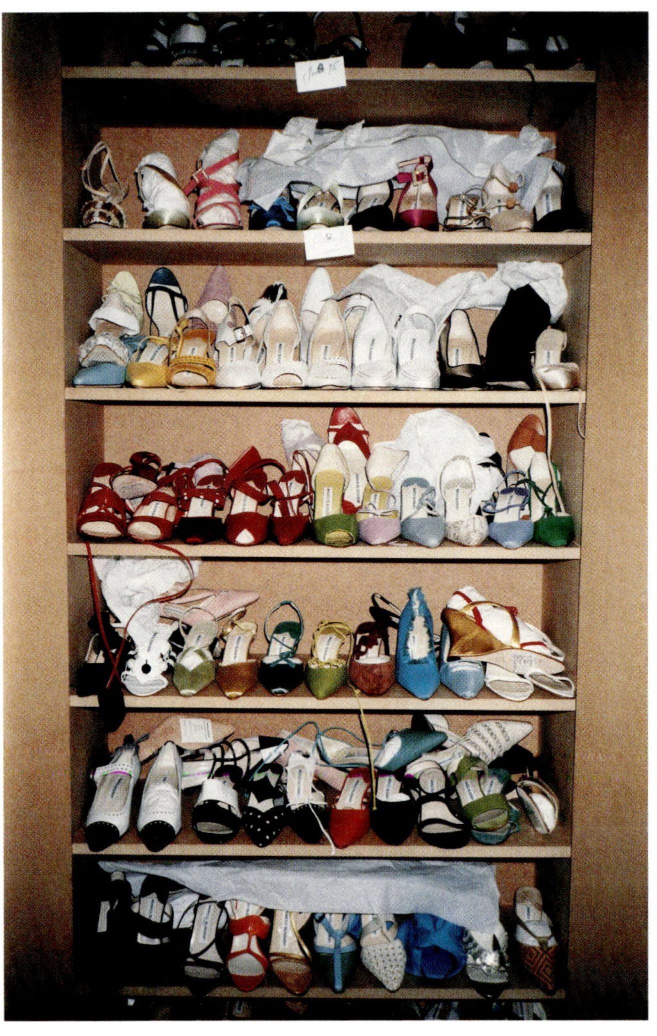

Walter Pfeiffer's biography looks like this: training as a decorator, then art school in Zürich. Head decorator for one year at an upscale Zürich boutique. Illustrator, including work for *Elle* and *Twen.* Then cool hunter for a leading department store. ("Urs Lüthi applied for the job as well, but he wasn't good enough.") In 1971 he decides to become an artist. Walter Pfeiffer showed his photographs for the first time in 1974 at the legendary exhibition "Transformer – Aspekte der Travestie" (Transformer—Aspects of Travesty), organized by Jean-Christophe Ammann at the Kunstmuseum Luzern. It was the first major exhibition to project the sexual revolution onto art. Art, pop, and underground culture joined forces. Roxy Music and David Bowie were visually present, as well as Urs Lüthi, Luciano Castelli, Alex Silber, and Jürgen Klauke. The German artist Katharina Sieverding wore a corselet at the opening.

Walter Pfeiffer showed a series of portraits of nineteen-year-old Carlo in various stages of makeup between male and female: gender processing. He also provided the cover for the exhibition catalog: jeans, T-shirt, and a tulle dress draped on a clothes hook. Prior to that, Pfeiffer's art had consisted of large-format super-realistic drawings. He used photography as his source material, notes, inspiration: "I always thought my hands trembled too much to take pictures."

The viewer's pleasure often comes from an indescribable feeling of boredom. The best books are likely to be those that fall to the floor by the time we hit page 20. And the greatest artistic experiences tend to be the product of mistakes rather than virtues. They impart an emptiness, an arrogance, a certain laziness and disrespect. The really cool classical works are a leap into the void. In the nineties, pleasure and entertainment displaced and cannibalized all other concerns.

Walter Pfeiffer does not go for cheap effects. He loves beauty ("I want my models to be like peaches") and seduction ("they can never be erotic enough"). His videos are spectacularly unspectacular. Homemovie style, shot in the seventies and eighties. (In fact, it is not implausible to claim Pfeiffer as one of the inventors of this style. The videos were all filmed in the confines of his own four walls.) Actually, they are pictures that happen to move and be set to music. For example, MUSIC FOR MILLIONS (1977), 15 minutes of the "best of" the late seventies. The first scene shows a scrap of paper with the sentence: "Just what you've been waiting for." Then things pick up. Walter and artist Lisa Enderli perform a dance that is synchronized with the title song of *Un homme et une femme* (A Man and a Woman) by Claude Lelouch. Rhythmically, they kneel down, their arms forming a right angle with hands pointing up. Slowly they revolve around their own axes, in both directions. It is not spectacular. Pfeiffer smiles and looks embarrassed. A man appears: the camera probes his body, starting with the bottom half in jeans. Moving pictures of an ashtray and two horses. A cat climbing out of the kitchen sink. A take of two hands approaching each other with rosary and crucifix. Then Pfeiffer and Enderli as bridegroom and bride. Pfeiffer wearing a white chef's hat, Lisa a veil. Shortly afterwards, they are shown sitting at a table and drinking coffee. At the end, Pfeiffer slowly peels a beauty mask off his face. MUSIC FOR MILLIONS was publicly screened for the first time in 1998, in other words, about twenty years after it was made.

Walter Pfeiffer is fascinated by stars. Always was. At the age of twelve, he cut pictures out of magazines and archived them. Gina Lollobrigida advertising a luxury soap instantly inspired him to buy and use one. Although: "It was harsh and stung like mad." He was thirteen. Pfeiffer started collecting his own stars early in his artistic career. For example, Irene and Beat. He has immortalized them in a commissioned piece. In 1966 Walter Pfeiffer goes to Rome with a photographer friend to attend a Rolling Stones concert. He sits in the first row. Next to him Federico Fellini, then Roger Vadim with his wife Jane Fonda (she had just finished shooting *Barbarella*). The stage directly in front of him is as high as a table. Brian Jones is sitting cross-legged about six feet away; he's on the drums. Mick Jagger next to him, strutting around and singing *Satisfaction*. "I almost died." Another favorite recollection: looking at a Rembrandt in the Rijksmuseum in Amsterdam during an excursion with his art class. Pfeiffer turns around to see Gunter Sachs and Brigitte Bardot walking in—a "little death," as the French say.

Walter Pfeiffer spent fifteen years in the closet. One reason being that he didn't fit in anywhere. The gay scene was not relevant, the more so because he based his choice of model on looks rather than sexual preference. And for a long time, more precisely from the beginning of the eighties to the end of the nineties, two things were suspect. First of all, Pfeiffer's tendency to pursue several activities at once: photography, video, drawing, illustration, performance, theater. For example his famous WALTERSPIEL, performed in 1981 with spectacular success at the Kunsthaus Zürich. A carefully staged array of talking pictures, a collage of Pfeiffer radio plays, produced in much the same manner as his home movies. The Zurich weekly *Die Weltwoche* announced that it was "Kunst für eine neue Generation" (Art for a New Generation).[5] The second factor that made Pfeiffer seem suspect in the art world was his interest in a specific stylistic groove long before the phenomenon of fashion had penetrated every aspect of life. The play of surfaces, the representation of pure attraction completely detached from any deeper meaning, the radical production of coolness, the uncompromising representation of emptiness—all that was not allowed.

A new generation had to come into play in order to put Walter Pfeiffer's work in a different context. His most recent series of pictures, *Metrocolor* (2004), which premiered at the Paris Centre Culturel Suisse, proves, however, that he is not an artist to wallow in nostalgia. His pictures have a new quality. More delicate, sensitive, less noisy, stronger. Incidentally: I'm looking forward to the publication of his guestbooks, a dozen albums filled with Polaroids. Udo Kier and Christine Kaufmann are also included.

(Translation: Catherine Schelbert)

1) Bob Nickas, "Camera Libido: The Photography of Walter Pfeiffer," *Artforum*, June 2003.
2) Elisabeth Lebovici, "Pfeiffer, sans tabou," *Libération*, 15 June 2004.
3) Cf. Bice Curiger, "Der erweiterte Horizont" in *Freie Sicht aufs Mittelmeer. Junge Schweizer Kunst* (Zürich: Scalo-Verlag, 1998).
4) Malcolm McLaren in an interview with Michelle Nicol/neutral for the film *The Next Three Years* (for Zurich Financial Services), conducted in Paris, 6 January 2004 at the Café Flore. Partly unpublished.
5) Irene Prerost, "Bescheidener Maestro: Das neue Gesicht," *Die Weltwoche*, No. 44, 1981, p. 39.

FRANCIS McKEE

BEYOND WORDS

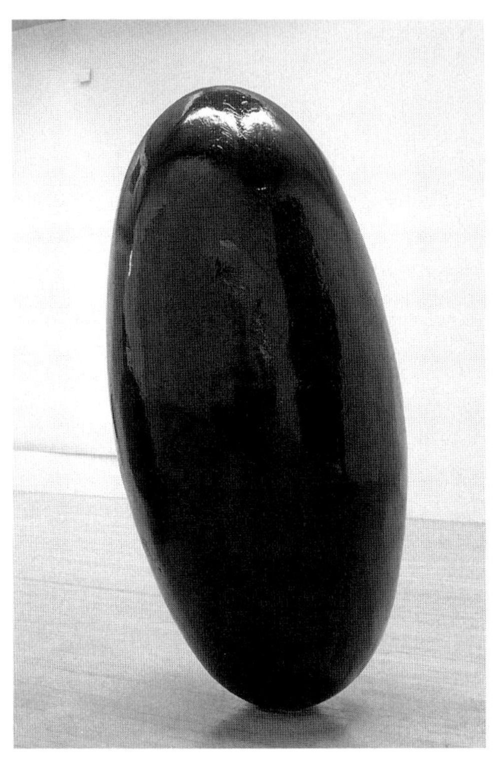

A new series of works by Fiona Banner appears, at first, to signal a rupturing of her earlier practice. *Parade* (2004) is a large group of model fighter planes suspended from the gallery ceiling; each represents a real fighter plane in commission somewhere in the world. There is also a work with words—a large, square sheet of paper, on which airplane nicknames are handwritten in a rough manner. The other accompanying works in *Parade* include multiple, real, life-size sections of a Harrier jet fighter: its wing (WING, 2004), nose cone (NOSE, 2004), tail fin (TAIL, 2004), and Perspex cockpit canopy (EYE, 2004).

For the most part, these works are mute. The model airplanes remain unpainted and, in a sense, naked. Detailed markings, such as roundels, chevrons, and fin flashes, have not been added. The larger pieces, taken from real jets, have been left untouched as well—their weathered metal, blank.

The absence of intense color places all of the emphasis on the objects' form. The tail fin, which has been positioned on the gallery floor, takes on a sculptural presence—it is minimal, tough, and beautiful. Hanging from the ceiling, the swarm of model planes appears to dive, bank, climb, tilt, and swoop, while standing perfectly still. The stripped shells' surfaces are austere and anti-cosmetic; with such focus on their sleek line and form, it is hard to deny that these machines are incredibly sexy. They've been designed and engineered with the same knowingness as automobiles, combining speed, power, and physical attraction into a concise visual statement. A fighter plane's beauty, however, is inextricably linked to its basic function as a tool for destruction, and the awesome firepower of the modern fighter, with its incredible ability to manoeuvre at high altitudes, evokes the sublime in a way matched by few other things. Banner has touched on this idea in earlier works as well, such as TOP GUN (1994) and THE NAM (1997), both of which she once described as transcendent scenes where high technology merges with the natural landscape:

You hear the chopper's blades wpwpwp gently but you can't see it. You can't see anything but the green jungle floating beneath. Then from down below a light shines in

FRANCIS McKEE was co-curator of the Scottish exhibition at the Venice Biennale in 2003. He is head of Digital Arts and New Media at CCA in Glasgow and teaches in the MFA Program at Glasgow School of Art. He is also a researcher in the field of Open Source Software and Intellectual Property.

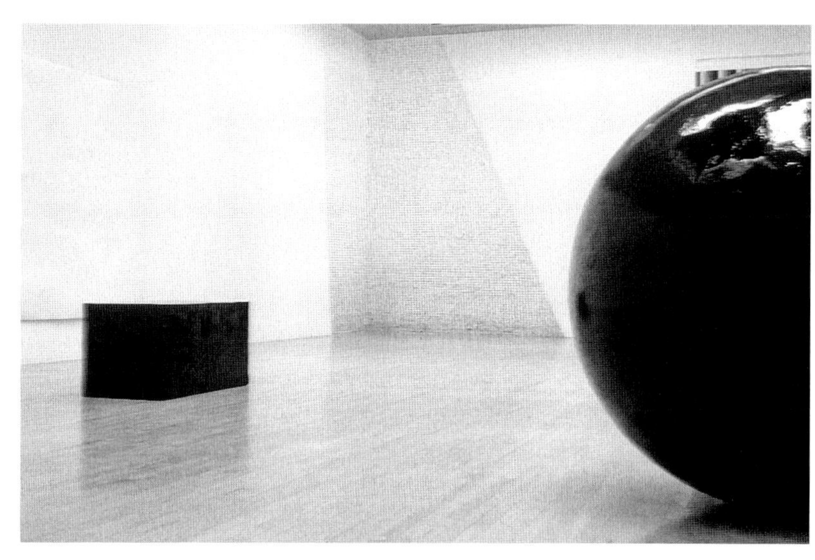

FIONA BANNER, FULL STOP SCULPTURES, 2002, installation views, Tate Britain: SLIPSTREAM, bronze and car paint (left); FALLEN AVANT GARDE, NUDE, AND COURIER (right); NUDE, indian ink on wall, detail (below) / Aus der Serie SCHLUSSPUNKT: WINDSCHATTEN, Bronze und Autolack (links); GEFALLENE AVANTGARDE, AKT und KURIER (rechts); AKT, Tusche auf Wand, Ausschnitt (unten).

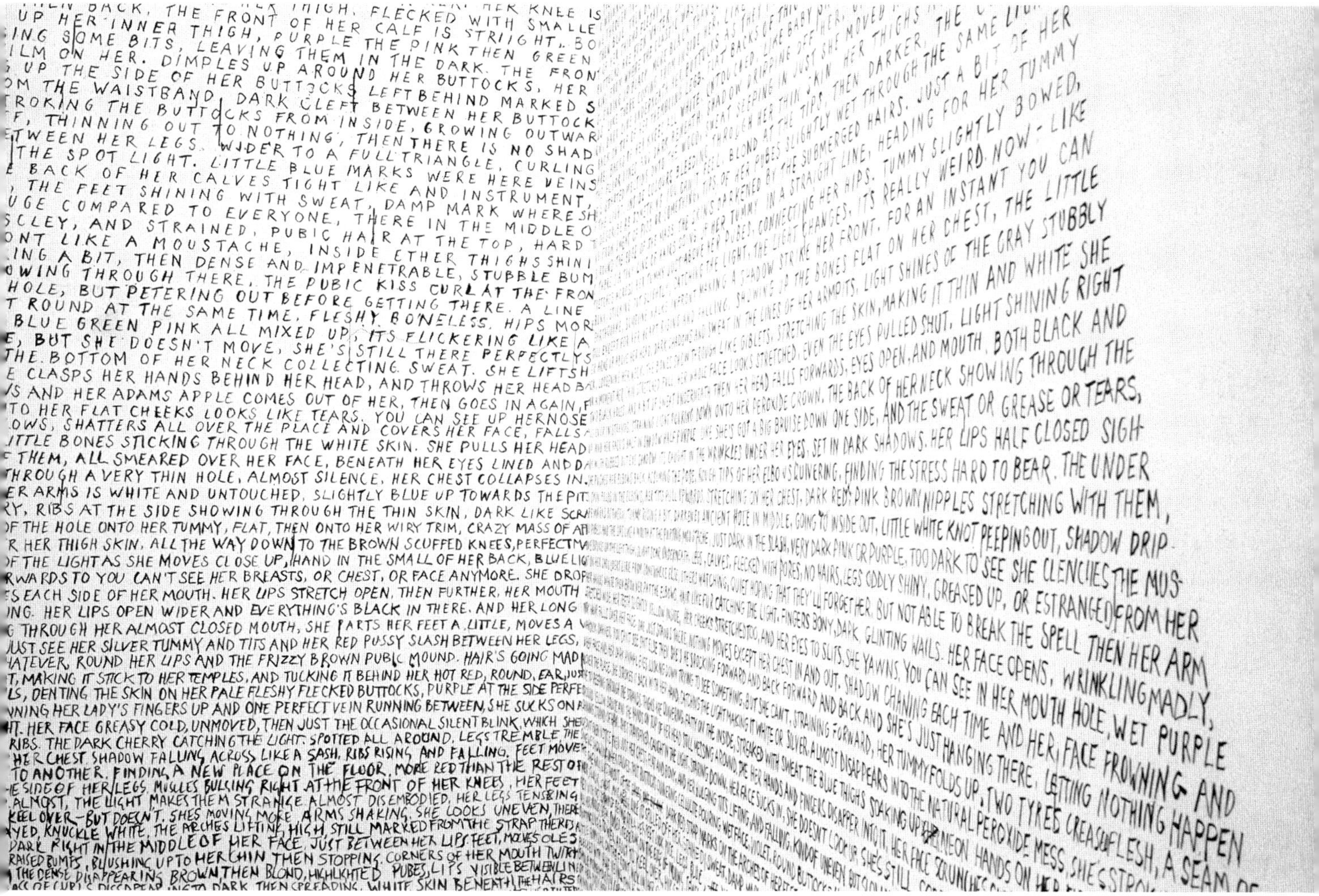

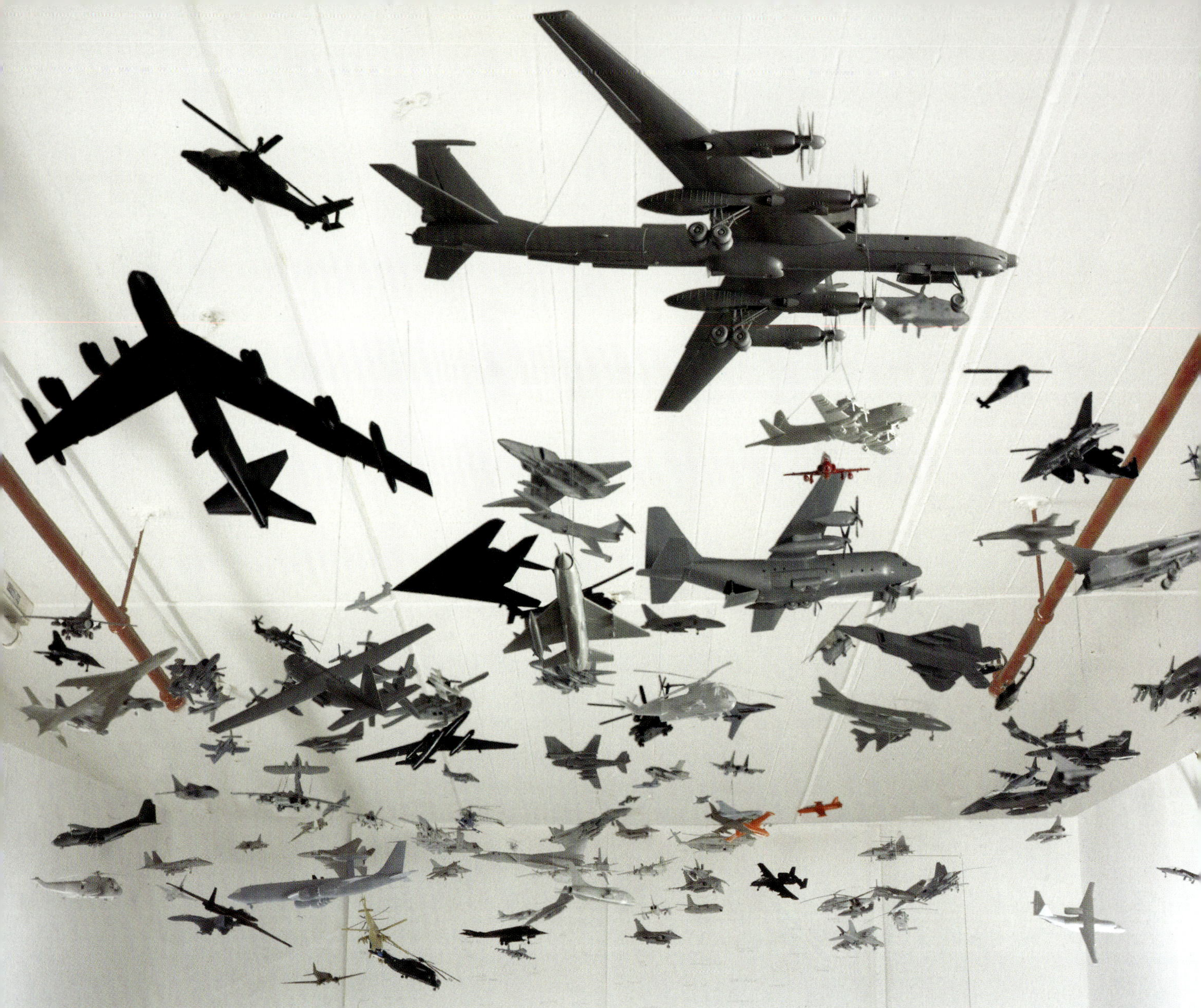

FIONA BANNER, PARADE, 2004, assembled kit model planes, nylon thread, detail / diverse Modellbauflugzeuge, Nylonfaden, Ausschnitt.

and makes everything hazy. Hexagons of sunlight pass across the screen. Trees seen from below fringe in at the side, moving slowly along. Light comes through in shards, and the top of the trees look miles away. You can hear the sound of a stream, frothing white in the middle, spindling through the mammoth trees. Everything else is damp green, and murky.[1)]

Here, Banner refers to a strange moment where stillness is found in the midst of wild movement. Similarly, the tableau of model planes in *Parade* functions as a photographic still, calling to mind Susan Stewart's comment that "the reduction in scale which the miniature presents skews the time and space relations of the everyday life-world, and as an object consumed, the miniature finds its 'use value' transformed into the infinite time of reverie."[2)]

Banner's new work reveals connections to earlier pieces in other ways too. The unadorned objects bear some relation to the rough plaster finish of CONCRETE POETRY (2002); and an even more complex link can be made to her raw, handwritten account of APOCALYPSE NOW (1997), and to her later series, *Arsewoman in Wonderland* (2001). The most obvious link is that the model aircraft are "homemade," a word Banner uses to describe her original Tiffany Mynx film called *Asswoman in Wonderland*. The *Arsewoman* series turned a pornographic image into words, giving a detailed account of the film's action in the artist's own words, clarifying what Michael Archer has described as "the unbreakable link between bodily existence and the language by means of which we vainly and unceasingly attempt to infuse it with significance."[3] In parallel works which were made at this time, such as FOREVER AND EVER (2002), Banner also grapples with the slippery inexactness of our vocabularies. In this work, she uses an immense field of punctuation marks to describe a story from which the words have been removed; FOREVER documents a breakdown, or crisis, in language.

Banner's new work simply gives us objects instead of words; the objects evoke a visceral and physical response through their lines and form. Fighter planes, like many modern weapons, are fetishized; in military magazines there is normally a centerfold image of a jet, a feature which echoes the layout of pornography publications. Such images of aircraft are viewed with an awareness of their destructive capabilities, providing, like pornography, an almost guilty, erotic pleasure.

Seemingly beyond words, Banner's objects constitute their own language. It is tempting to view the tail fin and nose cone in the gallery as a form of punctuation. Like Banner's earlier *Full Stops*, both sets of works demand that we address a crisis in communication on a physical level. It may be even more compelling to construct a Lacanian approach to analyzing these works, and to see them as things in themselves—beyond the shifting world of signifiers (especially in the case of EYE). But the works have their own complex inner dynamics. While some of the airplane parts are found objects, others have been cast; as Banner's hand-written guide to viewing the work points back towards "signifying language," it reminds us that the models are themselves "signifiers" of the larger planes. At the same time, her guide is so densely rendered that it is impossible to match a name to a model.

Appearances though are deceptive. The wing, nose, and tail fin have an epic scale about them in comparison to the models. As Vietnam pilot Mark E. Berent points out, the machine is designed for a snug fit; "We don't actually get into the thing," he explains, "we put it on." (Banner's titles for these works make this same point.)[4] While the larger airplane parts spawn heroic narratives, the kit-sized helicopters and fighters lose none of their fecundity. Such model airplanes, after all, were designed as props for a child's daydreams of imagined battles taking place in the high altitude of his/her bedroom ceiling.

Banner's delicate, hand-written guide to viewing the aircraft also points to, and questions, the macho nature of these machines by such fictional names as Superstallion, Havoc, Tiger, Persuader, Cobra, Haze, Hormone, Hokum, Gazelle, Bronco, Lancer, Tornado, and Fagot. She seems to pump testosterone through each one in a way which brings to mind Carole Cohn's 1980s study of subliminal sexual imagery found in the language of nuclear weaponry. In this study, Cohn argued that, while there was a thrill in learning this coded language, what was more important was one's "sense of control," and "feeling of mastery over technology."[5]

Despite its innate muteness, contemporary weaponry seems to breed myths, images, languages, and narratives. Fighter aircraft are known to have spawned other names as well, such as bumblebees, nightmares, tomcats, bulldogs, jaguars, bats, hawks, black sheep, black hawks, panthers, marlins, cheetahs, and vampires. The association with animals is ubiquitous, acknowledging the bestial dimensions of war, and claiming the most extreme attributes of each creature. Behind Banner's new works, there is the formidable energy of nature to metamorphosize planes into hurricanes, helicopters into hawks, and jet sections into limbs.

All of this turbulent power is then stripped and crushed into the confines of a gallery space. The Harrier wing and tail fin could inspire visions of high altitude dogfights, explosive velocity, and unbridled kinetics beyond the reach of the human senses, but

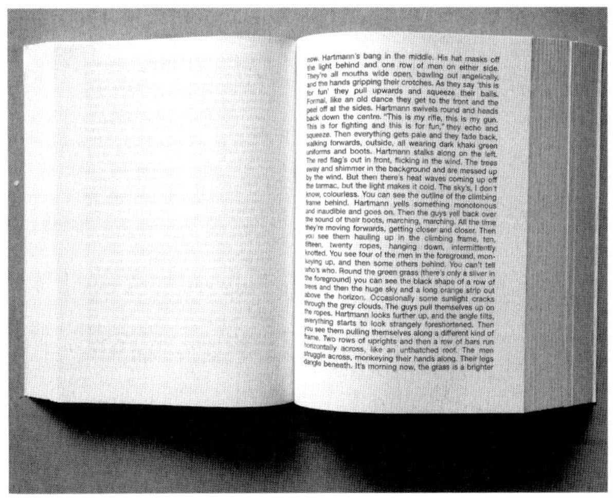

now. Hartmann's bang in the middle. His hat masks off the light behind and one row of men on either side. They're all mouths wide open, bawling out angelically, and the hands gripping their crotches. As they say 'this is for fun' they pull upwards and squeeze their balls. Formal, like an old dance they get to the front and the peel off at the sides. Hartmann swivels round and heads back down the centre. "This is my rifle, this is my gun. This is for fighting and this is for fun," they echo and squeeze. Then everything gets pale and they fade back, walking forwards, outside, all wearing dark khaki green uniforms and boots. Hartmann stalks along on the left. The red flag's out in front, flicking in the wind. The trees sway and shimmer in the background and are messed up by the wind. But then there's heat waves coming up off the tarmac, but the light makes it cold. The sky's, I don't know, colourless. You can see the outline of the climbing frame behind. Hartmann yells something monotonous and inaudible and goes on. Then the guys yell back over the sound of their boots, marching, marching. All the time they're moving forwards, getting closer and closer. Then you see them hauling up in the climbing frame, ten, fifteen, twenty ropes, hanging down, intermittently knotted. You see four of the men in the foreground, monkeying up, and then some others behind. You can't tell who's who. Round the green grass (there's only a sliver in the foreground) you can see the black shape of a row of trees and then the huge sky and a long orange strip out above the horizon. Occasionally some sunlight cracks through the grey clouds. The guys pull themselves up on the ropes. Hartmann looks further up, and the angle tilts, everything starts to look strangely foreshortened. Then you see them pulling themselves along a different kind of frame. Two rows of uprights and then a row of bars run horizontally across, like an unthatched roof. The men struggle across, monkeying their hands along. Their legs dangle beneath. It's morning now, the grass is a brighter

FIONA BANNER, THE NAM, 1997,
1000-page artist's paperback /
1000-seitiges Künstlerbuch.

FIONA BANNER, BLACK HAWK DOWN, 2004,
pencil on paper, detail, 67 x 39 3/8" /
Bleistift auf Papier, Ausschnitt, 170 x 100cm.

instead, ruthlessly dismembered, they lie tamed and aestheticized within walls, mocked by the nearby models that reconfigure their violence in the terms of solitary hobbyists and daydreamers. This act of being humbled explains the queasy sense of pleasure that *Parade* delivers. It reminds us of our sometimes unspeakable fascination with images of war and destruction served up by the media and catered to by multitudes of movies, toys, and videogames. To the hobbyist, the lonely, obsessive hours of model-making and the isolated study time of pornography both draw on the primal human need to construct vicarious, unattainable fantasies.

Deeper still, there exists the disturbing thought that the world of raw objects and actions always evades precise expression. *Parade*, if it is to be seen as an A–Z manual of fighter aircraft, is an alphabet at war with itself. Both menacing and fragile, these objects do not connect or collide, but remain separate and still. It is a language unmade, a series of indecipherable, tantalising hieroglyphs on the verge of making sense. Charting Banner's engagement with fighter aircraft—from TOP GUN, through the Vietnam movies, to these more recent works—one finds a clear trajectory. On one level, all of these artefacts mythologize battle, but while TOP GUN reflects the confidence of a resurgent U.S. Air Force in the eighties (associated with movies such as *Apocalypse Now*, 1979), its focus is clearly on the trauma of defeat; one of its most telling images is of a downed American fighter plane rotting in the jungle at the edge of the Mekong River. Over twenty years later, the opening scenes of *Black Hawk Down* (2001) revel in the dizzying glory of state-of-the-art military technology before crashing back down to earth through the image of a fallen helicopter in Mogadishu. Both films dwell on the impossible defeat of a highly sophisticated, technological empire at the hands of lightly equipped Third World soldiers.

Banner's fragments of a Harrier jet go further than the wreckage depicted in these films. Her amputated sections of aircraft sit and lean against the gallery wall like classical ruins, denoting, in their fatality, the collapse of an empire of signs. As much as any mere military defeat, it is the impossibility of communication that is being mourned, and as grand tourists, we enjoy the shiver of fear and find ourselves oddly at home in the debris.

1) Fiona Banner, *The Nam* (London: Frith Street Books, 1997).
2) Susan Stewart, *On Longing: Narratives of the Miniature, the Gigantic, the Souvenir, the Collection* (Baltimore: Johns Hopkins University Press, 1984), p. 65.
3) Michael Archer, "Your Plinth Is My Lap" in *Banner: Your Plinth Is My Lap*, ex. cat., Katrina M. Brown, Susanne Titz, eds., Neuer Aachener Kunstverein/Dundee Contemporary Arts/Revolver, 2002, pp. 57–66, quote from p. 62.
4) Jon E. Lewis, *The Mammoth Book of Fighter Pilots: Eyewitness Accounts of Air Combat from the Red Baron to Today's Top Gun* (London: Constable & Robinson, 2002), p. 450.
5) Carol Cohn, "Slick 'ems, Glick 'ems, Christmas Trees, and Cookie Cutters: Nuclear Language and How We Learned to Pat the Bomb," *Bulletin of the Atomic Scientists*, 43:5 (June 1987), pp. 17–24.

L FACE FULL OF SAND, BLUE, EERIE DAWN LIGHT, COULD BE DUSK, THE SANDS KIND OF SKUFFED AND SMOOTH AT THE SAME TIME
ANTASTIC, FROM SOMEWHERE ELSE. "ONLY THE DEAD HAVE SEEN THE END OF WAR - PLATO" I GUESS THATS RIGHT. BIG LETTERS WHITE, BLEED
UGH SHEER BLACK SCREEN. FOOTPRITS, ONLY JUST IN THE SAND VERY SLOWLY MOVING OVER TO A SACK, SOMETHING IN IT SLOWLY R
BODY, WRAPPED UP LIKE A BAG OF RICE, LONG, STICK LIKE - DEAD, DUSTY BLACK BACK OF A MAN LEANING OVER WRAPPING UP
CHEWED FACE IN A RANCID PIECE OF MUSLIN, TRICKLE OF SWEAT RUNNING DOWN HIS SPINE. THE SINGING CONTINUES SLOWLY,
HAPPENS SLOWLY. A CLEAR SINGLE TEAR OF SWEAT ALONG HIS SPINE, SHINING ON THE DARK, MATT, DUSTY, SLOW SKIN. GUSTS
E BLOW INFRONT, STRETCHED OUT IN THE WIND. HES PALE THEN HES GONE. BITS OF TWIG STICK UP OUT OF SAND. THE CORPSE'S ON
OF A TRUCK. JUST HIS FEET STICKING OUT OF ~~HIS~~ ITS SACK, CLOTH ON HIS FACE SUCKED TO HIM LIKE A MASK. HES SITTING UPRIGHT LIKE HES A
TRUCKS ROARING TOWARDS THE FRONT, DUST BLAREING UP FROM ITS WHEELS, UNTIL ITS DRIVING IN ITS OWN CLOUD, NOT GETTING
R THEN BURNING THROUGH THE BLACK, "YEARS OF WARFARE AMONGST RIVAL CLANS CAUSE ~~WAR~~ FAMINE ON A BIBLICAL SCALE" TH
CROSS FLAG FLAPPING IN THE DUSK, MOVES THROUGH A CAMP, ALL STRUNG OUT TENTS, GUYS HANGING AROUND, DUST. AGAIN IN LETTERS "MOH
H AIDID, THE MOST POWERFUL OF THE WARLORDS, RULES THE CAPITAL OF MOGADISHU" THE CORPSE, RIGORMORTIZED IS LIFTED OFF THE TRUCK,
MENTS OF THE TWO FACELESS BEARERS LUGGING HIM OFF THE BACK, LETTERS INFRONT OF IT ALL "HE SIEZES INTERNATIONAL FOOD SHIPMENTS
. HUNGER IS HIS WEAPON - THE WORLD RESPONDS, BEHIND A FORCE OF 20,000 U.S. MARINES, FOOD IS DELIVERED AND ORDER RESTORED. SC
, OR NEARLY DEAD, LIES IN THE FOREGROUND, OTHER HUGE EYED VIRTUAL CORPSES STARE OUT THE FRONT. EVERYTHING DEAD BUT THE FI
S OF THEIR EYES. HE SEIZES INTERNATIONAL FOOD SHIPMENTS AT THE PORTS. HUNGER IS HIS WEAPON. LIGHT DAPPLES THE LENSE, MAKING PA
OF FLARE." AIDID WAITS UNTIL THE MARINES WITHDRAW, THEN DECLARES WAR ON THE REMAINING U.N. PEACEKEEPERS. SKIN SUKKERS THE BO
ED MAN LYING ACROSS THE FRONT. ALL'S BLUE AND DUSTY. "IN JUNE AIDID'S MILITIA AMBUSH AND SLAUGHTER 24 PAKISTANI SOLDIERS, AND
TING AMERICAN PERSONEL." ~~EMACIATED~~ BLACK FIGURES WALK THROUGH THE GUSTS OF DUST. "IN LATE AUGUST, AMERICA'S ELITE SOLDIERS, DELTA
RANGERS AND THE 160th SOAR ARE SENT TO MOGADISHU TO REMOVE AIDID + RESTORE ORDER. THE LANDSCAPES WRECKED AND DERELICT "THE MISSION
THREE WEEKS, BUT SIX WEEKS LATER WASHINGTON WAS GROWING IMPATIENT. THE SLOW HEARTBEAT OF HELICOPTER BLADES IN THE DISTAN
EXPLODE UP FROM BEHIND THE JAGGED SKYSCRAPER SKYLINE, A BLACKHAWK COPTER SAILS OVER THE TOP, BLADES INVISIBLE THEYRE BEATING SO F
STRETCHING BEYOND. PEOPLE SCATTER THROUGH THE DERELICT CITY, BUILDINGS TORN TO THE GROUND, SAND, AND PILES OF WRECKAGE, OTHE
OT FOR THE LOST, WANDERING, THEN FRANTIC CROWD, SCATTERING AS A CHARGED TRUCK TEARS THROUGH. THROUGH THE GAPING SIDE OF T
PTER THE LOOK TINY, FRANTIC, EVERYTHINGS IN SLO-MO, DEAFEND BY THE POISONOUS BLADES CHOPPING CHOPPING CHOPPING,
TED AGAINST THE WHOLE GOD-AWFUL SCENE. THE SIDE OF THE GUNNERS HELMIT BREAKING THE PERFECT RECTANGLE OF THE COPTE
SMOKE OR IS IT DUST, RISING UP FROM THE PILES OF WRECKAGE. THE CROWD GOING MAD, SURGING AT THE TRUCK, A HUNDRED ARMS GRAB
BAGS OF GRAIN, SHOUTING, YELLING, SCREAMING, AND ALL THE TIME THE COPTER BLADES BATTING MADLY. ANOTHER TRUCK COMES IN FROM THE LEFT,
ER THE HILLOCKS AND DEBRIS, HUGE GUN WIELDING AT THE FRONT, SEVERAL GUYS PILED ON THE BACK. EVERYONE THAT WHO CAN'S GRABBING A SAC
LUGGING THEM AWAY FROM THE TRUCK. THE GUY IN THE COPTER SPOTS THEM, "THERE, TECHNICALS NINE O'CLOCK." HE SCREAMS INTO HIS MOUTHPIE
MAD DOWN THERE, EVERYONE JOSTLING FOR THE FOOD, AND BEING BEATEN OFF BY THE THUGS WITH STICKS AND RIFLE BUTTS. THEN IT GOES MAD, TH
A MACHINEGUN EXPLODES, BAM, BAM, BAM, HUGE DULL SOUND, EVERYONE FLAILING AROUND, HANGING ONTO EACHOTHER JERKING LIKE CRAZY. BITS O
INNARDS SPLAT UPWARDS, DARK, SHIVVERING INNARDS EXPLODING. THE BULLETS STILL EXPLODING, SPITTING OUT OF THE SIDE OF THE MACHINE GU
HAK. FLASHES OF ORANGE FROM THE END OF THE GUNS. MORE RED, EXPLODING THROUGH THE AIR, SPRAYING ALL AROUND, SHARDS OF PINK BLOOD EXPLODING
THE COPTERS STILL HOVVERING CLOSE BY, THE GUYS LEANING OUT THE SIDE AGAIN, MOUTH GAPING WIDE, "OH SHIT DID YOU SEE THAT" HE ROARS, SOMEONE ELSE SAYS
KE, "CHIEF WE'VE GOT UNARMED CIVILLIANS GETTING SHOT DOWN HERE AT NINE O'CLOCK" THE DUSTY, BLOODY MAYHEM CONTINUES BENEATH" BLADES BEAT
THE OTHER COPTER SAYS "I GOT IT MAT, I DONT THINK WE CAN TOUCH THIS," JUST AUDIBLE OVER THE SOUND OF THE COPTER BLADES. DOWN BELOW THE SHILOETTE OF S
INTO A MEGAPHONE, STRANGE FORM TRUMPETING FROM HIS FACE. THE WARPED AMPLIFYED VOICE SOUNDS "THIS FOOD IS THE PROPERTY OF - GO BACK
S" THE SUN GLINTING OFF HIS SUNGLASSES, SWEAT SHINING ON HIS BLACK FACE. THE CROWD SCREAMS. THINNING FROM THE OUTSIDE, SCATTING OVER THE DUST,
MALITIVE YELL' CLOUDS OF SMOKE GHOST INFRONT OF IT ALL, A FEW TINY CORPSES LEFT YOKING BLOOD ON THE GROUND. THE CLOUDS OF SMOKE THICKEN, TH
BLADES GETS LOUDER. JUST AUDIBLE OVER ALL THAT THE GUY IN THE COPTER SAYS "... WE GOT MILITIA SHOOTING CIVILLIANS AT THE FOOD DISTRIBUTION CENTER. REQU
N TO ENGAGE... OVER" THE WEIRD VOICE COMES BACK "SUPER 64, ARE YOU TAKING FIRE? OVER." IT COMES BACK, "U.N.S JURIDICTION, 64. WE CANNOT INTERVINE. RETU
ER". "NEGATIVE COMMAND" "ROGER" "64 RETURNING" YOU SEE THE COPTER PULLING OFF WAY UP IN THE SKY, SPINNING BLACK BIRD AGAINST A BLUE CLOUDL
THE CLENCHED DEFIANT FIST OF THE WARLORD BENEATH, AND THE MEGAPHONE TRUMPETING, THEN THE SKY DISAPPEARS AND THE GUY BELOW FILLS THE SCREE
JUST A RIM OF BLUE AROUND HIS CAKKELING SHILOETTE. THE SOUND OF THE COPTER DISSAPPEARING, BLACK DOT SWALLOWED UP BY THE BLUE. THEN THE CITY BELOW, BRO
EGO, ENDLESS ROOFS, DOING NOTHING, A JEEP ROARS ALONG THE DUSTY ROAD, BIG CLOUDS OF SMOKEY ROAD FLAREING UP BEHIND. MOTORBIKES, PEOPLE, OTHER CARS CLOGGIN
NOISE, ENGINES, SHOUTING, ALL THAT STUFF. THE PICTURE SLOWLY DIALATES FURTHER IN THE CROWD, JUST A PATCHWORK OF PEOPLE MOVING THERE'S A GUY WATCHIN
SCENE REFLECTED IN HIS DARK WRAPAROUND GLASSES. HE SITS QUIETLY OBSERVING THE CROWD. PEOPLE CRISS-CROSS THE FOREGROUND, SOME MAKING EYE CONTACT WITH
ANT REALLY TELL WHO IT IS HE'S WATCHING, HE'S JUST SITTING THERE STARING THROUGH INVISIBLE EYES. THE WHOLE SCENE REFLECTED SMALL IN HIS DARK GLASSES
SSLES AGRESSIVELY ON, UNSEEING. RIFLES SLUNG OVER SHOULDERS, CLUTCHED AT GROIN HEIGHT, CHECKED SHIRTS, STRIPED SHIRTS - T-SHIRTS, BARE BLACK SKIN. SHIN
BLACK FACES, EYES LIKE STONES. EVERYWHERE. HE TAKES A SWIG FROM A GLASS, AND STANDS, DRIFTING SELFCONCIOUSLY INTO THE MAN CROWD. THERES A STALL SELL
AMMO - SOMEONE COMES ALONG AND FIRES A BARRAGE INTO THE SKY. NOBODY FLINCHES, JUST CARRIES ON. HIS GAZE FOLLOWS A GUY, BLACK, SHINY FACED, AS HE GOES UP TO THE STA
SOMEONE. DARK, CLOSE-UP - ITS A MOMENT, BUT YOU CANT HEAR WHAT HE'S SAYING, THE CROWD JOSTLES AROUND. HE GOES OVER TO A GUY READING "USA TODAY" HEAD HIDDEN IN
ER HE FLICKS THE PAPER OVER AND STARES OUT AHEAD. THE GUY CHEWS NONCHALENTLY ON SOMETHING. THE GUY APPROACHES, TAKES OFF HIS SHADES AS HE ENTERS THE RO
THE DESK, SAYING "HES WAITING". NO MORE. THE GUY SITTING DOWN, GRUNTS, RAISES A FINGER, DROPS THE NEWSPAPER AND FOLLOWS HIM OUT OF THE DARK. THE SAME BLOKES
LOOKING ON, AS THE TWO PILE INTO A JEEP HE TILTS HIS HEAD AND SAYS "THEY'RE COMING" INTO HIS A COLLAR - A HIDDEN MIKE? THE SUN GLINTS PURPLE AND PINK OFF HIS
CLOSES BEHIND HIM, A PLUME OF CIGAR SMOKE SHOT OUT AS THE ENGINE RUMBLES AND THE JEEP SETS OFF. A HEAVY BEAT, ALMOST REGGAE OVER THE LANDSCAPE A
OARS THROUGH ITS OWN DUST, A CONVOY OF THEM, SUN GLARES DOWN THROUGH THE DUST MAKING A TUNNEL OF YELLOW. THEY DRIVE CRAZILY ALONG THE DUST RO
OWS OF SAND AND SHIT BLAREING UP BEHIND THEM. THREE TRUCKS... THEN THE SOUND OF COPTER BLADES BEATING ALL AROUND, GETTING LOUDER. A BLACK-HAWK COMES DO
CLOSE TO THE TRUCK, CLOSE TO THE GROUND, ALMOST LANDING, SKUDDING THE SURFACE. THE GUY INFRONT, ON HIS MOBILE LOOKS OUT TO THE SIDE AND SEES THE HELICOPTE
P DRIVING!" AND CARRIES ON TALKING INTO THE PHONE. SOMEONE IN ONE OF THE COPTERS TAKES AIM, SWINGING THE VAST FIXED GUN ON ITS PIVOT, AND FIRES AT THE BONNET
SPLAT! THE TANK EXPLODES BLACK PETROL ONTO THE WINDSCREEN SHATTERING THE IMAGE OF HIS FACE BEHIND. THE COPTER BEARS DOWN INFRONT, THE HUGE POD-FUSELAGE FI
E WINDSCREEN FORCING THE TRUCK STILL, THE SOUND DEAFENING. ONE OF THE GUYS FROM THE BLACKHAWKS, ON THE SAND, CHEST SASHED WITH GUN, WRAPPING ON THE
JEEP. THE PASSANGER SAYS "IM GOING TO BE LATE!" INTO HIS MOUTHPIECE AS IF ITS NO BIG DEAL AND SUCKS ON HIS CIGAR. THE COPTER BLADES STILL BEATING MADLY ON THE
HE WINDOW. INSIDE, DINGY, SUNLIGHT ON THE TABLE, A PAIR OF SUNGLASSES LYING THERE, SLOW SCAN ACROSS THE EMPTY SUN-DAPPLED SURFACE. A HAND OUTSTRETCHED, CIGAR STO
OREFINGERS. NOTHING HAPPENING, SLOWLY. HE TILTS HIS HEAD, THE SUNLIGHT SHIFTS ON HIS WIDE BLACK SWEATING NECK. SOMEONE WALKS INTO THE ROOM, NOW THE WI
HADES, HE APPROACHES THE DESK - DOOR SLAMS TINNILY ~~IN BACKGROUND~~ BEHIND. BLUE LIGHT SHAFTS IN FROM THE WINDOW. HE GOES OVER TO THE TABLE, GLASSES MASK
E BLACK GUY SITTING SAYS "GENERAL GARRISON" OFFERING HIM A BIG FAT CIGAR FROM A CASE. "OH NO THANKS I GOT ONE" ANSWERS THE AMERICAN, SUCKING ON HIS OWN. "BUT THESE ARE C
ELICOSO." HE'S MILES BACK, "SO'S THIS," GESTURING WITH HIS CIGAR. "MIAMI MY FRIEND IS NOT CUBA." HE SMILES AND LOOKS OUT OF THE WINDOW, SUN SQUINTING INTO HIS FACE. THE OTHE
S CIGAR, SUCKING ON IT TO MAKE HUGE FLAMES, UNTIL HES SITTING THERE IN A BILLOW OF SMOKE. HE SAYS IN HIS LOW BILLIOUS VOICE "I SEE NOT CATCHING AIDID IS BECOMING A ROUTINE." THE OT
HATEFULLY BACK AT HIM, FACE LINED WITH SWEAT. EYES JUST VISIBLE THROUGH THOSE SHADES. "WE WEREN'T TRYING TO CATCH AIDID WE WERE TRYING TO CATCH YOU!" HE SAYS STARING BACK
ME... BUT AM I THAT IMPORTANT! IM JUST A BUISNESS MAN... TRYING TO MAKE A LIVING." HE LAUGHS, BUT ITS NOT A REAL LAUGH. THE OTHER GUY LEANS FORWARD, ACCUSES, "YEA SELLING GUNS"
"THE BIG BLACK FACE SUCKS ON THE CIGAR, PLUMES OF SMOKE OBSCURE HIS FACE. "YOU'VE BEEN HERE HOW LONG... SIX WEEKS?" "SIX WEEKS YOU ARE TRYING TO CATCH THE GENER
REWARD POSTERS... 25,000.000 DOLLARS. WHAT IS THIS - A GUNFIGHT AT THE OK CORRAL?" HES LOOKING ACROSS THE ROOM, THROUGH THE HAZE OF CIGAR SMOKE. A DEAD ACCUSA
THE OK KORRAL!" THE GUY LAUGHS. THE OTHER GUY DEAD SERIOUS "DO YOU THINK BRINGING ME IN WILL MAKE HIM SUDDENLY COME TO YOU?" "MAKE HIM MORE AGREEABLE?"
E OTHER GUY ACCUSES, "YOU PAY FOR HIS BEDS, NOT TO MENTION HIS MILITIA" HE GAZES OUT OF THE WINDOW AND ~~REPLIE~~ CONTINUES, "WE'RE NOT LEAVING SOMALIA UNTIL WE FIND HIM,
FIND HIM..." THE OTHER GUY REPLIES, FURIOUS "DONT THINK MAKE THE MISTAKE OF THINKING THAT BECAUSE I GREW UP WITHOUT RUNNING WATER THAT I AM SIMPLE GEN
SOMETHING ABOUT HISTORY... SEE ALL THIS. ITS SIMPLY SHAPING TOMORROW... A TOMORROW WITHOUT A LOT OF ARKINSAS WHITE BOYS IDEAS IN IT." THE OTHER GUY SMILES AND
ING. "WELL I WOULDNT KNOW THAT, IM FROM TEXAS..." HE LOOKS BACK, HIS CIGAR LIKE A SIXTH FINGER "MR GARRISON YOU SHOULDNT HAVE COME HERE... THIS IS CIVIL WAR... THIS IS
SHINING ON HIS SWEATY BLOATED FACE, EYES BLOODSHOT BUT WHITE AS ANYTHING BEAMING OUT OF HIS FACE" EVERYTHINGS STILL BUT FOR THE SMOKE PLUMEING FROM
IGARS. THE OTHER GUY FURIOUSLY RIPS OFF HIS GLASSES, SQUINTING THROUGH THE SUN, HE LEANS FORWARD, THE WORDS PIERCING, "300,000 DEAD THATS NOT WAR THATS GENOCI
PUSHING BACK HIS CHAIR, "NO YOU ENJOY THAT TEA YOU HEAR" HE STANDS AND WALKS OUT, LEAVING THE GUY SITTING THERE SUCKING ON HIS CIGAR IN THE HALF LIG
INTO A BLUE ROOM, DOOR CLANKING BEHIND HIM, HE SAYS WITHOUT LOOKING UP OR STOPPING "HOW'R THE STRIKE TEAMS?" THE ANSWERS COMES, "URBANE, CERTIFICATED, COOL" THE OTHER GUY LOOKS DOWN, THEN BACK. IN H
L ONG TOGETHER NOW, THE TWO GUYS. HE TURNS AND SAYS, MAKING EYE CONTACT FOR THE FIRST TIME "IT'LL TAKE SOME TIME, BUT AIDID WILL FEEL THE LOW" THE CHEWING ON GUM, WHITE PELLET, IN HIS DARK MOUT
THING WE'VE GOT IN GREAT SUPPLY. THE GUY STARES HIM STRAIGHT BACK... "THIS ISNT IRAQ, YOU KNOW. MUCH MORE COMPLICATED THAN THAT." "THEY'VE BEEN CALLING FOR THESE DAMN SITUATION REPORTS
BOSS, IM SURE MOST OF WASHINGTON MIGHT DISAGREE..." JUST THE BACK OF THEIR HEADS AS THEY GO DOWN THE CORRIDOR... THE BRIGHT WHITE/BLUE LIGHT BEHIND THROWING HIM INTO SHILOETTE. HE ... "A LONG SHOT OF THE RUN
S WEEK" THE OTHER GUY TURNS, PUTS ON HIS GLASSES AND SAYS. WELL TELL THEM THE SITUATION IS... FRAGILE. "MOGADISHU AIRPORT U.S. ARMY H.Q." "... ILL BE YOUR PILOT TODAY..." "FEDERAL REGULATI
NOISE COMES IN, HIS BACK LIT IN THE BRIGHT LIGHT, HELICOPTER BLADES SWELLING UP TO A FEVER PITCH, A TRUCK MOVING OFF BEHIND "LADIES AND GENTLEMEN, MY NAME IS CHRIS ELVIS WALCOTT..." THE INTERCOM AGAIN, "BECAUSE YOU
NG OFF AND LANDING. COPTER BLADES LOW IN THE FOREGROUND. TROOPS RUNNING TOWARDS THE FRONT, THE COCKPIT SHINING ON THEIR SWEATING FACES. MUSIC KICKS IN "BOOM DE BOOM BOOM... IM CAUT IN A TRAP... I CANT HOLD BACK..." THE GUYS L
LIKE AN INTERCOM THE COPTER BLADES WHIRR TO A PITCH AS THE CLIMB INTO THE DARK FUSELAGE, LIGHT FROM THE EDGES. "NUMBER ONE INDICATIONS ARE GOOD CHIEF..." PUT HER IN TWO. A ROW OF PERFECT STILL
HAWK HELICOPTER THE TROOPS JANGLING UNDER THE WEIGHT OF THEIR KIT SIT AT THE SEAT BACK INFRONT OF YOU... SHILOETTE OFF THE RUNWAY, LEAVING THE NOSE STILL DIPPING IT LIFTS UP
ALWAYS AIRSICKNESS BAGS ARE IN THE ... THAT THE COPTER LIFTS ITS BLACK HULKING ... THE OPEN SIDE OF THE COPTER ... OF THE MUSIC. THE JEA

FRANCIS McKEE

JENSEITS VON WORTEN

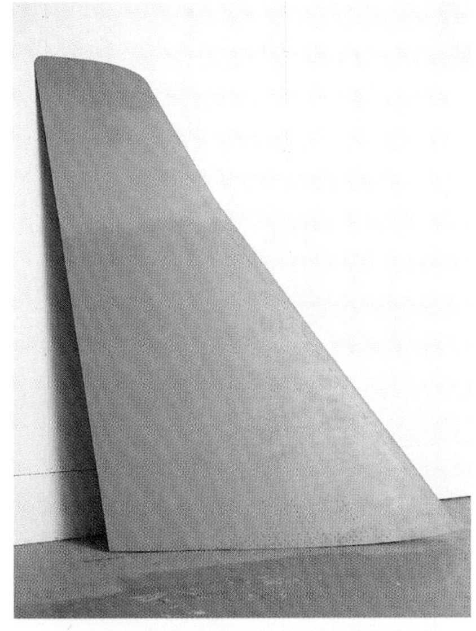

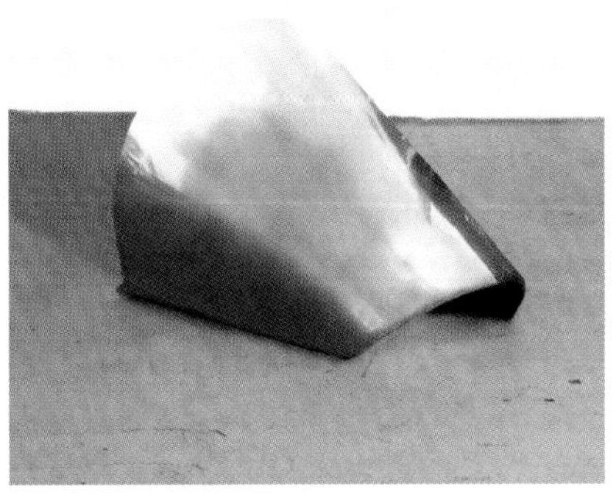

Oben / Top: FIONA BANNER, FIN, 2004, Harrier Jump Jet tail-fin, paint, 81 1/8 x 61 5/8" / Heckflosse eines Harrier Jump Jets, Farbe, 206 x 156,5 cm.
Unten / Bottom: EYE, 2004, Harrier Jump Jet windscreen, mirror, 29 x 33 x 42 1/2" / AUGE, Windschutzscheibe eines Harrier Jump Jets, verspiegelt, 73,5 x 84 x 108 cm.

Auf den ersten Blick scheint die neue Werkreihe von Fiona Banner einen Bruch mit ihren bisherigen Arbeiten anzudeuten. *Parade* (2004) besteht aus einem grossen Schwarm von Modellkampfflugzeugen, die von der Decke der Galerie hängen, wobei jedes einzelne für einen realen Kampfjet steht, der irgendwo in der Welt im Einsatz ist. Dazu gehört auch eine Textarbeit – ein grosses quadratisches Blatt Papier, auf dem die Übernamen diverser Flugzeuge flüchtig hingeworfen sind. Weitere Begleitwerke zu *Parade* sind echte, lebensgrosse Teile eines Harrier Kampfjets; ein Flügel (WING), die Flugzeugnase (NOSE), die Heckflosse (TAIL) sowie die Cockpithaube aus Plexiglas (EYE, alle 2004).

Diese Arbeiten sind weitgehend «stumm». Das heisst, die Modellflugzeuge sind unbemalt, gewissermassen nackt; Details, wie runde Farbmarkierungen, militärische Kennzeichen und Flossenlichter wurden weggelassen; auch die grösseren, von echten Jets stammenden Elemente sind unberührt – einfach nur das blanke, wettergegerbte Metall.

Das Fehlen intensiver Farben lässt die Form der Objekte umso deutlicher hervortreten. Die Heckflosse auf dem Boden der Galerie hat die Präsenz einer Skulptur – minimalistisch, krass und schön. Der von der Decke hängende Flugzeugschwarm

FRANCIS McKEE war Co-Kurator der Schottischen Ausstellung an der Biennale Venedig, 2003. Er leitet die Abteilung Digital Arts and New Media des Centre for Contemporary Arts in Glasgow und lehrt an der Glasgow School of Art (Master of Fine Arts-Programm). Ausserdem untersucht er das Problemfeld rund um Open Source Software und geistiges Eigentum.

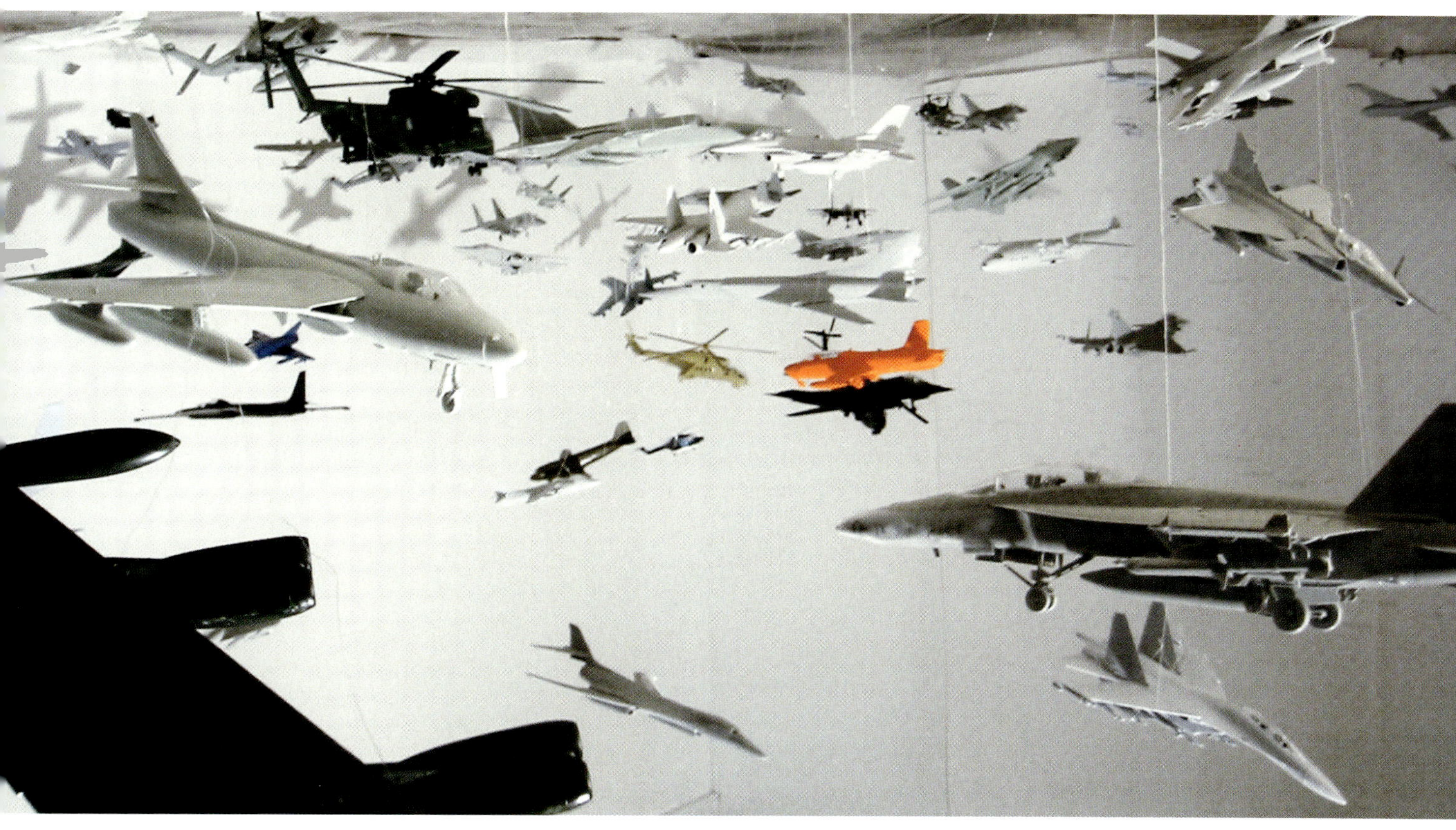

FIONA BANNER, PARADE, 2004, assembled kit model planes, nylon thread, detail / diverse Modellbauflugzeuge, Nylonfaden, Ausschnitt.

scheint sich zugleich im Sturzflug zu befinden, eine Kurve zu drehen, aufzusteigen, sich schräg zu legen und zum Angriff herabzustossen, obwohl er völlig reglos dahängt. Die kahlen Oberflächen wirken streng und unkosmetisch; dank dieser Konzentration auf ihre schlanke Linie und Form lässt sich kaum leugnen, dass die Maschinen unglaublich sexy wirken. Sie sind ebenso schlau entworfen und konstruiert wie Autos und verbinden Schnelligkeit, Kraft und physische Attraktivität in einer einzigen präzisen visuellen Aussage. Die Schönheit eines Kampfjets bleibt jedoch immer mit seiner Grundfunktion als Werkzeug der Zerstörung verbunden, und die furchtbare Feuerkraft des modernen Kampfjets zusammen mit seiner unglaublichen Wendigkeit in grossen Höhen hat etwas derart Erhabenes, dass kaum etwas anderes damit konkurrieren kann. Diese Idee des Erhabenen hat Banner auch in früheren Werken angesprochen, etwa in TOP GUN (1994) oder THE NAM (1997); beide hat sie einmal als transzendente Schauplätze bezeichnet, wo Technologie und Landschaft miteinander verschmelzen:

Man hört das leise Wuppwuppwupp der Helikopterpropeller, aber man kann sie nicht sehen. Man sieht nichts als den grünen Dschungel, der sich unter einem erstreckt. Dann sticht ein Lichtstrahl von unten herauf und lässt alles verschwimmen. Achtecke aus Sonnenlicht fliessen über den Bildschirm. Bäume, von unten gesehen, drängen sich vom Rand her ins Bild und bewegen sich langsam vorbei. Lichtflecken dringen durch sie hindurch und die Baumwipfel sehen aus, als wären sie meilenweit entfernt. Man hört das Rauschen eines Baches, der in der Mitte weiss aufschäumt und sich zwischen den Mammutbäumen durchschlängelt. Alles andere ist feucht, grün und düster.[1)]

Hier fängt Banner einen seltsamen Moment der Stille inmitten heftigster Bewegung ein. Auf ähnli-

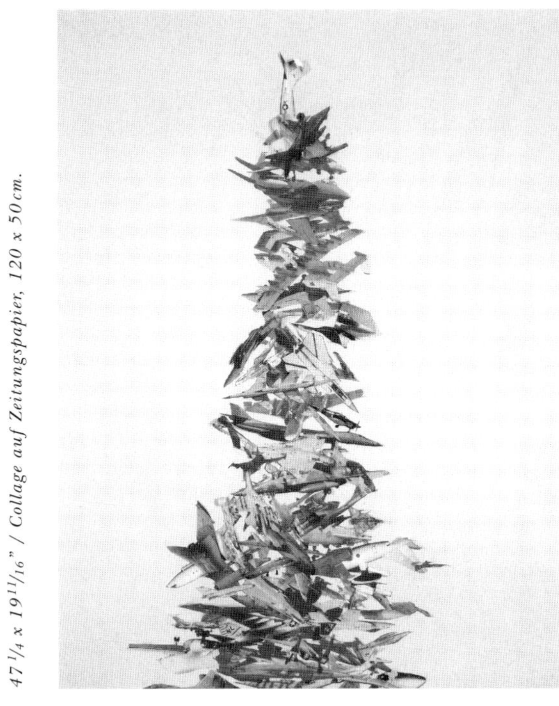

FIONA BANNER, UNTITLED, 2004, collage on newsprint, 47 1/4 x 19 11/16" / Collage auf Zeitungspapier, 120 x 50 cm.

che Weise wirkt das Bild der Modellflugzeuge wie eine photographische Standaufnahme und ruft uns Susan Stewarts Kommentar in Erinnerung, dass die Verkleinerungsform der Miniatur die Zeit- und Raumverhältnisse der Alltagswelt verzerre und dass sich der Gebrauchswert der Miniatur, weil sie als Objekt konsumiert wird, in die unendliche Zeit der Träumerei verschiebe.[2]

Doch Banners neue Arbeit weist noch weitere Verbindungen zu früheren Werken auf. Die schmucklosen Objekte haben eine gewisse Verwandtschaft zur rauen Gipsoberfläche von CONCRETE POETRY (Konkrete Poesie, 2002); eine sogar noch komplexere Verbindung lässt sich zu ihrem handschriftlichen Bericht in APOCALYPSE NOW (1997) herstellen, aber auch zur späteren Serie *Arsewoman in Wonderland* (Arschfrau im Wunderland, 2001). Die offensichtlichste Ähnlichkeit besteht darin, dass die Modellflugzeuge «selbst gemacht» sind, ein Wort, das Banner auch für ihren ursprünglichen Tiffany-Mynx-Film *Asswoman in Wonderland* verwendet. Die *Arsewoman*-Reihe verwandelte ein pornographisches Bild in Worte; es war eine detaillierte Beschreibung der Filmhandlung in den eigenen Worten der Künstlerin und verdeutlichte, was Michael Archer als «unzerreissbares Band zwischen der körperlichen Existenz und der Sprache» bezeichnet, «mit welcher wir ihr unaufhörlich und vergebens Bedeutung zu verleihen suchen».[3] In parallelen Arbeiten, die zur gleichen Zeit entstanden, etwa FOREVER AND EVER (Auf immer und ewig, 2002), befasst sich Banner mit der schlüpfrigen Ungenauigkeit unserer Vokabularien. Dabei gibt sie auf einer ungeheuren Fläche aus Satzzeichen eine Geschichte wieder, aus der die Worte entfernt wurden. FOREVER dokumentiert einen Zusammenbruch oder eine Krise der Sprache.

In ihrer neuen Arbeit zeigt uns Banner einfach Objekte anstelle von Worten; durch ihre Linien und Formen rufen diese Objekte eine unmittelbare und physische Reaktion hervor. Kampfflugzeuge sind wie viele moderne Waffen eigentliche Fetische; in Militärzeitschriften gibt es in der Regel eine zentrale ausklappbare Seite mit dem Bild eines Jets, ein Format, das ans Layout von Pornomagazinen erinnert. Die Bilder der Flugzeuge werden mit vollem Wissen um ihre Zerstörungskraft betrachtet, und wie Pornographie bereiten sie ein geradezu erotisches Vergnügen, gepaart mit Schuldbewusstsein.

Anscheinend nicht in Worten erfassbar stellen Banners Objekte eine eigene Sprache dar. Die Versuchung ist gross, die Heckflossen und Flugzeugnasen in der Galerie als eine Art Satzzeichen zu betrachten. Wie Banners frühere *Full Stops* (Punkte) fordern uns beide Werkgruppen dazu heraus, uns der Kommunikationskrise auf einer körperlichen Ebene zu stellen. Vielleicht ist es sogar noch reizvoller eine Lacan'sche Analyse dieser Werke vorzunehmen beziehungsweise sie als Dinge an sich zu betrachten – jenseits der veränderlichen Welt aller Bezeichnungen (insbesondere im Fall von EYE). Doch die Arbeiten haben ihr eigenes komplexes Innenleben. Während einige der Flugzeugelemente gefundene Objekte sind, wurden andere gegossen; und wo Banners handschriftliche Anleitung zur Betrachtung des Werks auf den «Zeichencharakter der Sprache» verweist, erinnert sie uns daran, dass die Modelle ja selber «Zeichen» für die grösseren Flugzeuge sind. Gleichzeitig ist ihre Anleitung jedoch so dicht abgefasst, dass es unmöglich ist, einen bestimmten Namen mit einem bestimmten Modell in Verbindung zu bringen.

Aber der Schein trügt. Flügel, Nase und Heckflosse haben in der Originalgrösse etwas geradezu Episches im Vergleich zu den Modellen. Wie Vietnampilot Mark E. Berens meint, ist die Maschine so entworfen, dass sie eng anliegt. «Wir steigen eigentlich nicht in die Maschine», betont er, «sondern wir ziehen sie an.» (Banners Werktitel betonen diesen Punkt ebenfalls.)[4] Wenn die grösseren Flugzeugteile leicht Heldengeschichten aufkeimen lassen, so wirken die Spielzeugversionen der Helikopter und Jets nicht weniger anregend auf die Phantasie. Solche Modellflugzeuge wurden immerhin als Requisiten für die Kindertagträume von Phantasieschlachten in der schwindelnden Höhe der Kinderzimmerdecke entworfen.

Banners feine, handschriftliche Anleitung zur Betrachtung der Flugzeuge verweist durch die fiktiven Namen, die sie ihnen verpasst, auch auf den Macho-Charakter dieser Maschinen oder aber stellt diesen in Frage: Superstallion (Superhengst), Havoc (Zerstörung), Tiger, Persuader (Überreder), Cobra (Kobra), Haze (Nebelschleier), Hormone (Hormon), Hokum (Mätzchen), Gazelle, Bronco (kleines halbwildes Pferd), Lancer (Lanzenträger), Tornado, Fagot (Schwuler). Sie scheint Testosteron durch jedes einzelne Flugzeug zu pumpen, so dass man sich an Carole Cohns Studie aus den 80er Jahren über die unterschwellig sexuelle Bildsprache in der Nuklearwaffen-Terminologie erinnert fühlen mag. Cohn schrieb, dass es zwar reizvoll wäre, diese codierte Sprache zu erlernen, aber viel wichtiger sei, dass man dabei ein «Gefühl von Macht» habe, ein «Gefühl, die Technologie zu beherrschen».[5]

Obwohl ihrem Wesen nach stumm scheinen die zeitgenössischen Waffensysteme ein fruchtbarer Boden für Mythen, Bilder, Sprachen und Legenden zu sein. Kampfflugzeuge haben bekanntlich auch noch zu anderen Namen inspiriert: Bumblebees (Hum-

FIONA BANNER, FOREVER AND EVER, 2002, screen print on paper, detail / AUF IMMER UND EWIG, Siebdruck auf Papier, Ausschnitt. (PHOTO: 1301PE GALLERY, LOS ANGELES)

meln), Nightmares (Alpträume), Tomcats (Kater), Bulldogs (Bulldoggen), Jaguars (Jaguare), Bats (Fledermäuse), Hawks (Falken), Black Sheep (Schwarze Schafe), Panthers (Panter), Marlines (Raubmöwen), Cheetahs (Geparde) und Vampires (Vampire). Die Assoziation mit Tieren ist allgegenwärtig, sie zollt der Bestialität des Krieges Tribut und ruft die extremsten Eigenschaften jedes Lebewesens auf. Hinter Banners neuen Arbeiten steckt die Furcht erregende Kraft der Natur, Flugzeuge in Wirbelstürme, Helikopter in Falken und Jetbestandteile in Körperglieder zu verwandeln.

Die ganze turbulente Kraft wird blossgelegt und in die Grenzen des Ausstellungsraumes gezwängt. Harrierflügel und -heckflosse könnten Visionen von Luftgefechten in höchster Höhe auslösen, von explosiver Geschwindigkeit und ungezähmter Beschleunigung jenseits des menschlichen Wahrnehmungsvermögens, doch stattdessen liegen sie gnadenlos verstümmelt, gezähmt und betäubt innerhalb von vier Wänden und werden verhöhnt von den Modellen, die ihre Kampfkraft in der Sprache des einsamen Bastlers und Tagträumers nachstellen. Dieser Akt der Demütigung erklärt das unbehagliche Lustgefühl, das *Parade* auslöst. Es erinnert uns an die unsägliche Faszination jener Bilder von Krieg und Zerstörung, welche die Medien uns frei Haus liefern, und zusätzlich durch eine Menge von Filmen, Spielzeugen und Videospielen bedient wird. Im Fall des einsamen Freizeitbastlers entspringt sowohl das stundenlange Modellbauen wie das einsame Studium pornographischer Darstellungen dem menschlichen Urbedürfnis unerreichbare Luftschlösser aus zweiter Hand zu bauen.

Noch tiefer allerdings lauert der bestürzende Gedanke, dass die Welt der rohen Objekte und Handlungen sich der präzisen Beschreibung vollständig entzieht. Versteht man *Parade* als ein ABC der Kriegsflugzeuge, so ist es auch ein Alphabet des Kriegshandwerks überhaupt. Ebenso bedrohlich wie zerbrechlich verbinden sich diese Objekte nicht, geraten aber auch nicht in Konflikt miteinander; sie verharren getrennt und bewegungslos. Das Ganze ist eine in Auflösung begriffene Sprache, eine Reihe unentzifferbarer verlockender Hieroglyphen, die beinah einen Sinn ergeben. Verfolgt man Banners Beschäftigung mit Kampfflugzeugen von TOP GUN über die Vietnamfilme bis zu diesen jüngeren Arbeiten, so wird eine klare Entwicklung sichtbar. Einerseits stellen alle Werke den Kampf als Mythos dar; doch während TOP GUN zwar die Zuversicht der wiedererstandenen US Air Force in den 80er Jahren widerspiegelt (die man mit Filmen wie *Apocalypse Now,* 1979, assoziiert), liegt das Hauptaugenmerk deutlich auf dem Trauma der Niederlage. Eines der aussagekräftigsten Bilder ist das eines abgeschossenen amerikanischen Kampfjets, der im Dschungel am Ufer des Mekong verrottet. Mehr als zwanzig Jahre später sonnen sich die Eröffnungsszenen von *Black Hawk Down* (2001) noch einmal im glorreichen Glanz der perfekten Kriegstechnologie, bevor man mit dem Bild eines abgestürzten Helikopters in Mogadischu wieder auf den Boden kommt. Beide Filme befassen sich mit der unmöglichen Niederlage einer technologisch hoch entwickelten Militärmacht angesichts einer Hand voll leicht bewaffneter Kämpfer aus der Dritten Welt.

Banners Fragmente eines Harrierjets gehen viel weiter als die Wracks, die in diesen Filmen zu sehen sind. Ihre amputierten Flugzeugteile lehnen an der Wand des Ausstellungsraums wie klassische Ruinenfunde und signalisieren in ihrer Fatalität den Zusammenbruch eines ganzen Reichs von Zeichen. Mehr noch als jede militärische Niederlage wird hier die Unmöglichkeit der Kommunikation betrauert. Als privilegierte Touristen geniessen wir diesen Angstschauer und fühlen uns in den Trümmern merkwürdig zu Hause.

(Übersetzung: Suzanne Schmidt)

1) Fiona Banner, *The Nam,* Künstlerbuch, Frith Street Books, London 1997. (Alle Zitate in diesem Essay sind aus dem Englischen übersetzt.)

2) Susan Stewart, *On Longing: Narratives of the Miniature, the Gigantic, the Souvenir, the Collection,* (Baltimore: Johns Hopkins University Press, 1984), S. 65.

3) Michael Archer, «Your Plinth Is My Lap», in: *Banner: Your Plinth Is My Lap,* Ausstellungskatalog hrsg. v. Katrina M. Brown und Susanne Titz, Dundee Contemporary Arts/Neuer Aachener Kunstverein/Revolver, 2002, S. 57–66 (hier aus dem Engl. übers.).

4) Jon E. Lewis, *The Mammoth Book of Fighter Pilots: Eyewitness Accounts of Air Combat from the Red Baron to Today's Top Gun,* Constable & Robinson, London 2002, S. 450.

5) Carol Cohn, «Slick 'ems, Glick 'ems, Christmas Trees, and Cookie Cutters: Nuclear Language and How We Learned to Pat the Bomb», *Bulletin of the Atomic Scientists,* 43:5 (June 1987), S. 17–24.

DAN PERJOVSCHI

INSERT

SEXING UP THE

MARKET

ME

SHOPPING-PONG

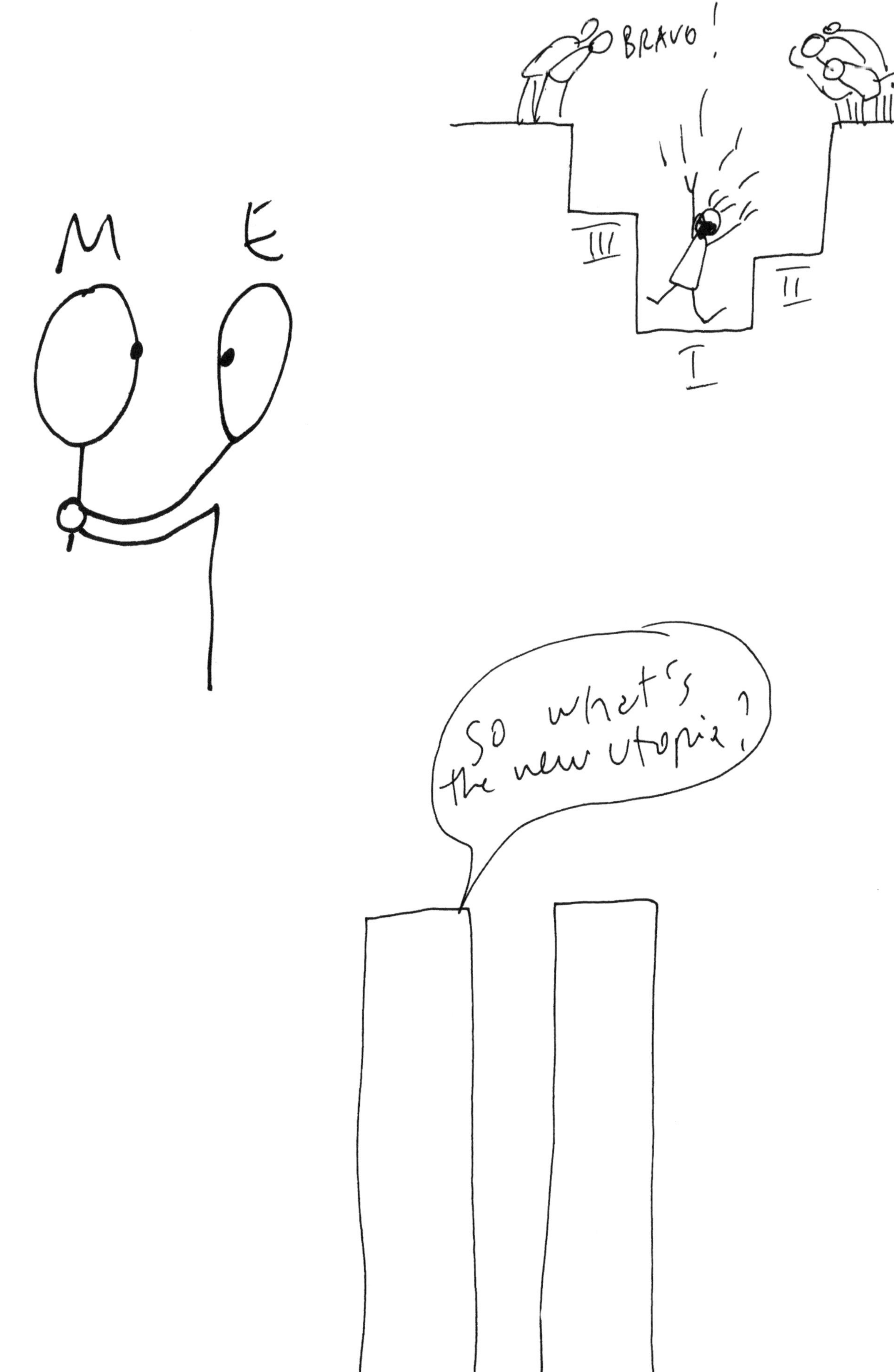
BRAVO!
III
II
I
M E
So what's the new utopia?

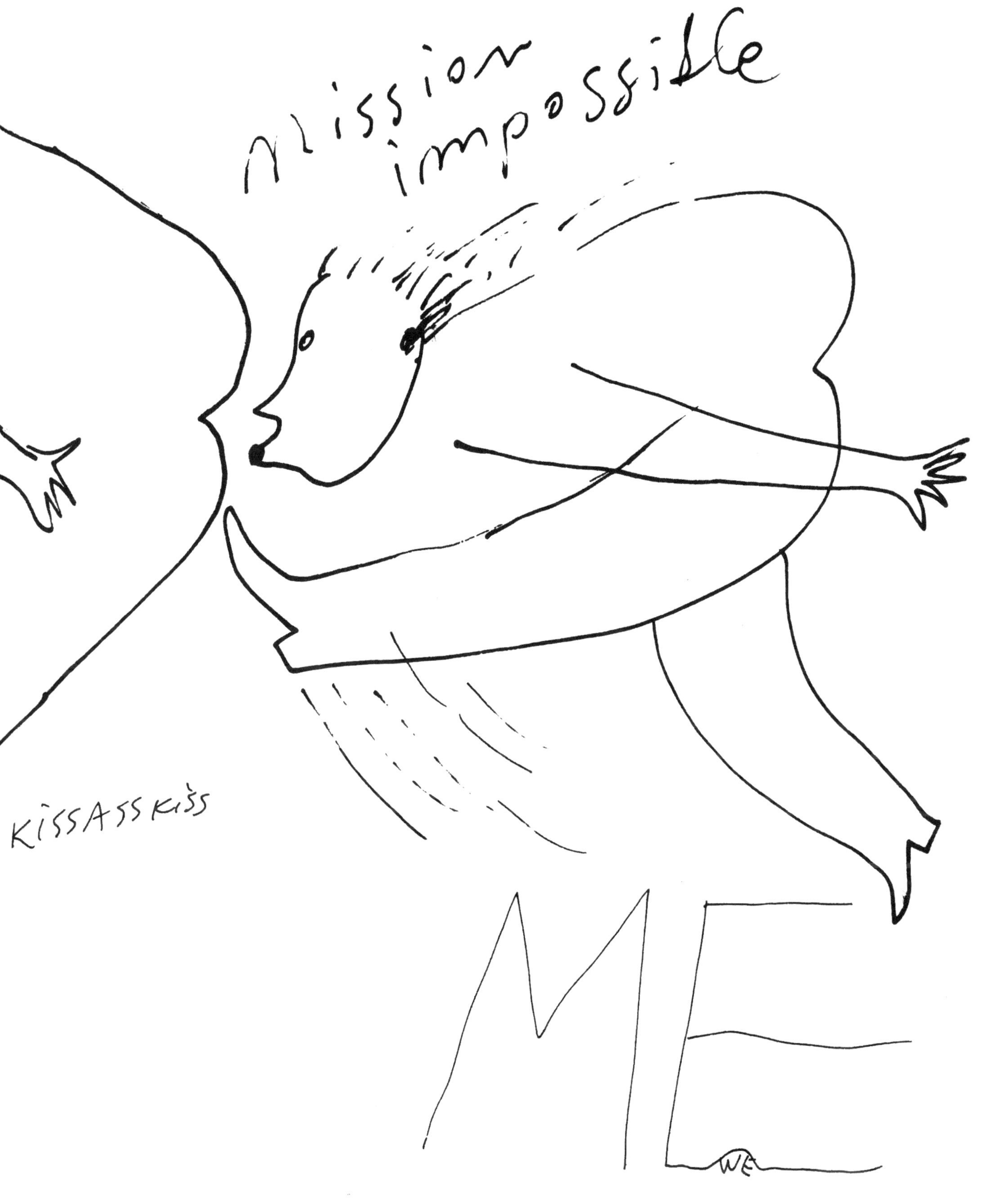
mission impossible
KISSASSKISS
ME
WE

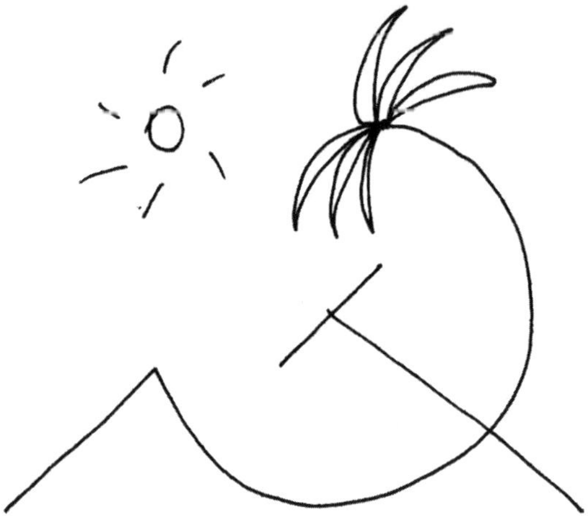

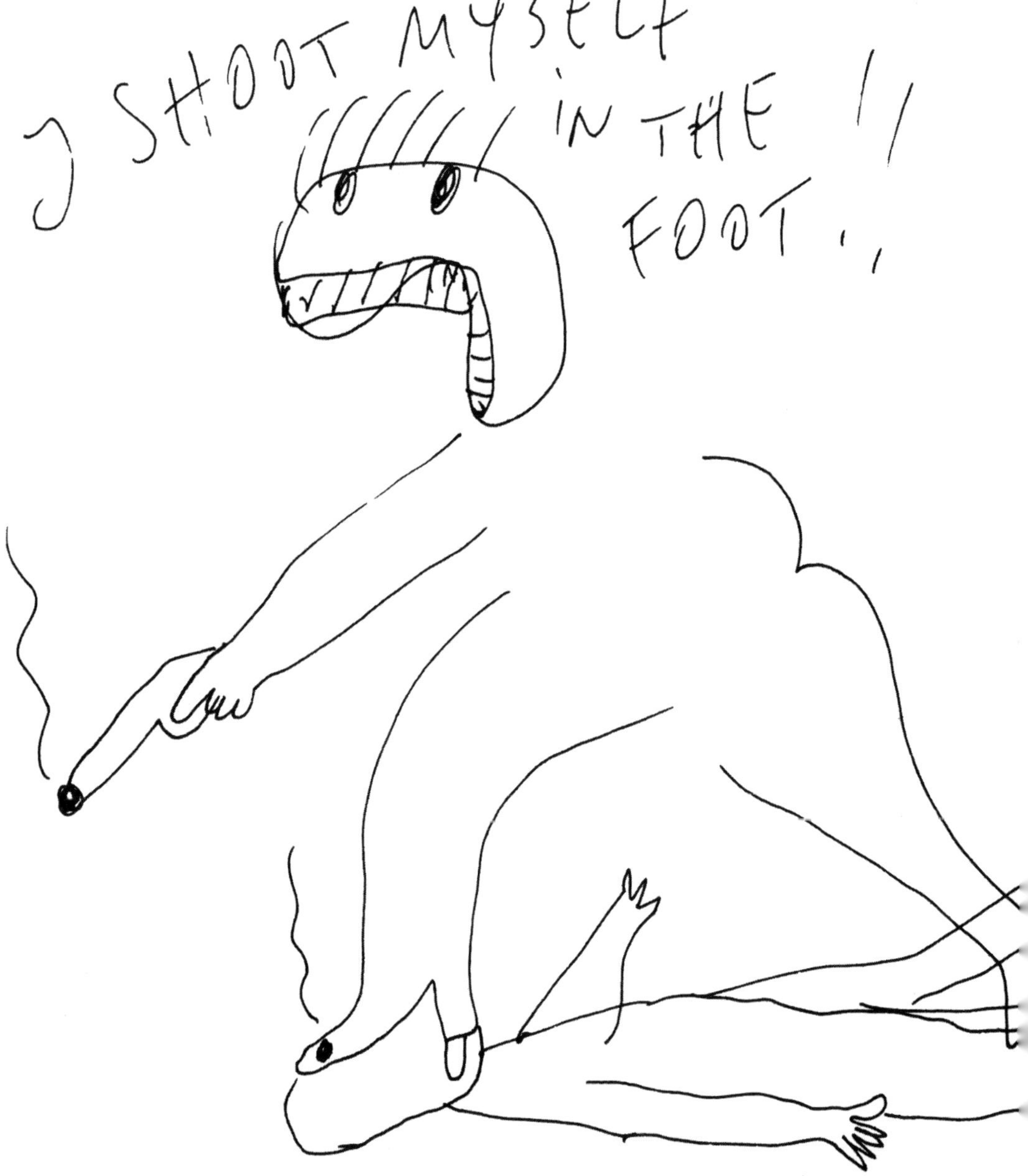

I SHOOT MYSELF IN THE FOOT !!

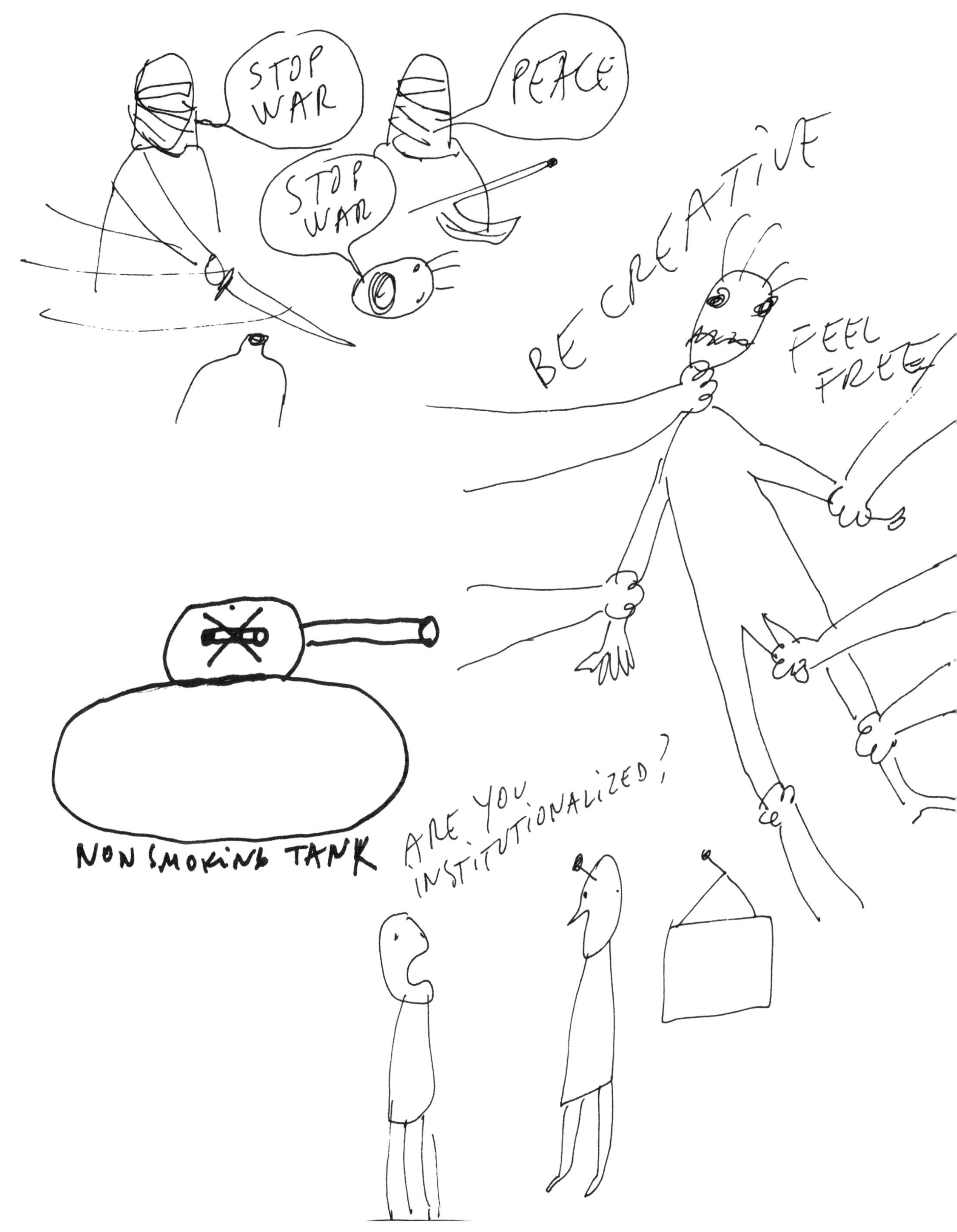

STOP WAR
PEACE
STOP WAR
BE CREATIVE
FEEL FREE
NON SMOKING TANK
ARE YOU INSTITUTIONALIZED?

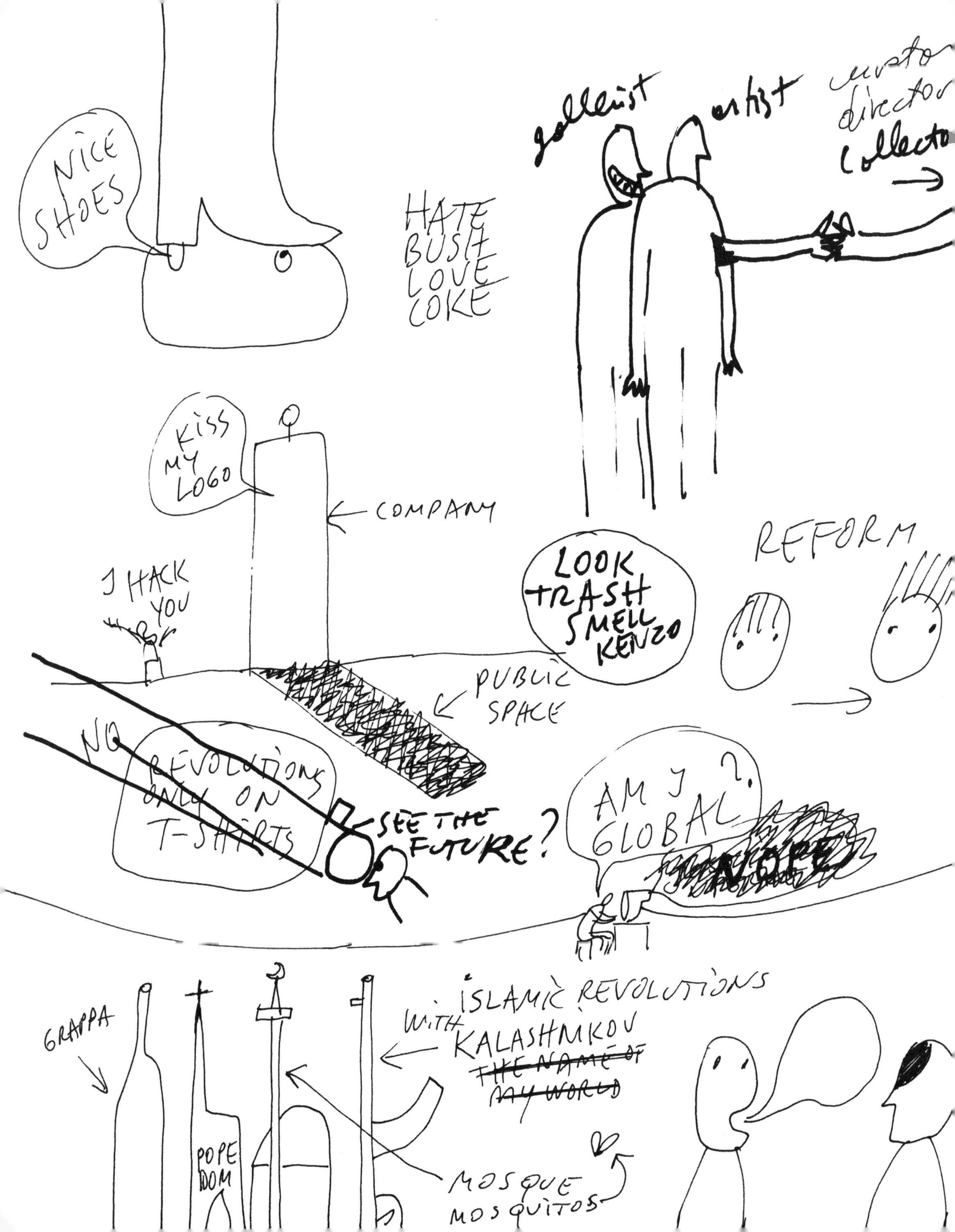

NICE SHOES

HATE
BUSH
LOVE
COKE

gallerist
artist
curator
director
collector

KISS
MY
LOGO

COMPANY

I HACK
YOU

LOOK
TRASH
SMELL
KENZO

REFORM

PUBLIC
SPACE

NO
REVOLUTIONS
ONLY ON
T-SHIRTS

SEE THE
FUTURE?

AM I
GLOBAL?

NOPE

GRAPPA

POPE
DOM

ISLAMIC REVOLUTIONS
WITH
KALASHNIKOV
~~THE NAME OF~~
~~MY WORLD~~

MOSQUE
MOSQUITOS

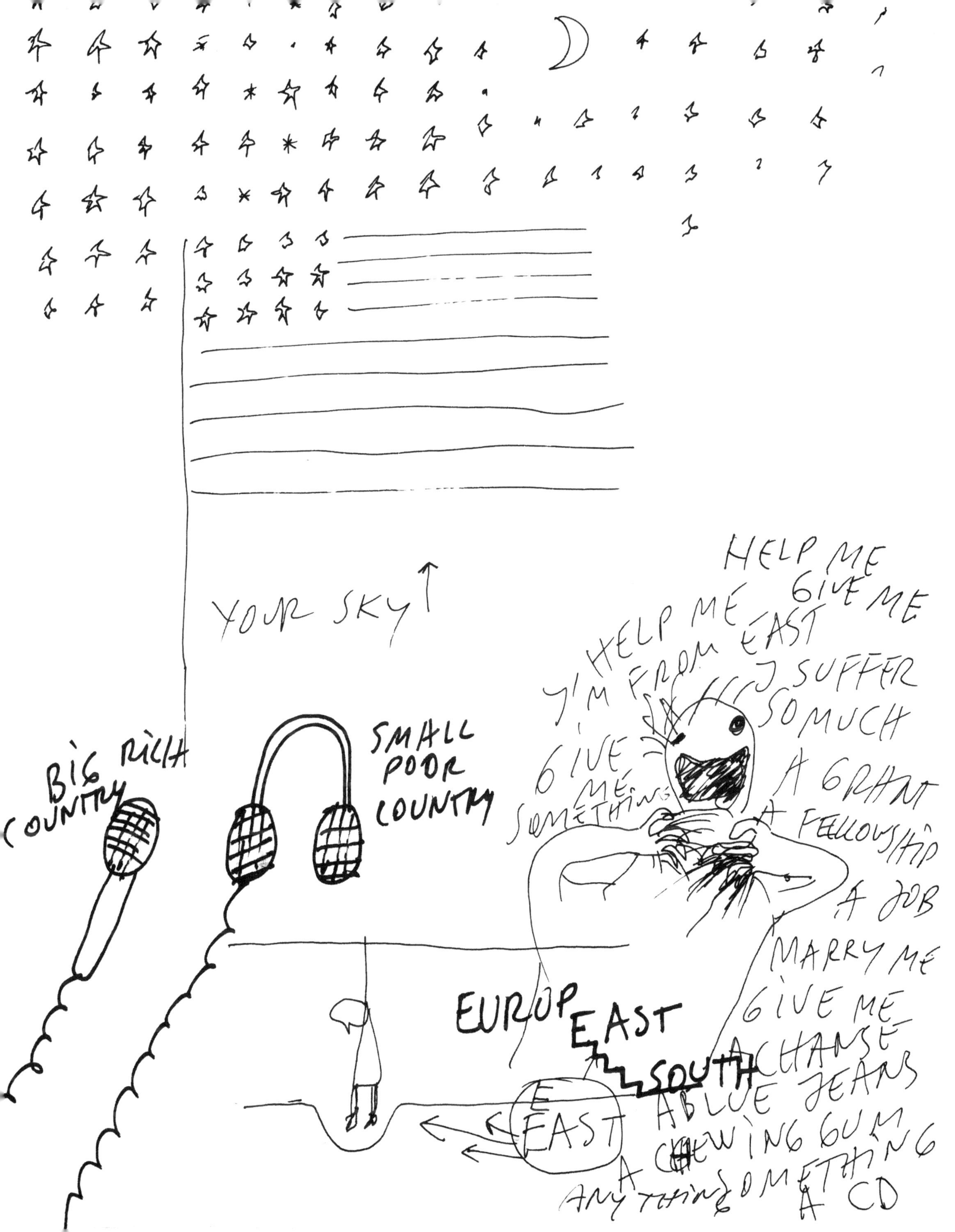

YOUR SKY

BIG RICH COUNTRY

SMALL POOR COUNTRY

HELP ME
GIVE ME
I'M HELP ME
I'M FROM EAST
I SUFFER
SO MUCH
GIVE ME
SOMETHING
A GRANT
A FELLOWSHIP
A JOB
MARRY ME
GIVE ME
A CHANSE
A BLUE JEANS
A CHEWING GUM
ANYTHING
SOMETHING
A CD

EUROP EAST
SOUTH
EAST

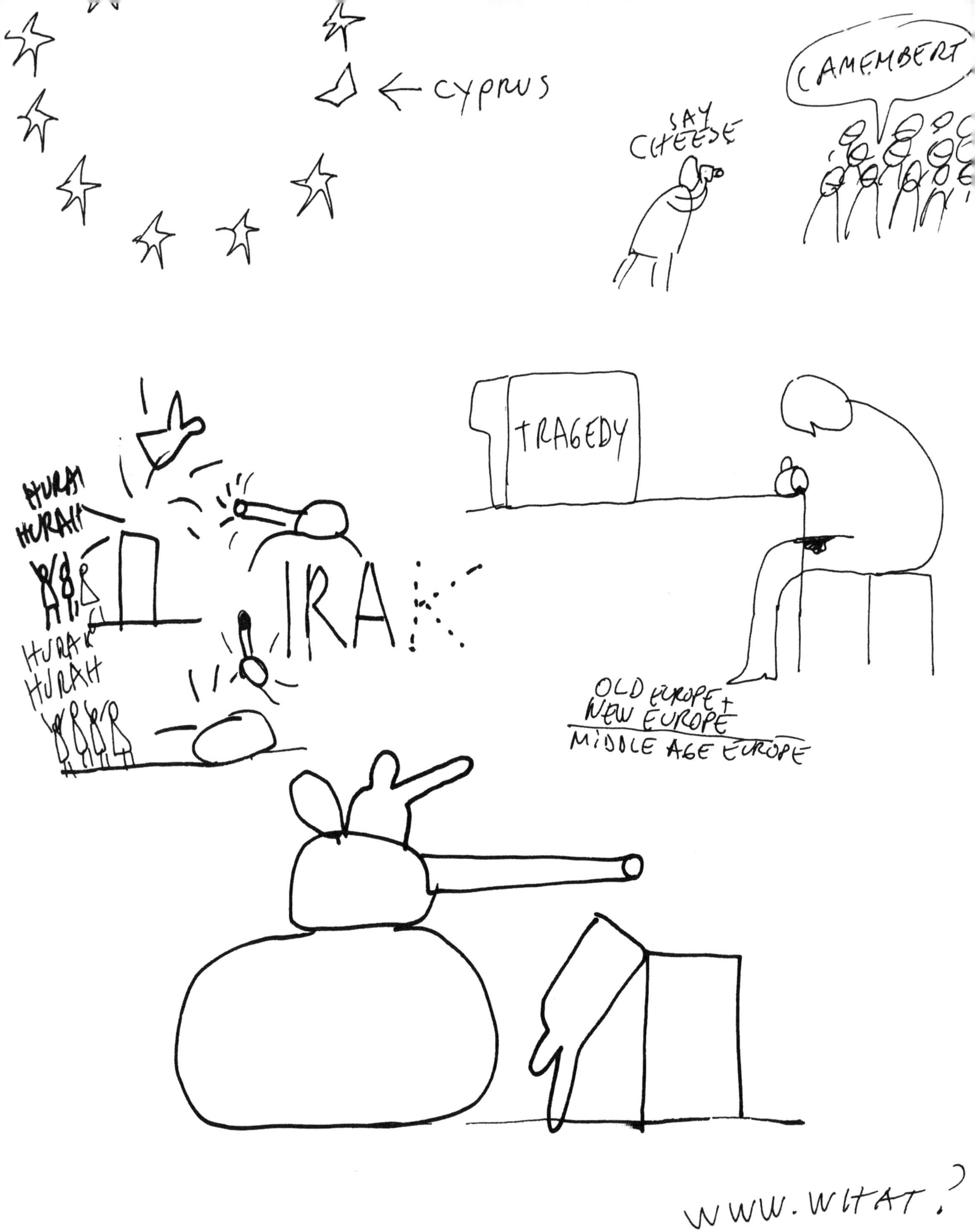

← CYPRUS

SAY CHEESE

CAMEMBERT

HURAH
HURAH

HURAH
HURAH

IRAK

TRAGEDY

OLD EUROPE +
NEW EUROPE
MIDDLE AGE EUROPE

WWW.WHAT?

I AM A
POSTMODERN
EXCOMMUNIST

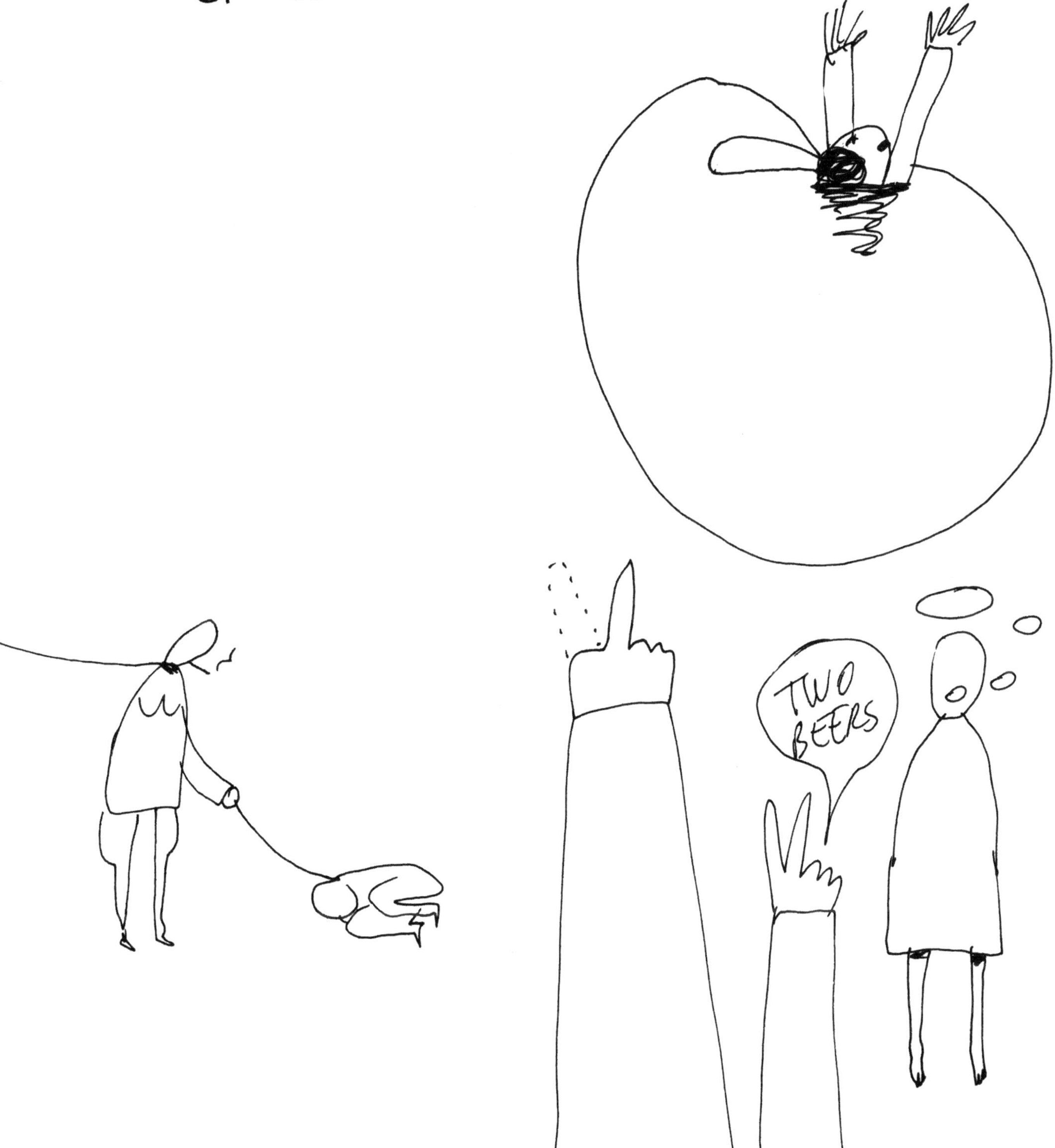

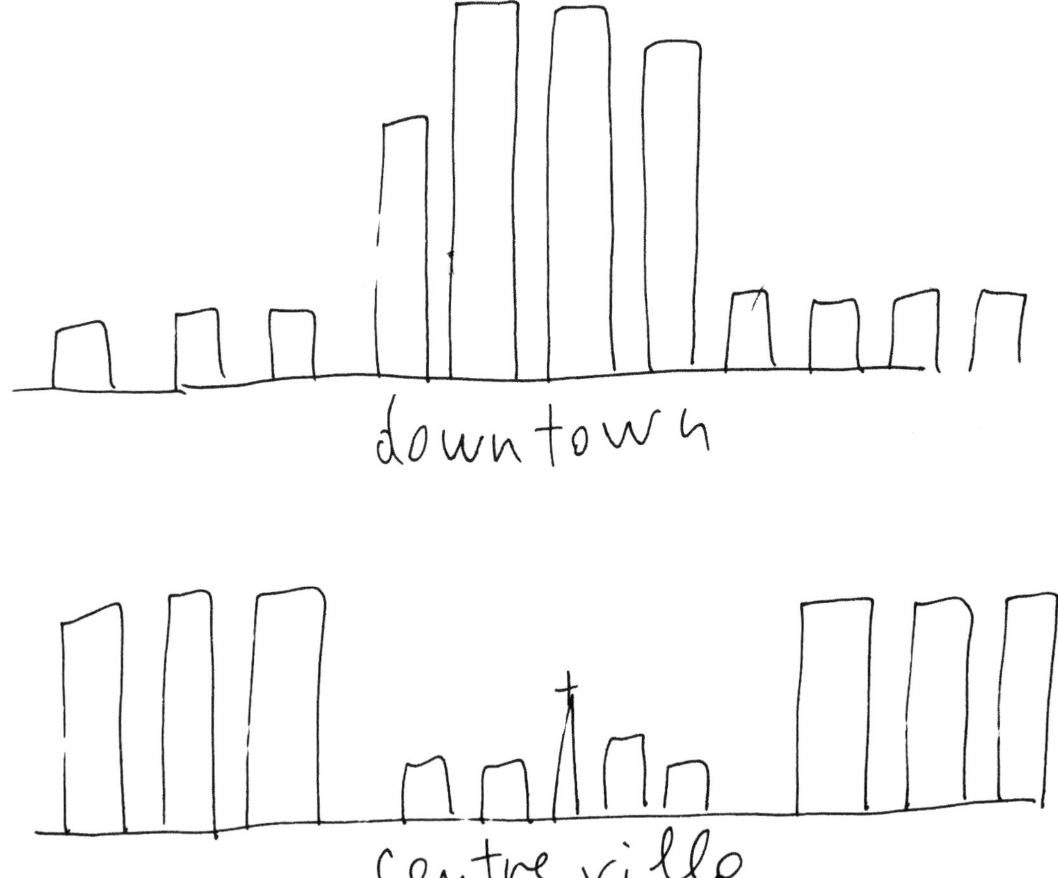
downtown
centre ville

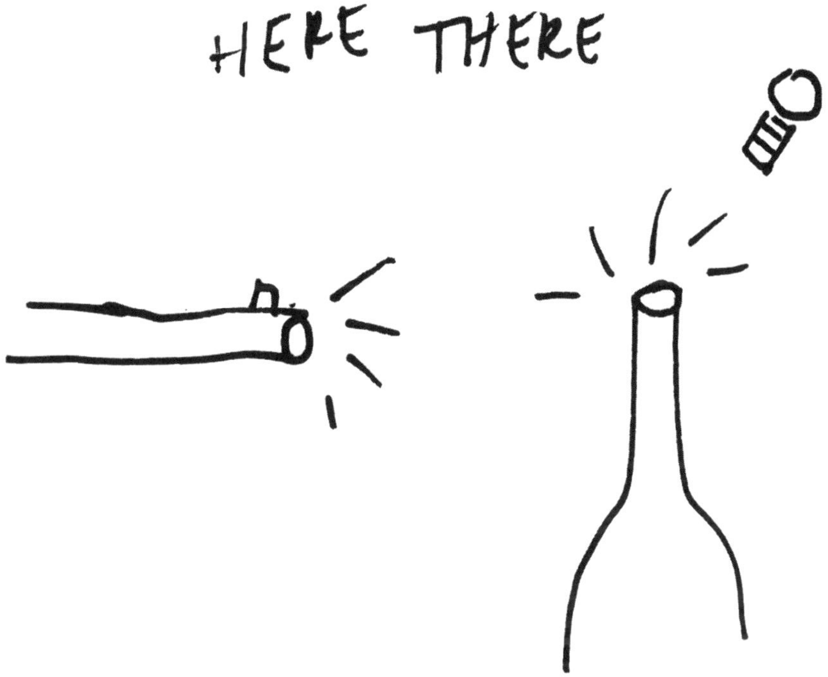

HERE THERE

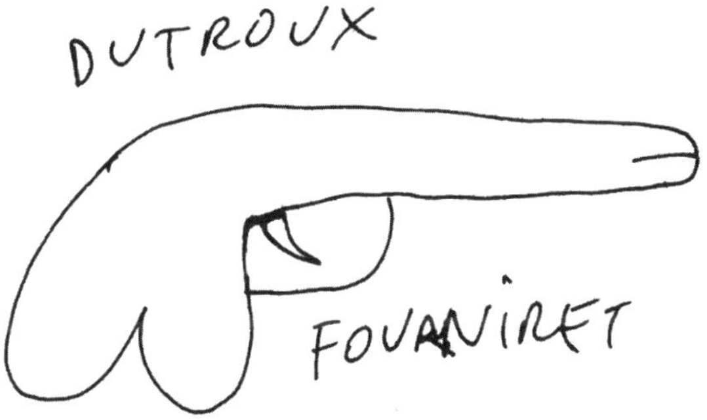

DUTROUX

FOURNIRET

RADICAL ARTIST OUTSIDE MUSEUM RADICAL ARTIST INSIDE MUSEUM OR MAGAZINE

KUNST

HEUTE

DAN PERJOVSCHI INSERT FOR PARKETT
2004

CAN YOU DO THIS AGAIN?

DAN PERJOVSCHI, INSERT FOR PARKETT 71, 2004

CUMULUS

Aus Europa

IN JEDER AUSGABE VON PARKETT PEILT EINE CUMULUS-WOLKE AUS AMERIKA UND EINE AUS EUROPA DIE INTERESSIERTEN KUNSTFREUNDE AN. SIE TRÄGT PERSÖNLICHE RÜCKBLICKE, BEURTEILUNGEN UND DENKWÜRDIGE BEGEGNUNGEN MIT SICH – ALS JEWEILS GANZ EIGENE DARSTELLUNG EINER BERUFLICHEN AUSEINANDERSETZUNG.

IN DIESEM BAND ÄUSSERN SICH PAOLO BIANCHI, KUNSTPUBLIZIST UND FREIER KURATOR AUS BADEN BEI ZÜRICH, UND WAYNE BAERWALDT, DIREKTOR VON THE POWER PLANT, TORONTO.

Lob des Dialogs

PAOLO BIANCHI

Kaum ist ein Krieg vorbei, kommt schon die nächste Krise. Zwar ist immer wieder von Dialog in der Weltpolitik die Rede, Ziel bleibt jedoch stets die Kapitulation des Feindes. Dialogunfähige Staaten werfen Handgranaten in Schlupflöcher um dann ein halbes Dutzend oder mehr Leichen von palästinensischen oder afghanischen Widerstandskämpfern zu bergen. Wer nicht in Nablus oder Kabul lebt, sondern in Zürich zu Hause ist und versehentlich in *Empire* von Antonio Negri und Michael Hardt liest, stösst ganz am Schluss auf den Appell, militant zu werden: «Militante leisten kreativen Widerstand gegen die imperiale Befehlsgewalt. (...) Diese Militanz verwandelt Widerstand in Gegenmacht und Rebellion in ein Projekt der Liebe.» (S. 419–420) Eine Art Gruppe von Militanten trifft sich jeden zweiten Dienstag im Monat jeweils ab 18 Uhr für ein paar Stunden in der Zürcher Galerie Bob Gysin an der Ausstellungsstrasse 24. Das Treffen ist für alle offen, der Besuch erfolgt ohne Anmeldung. Diese so genannte Dialogrunde stellt eine sanfte Verschwörung für ein kollektives Denken dar, für die direkte Begegnung von Angesicht zu Angesicht. Die Liebe verschwindet, wenn wir nicht miteinander kommunizieren. Wirkliche Kommunikation steht für Gemeinschaft, Partizipation und Freundschaft. Durch den Dialog können Militanz und Liebe wachsen und gedeihen.

Der Beginn dieses Experiments erfolgte kurz nach dem 11. September im Herbst 2001. Zusammen mit dem Kommunikationstheoretiker Rolf Todesco rief ich im Aktsaal der Hochschule für Gestaltung und Kunst den Dialog ins Leben. Der Aktsaal ist, sagen die Architekten, der schönste Raum im Haus.

Nackte Schönheiten aus fernen Ländern posieren dort vor der Schweizer Fahne, und das sogar vormittags. Beim Dialog im Aktsaal konnten sich alle nackt zeigen. Sie zogen dabei nicht die Kleider aus, sondern das Korsett ihrer fixen Ideen. Sie lernten, wenn jemand etwas Idiotisches sagte, nicht gleich zu maulen: «Du Idiot!», sondern die Dinge in der Schwebe zu halten. Dann wurde der Dialog vertrieben: Zuerst fanden wir an der Zürcher Hochschule Winterthur eine neue Bleibe, dann gewährte uns die Privatschule F+F für Kunst und Mediendesign in Zürich Gastrecht. Wir waren immer im obersten Stock dieser Institutionen, quasi im Dachstock oder Oberstübchen. Jetzt, 2004, sind wir im White Cube gelandet, in dem Raum, wo die Kunst erst zur Kunst wird. Das ist stimmig, denn der Dialog ist selbst eine Kunstform. David Bohm schreibt: «Beim Dialog blicken wir durch den Schleier der Gedanken.»

Beim Dialog geht es um Kommunikation pur, geht es darum, etwas Neues zu erschaffen, uneingeschränkt und vorurteilsfrei zuzuhören, ohne sich gegenseitig beeinflussen zu wollen. Im Dialog reden wir darüber, was Dialog bedeutet. Wenn «dia» für «durch» steht, so interessiert uns der freie Sinnfluss, der unter uns, durch uns hindurch und zwischen uns fliesst. Während die Diskussion mit Perkussion zu tun hat, mit zerschlagen, zerteilen und zerlegen, mit einem Wettbewerb von Schuldzuweisungen, will der Dialog das Zusammenspiel fördern. Pingpong spielen, nicht um zu gewinnen, sondern um zu schauen, wie lange der Ball im Spiel gehalten werden kann.

Beim Dialog sitzen wir auf Stühlen, die einen geschlossenen Kreis bilden. Die Mitte bleibt leer, sie steht für einen leeren Raum, in dem über alles geredet wird. Das Grundprinzip lautet: sich die Annahmen der anderen anhören. Nicht die Antwort zählt, sondern das Nachgiebigwerden, das Öffnen des Geistes und das Beachten aller Meinungen. Dialog meint die Annahmen gemeinsam zu überprüfen und zu lockern. Der Akt der Gewalt verwandelt sich so in einen Akt des aufeinander Eingehens.

Es gibt Dialog-Abende, die in eine Sackgasse zu münden scheinen. Ein Dialog-Schüler stellt fest: «Einmal mehr konnte ich die wichtige Erfahrung machen, dass der Dialog immer auch ein Spiegel eigener Befindlichkeit ist.» Der Dialog-Meister fügt hinzu: «Die eigene Befindlichkeit ist auch ein Spiegel des Dialogs. Das Schwierige am Dialog ist, dass man seine eigene Befindlichkeit aushalten muss.» Was sind Sackgassen? Der Hauptbahnhof von Zürich ist eine Art Sackgasse, ein Sackbahnhof, der uns mit der ganzen Welt verbindet.

Jede Kunstausstellung verbindet die Besucher mit der ganzen Welt. Jede Ausstellung schafft einen gemeinsamen Erfahrungsraum (Speicher, Container, Bahnhof, Marktplatz). Ausstellen heisst Weltanschluss. Die Schnittstelle zwischen «Ich» und «Welt»: die Kunst. Als Kurator muss ich den Container so gestalten, dass die Qualität der kollektiven Aufmerksamkeit lebendig bleibt und die üblichen Projektionen und Reaktionen auf die Kunst offen gelegt und überprüft werden können, so dass die Besucher den «Grund des Sees, in dem sie schwimmen» erkennen können.

Wer eine Ausstellung betritt, wünscht sich, sie um ein paar Wahrheiten bereichert wieder verlassen zu können. Kuratoren, die ihre Ausstellungen als dialogische Atmosphären inszenieren, sind jedoch nicht daran interessiert, eine monologische Identität sowie stabilisierende Korsettstangen in ihr «Werk» einzuziehen, so dass sich eine Erkenntnis einstellt, die sich an eine unterstellte feste Struktur der Dinge anpasst. Im Gegenteil: Dem dialogisch arbeitenden Kurator ist der Wille zentral, mit dem die Besucher ihr Selbst in einer als chaotisches Strömen aufgefassten Kunstwirklichkeit ausdrücken und verwirklichen. Angestrebt werden keine höheren Einsichten, sondern die Vielzahl gleich gültiger Wahrheiten. Der Dialog-Kurator erschafft seine Ausstellung als eine Identitätsbestimmung, die produktive Widersprüche «in der Schwebe hält». Dadurch erhöht sich die Spannung einer Show. Wenn es den Besuchern gelingt, ihre Annahmen über Kunst zu suspendieren, führt dies zu einer Schärfung der Beobachtung und zu einer Reflexion gedanklicher Prozesse, die selbst zur Kunst wird.

Eine dialogische Ausstellung unterscheidet sich bedeutend von diskursiven Ausstellungen. Die Sucher nach Wahrheit und die Verkünder von Kunstgewissheiten betreiben ihr Tun in der Überzeugung, dass es eine Wahrheit gibt und dass es gut ist, wenn alle Besucher mit ihr konfrontiert werden. Dialogisch operierende Kuratoren verstehen sich nicht als Verkünder von Wahrheiten. Sie ermöglichen es, dass die Unterschiede zwischen den Künstlern als Bedingung jeder Kommunikation und jedes Kunstsystems wachgerufen werden. Ähnlichkeiten und Gemeinsamkeiten stellen sich im Fortgang des Ausstellungsbesuchs von selbst her, sie emergieren. Nur die «Durchsetzung» von Konsens, die Überzeugungsarbeit Einzelner kann die Emergenz von Gemeinsamkeiten

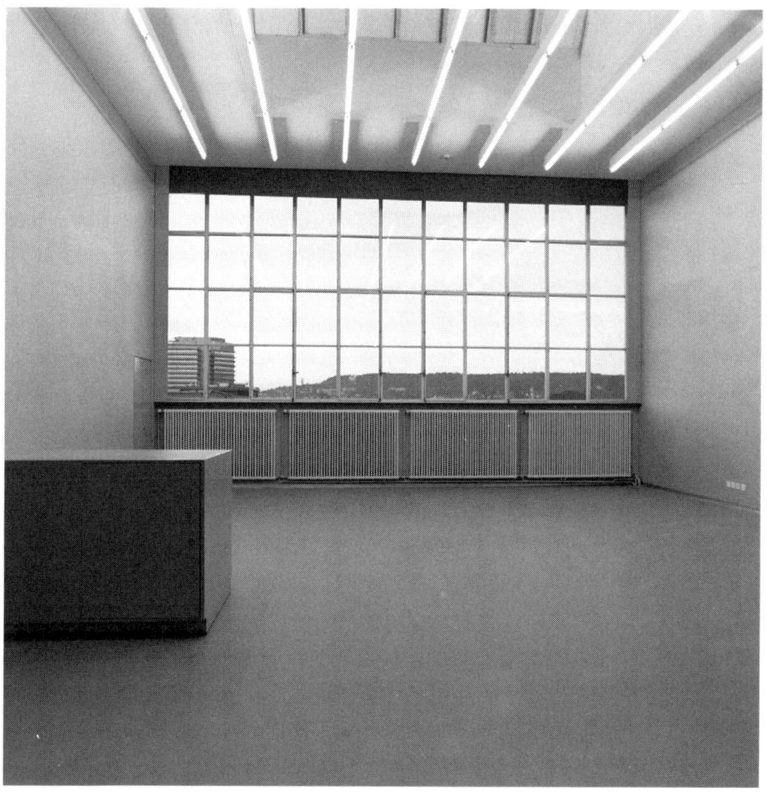

Der Aktsaal, Hochschule für Gestaltung und Kunst in Zürich, 1998 / The life drawing studio. (PHOTO: HGKZ)

verhindern – und sie tut dies bekanntlich alle Tage. Während im Diskurs Wissen tradiert wird, wird im Dialog Wissen generiert. Der Diskurs beschäftigt sich mit der alten oder bekannten Ordnung der Dinge, der Dialog hingegen mit der anderen Ordnung der Dinge. Im Dialog wird keine neue Entdeckung der Kunst vorangetrieben, vielmehr steht die Sorge um Kunst, um Kultur und Kulturen im Mittelpunkt.

Die Lebenskunst ist das Organ des Selbst, das Erfahrungen sammelt, Kunst macht, sich entwirft und gestaltet, um sich quasi ganz zu entfalten. Objektive Erkenntnis gibt es nicht, deshalb gibt es keine andere Basis für die Lebenskunst und die kulturelle Einheit der Menschen als unseren Wunsch, eben diese Ganzheiten zu erlangen: «Dieser Wunsch wiederum ist begründet dadurch, dass wir die Menschen sind, die wir sind.» Eine kulturelle Einheit im Sinne von Lebenskunst zu erreichen ist für den chilenischen Neurobiologen Humberto Maturana «kein Problem der Wissenschaft, wie wir sie gewöhnlich verstehen, sondern ein Problem der Kunst des Lebens selbst».

In gelungenen Ausstellungen treten Leben, Kunst und Werk in einen offenen Dialog, sie entwickeln und verändern sich. Räume, Körper und Zeiten existieren als vielgestaltiges Ganzes. Das Rhizom wuchert. Es wird im besten Sinne ungeordnet und interdisziplinär gedacht und gehandelt. Agenten des Interdisziplinären finden sich im Kollektiv oder als Einzelne. Gute Ausstellungskunst präsentiert immer auch individuelle, experimentelle, kommunitäre, soziale und/oder solidarische Utopien. Wenn es einer Ausstellung gelingt, mit dem gesetzten Thema und den ausgewählten Künstlern einen Mikrokosmos des kulturellen Makrokosmos zu erzeugen, kann sie erwarten, eine gesellschaftliche Wirkung zu entfalten.

Ein wichtiger Vordenker des Dialogkonzepts war Friedrich Schleiermacher (1768–1834). In vielen Arbeiten hat er die Bedeutung des Gesprächs zur Überwindung der Distanz auseinander liegender Standpunkte betont. Seit Ende des achtzehnten Jahrhunderts empfahl er das «gesellige Gespräch» als Modell für Kultur und Gesellschaft. Das von Schleiermacher und anderen Vertretern der Romantik postulierte Gruppengespräch als Mikrokosmos des Makrokosmos Kultur entspricht durchaus dem Prinzip einer Gruppenausstellung mit fünf, fünfundzwanzig, fünfzig oder sogar fünfhundert Künstlern. So sind Gruppenausstellungen repräsentative Querschnitte von Gegenwartskunst, von multiplen Sicht- und Empfindungsweisen. Jede Ausstellung ist ein Dialog – ein Lebenskunstwerk.

Internetlink:
www.hyperkommunikation.ch/dialog-im-aktsaal

Literatur:

– David Bohm, *Der Dialog. Das offene Gespräch am Ende der Diskussionen,* hrsg. v. Lee Nichol, Klett-Cotta, Stuttgart 1998.
– Michael Hardt, Antonio Negri, *Empire: die neue Weltordnung,* Campus, Frankfurt am Main 2002.

In Praise of Dialogue

PAOLO BIANCHI

Scarcely has one war de-escalated before the next crisis begins. There's always talk of dialogue in world politics but the goal remains constant: the enemy's capitulation. Nations incapable of dialogue throw hand grenades into trenches just to make room for another half dozen or so corpses of Palestinian or Afghan resistance fighters. If you don't live in Nablus or Kabul but in, say, Zürich or New York and happen to browse through *Empire* by Antonio Negri and Michael Hardt, you'll come across the following call for militancy: "Militants resist imperial command in a creative way. ... This militancy makes resistance into counterpower and makes rebellion into a project of love." (p. 413) On the second Tuesday of every month at 6 p.m., something resembling a group of militants meets for a couple of hours at Bob Gysin's gallery on Ausstellungsstrasse 24 in Zürich. The meeting is open to the public, no advance notice required. This so-called circle of dialogue gently conspires to promote collective thinking and direct face-to-face encounters. Love will vanish if we don't communicate with one another. Genuine communication stands for community, participation, and friendship. Through dialogue, militancy and love can grow and flourish.

The experiment was launched shortly after September 11 in the fall of 2001. I launched Dialog, along with communications theorist Rolf Todesco, in the life drawing studio at Zürich's University of Art and Design. The life drawing studio, architects say, is the most beautiful room in the building. Beauties from distant lands pose there in the nude before the Swiss flag—even in the morning. At our Dialog meetings, everybody had a chance to strip. But instead of taking their clothes off, people shed the corsets from around their entrenched ideas. Whenever anybody said something stupid, they learned to hold their tongues for a minute instead of instantly muttering, "You idiot!" Then Dialog was evicted. We found new accommodations at Zürich University's branch in Winterthur, and later at the F+F School of Art and Media Design, a private school in Zürich. We were always on the top floor of these institutions, in the attic you might say. Now, in 2004, we've landed in the White Cube, the space where art becomes art. That's pretty apropos because Dialog is an art forum too. According to David Bohm, dialogue enables us to see through the screen of thought.

Dialog seeks pure and unadulterated communication and tries to take a new tack with no restrictions, no preconceived ideas, and no desire to influence or persuade. At Dialog, we talk about what dialogue means. If "dia" stands for "through," then we're interested in the meaning that flows under us, through us, and between us—with no strings attached. Discussion is related to percussion, to demolishing and dividing and dissecting, to fault-finding competitions; dialogue fosters interchange. Playing ping-pong not in order to win but to see how long you can keep the ball in play.

At Dialog we sit on chairs forming a closed circle. The middle stays empty; it stands for unoccupied territory where you can talk about anything. The basic principle is: listen to the assumptions of others. It's not the answer that counts but the ability to concede, to have an open mind and be mindful of other opinions. Dialogue means working together to explore and let go of preconceived notions. The act of violence is thus transformed into an act of mutual consideration.

Some Dialog evenings seem to lead to a dead-end. One Dialog student observed that it made him realize how important it is to remember that dialogue always mirrors one's own state of mind. The Dialog master added that our state of mind also mirrors the dialogue. The trouble with dialogue is that you have to tolerate your own state of mind.

What are dead ends? The main station in Zürich is a kind of dead-end, a "stub" terminal that connects us to the whole world.

Every art exhibition connects visitors to the whole world. Every exhibition creates a shared space of experience (storehouse, container, train station, market). Exhibiting means plugging into the world. The interface between "me" and "world" equals art. As a curator I have to design the container so that the quality of collective attentiveness remains lively and the usual projections and reactions that affect art are exposed. The latter can then be subjected to examination, allowing viewers to see "the bottom of the lake in which they're swimming."

People who go to an exhibition would like to be enriched by a few truths by the time they leave. However, curators who create exhibitions based on the principle of dialogue are not interested in dressing their "work" in monologic identities or stabilizing corset stays in order to transmit knowledge that ties in with a firmly structured foundation. On the contrary: the dialogically oriented curator aims, above all, to activate the will of visitors so that they can express and achieve self-fulfillment in the chaotic flow of art-reality. That means aspiring to a plurality of equivalent truths rather than higher knowledge. The dialogue curator wants to be sure that exhibitions offer the potential of determining identity and encouraging productive contradictions by suspending judgment. This heightens the tension of a show. If visitors succeed in suspending their assumptions about art, they will enjoy an enhanced faculty for observation and reflection on mental processes, which is itself a work of art.

A dialogic exhibition differs substantially from a discursive one. Those who seek truth and wish to promulgate artistic certainties are of the conviction that there is a truth and that it is good for visitors to be confronted with it. Dialogically operating curators do not see themselves as promulgators of truths. They generate awareness of the fact that differences between artists are a precondition of all communication and all art systems. Similarity and commonality emerge automatically in the process of attending an exhibition. Only the encouragement of consensus through individual acts of persuasion can obstruct the emergence of common ground—and it does, on a daily basis, as we all know full well. Discourse consolidates knowledge; dialogue generates it. Discourse addresses the old, familiar order of things; dialogue addresses different orders. Dialogue does not push to rediscover art but instead concentrates on the care of art, on the care of culture and cultures.

The art of life is the organ of the self, which collects experience, makes art, and drafts and designs itself in order, one might say, to achieve complete fulfillment. Since there is no such thing as objective knowledge, there is no basis for the art of life and the cultural unity of humankind other than our desire to achieve such integral wholes: "This desire is in turn based on the fact that we are the people that we are." The Chilean neurobiologist Humberto Maturana also argues that achieving cultural unity is not a problem of science, as we ordinarily understand it, but rather a problem of the art of life itself.

In successful exhibitions, life and art and work engage in an open-ended dialogue; they develop and change. Spaces, bodies, and times exist as a multifarious whole. The rhizome proliferates. Thoughts and actions are ideally disordered and interdisciplinary. Agents of interdisciplinary action are found in the collective or individually. Good exhibition art always incorporates individual, experimental, communitarian, social and/or solidary utopias. If an exhibition manages to choose a theme and artists that succeed in generating a microcosm of the cultural macrocosm, then it may look forward to having an impact on society.

An important forerunner of the concept of dialogue is Friedrich Schleiermacher (1768–1834), who placed great faith in that concept as a means of conquering the distance between mutually alien points of view. Toward the end of the eighteenth century, he recommended "lively conversation" as a model for culture and society. The group conversations postulated by Schleiermacher and other representatives of Romanticism as the microcosm of the macrocosm of culture clearly coincide with the principle of a group exhibition that presents five, twenty-five, fifty, or even five-hundred artists. Group exhibitions are representative cross-sections of contemporary art and therefore of a multiplicity of views and feelings. Every exhibition is a dialogue—an artwork of life.

(Translation: Catherine Schelbert)

Internet link:
www.hyperkommunikation.ch/dialog-im-aktsaal

References:

–David Bohm, *On Dialogue* (London/New York: Routledge, 1996).
–Michael Hardt, Antonio Negri, *Empire* (Harvard University Press, 2000).

CUMULUS

From America

IN EVERY EDITION OF PARKETT, TWO CUMULUS CLOUDS, ONE FROM AMERICA, THE OTHER FROM EUROPE, FLOAT OUT TO AN INTERESTED PUBLIC. THEY CONVEY INDIVIDUAL OPINIONS, ASSESSMENTS, AND MEMORABLE ENCOUNTERS—AS ENTIRELY PERSONAL PRESENTATIONS OF PROFESSIONAL ISSUES.

OUR CONTRIBUTORS TO THIS ISSUE ARE WAYNE BAERWALDT, DIRECTOR OF THE POWER PLANT, TORONTO, AND PAOLO BIANCHI, A WRITER AND FREELANCE CURATOR WHO LIVES IN BADEN NEAR ZÜRICH.

JOHN KÖRMELING, MOBILE FUN, 2000, Utrecht, detail.

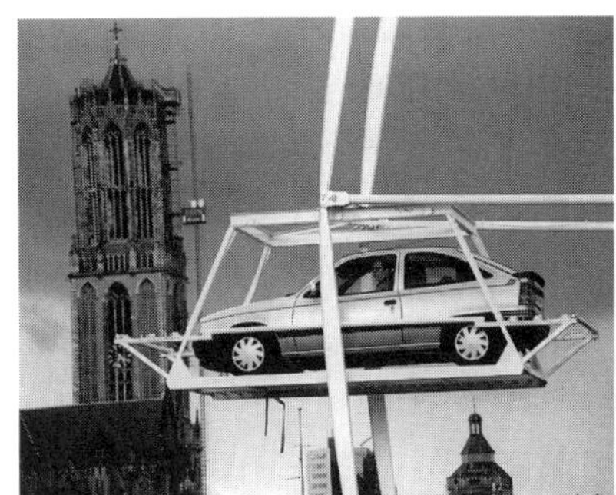

JOHN KÖRMELING:

THE FREEDOM IN FREE SPACE

WAYNE BAERWALDT

John Körmeling is infected with a serious imagination. He is a Dutch artist and architect, whose quirky, mixed-media work is informed by the related disciplines of art, philosophy, mathematics, political science, engineering, city planning, and architectural design. His interdisciplinary strategies elicit a phenomenological, experiential sculpture that asks viewers to engage a fantastical quality in the artwork and to imagine a practical utilitarianism. How he manages to work creatively in the interstices between disciplines was the focus of his recent exhibition at The Power Plant in Toronto, complicated as it was by post 9/11 paranoia in North America. The task of organizing Körmeling's first exhibition in North America was a constant reminder of the way public sculpture's integrity is compromised by perceived economic and political liabilities. His proposed large-scale sculptures act as interventions, bringing a heightened level of unexpected theatricality to everyday life that, in reality, is the very urban element continually being eroded in the West. Fueled by paranoia about terrorist threats, state oppression continues to diminish the experiential in art. But artists like Körmeling, continue, with considerable propensity, to resist

WAYNE BAERWALDT is director of The Power Plant, Toronto, and co-editor of *John Körmeling: A Good Book,* co-published by Plug in Editions, Winnipeg, The Power Plant, Toronto, and Van Abbemuseum, Eindhoven (2002).

adapting their ideas to the artificial limitations of the Bush regime.

John Körmeling was born in Amsterdam and graduated in 1980 from Eindhoven Polytechnic with degrees in architecture and urban planning. Early in his career he became dissatisfied with traditional (and much modern) architecture, urban planning, and art, finding them far too restrictive. Since then, he has made it his primary focus to circumvent systemic limitations by creating a fictionalization of the material world on paper and, with any luck, in three dimensions. Some of Körmeling's most challenging ideas as a p a p e r a r c h i t e c t find themselves woven into extremely ephemeral forms. His poetic, minimal drawings are in graphite or china marker on paper, and his fragile mixed-media maquettes are constructed of plaster, metal, and glass. His preparatory work reflects his ongoing struggle to liberate space with light, and to devise lightweight fabrication solutions.

Since 1981, Körmeling has designed and/or built an amazing array of objects and ingenious installations using light and lightweight solutions. One of his first recorded projects was ARTFACTORY (1982) at the Jan van Eyck Academy in Maastricht. In this installation, Körmeling took seven measurements of this former factory space—length, height, width, three diagonals, and the diagonal of the body—and he then represented each measurement by directing laser beams through the entire building by means of a series of holes which he bored in the floors, roof, and walls over the course of twenty-four hours. This phenomenal approach to measurement was generated by a very simple idea: to make the building's program transparent—to make it almost appear as an x-ray of itself. This interest in transparency has remained a primary characteristic of Körmeling's work for over twenty years.

In another early project at De Appel Gallery in Amsterdam in 1983, Körmeling focused on liberating space using little more than artificial light. His ONTWERPMACHINE (Designing Machine) was an interactive installation composed of tiny phosphorus balls (made of a material called Tempex), which were used to demarcate arbitrary places in the gallery. The De Appel Gallery was measured in lengths of phosphoric thread constructed to form a certain visual unity. The Tempex balls were then blown into the space, exposing the thread and balls construct to three-second doses of artificial light, revealing, by alternating periods of dark and light, the new gridded measurements of the gallery, made visible in phosphorus green.

Another project in 1983, at the Apollohuis in Eindhoven, was the sculpture HANGEN EN STAAN (Hanging and Standing, 1983) in which Körmeling shot a beam of white light through the floor of a building—from attic to basement—via two mirrors. The light passed under the foundation of the building and darted upward from the pavement in front of the building.

Körmeling's work, to date, comically disrespects the hierarchies of rationality, good taste, and beauty. Beyond being merely clever, his solutions are visionary, and resonant in their playfulness. They offer a perverse logic that embraces technological innovation to deliver substitutions for just about anything—from neon signs to tea shops. It is precisely his quirky inventiveness and ingenuity that results in wild shifts in space, materials, time, and scale; but these qualities tend to impart an unwieldy, challenging quality to the work.

Körmeling's first semi-permanent public art installations have been, for the most part, negotiated over long periods of time, ultimately owing a lot to their informed challenge to overly rational urban planning doctrines and the predictable dogma of Modernist Architecture. He pushes the a b s u r d to expand the range of possibilities for architecture and design solutions, making the impossible not only possible, but desirable.

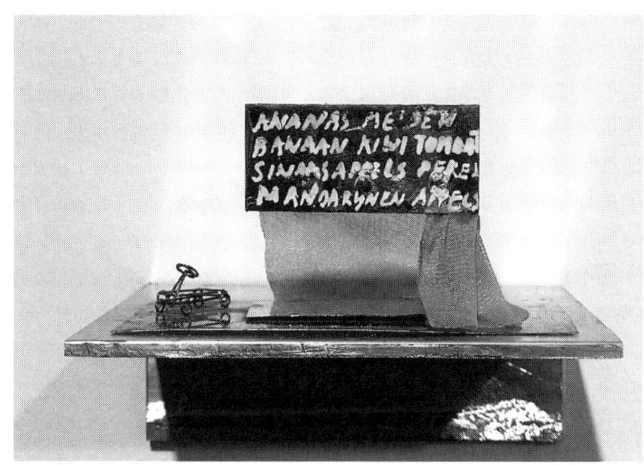

JOHN KÖRMELING, FRUIT KIOSK, 1998,
mixed media / FRÜCHTESTAND.
(PHOTO: WALTER WILLEMS)

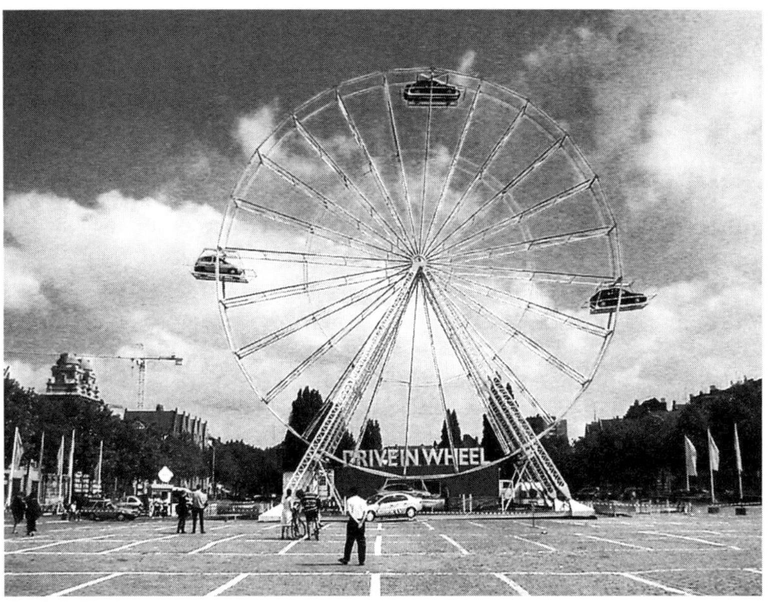

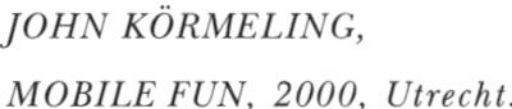
JOHN KÖRMELING,
MOBILE FUN, 2000, Utrecht.

Often his sculptures appear unexpectedly, on the horizon line of public places—a large-scale, neon birthday sign on a building, KOP VAN ZUID ROTTERDAM (1989), or an electric light shining through faux clouds onto a miniature sunbathing figure, GAT IN DE WOLK, MADURODAM, DEN HAAG (Hole in the Cloud, 1989)—occupying spaces that must be renegotiated in order to maintain their public exposure. Körmeling's functional TEA SHOP (2002), in Valkenberg Park, Breda, took seven years of negotiation to install. The steel, glass, and concrete, privately owned, public sculpture eventually opened in Breda's English garden with a rooftop neon sign advertising whipped cream, spaghetti, coffee, sausage, ice cream, chewing gum, soup, French fries, bonbons, salad, peppermint, beer, pie, and tea.

Körmeling's projects return, again and again, to his breaking open of design, creating space, and infusing it with remarkable flashes of beauty, through a gesture of subtracting something and inserting light in its place. In essence, Körmeling's interactive sculptural installations are starting points for investigating (interdisciplinary) strategies to imaginatively renegotiate the complexities of public and private life.

Until recently, Körmeling's eccentric form of applied, site-specific art has remained relatively unknown to audiences outside Europe and Japan. One reason for this may be the radical materiality of his interactive approach, and the often unnecessary—artificial—limitations which have been placed on public space and art. Körmeling's sculpture attempts to gain a more primal position in the public eye as it defies many contrived spatial constraints. Körmeling's most grandiose, and playful, interactive sculptures are repeatedly contested by an information society that associates the dimensions of mass and volume with a certain fear factor (consider the fear factor for terror on a giant Disney roller coaster). Although the information society is invisible, it impacts public art through its strong, persistent voice predicated, especially these days, on fear and the active defining of inside and outside.

Körmeling's work, in part, resembles something of a game to dissolve restrictions on every subject imaginable, from the design of an interactive roadside billboard, into which one may climb, HOT SPRING (2002), to a new dance step, JK DANCE (1997). But it is not just the difference between inside and outside that interests Körmeling, it is also the articulation of between spaces and the subsequent facilitating of open spaces for free movement. In an information society there may be scarce physical movement around the edges, and through the between spaces, but there still may be flexibility to incorporate people, the city, and information. The mechanisms or inspirational sources of Körmeling's work often feel distant in origin and diverse to the extreme. When experiencing his work from the inside, one can, ideally, stand in any given space and have a strong sense of all of the other surroundings.

The sense of flexibility in Körmeling's work is palpable. Each idea, or proposed design-and-build project, is resonant with some level of awe and wonder conveyed by a fascination with the otherwise assumed impossibility of its realization. The experience of viewing the realized work separates the viewer from other sanctioned spaces but, ideally, Körmeling's desire is for a shift, or movement, to orient the viewer's relationship between inside and outside.

An arbitrary fear of movement, however, imposes its greatest threat to the space between, through which people frequently pass—including spaces on the threshold between inside and outside. For Körmeling, the prospect of presenting his work in North America is fraught with the siege mentality of terror-threatened public (and private) institutions, where the spaces between inside and outside become increasingly sensitive. The attacks on the World Trade Center towers in New York, in 2001, unleashed a new relationship to the information society, and a new level of negotiation for public sculpture in North America, dictated by the re-imagining and manipulation of the dynamics of fear. People who are weary of art's power to transform also see this power as constituting a danger to be kept in check. The most obvious manifestation of this new relationship can be seen in insurance rates and liability restrictions for interactive public sculpture. Skyrocketing insurance rates (if quoted at all by insurance companies) and TSSA code regulations for interactive public art have had an increasing impact on the kind of public art that gets made, and the placement of such art—as it enters the highly-contested public and private spaces of the built environment.

What consequentially concerns me as a curator is the preservation of the integrity of Körmeling's artwork, as it is presented in North American public spaces, and how its form may be altered when its interactive functions are denied. Körmeling produces structures where the allocation of space and function is heavily stereotyped according to conventional social ideas of movement in private-public space. His most complex sculpture to date, MOBILE FUN (2000–2004), suggests that the pressure to realize his interactive public art will ultimately give reason to question not only the issue of access to public space, but also the integrity of the artwork itself. Or, if nothing else, it will require a rethinking of the limitations of an artwork's flexibility when it is made to offer an experience.

MOBILE FUN is a populist, interactive sculpture in the form of a ferris wheel, measuring one hundred feet in diameter. Körmeling activates this sculpture by choosing to carry passengers in four automobiles instead of traditional gondolas. When it was first exhibited at Museum Utrecht in 2000 (organized by Sjarel Ex at Centraal), MOBILE FUN allowed small car owners to drive off the street and onto the Ferris wheel after signing a simple waiver of claim for any resulting damages to cars and their occupants. Over three thousand Dutch drivers trumpeted the aesthetic acclaim of MOBILE FUN over insurance liability issues! North American audiences, beginning with Torontonians, weren't even given a choice to transcend social norms by the terms of MOBILE FUN's insurance policy. Driving your own Austin Mini on to MOBILE FUN was forbidden—only the authorized, and stationary, SAAB (motto: "move your mind") automobiles were allowed to be used.

Attempts to conceal or suppress bizarre or surprising phenomena (from G8 street protests to MOBILE FUN) have grown increasingly common. In a post 9/11 North America, driven by terrorist fears without fixed orientation, MOBILE FUN's integrity was challenged, while Power Plant staff endeavored to address increasingly restrictive rules. Not surprising was the inflated and discretionary insurance and liability quote for MOBILE FUN costing fifty thousand dollars. The latest insurance policies have crippled all but the most mainstream public artworks, and ultimately have altered the performative scope of MOBILE FUN, so that participants can no longer pass easily and frequently through it. Sadly, this is the fixed orientation of contemporary public sculpture in North America. It reflects the difference between people who see the city (and mass society at large) as a threat to their personal existence, and those, on the other hand, who feel quite comfortably interconnected. MOBILE FUN's bright lights and impressive, luminous glow on Toronto's Harbourfront, evoke memories of Coney Island and the traveling midway rides common to every state and province on the continent, which have never before been seen as opportunities for terrorism.

Generally speaking, mainstream audiences are focused by mass media sources on homogenous spaces with prescribed functions. By default, Körmeling's adventurous MOBILE FUN speculates on a society in which the unusual or exceptional elements in art and architecture are marked as a suspect liability. Ultimately, Körmeling's aim is to expand the range of creative solutions, to expose and accentuate them, to enhance individual mobility by applying strategies to the arenas of public paralysis—namely, those engaged with public art, architecture, design, and city planning.

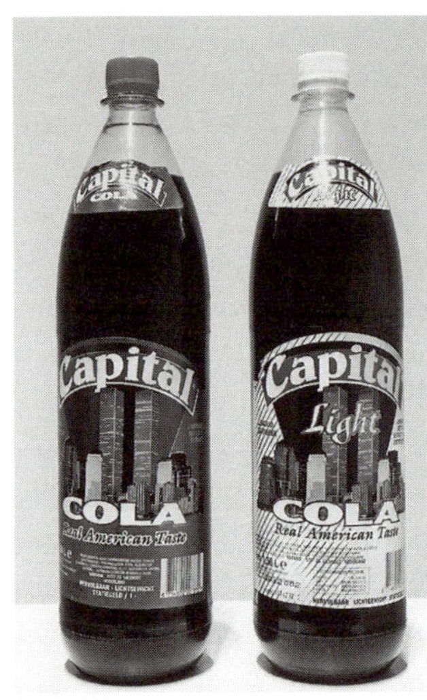

JOHN KÖRMELING, MEMORIAL COLA, 2002.
(PHOTO: WALTER WILLEMS)

JOHN KÖRMELING:

DIE FREIHEIT IM FREIEN RAUM

JOHN KÖRMELING

John Körmeling ist mit einer ernsthaften Vorstellungskraft infiziert. Er ist ein holländischer Künstler und Architekt, dessen launige Mixed-Media-Arbeiten Einflüsse aus verwandten Disziplinen wie Philosophie, Mathematik, Politikwissenschaft, Ingenieurwesen, Stadtplanung und Architektur aufweisen. Sein interdisziplinäres Vorgehen fördert eine phänomenologische, experimentelle Skulptur zu Tage, welche die Betrachter dazu auffordert, mit dem Kunstwerk eine phantastische Qualität zu verbinden und sich einen praktischen Utilitarismus vorzustellen. Wie es ihm gelingt, zwischen den Disziplinen kreativ zu arbeiten, war das zentrale Thema seiner jüngsten Ausstellung bei The Power Plant, Toronto; diese erwies sich als äusserst schwieriges Unterfangen, angesichts der allgemeinen Paranoia, die seit dem 11. September 2001 in Nordamerika herrscht. Die Aufgabe Körmelings erste Ausstellung in Nordamerika zu organisieren erinnerte uns in einem fort daran, wie sehr die Integrität der Skulptur im öffentlichen Raum durch allfällige ökonomische und politische Verpflichtungen gefährdet ist. Seine Vorschläge für grossformatige Skulpturen sind eigentliche Interventionen und bringen ein erhöhtes Mass an unerwarteter Theatralik in den Alltag ein, also genau jenes urbane Element, das im Westen zunehmend ausgemerzt wird. Angeheizt durch die paranoide Angst vor Terroranschlägen schränkt der Staat die experimentelle Kunst mit seinen repressiven Massnahmen weiter ein. Doch Künstler wie Körmeling widerstehen weiterhin mit Verve der Versuchung, ihre Ideen den künstlichen Beschränkungen durch die Bush-Regierung anzupassen.

John Körmeling wurde in Amsterdam geboren und machte 1980 seinen Abschluss in Architektur und Städteplanung am Polytechnikum Eindhoven. Schon früh begann ihm die traditionelle (und ein grosser Teil der modernen) Architektur, Städteplanung und Kunst zu missfallen, weil sie ihm zu restriktiv erschienen. Seither hat er sich vor allem damit befasst, die Beschränkungen durch das System zu umgehen, indem er die materielle Welt auf dem Papier und – mit etwas Glück – auch dreidimensional zur Fiktion erhob. Einige von Körmelings berückendsten Ideen als Papierarchitekt sind mit extrem flüchtigen Formen verbunden. Seine poetischen minimalistischen Zeichnungen sind in Graphit oder Tuschestift auf Papier, und seine fragilen Mixed-Media-Maquetten bestehen aus Gips, Metall und Glas. Seine Vorstudien spiegeln sein Bemühen, den Raum durch Licht zu befreien und möglichst leichtgewichtige Fabrikationslösungen zu finden.

Seit 1981 hat Körmeling eine erstaunliche Menge von Objekten und phantasievollen Installationen unter

WAYNE BAERWALDT, Direktor von The Power Plant, Toronto, ist Mitherausgeber des Bandes *John Körmeling: A Good Book,* eine Co-Produktion von Plug in Editions, Winnipeg, The Power Plant, Toronto, und Van Abbemuseum, Eindhoven (2002).

Verwendung von Licht und möglichst wenig Gewicht entworfen und/oder gebaut. Eines seiner ersten dokumentierten Projekte war ARTFACTORY (Kunstfabrik, 1982) in der Jan-van-Eyck-Akademie in Maastricht. Für diese Installation nahm Körmeling sieben Masse des einstigen Fabrikraums – Länge, Höhe, Breite, drei Flächendiagonalen plus die Raumdiagonale – und stellte dann jedes dieser Masse durch einen Laserstrahl dar, der das ganze Gebäude durchquerte; dazu bohrte er innert vierundzwanzig Stunden Löcher in die Böden, das Dach und die Wände. Diesem phänomenalen Umgang mit Massen lag eine einfache Idee zu Grunde: Das Programm des Gebäudes sollte transparent gemacht werden, es sollte fast wie ein Röntgenbild seiner selbst wirken. Dieses Interesse für Transparenz sollte über zwanzig Jahre lang ein wesentlicher Zug seiner Arbeit bleiben.

In einem anderen frühen Projekt in der De Appel Gallery in Amsterdam, 1983, ging es Körmeling darum, den Raum fast nur mit künstlichem Licht zu befreien: Seine ONTWERPMACHINE (Entwurfsmaschine) war eine interaktive Installation bestehend aus winzigen Phosphorbällen (aus einem Material namens Tempex), die beliebige Bereiche innerhalb der Galerie abgrenzten. In der Galerie wurde phosphoreszierendes Garn gespannt, und zwar so, dass sich eine gewisse visuelle Einheit ergab. Dann wurden die Tempexbälle in den Raum geschossen, die das Konstrukt aus Garn und Bällen für jeweils drei Sekunden beleuchteten und in abwechselnden Perioden von Dunkel und Licht die neuen rasterartigen Abmessungen der Galerie in phosphoreszierendem Grün aufscheinen liessen. Eine weitere Arbeit, im Apollohuis in Eindhoven, war die Skulptur HANGEN EN STAAN (Hängen und Stehen, 1983), in der Körmeling einen weissen Lichtstrahl mithilfe zweier Spiegel durch den Boden eines Gebäudes hindurch sandte – vom Dachgeschoss ins Erdgeschoss. Das Licht ging unter dem Fundament des Gebäudes hindurch und schoss vom Asphalt vor dem Gebäude empor.

Bis heute verweigert Körmelings Werk mit den Mitteln der Komik jeden Respekt gegenüber der Herrschaft von Vernunft, gutem Geschmack und Schönheit. Dabei sind seine Lösungen nicht nur klug, sondern visionär und lassen in ihrer Verspieltheit vieles anklingen. Sie arbeiten mit einer perversen Logik, die den technologischen Fortschritt gern dazu benützt, einen Ersatz für ungefähr alles zu liefern, von Lichtreklamen bis zu Tearooms. Es ist genau diese schrullige Erfindungsgabe und Phantasie, die zu den kühnen Verschiebungen von Raum, Zeit, Materialien und Grössenverhältnissen führt; doch dieselben Eigenschaften verleihen dem Werk auch seine Sperrigkeit und provokative Kraft.

Körmelings erste halbpermanente Installationen im öffentlichen Raum waren meist das Resultat langwieriger Verhandlungen und verdankten der gescheiten Hinterfragung allzu rationaler Stadtplanungsrichtlinien und allzu starrer Dogmen der modernen Architektur viel. Er forciert das Absurde um die Möglichkeiten von Architektur- und Designlösungen zu erweitern und das Unmögliche nicht nur möglich, sondern wünschbar zu machen.

Oft erscheinen seine Skulpturen ganz unerwartet an der Horizontlinie öffentlicher Plätze – eine grosse Neon-Geburtstagsanzeige, KOP VAN ZUID ROTTERDAM (1989), oder ein elektrisches Licht, das durch falsche Wolken hindurch eine winzige sonnenbadende Figur bescheint, GAT IN DE WOLK, MADURODAM, DEN HAAG (Loch in der Wolke, 1989) – und besetzen Räume, deren öffentliche Funktion neu ausgehandelt werden muss. Körmelings funktionalem TEA SHOP (Tearoom, 2002) im Valkenberg Park, Breda, gingen siebenjährige Verhandlungen voraus, bevor er realisiert werden konnte. Die in Privatbesitz befindliche Skulptur aus Stahl, Glas und Beton im öffentlichen Raum feierte schliesslich ihre Eröffnung im Englischen Garten von Breda mit einer Leuchtreklame auf dem Dach, die Schlagrahm, Spaghetti, Kaffee, Wurst, Eis, Kaugummi, Suppe, Pommes frites, Bonbons, Salat, Pfefferminz, Bier, Kuchen und Tee anpries.

Körmelings Arbeiten kommen immer wieder auf das Durchkreuzen des Geplanten zurück, sie schaffen Raum und erfüllen ihn mit wunderbaren Details, indem sie etwas wegnehmen und an dessen Stelle Licht einsetzen. Im Kern sind Körmelings interaktive skulpturale Installationen Ausgangspunkte für (interdisziplinäre) Forschungsstrategien, die mit etwas Phantasie die komplexen Verflechtungen von öffentlichem und privatem Leben in neuem Licht zu sehen erlauben.

Bis vor kurzem war Körmelings exzentrische Spielart der angewandten, ortsspezifischen Kunst dem Publikum ausserhalb von Europa und Japan wenig bekannt. Ein Grund dafür mag die radikale Materialität seines interaktiven Ansatzes sein, ein anderer die oft unnötige künstliche Beschränkung, die für den öffentlichen Raum und seine Kunst gelten. Körmelings Arbeiten versuchen eine fundamentalere Rolle in der öffentlichen Wahrneh-

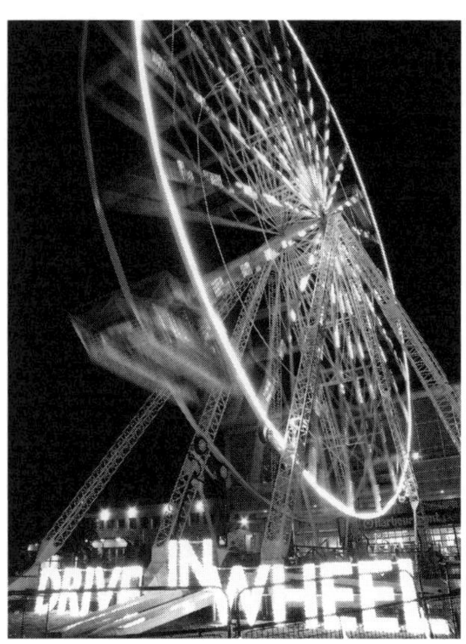

JOHN KÖRMELING, MOBILE FUN,
2004, Toronto.
(PHOTO: WALTER WILLEMS)

mung zu spielen, indem sie den zahllosen verstiegenen räumlichen Beschränkungen trotzen. Seine wirklich grandiosen, verspielten, interaktiven Skulpturen werden regelmässig von einer Informationsgesellschaft in Frage gestellt, die mit den Dimensionen von Masse und Volumen einen gewissen Angstfaktor verbindet (man denke etwa an den Angstfaktor auf einer Riesenachterbahn in Disneyland). Obwohl die Informationsgesellschaft unsichtbar ist, bedrängt sie die Kunst im öffentlichen Raum mit ihrer lauten, allgegenwärtigen Stimme, die sich gerade in diesen Tagen durch Furcht auszeichnet und durch emsiges Definieren dessen, was innen und aussen ist.

Körmelings Arbeit wirkt manchmal wie ein Spiel, bei dem es darum geht, Beschränkungen aufzuheben, und zwar in allen Bereichen, die man sich vorstellen kann: Das geht vom Entwurf einer interaktiven Plakatwand am Strassenrand, in die man hineinklettern kann – HOT SPRING (Heisser Frühling, 2002) –, bis zum neuen Tanzschritt in JK DANCE (1997). Aber Körmeling interessiert sich nicht nur für die Differenz zwischen innen und aussen, sondern auch für das Sichtbar-Machen von Zwischenräumen und für die dadurch entstehenden Freiräume, in denen man sich uneingeschränkt bewegen kann. In einer Informationsgesellschaft mag es nur wenig physische Bewegung am Rand und in Zwischenräumen geben, aber die nötige Flexibilität um Leute, Stadt und Informationen miteinander zu vereinen ist durchaus vorhanden. Die Mechanismen und Inspirationsquellen von Körmelings Arbeiten scheinen oft sehr weit hergeholt und sind von Fall zu Fall sehr unterschiedlich. Erlebt man seine Arbeit von innen, wird man theoretisch an jedem beliebigen Ort die gesamte Umgebung verstärkt wahrnehmen.

Der Sinn für Flexibilität ist in Körmelings Werk geradezu mit Händen zu greifen. Jede Idee und jedes Plan-und-Bau-Projekt ist mit einem Hauch von Ehrfurcht und Staunen verbunden, ausgelöst durch die Faszination, die man empfindet, weil man die Realisierung in jedem anderen Kontext für unmöglich halten würde. Das Erlebnis, das realisierte Werk zu sehen, löst den Betrachter aus den sonst gültigen Räumen heraus, aber Körmelings Idee zielt auf eine Verlagerung, eine Bewegung, um den Betrachter das Verhältnis von innen und aussen anders erleben zu lassen.

Eine unwillkürliche Angst vor jeder Bewegung stellt jedoch die grösste Bedrohung jenes Zwischenraums dar, den Menschen oft durchqueren, das gilt auch für die Schwellenräume zwischen innen und aussen. Für Körmeling ist die Aussicht, seine Arbeit in Nordamerika auszustellen, schwer belastet durch den geistigen Belagerungszustand der von Terroranschlägen bedrohten öffentlichen (und privaten) Institutionen, in denen die Räume zwischen innen und aussen zunehmend zu besonders heiklen Zonen werden. Der Anschlag auf die Türme des World Trade Center in New York, 2001, hat das Verhältnis zur Informationsgesellschaft verändert und damit auch die Situation der Skulptur im öffentlichen Raum, die auf einer ganz neuen Ebene verhandelt werden muss. Diese ist von den alptraumhaften Bildern und einer manipulierten Dynamik der Furcht bestimmt. Leute, die dem Veränderungspotenzial der Kunst misstrauisch gegenüberstehen, sehen in diesem Potenzial eine Gefahr, die eingedämmt werden muss. Am deutlichsten lässt sich die neue Situation an den Versicherungsprämien und eingeschränkten Haftungsklauseln für interaktive Skulpturen im öffentlichen Raum ablesen. In den Himmel schiessende Prämien (wenn sie von den Versicherungsgesellschaften überhaupt genannt werden) und TSSA-Code-Vorschriften[1] für interaktive Kunst im öffentlichen Raum haben einen wachsenden Einfluss darauf, welche Art von Kunst im öffentlichen Raum überhaupt noch entsteht und wo sie Platz findet, sobald es um die heiss begehrten Räume in bebauten Zonen geht.

Als Kurator liegt mir deshalb sehr daran, dass die Integrität von Körmelings Kunst intakt bleibt, wenn sie im öffentlichen Raum in Nordamerika gezeigt wird, und ich mache mir Sorgen darüber, dass ihre Form verfälscht werden könnte, wenn man ihre interaktive Funktion beschneidet. In Körmelings Bauwerken ist die Zuordnung von Raum und Funktion, entsprechend den herkömmlichen gesellschaftlichen Vorstellungen von Bewegung im privaten öffentlichen Raum, extrem stereotyp. In seiner bisher komplexesten Skulptur, MOBILE FUN (Mobiler Spass, 2000–2004), bringt er zum Ausdruck, dass der Druck, seine interaktive Kunst im öffentlichen Raum zu realisieren, schliesslich dazu führen wird, dass man nicht nur den Zugang zum öffentlichen Raum neu wird diskutieren müssen, sondern auch die Integrität des Kunstwerks selbst. Zumindest aber wird es nötig sein, die Grenzen der Flexibilität eines Kunstwerks zu überdenken, wenn es denn dazu dienen soll, eine Erfahrung zu machen.

MOBILE FUN ist eine publikumsnahe, interaktive Skulptur in Form eines Riesenrades von dreissig Metern Durchmesser. Körmeling aktiviert diese Skulptur, indem er die Passagiere in vier Autos statt herkömmlichen Gondeln Platz nehmen lässt. Als die Arbeit zum ersten Mal vom Museum Utrecht ausgestellt wurde, war es Besitzern von Kleinwagen erlaubt, von der Strasse aufs Riesenrad zu fahren, nachdem sie eine einfache Erklärung unterschrieben hatten, derzufolge sie auf alle Schadenersatzansprüche bezüglich ihres Wagens und seiner Insassen verzichteten. Mehr als dreitausend holländische Autofahrer schätzten das ästhetische Erlebnis durch MOBILE FUN höher ein als alle Versicherungs- und Haftungsfragen! Das nordamerikanische Publikum, angefangen bei jenem in Toronto, erhielt wegen der Versicherungsbedingungen für MOBILE FUN nicht einmal die Chance eine gesellschaftliche Norm zu überschreiten. Es war verboten, mit dem eigenen Austin Mini teilzunehmen, nur der bewilligte, bereits im Rad

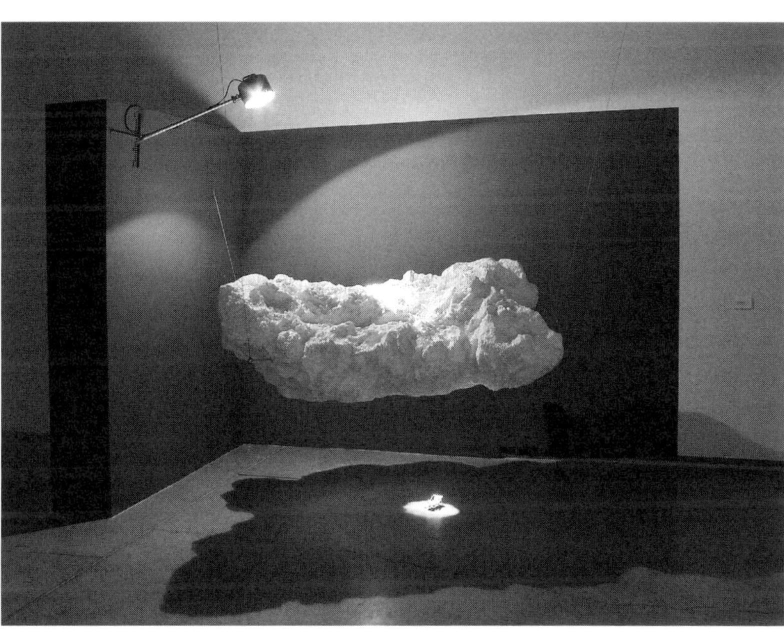

JOHN KÖRMELING, HOLE IN THE CLOUD, 1989, mixed media / LOCH IN DER WOLKE. (PHOTO: WALTER WILLEMS)

fixierte SAAB (unter dem Motto: «Bewege dich geistig!») durfte benutzt werden.

Versuche, bizarre oder überraschende Phänomene zu verbergen oder zu unterdrücken (von den G8-Demonstrationen bis zu MOBILE FUN), sind inzwischen alltäglich geworden. Im von diffusen Terrorängsten geschüttelten Nordamerika wurde die Integrität von MOBILE FUN zunehmend in Frage gestellt, während die Verantwortlichen von Power Plant immer mehr und restriktiveren Vorschriften zu genügen suchten. Da überrascht es nicht, dass die Versicherungsprämie für uneingeschränkte Haftung in die Höhe schoss und schliesslich 50 000 Dollar betrug. Die neue Versicherungspolitik verhindert und beschneidet alle Kunstwerke im öffentlichen Raum, die sich ausserhalb des absoluten Mainstream bewegen. Im Fall von MOBILE FUN hat sie die performative Tragweite des Werkes verändert, weil die Leute sich nicht mehr unbeschwert und frei darin bewegen können. Leider entspricht das der allgemeinen Situation der zeitgenössischen Kunst im öffentlichen Raum in Nordamerika. Dies widerspiegelt den Unterschied zwischen den Leuten, welche die Stadt (und die Massengesellschaft überhaupt) als Bedrohung ihrer persönlichen Existenz erleben, und jenen, die sich darin wohl und eingebunden fühlen. Das helle Spiel der Lichter von MOBILE FUN am Hafen Torontos weckt Erinnerungen an Coney Island und an diverse mobile Vergnügungsbahnen, die noch nie als terrorismusgefährdet gegolten haben.

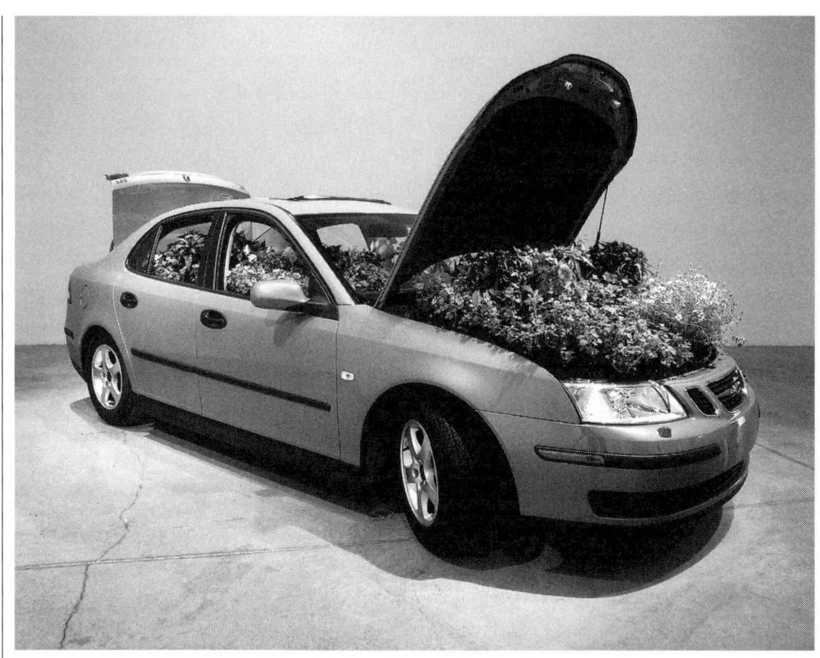

JOHN KÖRMELING, CAR AS FLOWERBOX, 1984/2004, installation view, The Power Plant, Toronto / AUTO ALS BLUMENTROG. (PHOTO: WALTER WILLEMS)

Im Allgemeinen wird das breite Publikum von den Massenmedien auf einheitliche Räume mit klaren Funktionen gedrillt. Entsprechend rechnet Körmelings abenteuerliches MOBILE FUN schon mit einer Gesellschaft, in der ungewöhnliche oder aus dem Rahmen fallende Elemente in Kunst und Architektur als suspekt gelten. Letztlich geht es Körmeling darum, den Raum für kreative Lösungen zu erweitern, diese darzustellen und hervorzustreichen, und die individuelle Beweglichkeit zu fördern, indem er der Lahmlegung des öffentlichen Raumes entgegenwirkt, namentlich dort, wo es um Kunst, Architektur, Design und Stadtplanung geht.

(Übersetzung: Suzanne Schmidt)

1) TSSA: Technical Standards & Safety Authority.

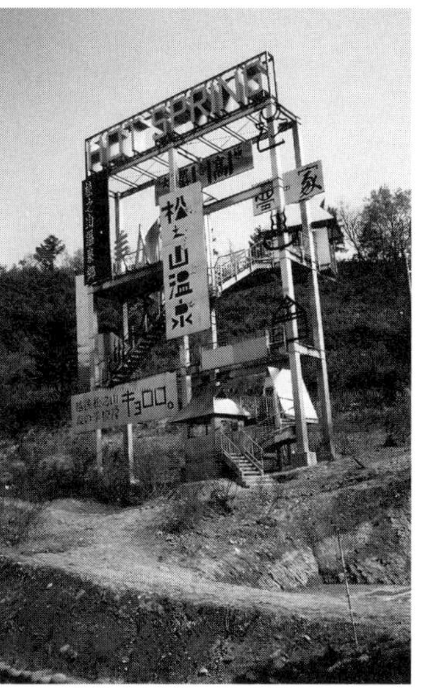

JOHN KÖRMELING, HOT SPRING, 2002.

BALKON

Sexualisierte Folter und Frühstücksbrötchen

KLAUS THEWELEIT

KLAUS THEWELEIT ist Schriftsteller und (u.a.) Professor für Kunst und Theorie an der Staatlichen Akademie der Bildenden Künste Karlsruhe. Er ist der Autor von *Männerphantasien* (Stroemfeld/Roter Stern, 1977). Zu seinen neueren Publikationen gehören der Essayband *Tor zur Welt: Fussball als Realitätsmodell* (Kiepenheuer & Witsch, 2004) und *Der Knall: 11. September, das Verschwinden der Realität und ein Kriegsmodell* (Stroemfeld/Roter Stern, 2002).

Um mit dem Wichtigsten zu beginnen: Demokratische Gesellschaften, die Folterungen wie die von Abu Ghraib verhindern wollten, würden dafür Sorge tragen, dass an jeder Verhörsituation in besetzten Ländern Beobachtungspersonen von Gruppen wie Amnesty International oder Human Rights Watch beteiligt wären. Sie müssten nicht mithören, was dort verhandelt wird. Der Blick durch eine Einweg-Glasscheibe in den Verhörraum würde genügen. Sofortige Meldung an UN-Behörden mit Strafkompetenz bei Übergriffen. Damit hätte man die Folter, soweit sie im Namen von Staaten und Regierungen ausgeübt wird, unter Kontrolle. Warum geschieht das nicht?

Voraussetzung wäre eine wache Bevölkerung. Eine Bevölkerung, die p r ä v e n t i v Überwachung fordern würde, weil sie w e i s s, dass Soldaten in j e d e r Besatzungssituation leicht in die Versuchung der Folter geraten; seien es schwedische Blauhelmsoldaten 1995 in Bosnien oder jetzige Bundeswehrtruppen im Kosovo. Zu erzeugen wäre eine Bevölkerung, die so etwas alltäglich wüsste.

Woher die Bevölkerung das wissen könnte? Die Antwort findet sich in einer Bemerkung Andrea Böhms in der *taz* (10. Mai 2004) zu den amerikanischen Reaktionen auf die Folter in Bagdad: «Die einzigen, die in den USA angesichts der Photos aus dem Abu-Ghraib-Gefängnis weder überrascht sind noch so tun, sind Anwälte, Sozialarbeiter und Geistliche, die von Berufs wegen mit dem amerikanischen Strafvollzug zu tun haben.» Weil diese Berufsgruppen aus ihrer Alltagsarbeit kennen, was die Medien als Horrorhit der Saison um die Erde wirbeln. Andrea Böhm: «Gefangene zwecks Disziplinierung stundenlang nackt stehen zu lassen ist im amerikanischen Strafvollzug herrschende Praxis. In manchen Haftanstalten werden neuen Häftlingen Säcke über den Kopf gezogen (...) Ende der 90er Jahre war in Texas ein Trainingsvideo für Vollzugsbedienstete in Umlauf, auf dem Häftlinge bei einer Drogenrazzia nackt über den Boden kriechen mussten, von Hunden gebissen und von Wärtern an Füssen zurück in ihre Zellen geschleift wurden. Ein Bundesrichter stellte den texanischen Strafvollzug mehrere Jahre unter Bundesaufsicht, weil Wärter Gefangene systematisch misshandelten oder duldeten, dass Insassen von Mithäftlingen wiederholt vergewaltigt und als ‹Sexsklaven› von Trakt zu Trakt verkauft wurden.»

Ein kleiner Teil der Bevölkerung weiss also Bescheid. Dieses Wissen wird aber nicht an die grosse Glocke gehängt. «Die ‹fünf Verhörtechniken›, welche von den britischen Behörden in Lagern für IRA-Gefangene praktiziert wurden, unterscheiden sich von den angeprangerten Irak-Methoden nicht viel: Kapuze über dem Kopf, mit gespreizten Armen und Beinen stehen die Delinquenten 30 Stunden an der Wand, Lärmterror», ergänzt Heribert Prantl in der *Süddeutschen Zeitung* (21. Mai 2004). Ich bin weder Anwalt noch Sozialarbeiter noch Geistlicher in amerikanischen Knästen. Ich bin bloss Kinogänger und habe die amerikanischen Gefängnisfilme nicht ausgelassen. Die Darstellung explizit sexueller Folter vermeiden sie zwar, aber die Quälmethoden, die ausgefuchsten Verfahren, «eine Person zu brechen», die fiese Lust von Wärtern (und Mithäftlingen) an der Zerstörung jedes eingesperrten menschlichen Potenzials, das sich nicht ohne weiteres den so genannten Gesetzen der Gefängniskloake angepasst zeigt, kenne ich so gut, als wäre ich selbst da drin gewesen: jede Menge Schweine, die Spass daran haben, einen grinsend zu Tode zu quälen.

Man kann sich dafür interessieren, warum diese Typen so sind, oder auch nicht. Aber so tun, als hätte man dergleichen noch nie gehört, kann man nicht. Wer vorgibt, einen Generalsbericht, eine Rotkreuz-Expertise oder die Videos und Photos aus Abu Ghraib zu brauchen, um all dies zu e r f a h r e n, ist ein Lügner oder Trottel. Wenn er aber beides nicht ist und trotzdem den Satz hinschreibt: «Diese Bilder haben uns ungeschützt getroffen» – Stefan Reinecke in der *taz* vom 15. Mai 2004 –, ja, was ist dann? Mich trifft d i e s e r S a t z ziemlich ungeschützt. Wie kann so etwas sein? Wie ist es möglich, dass professionelle Kommentatoren des politischen Weltgeschehens einstimmen in den Chor jener, die unisono ausrufen: «Wie ist so etwas möglich bei Angehörigen einer zivilisierten Nation?»

Ich finde jedes dieser Bilder abstossend; ich hasse, was auf ihnen zu sehen ist. Aber überrascht hat mich keins. So wenig, wie es mich überrascht, dass mit Lane McCotter und Guantánamo-Chef Geoffrey Miller bewährte Quäler mit Aufbau und Reform des irakischen Gefängniswesens beauftragt wurden. Auch dem Oberkommandierenden General Ricardo Sanchez wird Kenntnis und Teilnahme an Folterungen nachgewiesen. Überraschend?

Aus Archiven und Internet kam bergeweise Stützmaterial: Ein Polizeirevier in Chicago glänzt mit Schlägen, Elektroschocks, Scheinexekutionen, Russisch Roulette, Genitalien an Stromkabeln, Plastiktüten über den Kopf. (Hatten wir so was nicht vor kurzem auch in Hamburg?) Der Generalinspekteur des US-Justizministeriums moniert die Zunahme körperlicher Misshandlung und sexuellen Missbrauchs muslimischer Gefangener nach dem 11. September 2001.

Die *New York Times* druckt das vollständige Protokoll der Aussagen von Private Lynndie England unter der Schlagzeile: «Prison Guard Calls Abuse Routine and Sometimes Amusing». Es ist b e k a n n t l i c h amüsant, Häftlinge mit «phosphorartiger Flüssigkeit zu übergiessen, (...) an die Wand zu werfen, (...) mit einem Leuchtstab sexuell zu misshandeln» und alles gut «mit extrem anschaulichen photographischen Beweismitteln» zu belegen. «Normalerweise brechen wir die Häftlinge schon nach wenigen Stunden», mailt ein US-Sergeant am 18. Dezember 2003 nach Hause. Und: «Wenn du nicht manchmal die Menschenrechte von jemandem verletzt, machst du deinen Job nicht ordentlich», zitierte die *Washington Post* einen für Verhaftung und Transport mutmasslicher Terroristen verantwortlichen US-Beamten bereits am 26. Dezember 2002. Die Basis weiss also, was sie tut.

Die arabische Basis und Spitze selbstverständlich auch. «Folter ist fester Bestandteil arabischer Tradition. Sie wird bis heute in arabischen Gefängnissen angewandt», zitiert Jochen

Bittner in *Die Zeit* (Nr. 22 vom 19. Mai 2004) die Beiruter Tageszeitung *al Safir.* Wie bekannt, zieht sich von Iran bis Algerien ein einziger Foltergürtel, mit einigen schwächeren Stellen, wie vielleicht Tunesien. Aber eine ganz starke Stelle ist die europanahe Türkei. Das Schwängern der Frauen des Gegners bei kriegerischen Überfällen gehört genauso zum muslimischen Repertoire wie bei vergleichbaren Christen oder Hindus. Kann höchstens sein, dass ein gläubiger Muslim aus Achtung vor der Blösse des Körpers seinem Opfer die Unterhose anlässt, wenn er ihm den Kopf abschneidet. Es gibt verschiedene Arten, Menschen den gebührenden Respekt zu erweisen. Dass Amerika arabischen Ländern diesen Respekt erweist, indem es Gefangene zum Foltern dorthin überweist, ist inzwischen auch erwiesen.

Woher dann dieser Aufschrei «Wie ist so was möglich bei Angehörigen einer zivilisierten Nation!»? Je länger ich darüber nachdenke, desto drängender wird die Frage: «Wer will das eigentlich wirklich wissen?» Es gibt doch genug Bücher, die darlegen, wie die «verdrehte Lust» an der Folter funktioniert; Kate Millett in ihrem Buch *Entmenschlicht* (1993) oder der Journalist Ted Conover in *Vorhof der Hölle: Undercover in Sing Sing;* von meinen eigenen zu schweigen. Wer sich interessiert für diesen «Vorhof der Hölle», muss das alles doch längst kennen: die ausgestellte und photographierte «Lust» an der Tötung wehrloser anderer, siehe Wehrmachtsausstellung, siehe die Theatralik der Folter unter der argentinischen Junta oder an den Indios von Guatemala, die Vergewaltigungen der bosnischen Frauen, ausgestellt den Blicken erwartungsvoller Zuschauerpulks. «Die Folter – ein höhnisches Lachen!», schrieb Kate Millett. Wer weiss das denn noch nicht, gerade in Deutschland. In Spanien! In Griechenland! Alles Wiegen unserer Zivilisation.

Ulrich Raulff hat in der *Süddeutschen Zeitung* vom 4. Mai 2004 unter der Überschrift: «Die 120 Tage von Bagdad» zwei Bilder nebeneinander montiert: ein Bild aus Pasolinis Film *Salò oder die 120 Tage von Sodom* und daneben ein Photo aus Abu Ghraib. Es geht um den Inszenierungscharakter der Bilder, eine Strukturgleichheit. Die jungen Menschen aus dem Pasolini-Film laufen nackt auf allen Vieren und müssen Scheisse aus Näpfen fressen, zum Vergnügen ihrer faschistischen Folterer; sie sind, kunstvoll arrangiert, hinten im Bild noch mal in einem Spiegel zu sehen, einem Art-déco-Stück, in welchem sich auch einige Wachsoldaten spiegeln. Das Abu-Ghraib-Photo ist jenes mit den zu einem Haufen getürmten nackten Leibern, hinter denen Lynndie Englands grinsender Kopf schwebt, dahinter, deutlichst posierend, ein amerikanischer Foltermann.

Raulff will auf die tendenzielle Gleichheit der Bilder hinaus: «Die Bilder erkennen einander wie Hunde am Geruch», schreibt er. Dieser Kommentar zerstört genau das Zutreffende seiner Montage. Denn entscheidend ist gerade der Unterschied zwischen den Bildern. Pasolinis Filmbild ist konstruiert worden, um Folterer (Schauspieler) bei ihrer sexualisierten Erniedrigungsarbeit zu zeigen (ein Bild darüber, wie Folter funktioniert). Während das Abu-Ghraib-Photo tatsächliche Folterer bei ihrer sexualisierten Erniedrigungsarbeit zeigt; ein inszeniertes «Dokumentar-Photo» von der Erniedrigung eines Menschen, von den Folterern selbst geschossen. Die (eher stümperhafte) Abu-Ghraib-Inszenierung einer tatsächlichen Folter gibt der filmischen Inszenierung Pasolinis also Recht: «So ist es, Sie haben ganz richtig gesehen, Signore Pasolini.» Es gibt meiner Meinung nach kein Werk, das die Vorgänge sexualisierter Folter genauer zeigt als dieser Film Pasolinis.

Es ist nicht Zufall, sondern traurigster Beleg für die Präzision der pasolinischen Folterkonstruktionen, wie in den letzten Wochen ein Bild nach dem andern aus den irakischen Verliesen auftaucht, das sein genauestes, das heisst exakteres theoretisches Pendant in Pasolinis Film hat. Die Nackten an der Hundeleine, das Fressen aus dem Klo, Scheisse fressen, die eigene Herkunft verfluchen, der eigenen Religion abschwören, Scheinexekutionen, erzwungene Masturbation mit Todesdrohung, anale Penetration mit einem Gummiknüppel, mit der Leuchtröhre, und immer ein grinsendes Foltererglesicht im Bild –, all diese Abu-Ghraib-Ingredienzien sind da in den kalten kristallinen Inszenierungen von Pasolinis Film aus dem Jahr 1975. Man könnte fünf, sechs Bildstränge mit gleichen Motiven parallel schneiden und würde sehen: Pasolinis Bilder sind die artistische Beleuchtung und Durchleuchtung der «primitivistischen» Versionen aus Abu Ghraib. Pasolini zeigt Folter; die Photos aus Abu Ghraib sind Folter. Nix erkennt sich da gegenseitig «wie Hunde am Geruch».

Pasolini hat die Bilder in seinem de Sade-Film in Beziehung gesetzt zur Folter der SS und zu Mussolinis Machtspielen an seinem letzten Regierungssitz am Gardasee: Salò. Dieses Wort bildet den Anfang des Filmtitels: *Salò oder die 120 Tage von Sodom;* im deutschen Verleihtitel hat dieses Wort immer gefehlt. Wohl nicht von ungefähr, denn in ihm liegt die politische Dimension von Pasolinis Zeigegestus. Pasolini will eine Linie der Folter aufzeigen, die vom biblischen Sodom über Dantes «Höllenkreise» bis zum Feudaladel, dem Klerus und der Justiz des *Ancien Régime* reicht, wie der Marquis de Sade sie in seinem Roman *Die 120 Tage von Sodom* beschreibt. Eine Linie, die für Pasolini weiterführt, über die europäischen Kolonialismen des neunzehnten Jahrhunderts bis zu den deutschen KZs und darüber hinaus zu den Kolonialpraktiken moderner neokapitalistischer Demokratien wie Italien nach dem Weltkrieg; es ist eine Linie universeller Folter, deren Universalismus darin besteht, eine der unaufhörlichen Selbstdarstellungsformen orientalisch-okzidentaler staatlicher Machtgebilde zu sein.

Diese haben es geschafft, einen Menschentyp zu erzeugen (durch Drill, Prügel, soziale Depravation, Vernichtungsdrohung usw.), der daran gehindert wurde und wird, seine körperlichen Lustvorgänge von Formen zerstörerischer Machtausübung zu trennen. Seine «Lüste» bestehen in einer Verkehrung sexueller Genüsse in Gewaltvorgänge; in der Unmöglichkeit, Sexualität anders zu erleben denn als Gewalt, durchmischt mit der gleichzeitigen Versicherung, zur «höheren Rasse, höheren Religion» und so weiter zu gehören, also im Grunde «Künstler» zu sein, was sich dann niederschlägt in den speziellen Formen inszenierter ritualisierter sexualisierter Folter alles «Unteren». «Untermenschen» sind *per definitionem* dazu da, von den Höheren gefoltert zu werden. Was sie unter Beweis zu stellen haben, ist die prinzipielle Besiegbarkeit des «Feindes» und die Möglichkeit der Menschwerdung des Folterers. Insofern mögen die Photos aus Abu Ghraib auch als Schutzamulette für die Folterer dienen.

Aber wollte dies jemand wissen, wäre es längst bekannt und würde in der Schule gelehrt. Wie bei uns mit der Realität der Folter, den Folterbildern, Folterinformationen und Folterkenntnissen umgegangen wird, legt einen andern Schluss nahe: dass wir davon nichts wissen wollen. Ich glaube nicht mehr, dass es eine nennenswerte Anzahl von Leuten gibt, die an so genannter «Aufklärung» über Folterhintergründe interessiert sind. Alle Sorten vernünftiger und nachvollziehbarer Gründe, die man «wissenschaftlich» zur Folterpraxis in der Welt vorbringen kann, seien sie psychologischer, politischer, militärtaktischer, geheimdienstlicher, pornographiekundiger oder sonst welcher Art, werden von den Fragestellern zwar begierig angehört, angemessen angezweifelt und dann in irgendwelchen Kämmerchen der Person sorgfältig weggesperrt; «verdrängt» sagte Freud mal dazu; inzwischen wurde der Sinn dieses Wortes selber verdrängt. Leute (und zwar ganz gleich welcher Herkunft, Klasse, Schicht oder welchen Bildungsgrads) sind absolut zufrieden damit, in regelmässigen Abständen von der Existenz so genannter sadistischer Schweine, perverser Folterknechte oder einfach menschlichen Abschaums unterrichtet zu werden, die Bilder «entsetzt» aufzusaugen, um dann ebenso regelmässig festzustellen, wie unbegreiflich das alles sei. Um ausrufen zu können. «Wie können zivilisierte Menschen so etwas tun!» Das ist wohl der Sinn der ritualisierten Veranstaltung. Und: «Wenn das nicht bald aufhört, schmeckt mir das Frühstücksbrötchen nicht mehr.»

Es hört dann auch bald auf (in der Zeitung zu stehen) und das Frühstücksbrötchen schmeckt wieder. Oder es schmeckt auch nicht, wegen des Benzinpreises, der Steuer oder einer anderen Regierungstortur. Langsam neige ich zur Ansicht, dass das Weltengebräu an monströser Gräuelscheisse entscheidend dazu beiträgt, dass das Geschäft mit den Frühstücksbrötchen weiterläuft. Die Menschen hier sind Weissmehlkannibalen, sie wollen nicht «aufgeklärt» sein, sie wollen ein Blatt zwischen sich und der Welt, das sicherstellt, dass die in einem irakischen, texanischen, argentinischen, chilenischen, kambodschanischen, chinesischen oder iranischen Knast abgehauenen Körperteile oder die entblössten Körperhaufen fremdländischer Nacktmenschen nicht in irgendeiner Weise gerade auf ihrem Teller landen. Dafür haben wir schliesslich einen Staat, dafür zahlen wir Steuern, dafür füttern wir eine Polizei durch. Dafür finanzieren wir unsere Lieblingsjournalisten, dass sie uns nur alle fünf Jahre mit den Folterdetails vor die Augen kommen. Christina von Braun fühlte sich in einer Radiodiskussion über Abu Ghraib an archaische Opferrituale erinnert. Mit dem überraschten Aufschrei über die Gequälten reinigt man alle fünf Jahre seine gepeinigte Seele und trägt, anstelle der Beute und Teilnahme am Opfermahl, die Photosouvenirs davon.

Eben deshalb gibt es in der Schule nicht die Unterrichtseinheit «Das Gelächter des Folterers. Alles über das *Hi Mom, this is fun*-Lächeln der Lynndie England». Und kein Human Rights Watcher sieht durch die Einwegscheibe im Kosovo.

Sexualized Torture and Breakfast Rolls

KLAUS THEWELEIT

KLAUS THEWELEIT is a writer and Professor of Art and Theory at the Staatliche Akademie der Bildenden Künste, Karlsruhe, Germany. His first, trailblazing publication of 1977 was published in English ten years later: *Male Fantasies* (Minneapolis: University of Minnesota Press, 1987). Recent publications such as *Tor zur Welt: Fussball als Realitätsmodell* (2004) or *Der Knall: 11. September, das Verschwinden der Realität und ein Kriegsmodell* (2002) have not yet been translated.

To start with the most important point: democratic societies that really want to prevent cases of torture like that in Abu Ghraib would insure that observers from groups like Amnesty International or Human Rights Watch were present at every interrogation that takes place in occupied countries. They wouldn't have to hear the questioning itself: a view into the interrogation room through a two-way mirror would suffice, with immediate notification of UN authorities with penal powers in case of violations. Then we would at least have under control the torture exercised in the name of states and governments. Why doesn't this happen?

It would necessitate an informed population—a population that would demand preventative surveillance because it knows that the soldiers of an occupying power are always confronted with situations that abet torture: be they Swedish UN soldiers in 1995 in Bosnia or the German troops currently stationed in Kosovo. Awareness of this fact must become common knowledge.

And how are people going to learn about it? The answer can be found in a comment made by Andrea Böhm in the *taz* (May 10, 2004) on American reactions to the torture in Baghdad: "In the US, the only ones who are neither surprised nor act surprised when they see the photographs from Abu Ghraib are lawyers, social workers, and clerics who for professional reasons have dealings with the American prison system." From their everyday work, they are familiar with what the media are playing up as the horror hit of the season around the globe. As Andrea Böhm continues, "Having prisoners stand around naked for hours for the purpose of discipline is standard practice in American prisons. In some prisons, new prisoners have sacks pulled over their heads... At the end of the nineties, there was a training video for prison employees in Texas in circulation showing how prisoners during a drug raid had to crawl naked across the floor, were bitten by dogs and dragged back to their cells by prison guards. A federal judge placed the Texas prison system under federal observation for a number of years because guards systematically abused prisoners or allowed inmates to be raped repeatedly by other prisoners and sold as sex slaves from block to block."

So a fraction of the population does know the truth. But this knowledge is not widely broadcast: "The 'five methods of interrogation' used by British authorities in camps for IRA prisoners do not differ significantly from the methods criticized in Iraq: with hoods pulled over their eyes, prisoners are made to stand against the wall for thirty-hour periods with their arms and legs outstretched, noise terror," as Heribert Prantl put it (*Süddeutsche Zeitung*, May 21, 2004).

I am not a lawyer, social worker, or cleric working in an American prison; I'm just a moviegoer who didn't skip the American prison films. While they do refrain from depictions of explicit sexual torture, I know all the other methods of torture as if I'd been in prison myself, the cleverly refined techniques "for breaking a man," the cruel pleasure of prison guards (and fellow prisoners) in destroying all the locked-in human potential that does not readily submit to the so-called laws of the prison sewer: plenty of beasts who smilingly enjoy torturing someone to death.

We might or might not be interested in why these guys are the way they are. But we can't pretend we've never heard of such things. Anyone who claims to need an army press release, a Red Cross report, or the videos and photographs from Abu Ghraib to know about all this is either a liar or an idiot. But what if he or she is neither, and still declares, like Stefan Reinecke in the *taz* (May 10, 2004), that "these pictures hit us with no warning." This sentence is what hits me with no warning. How can that be? How is it possible that professional commentators of political world events can join in the chorus of those calling out in unison: "How is something like that possible among people from a civilized country?"

I find every one of these images disgusting; I hate what they show. But I wasn't surprised by any of them. Just as I'm not surprised that two well-established torturers, Lane McCotter and Geoffrey Miller, the head of the Guantánamo Bay camp, were commissioned to build up and reform the Iraqi prison system. There's evidence that General Ricardo Sanchez knew and participated in the torture: surprising?

Mountains of supporting material can be found in the archives and on the Internet. One Chicago police station can boast a proud selection of beatings, electric shocks, fake executions, games of Russian roulette, genitals hooked up to electric wire, and plastic bags over the heads of prisoners. (Didn't we just have something like that in a Hamburg police station?) The Inspector General of the United States Justice Department recently criticized the increase of physical abuse and the sexual abuse of Muslim prisoners since September 11, 2001.

The New York Times (May 16, 2004) printed the complete transcript of the statements made by Private Lynndie England under the headline: "Prison Guard Calls Abuse Routine and Sometimes Amusing." We know it's amusing "pouring (...) phosphoric liquid on detainees (...), slam(ming) prisoners against the wall (...), sodomizing a detainee with a chemical light," and backing it all up "with graphic photographic evidence." "They usually end up breaking within hours," one US sergeant emailed home on December 18, 2003. And a year earlier, on December 26, 2002, *The Washington Post* already reported: "'If you don't violate someone's human rights some of the time, you probably aren't doing your job,' said one official who has supervised the capture and transfer of accused terrorists." So the foot soldiers do know what they're doing.

Of course, the Arabian masses and elite know as well. "Torture is a fixed part of the Arab tradition. It is still used today in Arab prisons," as Jochen Bittner quotes the Beirut newspaper *al Safir* in *Die Zeit* (May 19, 2004). As we know, a torture belt stretches from Iran to Algeria, with a few weaker points, like perhaps Tunisia. But a stronghold of torture is Turkey, so closely tied to Europe. Impregnating women from the enemy side during wartime is just as much a part of the Muslim repertoire as it is for comparable Christians or Hindus. At best, a believing Muslim, out of respect, might allow his victim to keep on his underwear while cutting his head off. There are a number of ways to show people the proper respect. In the meantime it's been proven that America also shows the Arabian countries this respect by transferring prisoners there to be tortured.

Why then the outcry, "How is something like that possible among people from a civilized country?" The more I think about it, the more the question becomes "Who really wants to know?" There are enough books that show how "twisted pleasure" functions in the case of torture. Kate Millett's *The Politics of Cruelty* (1994), Ted Conover's *Newjack: Guarding Sing Sing* (2000), not to mention my own. Anyone really interested in this gateway to hell must already know all that: for the exhibited and photographed "pleasure" in killing defenseless others, see the exhibition on the crimes of the Wehrmacht, see the theatricality of torture under the Argentinean junta or on Guatemalan native Americans, or the rapes of Bosnian women under the gaze of an expectant crowd of spectators. "The essence of torture (...), a laughter that mocks," Kate Millett writes. Who doesn't know that in Germany, in Spain, in Greece! All cradles of our civilization.

On May 4, 2004, Ulrich Raulff placed two photographs next to one another in the *Süddeutsche Zeitung* under the headline "The 120 Days of Baghdad": a picture from Pasolini's film *Salò, or the 120 Days of Sodom* and a photograph from Abu Ghraib. At issue is the staged character of both images, a structural identity. The young people from the Pasolini film crawl about naked on all fours and have to eat shit from diapers for the pleasure of their fascist torturers; artfully arranged, they can be seen again in a mirror in the background, an art deco piece in which a few guards are also mirrored. The photo from Abu Ghraib is the one with the tower of naked bodies with Lynndie England's grinning face floating in the background as well as an American torturer obviously posing for the camera.

Raulff wants to emphasize the tendential identity of the images. "The images recognize one another by their smell, like dogs," he writes. But his commentary actually repudiates what it is that makes the juxtaposition of the two photographs so interesting. The decisive factor is precisely the difference between the images: Pasolini's film image is constructed to show torturers (actors) in the sexualized work of degradation (an image showing how torture works), while the Abu Ghraib photo shows actual torturers at their sexualized work of degradation, a staged "documentary photo" of the degradation, taken by the torturers themselves. So the (more or less awkward) staging of actual torture in Abu Ghraib substantiates Pasolini's film version: "That's how it is: you saw quite correctly, Signore Pasolini." In my opinion, no work shows the procedures of sexualized torture more precisely than this Pasolini film.

It is not a coincidence, but rather proof of the precision of Pasolini's constructions of torture that in the past weeks one picture after another has surfaced from the Iraqi dungeon, which has an exact, that is to say, more accurate theoretical complement in Pasolini's film. The naked prisoners on the dog leash, eating from the toilet, eating shit, cursing their own background, swearing against their own religion, false executions, forced masturbation under threat of death, anal penetration with rubber bludgeons or fluorescent light tubes, and over and over the grinning face of the torturer in the image: all these ingredients from Abu Ghraib can be seen in cold, crystalline mise-en-scène in Pasolini's 1975 film. Five or six sequences of images with the same motifs could be cut parallel to one another: this would show that Pasolini's images are artistically illuminated and elucidated renditions of the more "primitivist" versions of Abu Ghraib. Pasolini shows torture, the photographs from Abu Ghraib are torture. Nobody's recognizing anybody "by their smell, like dogs."

Pasolini linked the images in his de Sade film to the torture of the SS and Mussolini's power games in his final seat of government on the shores of Lake Garda, *Salò*—this word, the first part of the film title, was omitted in the German title. On purpose: for here lies the political dimension of Pasolini's indexing gesture. Pasolini wants to show a line of torture that leads from biblical Sodom, through Dante's "circles of hell," to the feudal aristocracy, the clerics, and the legal system of the *ancien régime*, as Marquis de Sade describes it in his novel *The 120 Days of Sodom*. A line that for Pasolini continues through to the European colonialism of the nineteenth century, to German concentration camps, and on to colonial practices of modern neo-capitalist democracies like Italy after World War II: it is a line of universal torture, the universalism of which consists in being an inexorable form of self-representation among oriental-occidental state power structures.

They have succeeded in creating a new type of human being, using drills, beating, social depravation, and the threat of annihilation—treatment that effectively destroys the ability to distinguish between physical processes of pleasure and the exercise of destructive power. This new human being's "pleasures" consist of turning sexual pleasures into processes of torture, in the impossibility of experiencing sexuality in any way other than mixed with torture, the simultaneous reassurance of belonging to the "superior race, superior religion," the reassurance of being "artists," which then leaves its mark in particular forms of staged, ritualized, sexualized torture of everything "inferior." "Subhumans" by definition exist to be tortured by the superior. Their role is to demonstrate the fundamental conquerability of the enemy and the torturer's possibility of becoming human. To this extent, the photos from Abu Ghraib can also serve as protective amulets for the torturers.

To repeat: if anyone wanted to know this, it would long have been disseminated and taught in school. But the way we treat the reality of torture, its images, information, and knowledge suggests a different conclusion: we don't want to know anything about it.

I no longer believe there is a significant number of people interested in "clearing up" the background of torture. All the reasonable and persuasive "scientific" explanations that can be introduced for the practice of torture around the world—be they rooted in psychology, politics, military tactics, espionage, pornography, or something else—are eagerly heard by the questioners, dutifully doubted, and then carefully locked up in some dark chamber; "repressed," as Freud put it; in the meantime, the meaning of the word itself has been repressed. People, regardless of their background, class, social milieu, or education, are quite satisfied with being informed at regular intervals about the existence of so-called sadistic beasts, perverse torturers, or simple human scum, eagerly soaking up the pictures, "disgusted," and then just as regularly commenting on how inconceivable it all is—exclaiming "How can civilized people do such a thing?" That seems to be the point of the ritual act. And: "If this doesn't stop soon, I won't be able to enjoy my breakfast any more."

It will soon stop (being in the newspaper) and breakfast will taste good again. Or maybe not, because of gas prices, taxes, or some other government torture. I am beginning to realize that the world brew of monstrous horrors is a decisive part of the business in breakfast rolls. People here are white flour cannibals, they don't want to be "enlightened," they want a sheet of paper separating them from the world, guaranteeing that the body parts severed in Iraqi or Texan, Argentinean, Chilean, Cambodian, Chinese, or Iranian prisons or the naked piles of foreign bodies don't somehow land on our plates. After all, that's what we have the state for, that's why we pay taxes, that's why we keep the police well fed. And that's also what we pay our favorite journalists for—to make sure they only come to us every five years with the details of torture. In a radio discussion about Abu Ghraib, Christina von Braun said she felt reminded of archaic rituals of sacrifice. With surprised indignation and outrage, we cleanse our tormented souls every five years and come out of the fray not with spoils and participation in the sacrificial meal, but with souvenir photos.

That's why the educational curriculum does not include a unit on "The Laughter of the Torturer: Everything about Lynndie England's 'Hi Mom, This Is Fun' Smile." And no delegation from Human Rights Watch is allowed to observe through a two-way mirror in Kosovo.

(Translation: Brian Currid)

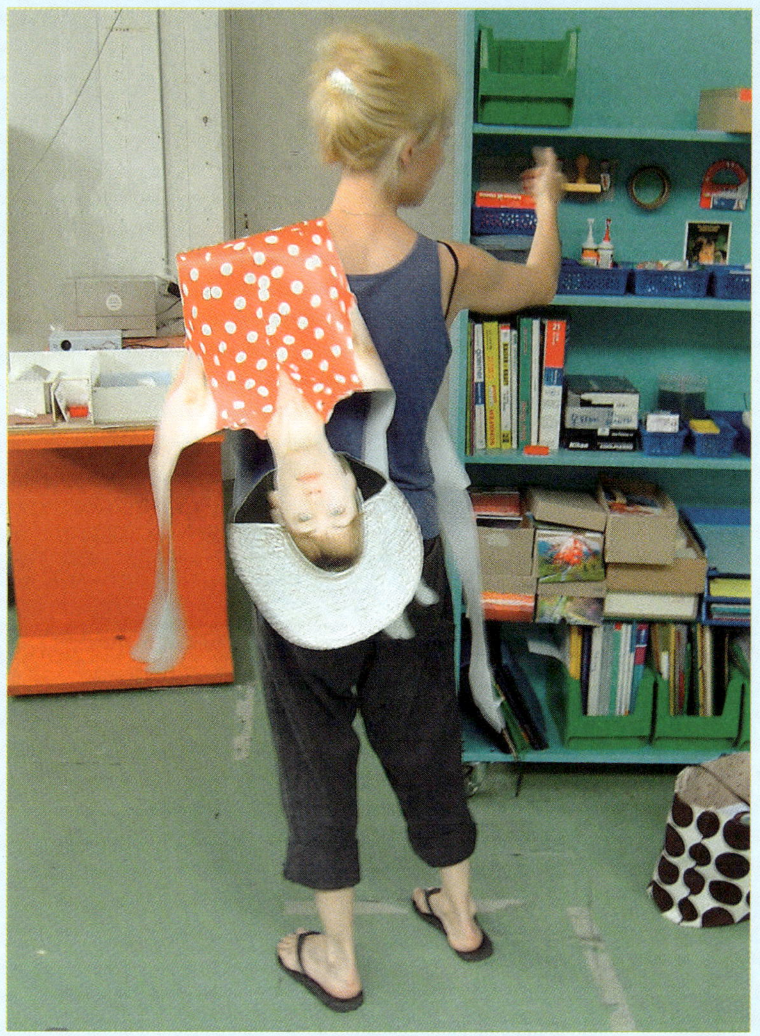

Elisabeth Roth gets first aid for THE HELP or the art of self-support / Die Kunst sich leicht zu ertragen oder Pipilotti Rist verarztet DIE HILFE. (PHOTO: JAKOBETT)

Garderobe

'gär-ˌdrōb

Anniversary Anagram:

PARKETT A TREAT
TAKE ART APART
APT ART TRAP
TATE: A PERK

– C. S.

**KORREKTUR / CORRECTION «CUMULUS»
GABRIELE SCHOR, PARKETT 70**

Wir entschuldigen uns bei der Künstlerin Agness, mit bürgerlichem Namen Barbara Kunz, dass sie und ihr Werk nicht unter ihrem Künstlernamen vorgestellt wurden. Sie stellt ausschliesslich unter dem Namen Agness aus und lebt und arbeitet in Karlsruhe und Hauenstein/Pfalz.

We apologize for not presenting the work of Barbara Kunz under her artist's name, Agness. She exhibits exclusively under that pseudonym. Agness lives and works in Karlsruhe and Hauenstein/Pfalz, Germany.

COMPLETE YOUR PARKETT LIBRARY
VERVOLLSTÄNDIGEN SIE IHRE PARKETT-BIBLIOTHEK

OUT OF PRINT / VERGRIFFEN: **NO. 1** ENZO CUCCHI, **2** SIGMAR POLKE, **3** MARTIN DISLER, **4** MERET OPPENHEIM, **5** ERIC FISCHL, **6** JANNIS KOUNELLIS, **7** BRICE MARDEN, **8** MARKUS RAETZ, **9** FRANCESCO CLEMENTE, **10** BRUCE NAUMAN, **12** ANDY WARHOL, **13** REBECCA HORN, **16** ROBERT WILSON, **17** FISCHLI/WEISS, **19** JEFF KOONS, MARTIN KIPPENBERGER, **20** TIM ROLLINS&K.O.S., **22** CHRISTIAN BOLTANSKI, JEFF WALL, **25** KATHARINA FRITSCH, **26** GÜNTHER FÖRG, PHILIP TAAFFE, JAMES TURRELL, **27** LOUISE BOURGEOIS, ROBERT GOBER, **29** CINDY SHERMAN, JOHN BALDESSARI, **30** SIGMAR POLKE, **31** DAVID HAMMONS, MIKE KELLEY, **35** GERHARD RICHTER, **38** ROSS BLECKNER, MARLENE DUMAS, **45** MATTHEW BARNEY, SARAH LUCAS, ROMAN SIGNER

For out-of-print issues you can register your name and address with Parkett and you will be notified, if your issue(s) become(s) available on the secondary market / Für vergriffene Bände nimmt der Verlag gerne Ihren Suchauftrag entgegen und macht Ihnen bei allfälliger Verfügbarkeit im Handel ein Angebot.

COLLABORATIONS

MONICA BONVICINI
URS FISCHER
RICHARD PRINCE

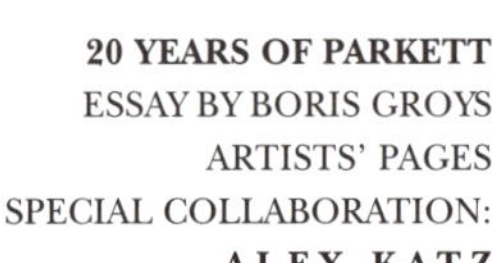

20 YEARS OF PARKETT
ESSAY BY BORIS GROYS
ARTISTS' PAGES
SPECIAL COLLABORATION:
ALEX KATZ

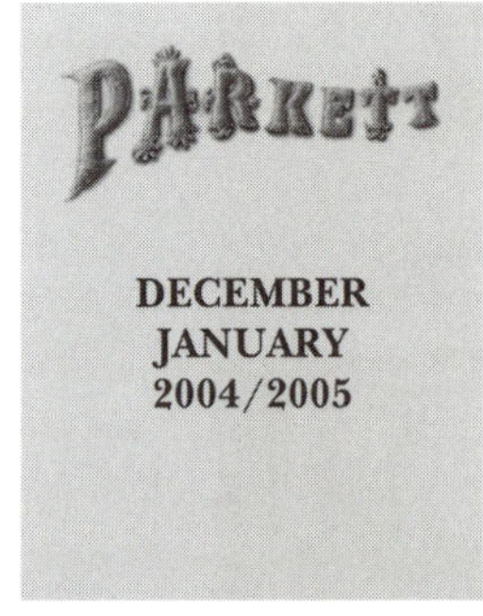

No. 72 - ISBN 3-907582-32-2

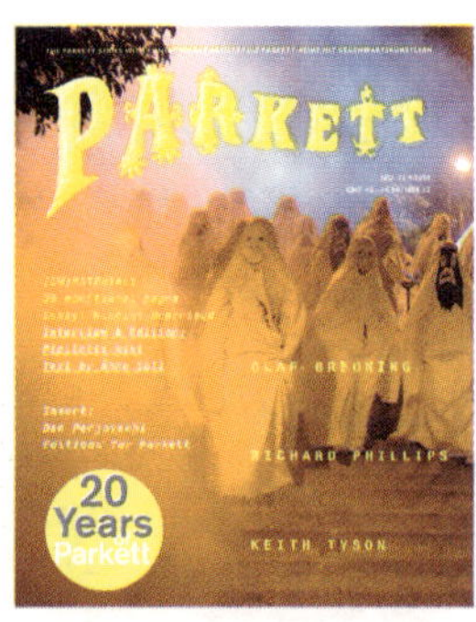

No. 71 - ISBN 3-907582-31-4

OLAF BREUNING
RICHARD PHILLIPS
KEITH TYSON
WAHLER, RODRIGUEZ, JETZER
DIEDERICHSEN, KOETHER, RATTEMEYER
ARCHER, WAGNER/TYSON, REUST
INSERT: **DAN PERJOVSCHI**
V. KATZ: **KIKI SMITH**, M. NICOL: **WALTER PFEIFFER**, F. McKEE: **FIONA BANNER**
CUMULUS: P. BIANCHI, W. BAERWALDT
BALKON: KLAUS THEWELEIT
20 YEARS OF PARKETT: ESSAY BY NICOLAS BOURRIAUD; ARTISTS' PAGES; SPECIAL COLLABORATION: **PIPILOTTI RIST**
ÄNNE SÖLL; CONVERSATION / GESPRÄCH

CHRISTIAN MARCLAY
WILHELM SASNAL
GILLIAN WEARING
SHERBURNE, SCHAFFNER, VERGNE
DAILEY, SZYMCZYK, JANSEN; CAMERON
BURN, WEARING/RABINOWITZ
INSERT: **NIC HESS**
GREG HILTY: **REBECCA WARREN**
D. VAN DEN BOOGERD: **AERNAUT MIK**
LES INFOS: C. WOOD ON **MARK LECKEY**
CUMULUS: C. THEA, G. SCHOR
BALKON: TINEKE REIJNDERS
20 YEARS OF PARKETT: ESSAY BY JOHANNA BURTON, ARTISTS' PAGES
SPECIAL COLLABORATION: **FRANZ WEST**

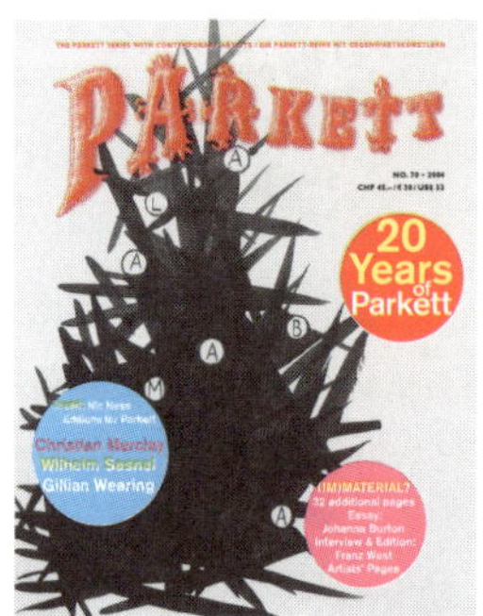

No. 70 - ISBN 3-907582-20-9

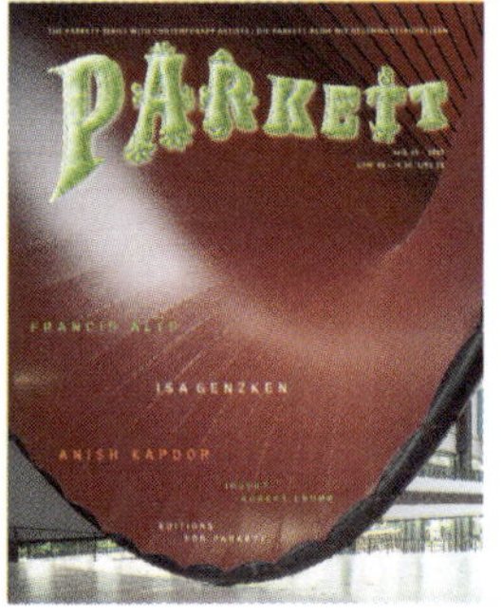

No. 69 - ISBN 3-907582-19-5

FRANCIS ALŸS
ISA GENZKEN
ANISH KAPOOR
SCOTT, ANTON, STORR, HEISER
LEE, KRAJEWSKI, BRYSON
FORSTER, WARNER
INSERT: **ROBERT CRUMB**
KAISER: **AMELIE VON WULFFEN**
COMER: **SWETLANA HEGER**
INQUIRY: CONSENSUS/KONSENS
CUMULUS AMERICA: J. PEARSON
CUMULUS EUROPE: E. TRONCY
BALKON: SERGIO RISALITI

FRANZ ACKERMANN
EIJA-LIISA AHTILA
DAN GRAHAM
FOGLE, DECTER, STANGE, ILES, ELFVING
KOCH, GUAGNINI/SCHNEIDER, MACDONALD
DI BARTOLOMEO, ROSENBERG MILLER
INSERT: **JONATHAN MONK**
D. KURJAKOVIC: **BOJAN SARCEVIC**
H. U. OBRIST: **BERNARD FRIZE**
G. JANSEN: **DIRK SKREBER**
LES INFOS: J. MURPHY
CUMULUS: C. RABINOWITZ, J. HOFFMANN
BALKON: HANS RUDOLF REUST

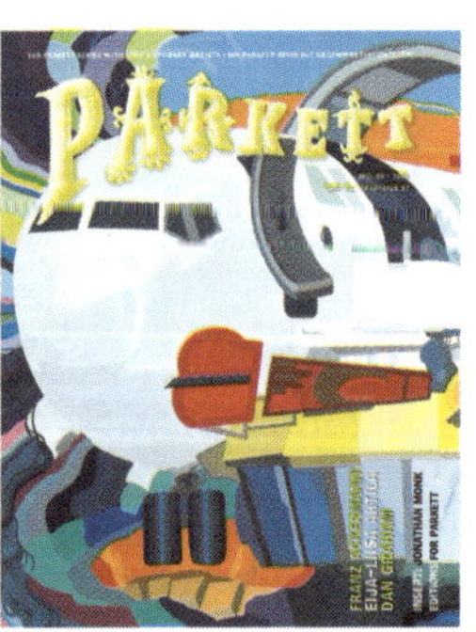

No. 68 - ISBN 3-907582-18-7

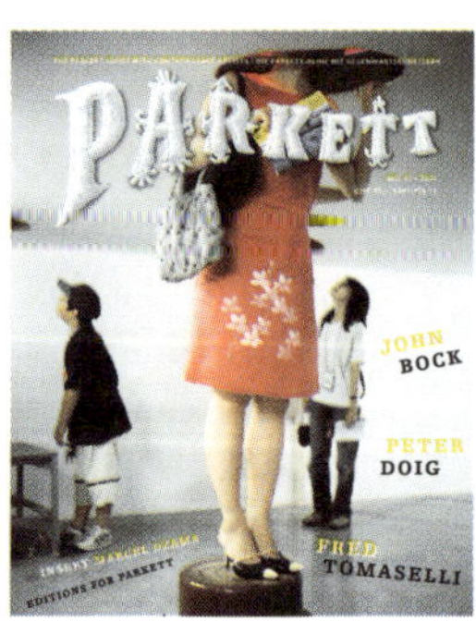

No. 67 - ISBN 3-907582-17-9

JOHN BOCK
PETER DOIG
FRED TOMASELLI
HOFFMANN, BIRNBAUM, AVGIKOS
BONAVENTURA, FUCHS, RUF
CAMERON, RONDEAU, PINCHBECK
INSERT: **MARCEL DZAMA**
T. SELVARATNAM: **SIMON STARLING**
S. OMLIN: **HANNE DARBOVEN**
VISCHER/HERZOG: SCHAULAGER BASEL
LES INFOS: H. BÖHME ON **WANG FU**
CUMULUS: FIRSTENBERG, KERSTING
BALKON: DANIELE MUSCIONICO

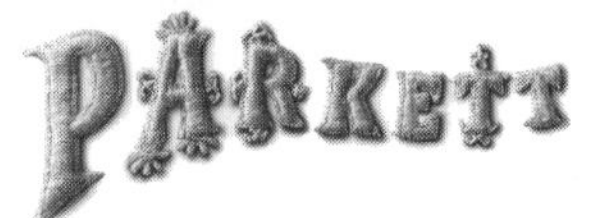

ARTISTS' EDITIONS FOR PARKETT SUBSCRIBERS
WWW.PARKETTART.COM

The PARKETT Series is created in collaboration with artists, who contribute an original work available exclusively to the subscribers in the form of a signed limited SPECIAL EDITION. The available works are also reproduced in each PARKETT issue.

Each SPECIAL EDITION is available by order from any one of our offices in New York or Zurich. Just fill in the details below and send this card to the office nearest you. Once your order has been processed, you will be issued with an invoice and your personal edition number. Upon receipt of payment, you will receive the SPECIAL EDITION. (Please note that supply is subject to availability. PARKETT does not assume responsibility for any delays in production of SPECIAL EDITIONS. Postage is not included.)

☐ As a subscriber to PARKETT, I would like to order the following Special Edition(s), signed and numbered by the artist.

PARKETT No.	ARTIST	NAME:
PARKETT No.	ARTIST	ADDRESS:
PARKETT No.	ARTIST	CITY:
PARKETT No.	ARTIST	STATE/ZIP:
PARKETT No.	ARTIST	COUNTRY:
PARKETT No.	ARTIST	PHONE:

☐ I have indicated my way of payment on the reverse side of this form.

Send this form to the PARKETT office nearest you:
PARKETT PUBLISHERS 155 AV. OF THE AMERICAS NEW YORK, NY 10013 PHONE (212) 673-2660 FAX (212) 271-0704
PARKETT VERLAG QUELLENSTRASSE 27 CH-8031 ZÜRICH TELEFON +41-1-271 81 40 FAX +41-1-272 43 01
Visit our website: www.parkettart.com

PARKETT

KÜNSTLEREDITIONEN FÜR PARKETT-ABONNENTEN
WWW.PARKETTART.COM

71

Die PARKETT-Buchreihe entsteht in Zusammenarbeit mit Künstlern, die eigens für die Abonnenten einen Originalbeitrag in Form einer limitierten und signierten EDITION gestalten. Diese Editionen sind auch in der Zeitschrift abgebildet und können mit dieser Bestellkarte in jedem unserer Büros in Zürich, Frankfurt oder New York bestellt werden. Sie erhalten dann Ihre persönliche Editionsnummer und eine Rechnung. Sobald wir Ihre Zahlung erhalten haben, schicken wir Ihnen Ihre Edition(en). Lieferung solange Vorrat. PARKETT übernimmt keine Verantwortung für allfällige Verzögerungen bei der Herstellung der Vorzugsausgaben. Versandkosten und MwSt (Schweiz) nicht inbegriffen.

☐ Ich bin PARKETT-Abonnent(in) und bestelle folgende EDITION(EN), nummeriert und vom Künstler signiert:

PARKETT Nr.	KÜNSTLER/IN	NAME:
PARKETT Nr.	KÜNSTLER/IN	STRASSE:
PARKETT Nr.	KÜNSTLER/IN	PLZ/STADT:
PARKETT Nr.	KÜNSTLER/IN	LAND:
PARKETT Nr.	KÜNSTLER/IN	TEL.:

☐ Meine Zahlungsweise habe ich auf der Rückseite angegeben.

Senden Sie die Bestellkarte an das PARKETT-Büro in Ihrer Nähe:
PARKETT VERLAG QUELLENSTRASSE 27 CH-8031 ZÜRICH TELEFON +41-1-271 81 40 FAX +41-1-272 43 01
PARKETT PUBLISHERS 155 AV. OF THE AMERICAS NEW YORK, NY 10013 PHONE (212) 673-2660 FAX (212) 271-0704
Besuchen Sie unsere Website: www.parkettart.com

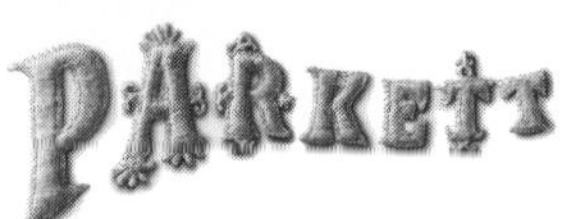

SUBSCRIBE, COMPLETE OR SEND A GIFT SUBSCRIPTION TO THE BEST BOOK SERIES ON CONTEMPORARY ARTISTS – WWW.PARKETTART.COM 71

☐ I wish to subscribe to the PARKETT Series, starting with issue no. ______

☐ I wish to send a gift subscription, starting with issue no. ______ (a gift card in my name will be sent to the recipient):

- ☐ for 1 year (3 issues) at US $ 80 (USA/Canada), € 82 (Europe), € 98 (Rest of the World)
- ☐ for 2 years (6 issues) at US $ 145 (USA/Canada), € 150 (Europe), € 188 (Rest of the World)
- ☐ for 3 years (9 issues) at US $ 205 (USA/Canada), € 212 (Europe), € 278 (Rest of the World)
- ☐ for 1 year (3 issues) at the special student discount (US $ 65 for USA/Canada, € 67 for Europe). A copy of my student ID is enclosed.

Postage included. All prices subject to change.

☐ I wish to complete my PARKETT library and order the following issue(s):

No. ______

at € 30 each (up to no. 43: € 20; no. 44–48: € 28), postage not included. Within the USA & Canada $ 32 (up to no. 43: $ 22.50; no. 44–48: $ 29), add postage: $ 5 (USA), $ 10 (Canada). (Sold out: No. 1–10, 12, 13, 16, 17, 19, 22, 25, 26, 27, 29–31, 35, 36, 38, 45).

☐ I wish to order ______ copies of the newly updated PARKETT Postcard Set with Text Booklet on MoMA Show. Featuring all artists' editions made for PARKETT since 1984 and a booklet with essays by Deborah Wye (Chief Curator Illustrated Books and Prints at MoMA) and Susan Tallman. 146 color postcards, booklet with 2 texts, color reproductions of 64 PARKETT covers. 64 p., packed in a box, 6¼ x 4¾ x 2⅜", € 30 (USA $ 30) per set, plus postage.

NAME: ______

ADDRESS: ______

CITY: ______

STATE/ZIP/COUNTRY: ______

TEL.: ______ FAX: ______

E-MAIL: ______

GIFT RECIPIENT: ______

ADDRESS: ______

CITY: ______

STATE/ZIP: ______

COUNTRY: ______

☐ Charge my Visa Card ☐ Mastercard ☐ AMEX

Card No. ______ Expiration date ______

☐ Payment enclosed (US check or money order) ☐ Bill me

DATE ______

SIGNATURE ______

Send this form to the PARKETT office nearest you:

PARKETT PUBLISHERS 155 AV. OF THE AMERICAS NEW YORK, NY 10013 PHONE (212) 673-2660 FAX (212) 271-0704

PARKETT VERLAG QUELLENSTRASSE 27 CH-8031 ZÜRICH TELEFON +41-1-271 81 40 FAX +41-1-272 43 01

Visit our website: www.parkettart.com

ABONNIEREN, VERVOLLSTÄNDIGEN ODER VERSCHENKEN SIE DIE UMFASSENDSTE BUCHREIHE ÜBER GEGENWARTSKÜNSTLER – WWW.PARKETTART.COM 71

☐ Ich abonniere die PARKETT-Reihe ab Nr. ______

☐ Ich verschenke ein PARKETT-Abonnement ab Nr. ______ (Der/die Beschenkte erhält eine Geschenkkarte in meinem Namen)

- ☐ für 1 Jahr (3 Bände) zu: € 78 (Deutschland), CHF 116.– (Schweiz), € 82 (übriges Europa)
- ☐ für 2 Jahre (6 Bände) zu: € 140 (Deutschland), CHF 216.– (Schweiz), € 150 (übriges Europa)
- ☐ für 3 Jahre (9 Bände) zu: € 200 (Deutschland), CHF 312.– (Schweiz), € 212 (übriges Europa)
- ☐ für 1 Jahr (3 Bände) zum Studenten-Sonderpreis (Deutschland: € 65 /Schweiz: CHF 96.– / übriges Europa: € 67). Eine Kopie meines gültigen Studentenausweises lege ich bei.

Preise einschliesslich Versandkosten. Preisänderungen vorbehalten.

☐ Ich möchte meine PARKETT-Bibliothek vervollständigen und bestelle die folgenden noch erhältliche(n) Ausgabe(n):

Nr. ______

zu je € 30 / CHF 45.– (bis Nr. 43: € 20 / CHF 30.–; Nr. 44–48: € 28 / CHF 39.–), zzgl. Versandkosten (vergriffen: Nr. 1–10, 12, 13, 16, 17, 19, 22, 25, 26, 27, 29–31, 35, 36, 38, 45).

☐ Ich bestelle ______ Ex. des aktualisierten PARKETT-Postkarten-Sets mit Textbüchlein zur MoMA-Ausstellung. Mit Postkarten der seit 1984 von Künstlern für PARKETT geschaffenen Editionen. Das Textbüchlein enthält 2 Essays zur Ausstellung im MoMA, New York, von Deborah Wye (Chefkuratorin für illustrierte Bücher und Grafik am MoMA) und Susan Tallman. 146 Farbpostkarten, Büchlein mit zwei Texten, Farbabb. von 64 PARKETT-Titelblättern u.a.m. 64 S., in bunter Schachtel, 16 x 12 x 6 cm. € 30 / CHF 45.– pro Set, zzgl. Versandkosten.

NAME: ______

STRASSE: ______

PLZ/STADT: ______

LAND: ______

TEL.: ______ FAX: ______

E-MAIL: ______

BESCHENKTE(R): ______

STRASSE: ______

PLZ/STADT: ______

LAND: ______

☐ Ich zahle mit Visa ☐ Eurocard/Mastercard ☐ AMEX

Karten Nr. ______ Gültig bis ______

☐ Mein Scheck über CHF/€ ______ liegt bei.

☐ Bitte senden Sie mir eine Rechnung.

DATUM ______

UNTERSCHRIFT ______

Senden Sie die Bestellkarte an das PARKETT-Büro in Ihrer Nähe:

PARKETT VERLAG QUELLENSTRASSE 27 CH-8031 ZÜRICH TELEFON +41-1-271 81 40 FAX +41-1-272 43 01

PARKETT PUBLISHERS 155 AV. OF THE AMERICAS NEW YORK, NY 10013 PHONE (212) 673-2660 FAX (212) 271-0704

Besuchen Sie unsere Website: www.parkettart.com

ANGELA BULLOCH
DANIEL BUREN
PIERRE HUYGHE
REBENTISCH, WILSON, PRINZHORN
RORIMER, GINGERAS, BUREN/HUYGHE
MILLAR, OBRIST, HOBBS
T. NICHOLS GOODEVE/G. BRUNO
E. DIMENDBERG: **ALLAN SEKULA**
LES INFOS: ROBERTO OHRT ON
MONICA BONVICINI
CUMULUS AMERICA: NATO THOMPSON
CUMULUS EUROPA: GREG HILTY

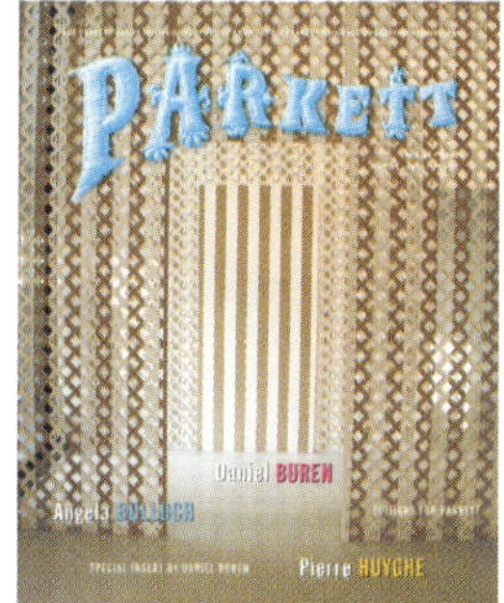

No. 66 - ISBN 3-907582-16-0

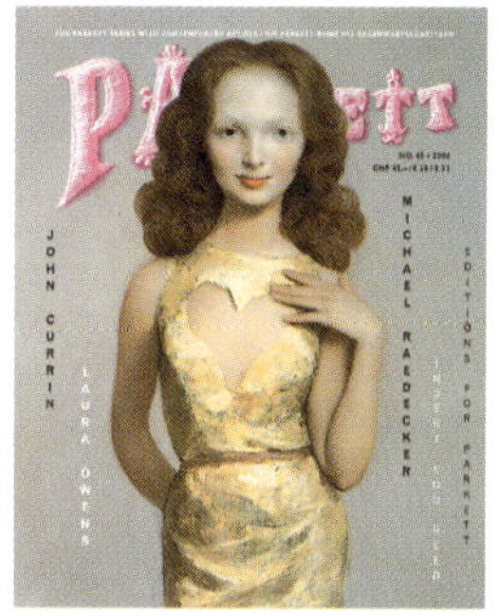

No. 65 - ISBN 3-907582-15-2

JOHN CURRIN
LAURA OWENS
MICHAEL RAEDECKER
SEWARD, VAN DE WALLE, BERG
FERGUSON, THOMSON, WEISSMAN
VERSCHAFFEL, MYERS, EGGERS
INSERT: **LOU REED**
KURT W. FORSTER: **JEFF WALL**
STORR: **DIETER ROTH & D. IANNONE**
K. BITTERLI: **HUBBARD/BIRCHLER**
LES INFOS: CHRISTINA VÉGH
CUMULUS: O. WESTPHALEN, T. HAHN
BALKON: SHEENA WAGSTAFF

OLAFUR ELIASSON
TOM FRIEDMAN
RODNEY GRAHAM
BLOM, MORGAN, CAMERON, MATSUI
WATERS/FRIEDMAN, COOKE, HALE
INSERT: **AMY SILLMAN**
VÉRONIQUE D'AUZAC:
XAVIER VEILHAN
INTERVIEW:
A.M. HOMES: **CHRIS VERENE**
HAKAN NILSSON: **ANNIKA LARSSON**
INQUIRY/UMFRAGE:
LEARNING FROM "DOCUMENTA"

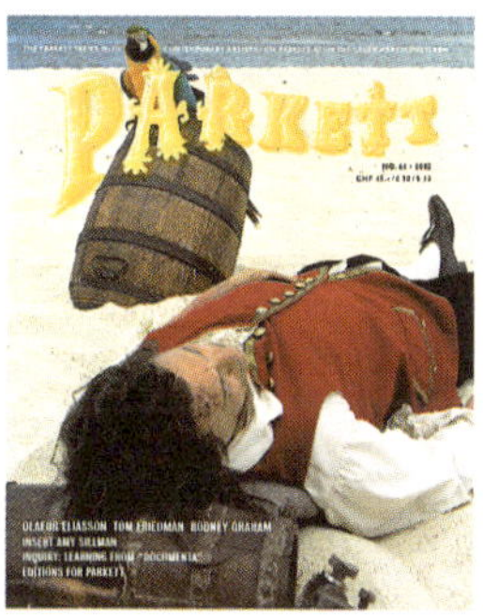

No. 64 - ISBN 3-907582-14-4

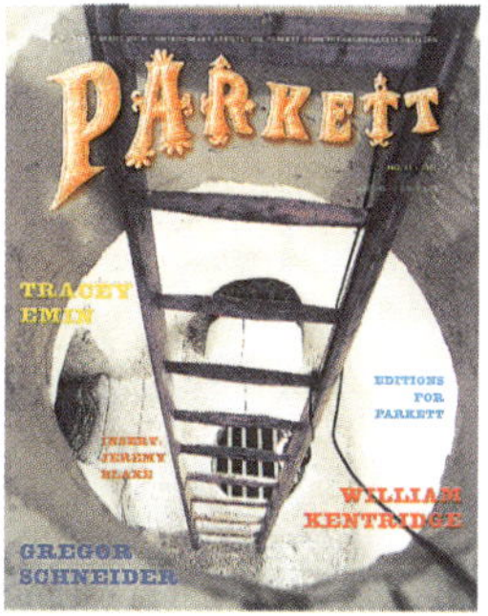

No. 63 - ISBN 3-907582-13-6

TRACEY EMIN
WILLIAM KENTRIDGE
GREGOR SCHNEIDER
BARBER, MUIR, PREECE
GUNNING, STEWART, GOLDBERG
PUVOGEL, LOOCK
INSERT: **JEREMY BLAKE**
CLAUDIA SPINELLI: **FABRICE GYGI**
RAINER FUCHS: **KATHARINA GROSSE**
ADRIAN DANNATT: **THE THREE**
CUMULUS: CHRISTIAN RATTEMEYER
DANIEL BIRNBAUM
BALKON: MICHAEL OPPITZ

JOHN WESLEY
TACITA DEAN
THOMAS DEMAND
MILLAR, CARABELL, SCHWARZ
NORDEN, KÖNIG/STOCKEBRAND
HAINLEY, SEARLE, RUBY, HEISER
INSERT: **G. STEINER & J. LENZLINGER**
PHILIP URSPRUNG: **ALLAN KAPROW**
RUSSELL FERGUSON: **GLEN WILSON**
EDWARD A. SCHEER: **MIKE PARR**
LES INFOS: DAVID GREENBERG
CUMULUS: G. CARMINE, S. DIETZ

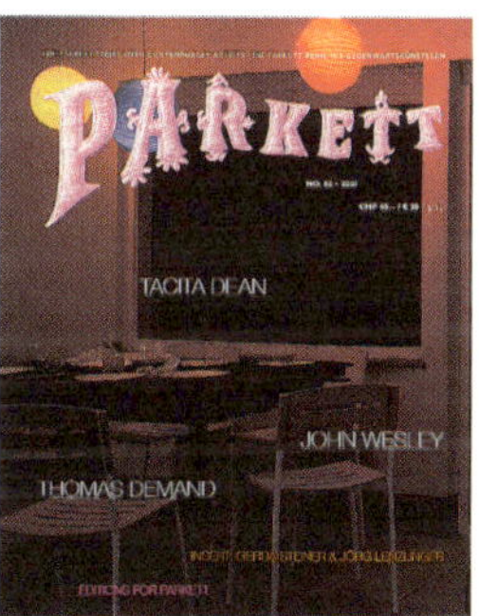

No. 62 - ISBN 3-907582-12-8

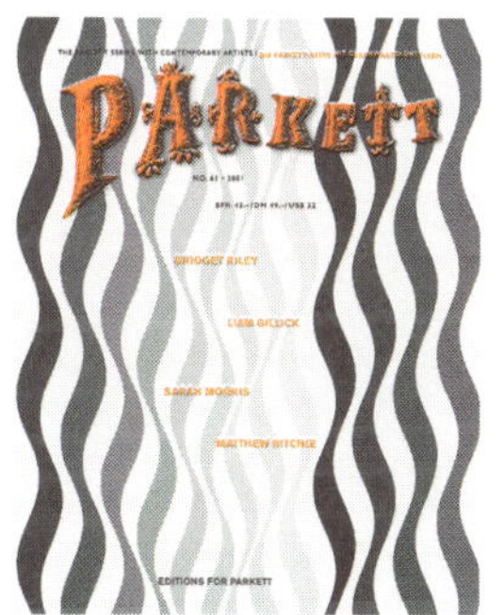

No. 61 - ISBN 3-907582-11-X

BRIDGET RILEY
LIAM GILLICK
SARAH MORRIS
MATTHEW RITCHIE
KUDIELKA, HICKEY
GILLICK, STEMMRICH, WOLLEN
NICHOLS GOODEVE, KLEIN
PRINZHORN, RABINOWITZ
GALISON/JONES, MARCUS
ELISABETH KLEY: **PAUL LINCOLN**
CUMULUS: O. ENWEZOR, M. WARNER
BALKON: STELLA ROLLIG

CHUCK CLOSE
DIANA THATER
LUC TUYMANS
PROSE, CLOSE/PEYTON, SHIFF
CLOSE/CURIGER, ARRHENIUS
HASLINGER, GILBERT-ROLFE
HOPTMAN, MOSQUERA, REUST
INSERT: **SHIRANA SHAHBAZI**
GREG HILTY: **JEREMY DELLER**
HOWARD SINGERMAN: **DAVID BUNN**
LES INFOS: T. DE DUVE—INTERVIEW
CUMULUS: F. WARD, H. U. RECK

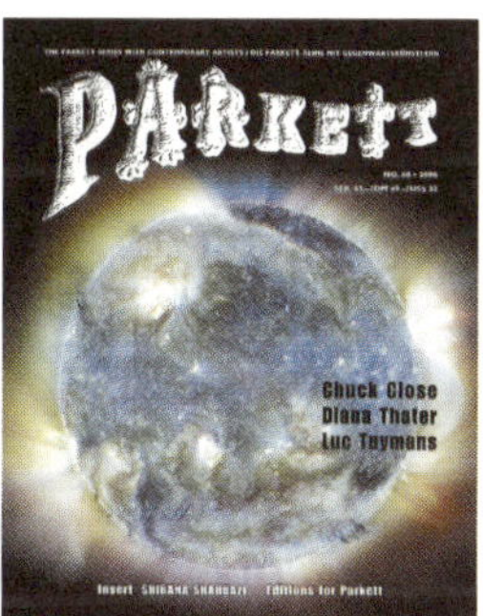

No. 60 - ISBN 3-907582-10-1

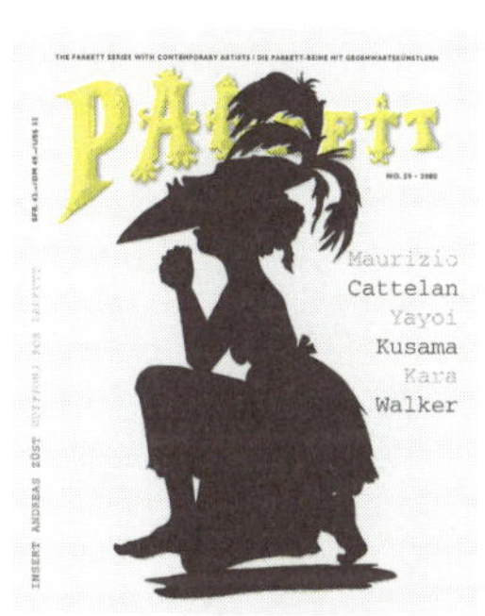

No. 59 - ISBN 3-907582-09-8

MAURIZIO CATTELAN
YAYOI KUSAMA
KARA WALKER
BOURRIAUD, GINGERAS, BONAMI
PANHANS-BÜHLER, MATSUI, POLLOCK
DUBOIS SHAW, JANUS, WALKER
INSERT: **ANDREAS ZÜST**
VINCENT KATZ
E. BRONFEN: **ANNETTE MESSAGER**
JAN AVGIKOS: **ANNA GASKELL**
LES INFOS: ALI SUBOTNICK
CUMULUS: M. ROWELL, L. FÖLDENYI
BALKON: MICHELLE NICOL

JAMES ROSENQUIST
SYLVIE FLEURY
JASON RHOADES
RUSSELL, KOONS/ROSENQUIST
HULTEN, FELIX, GLENN, LOBEL
DANNATT, RUF, KOETHER, FERGUSON
ORTH, SCHEIDEMANN/HERMANN
INSERT: **HENRY BOND**
G. WILLIAMS: **JANE & LOUISE WILSON**
S. ZIZEK, PAUL D. MILLER & CHRIS OFILI
LES INFOS: ANNA HELWING
CUMULUS: D. ROBBINS, H. TEERLINCK
BALKON: KNUT EBELING

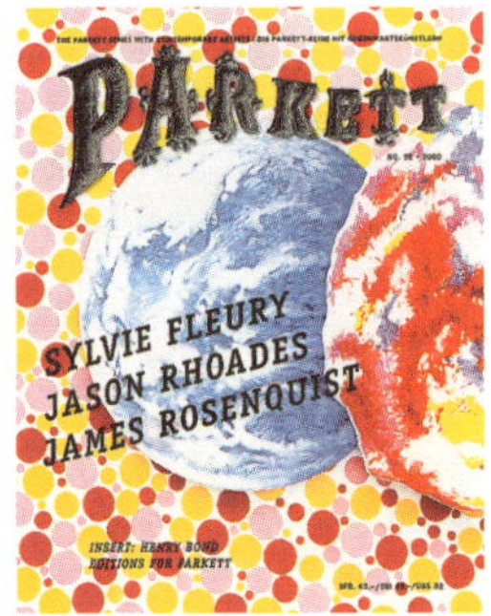

No. 58 - ISBN 3-907582-08-X

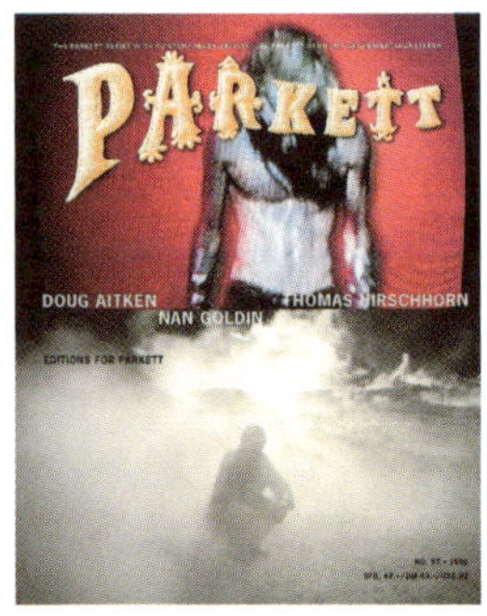

No. 57 - ISBN 3-907582-07-1

DOUG AITKEN
NAN GOLDIN
THOMAS HIRSCHHORN
ROBERTS, BONAMI, VAN ASSCHE
LEBOVICI, DANTO, LIEBMANN
FRIIS-HANSEN, HAKERT, EISENBERG
FLECK, GINGERAS, VERGNE, STEINWEG
D. GREENBERG: **DONALD BAECHLER**
ANDREA KROKSNES: **LOUISE LAWLER**
LIONEL BOVIER: **JOHN MILLER**
LES INFOS: RUDOLF SCHMITZ
CUMULUS: H.U. OBRIST, C. BUTLER
BALKON: J. STEINER/ANNELISE COSTE

ELLSWORTH KELLY
VANESSA BEECROFT
JORGE PARDO
KELLEIN, FER, MAURER, RIMANELLI
BRYSON, TAZZI, SEWARD, AVGIKOS
FERGUSON, VÉGH, VAN WINKEL
FRANGENBERG, BUSH
GREG HILTY: **CERITH WYN EVANS**
THOMAS Y. LEVIN: **CHRISTIAN MARCLAY**
LYNNE COOKE: **DIANA THATER**
LES INFOS: DIANE LEWIS
CUMULUS: A. DANNATT, P. NEDOMA

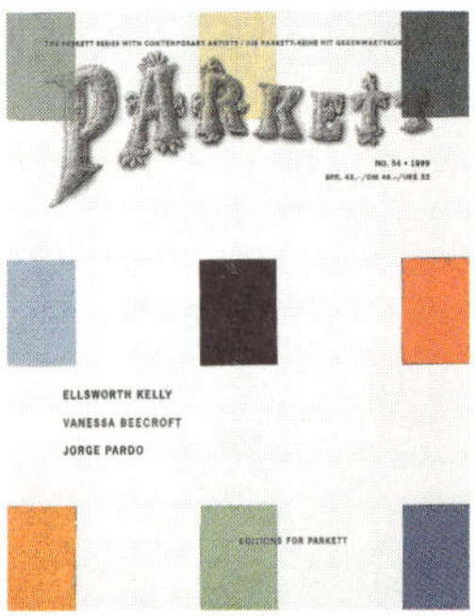

No. 56 - ISBN 3-907582-06-3

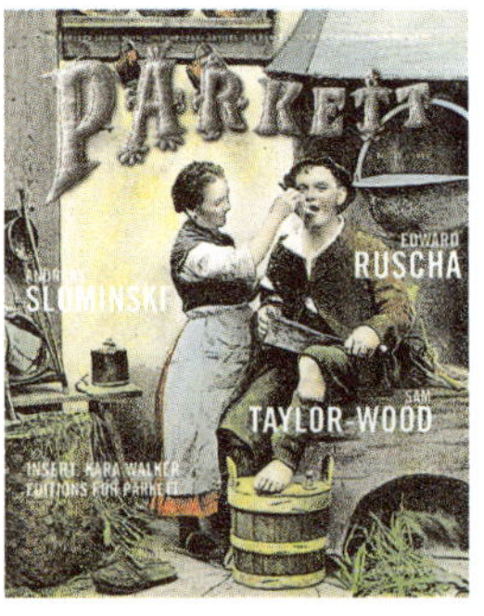

No. 55 - ISBN 3-907582-05-5

EDWARD RUSCHA
ANDREAS SLOMINSKI
SAM TAYLOR-WOOD
PERRONE, HIGGIE, SINGERMAN
SCHENKER, SCANLAN, SPECTOR, FREY
HEYNEN, GROYS/FUNCKE/HOFFMANN
BRONFEN, BONAMI, LAJER-BURCHARTH
INSERT: **KARA WALKER**
BORIS GROYS: **PAVEL PEPPERSTEIN**
RUDOLF SCHMITZ: **ALEXANDER KLUGE**
BEATRIX RUF: **EIJA-LIISA AHTILA**
CUMULUS: M. NICOL, S. ROLNIK

RONI HORN
MARIKO MORI
BEAT STREULI
SCHORR, GUNNARSSON, GOROVOY, LEWIS
SPECTOR, BRYSON, NAKAZAWA, NICHOLS
GOODEVE, STALS, DANTO, AMANO, SMITH
INSERT: **MATTHEW RITCHIE**
VINCENT KATZ: **ALEX KATZ**
H. BREDEKAMP: **STEPHAN VON HUENE**
PAUL D. MILLER: **SHIRIN NESHAT**
LES INFOS:
OKWUI ENWEZOR & WILLIAM KENTRIDGE
CUMULUS: VALÉRIA PICCOLI, MARIA LIND

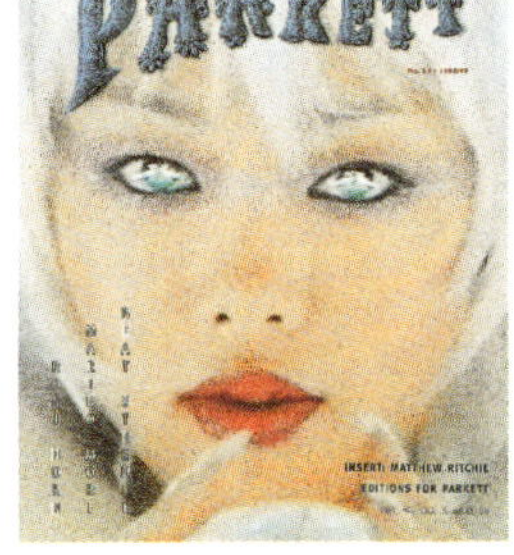

No. 54 - ISBN 3-907582-04-7

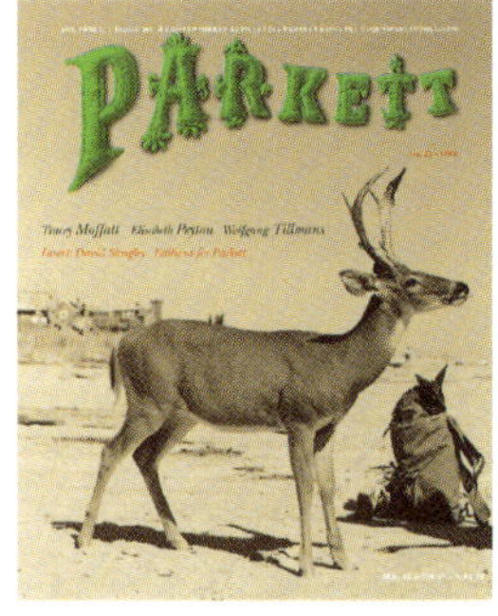

No. 53 - ISBN 3-907582-03-9

TRACEY MOFFATT
ELIZABETH PEYTON
WOLFGANG TILLMANS
MARTIN, LAJER-BURCHARTH, RIMANELLI
PILGRIM, URSPRUNG, LIEBMANN, MATSUI
WAKEFIELD, BUDNEY, NESBITT, ZIEGLER
INSERT: **DAVID SHRIGLEY**
C. BERNARD: **JOHAN GRIMONPREZ**
BERNARD MARCADÉ: **ROBERT GOBER**
LES INFOS DE L'ENFER: V. LIEBERMANN
CUMULUS: BLESSING, AUPETITALLOT
BALKON: STEINER/MAGNAGUAGNO

KAREN KILIMNIK
MALCOLM MORLEY
UGO RONDINONE
SCHORR, BÜRGI, JUNCOSA
MORLEY, LEBENSZTEJN, BONAMI
VERWOERT, HOPTMAN
INSERT: **THOMAS BAYRLE**
ED WHITE: **JEAN MICHEL OTHONIEL**
NEVILLE WAKEFIELD: **RICHARD SERRA**
GILDA WILLIAMS: **GILLIAN WEARING**
R. GRESKOVIC: **MERCE CUNNINGHAM**
CUMULUS: WALKER, KURZMEYER
BALKON: CECILIA VICUÑA

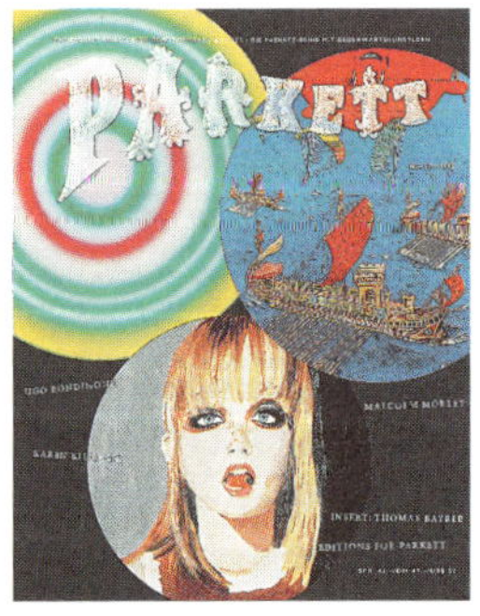

No. 52 - ISBN 3-907582-02-0

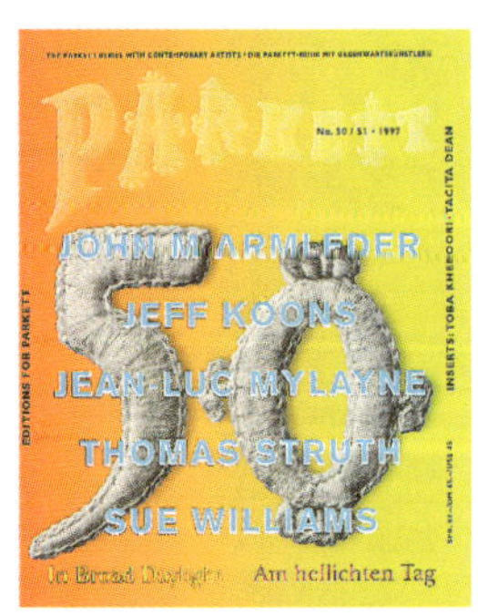

50/51 - ISBN 3-907582-00-4

JOHN M ARMLEDER, JEFF KOONS
JEAN-LUC MYLAYNE
THOMAS STRUTH, SUE WILLIAMS
DI PIETRANTONIO, BOVIER, MUNIZ
SEWARD, LOERS, NICHOLS GOODEVE
COOKE, DION, ARNAUDET, MYLAYNE
CURIGER, LINGWOOD,OKUTSU, BRYSON
SCHJELDAHL, NESBIT, DANNATT, CAMHI
INSERTS: **TOBA KHEDOORI, TACITA DEAN**
ONFRAY: **H. RIGAUD,** NICOL: **SAM SAMORE**
MURPHY, VAN DER WALLE, STEINER
KURT W. FORSTER: **FRANK GEHRY**
CUMULUS: COLEMAN, BIRNBAUM

LAURIE ANDERSON
DOUGLAS GORDON
JEFF WALL
FLOOD, BEZZOLA, FERGUSON
GILLICK/GORDON, BRYSON
PONTBRIAND, SCHORR, ANDERSON
BURCKHARDT, BUDNEY
INSERT: **SILVIA BÄCHLI**
COLIN DE LAND: **JOHN WATERS**
ROBERT STORR: **SEYDOU KEITA**
D. SALVIONI: **CLEGG & GUTTMANN**
CUMULUS: KITTELMANN, MEYER

No. 49 - ISBN 3-907509-99-4

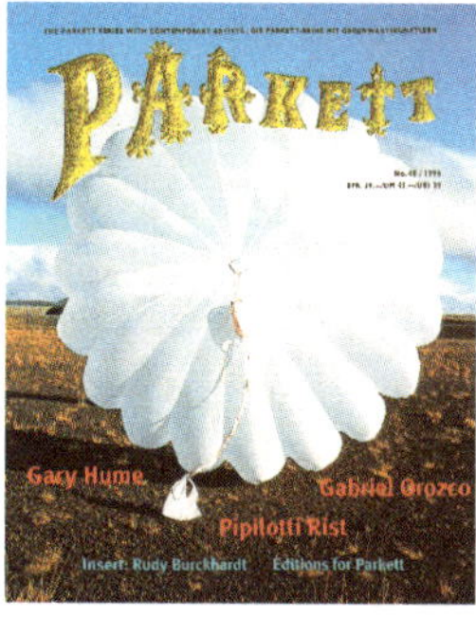

No. 48 - ISBN 3-907509-98-6

GARY HUME
GABRIEL OROZCO
PIPILOTTI RIST
BOVIER, MUIR, FOGLE, BONAMI
DE ZEGHER, SPECTOR, URSPRUNG
BABIAS, COLOMBO, ANDERSON
INSERT: **RUDY BURCKHARDT**
V. KATZ: **RUDY BURCKHARDT**
MARK VAN DER WALLE:
CHARLES LONG & STEREOLAB
FAYE HIRSCH: **BRUCE CONNER**
CH. DOSWALD: **IAN ANÜLL**
CUMULUS: LEGGAT, SCHNEIDER

TONY OURSLER
RAYMOND PETTIBON
THOMAS SCHÜTTE
COOKE, RICHARD, NERI
LEWIS, GROYS, ALS, RUGOFF
GOODEVE, SEARLE, MARI, REUST
WAKEFIELD, LOOCK, JANUS
INSERT: **ZOE LEONARD & CHERYL DUNYE**
JURI STEINER: **EMMA KUNZ**
M. WECHSLER: **CHRISTOPH RÜTIMANN**
SUSAN MORGAN: **DIANE ARBUS**
CUMULUS: PRINCENTHAL, BOVIER/CHERIX

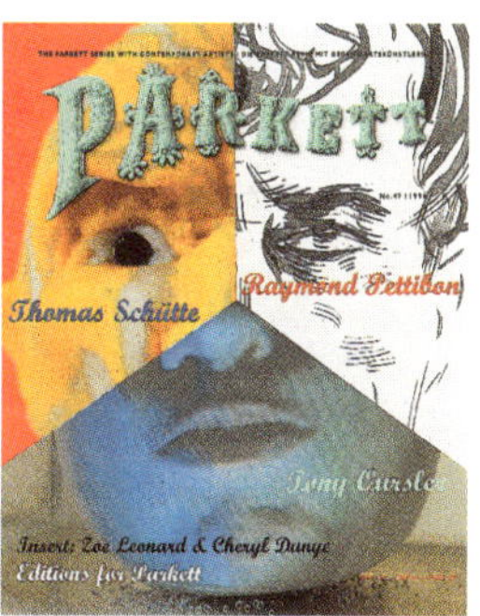

No. 47 - ISBN 3-907509-97-8

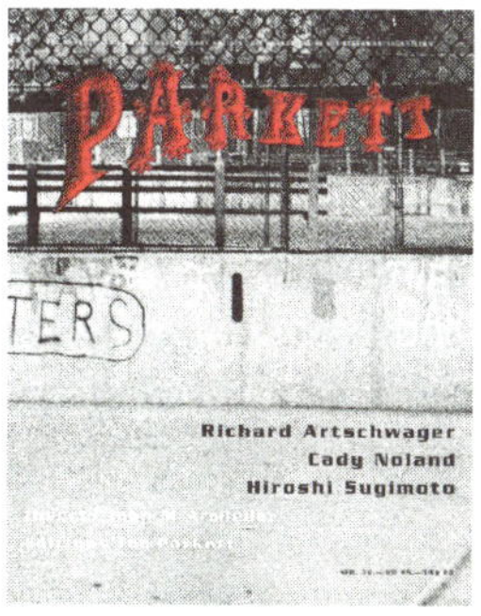

No. 46 - ISBN 3-907509-96-X

RICHARD ARTSCHWAGER
CADY NOLAND
HIROSHI SUGIMOTO
DEITCHER, SCHAFFNER, FORSTER
MUNIZ, ARMSTRONG, RELYEA
BOGDAN, GOODEVE, NICKAS
BRYSON, RUGOFF, DENSON
INSERT: **JOHN M ARMLEDER**
ROLAND WÄSPE: **ERWIN WURM**
D. BIRNBAUM: **ÖYVIND FAHLSTRÖM**
LES INFOS DU PARADIS: ROBERT FLECK
CUMULUS: MILLER, VETTESE
BALKON: MARTIN HELLER

VIJA CELMINS
ANDREAS GURSKY
RIRKRIT TIRAVANIJA
PRINCENTHAL, LEWIS, SILVERTHORNE
SHIFF, CRIQUI, BURCKHARDT, WAKEFIELD
SCHORR, MELO, GILLICK, FLOOD, STEINER
INSERT: **HANS DANUSER**
LES INFOS: LIAM GILLICK /DOUGLAS GORDON
LYNNE COOKE, DAVID DEITCHER
DANIEL KURJAKOVIC: **MARIE JOSÉ BURKI**
NAN GOLDIN: **PETER HUJAR**
NOEMI SMOLIK: **ANDREAS SLOMINSKI**
JASON SIMON: **MARK DION**
LUK LAMBRECHT: **MARK LUYTEN**

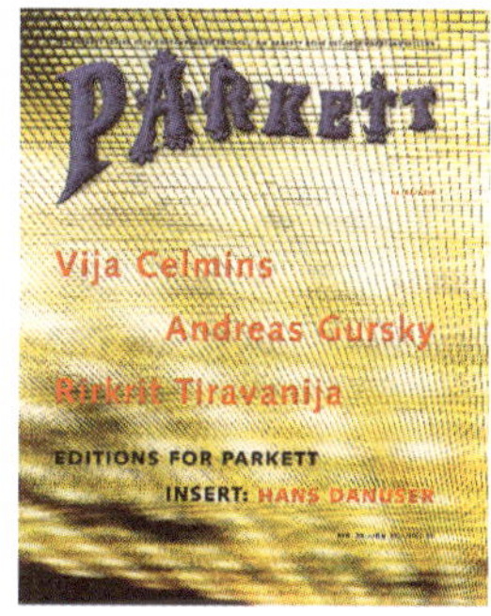

No. 44 - ISBN 3-907509-94-3

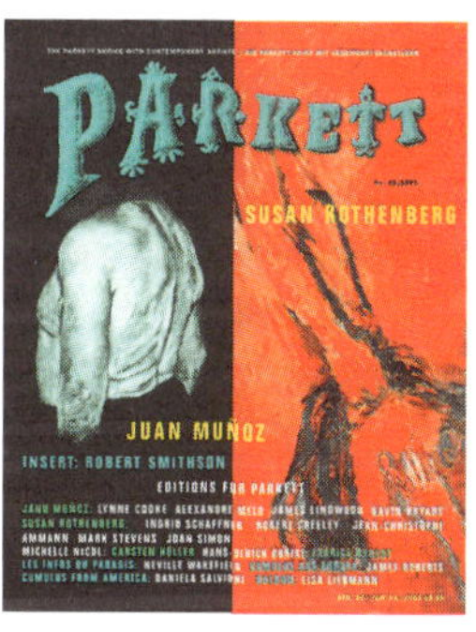

No. 43 - ISBN 3-907509-93-5

JUAN MUÑOZ
SUSAN ROTHENBERG
LYNNE COOKE, ALEXANDRE MELO
JAMES LINGWOOD, GAVIN BRYARS
ROBERT CREELEY, INGRID SCHAFFNER
JEAN-CHRISTOPHE AMMANN
MARK STEVENS, JOAN SIMON
INSERT: **ROBERT SMITHSON**
NEVILLE WAKEFIELD
MICHELLE NICOL: **CARSTEN HÖLLER**
H.U. OBRIST: **FABRICE HYBERT**

LAWRENCE WEINER
RACHEL WHITEREAD
B. ADAMS, F. RICHARD
D. SCHWARZ, D. SALVIONI
E. LEFFINGWELL, L. RELYEA
N. WAKEFIELD, R. SCHMITZ
T. FAIRBROTHER, S. WATNEY
INSERT: **NAN GOLDIN**
VINCE LEO: **ROBERT FRANK**
C. RITSCHARD: **MARKUS RAETZ**

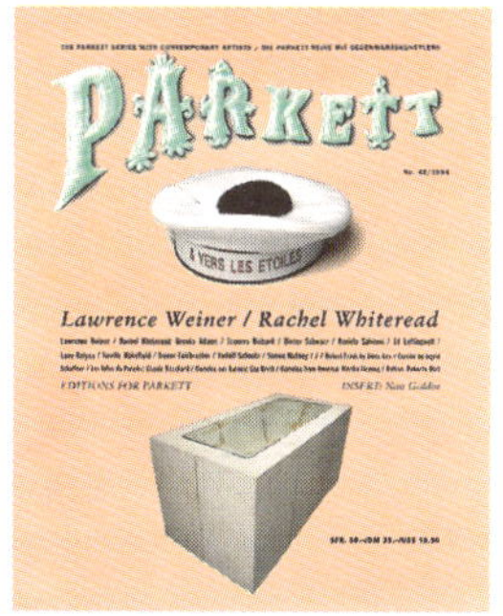

No. 42 - ISBN 3-907509-92-7

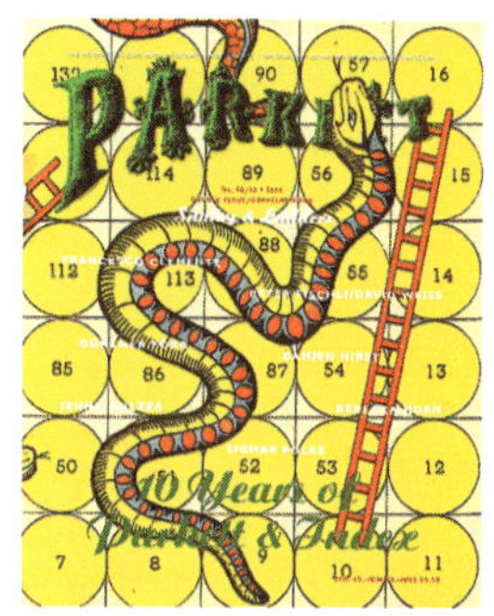

40/41 - ISBN 3-907509-90-0

FRANCESCO CLEMENTE
GÜNTHER FÖRG
PETER FISCHLI/DAVID WEISS
DAMIEN HIRST
JENNY HOLZER
REBECCA HORN
SIGMAR POLKE
HOLLAND COTTER, BORIS GROYS
MAX WECHSLER, DAVID RIMANELLI
JOAN SIMON, GORDON BURN
GILBERT LASCAULT, WERNER SPIES
BICE CURIGER, JEFF PERRONE
G. ROGER DENSON, VIK MUNIZ
DAVE HICKEY

CHARLES RAY
FRANZ WEST
K. KERTESS, CH. KNIGHT
P. SCHJELDAHL, R. STORR
J. AVGIKOS, A. HUBER
M. PRINZHORN, E. SCHLEBRÜGGE
HARALD SZEEMANN
D. ZACHAROPOULOS
INSERT: **PIPILOTTI RIST**
JEAN BAUDRILLARD
HANS RUDOLF REUST: **LUC TUYMANS**
PARKETT INQUIRY:
CHERCHEZ LA FEMME PEINTRE

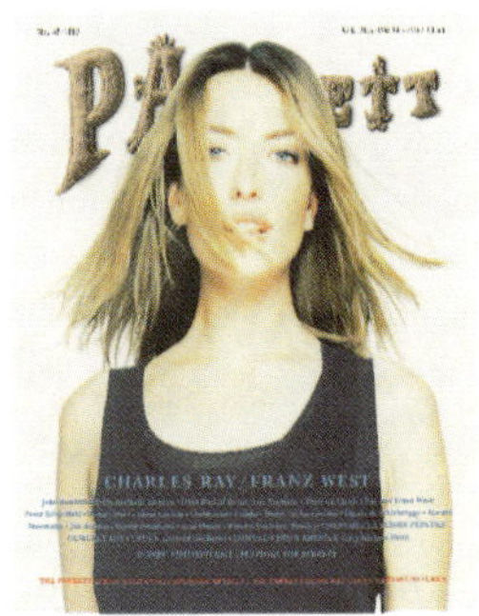

No. 37 - ISBN 3-907509-87-0

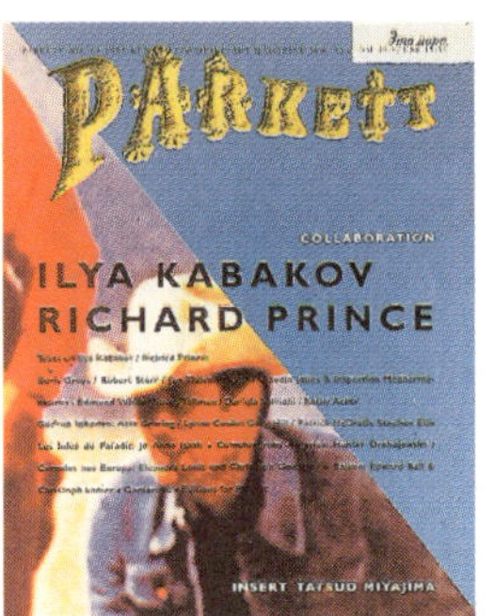

No. 34 - ISBN 3-907509-84-6

ILYA KABAKOV
RICHARD PRINCE
BORIS GROYS, ROBERT STORR
JAN THORN-PRIKKER
CLAUDIA JOLLES, EDMUND WHITE
SUSAN TALLMAN, DANIELA
SALVIONI, KATHY ACKER
INSERT: **TATSUO MIYAJIMA**
GUDRUN INBODEN: **ASTA GRÖTING**
LYNNE COOKE: **GARY HILL**
PATRICK McGRATH: **STEPHEN ELLIS**

IMI KNOEBEL
SHERRIE LEVINE
RUDOLF BUMILLER
RAINER CRONE/DAVID MOOS
LISA LIEBMANN, DANIELA SALVIONI
ERICH FRANZ, HOWARD SINGERMANN
INSERT: **DAMIEN HIRST**
SHEENA WAGSTAFF: **VIJA CELMINS**
JIM LEWIS: **LARRY CLARK**
LIAM GILLICK: **BETHAN HUWS**
THOMAS KELLEIN: **WALTER DE MARIA**

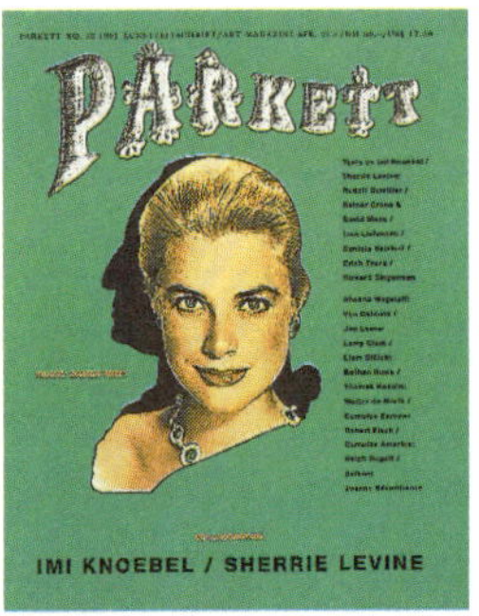

No. 32 - ISBN 3-907509-82-X

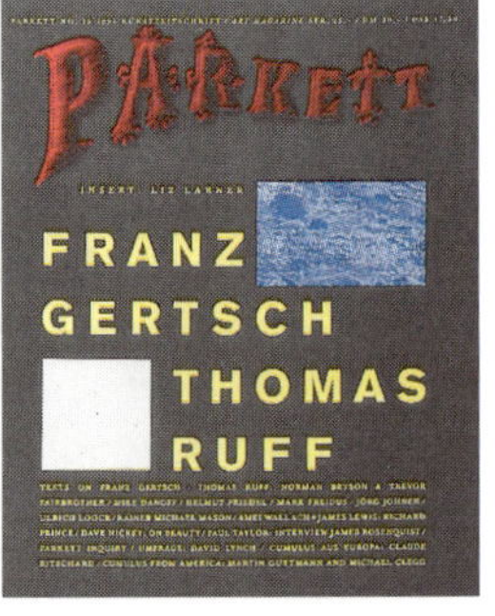

No. 28 - ISBN 3-907509-78-1

FRANZ GERTSCH
THOMAS RUFF
H. FRIEDEL, U. LOOCK
I. MICHAEL DANOFF
A. WALLACH. R. M. MASON
M. FREIDUS, J. JOHNEN
T. FAIRBROTHER/N. BRYSON
INSERT: **LIZ LARNER**
JAMES LEWIS: **RICHARD PRINCE**
DAVID HICKEY: **THE INVISIBLE DRAGON/DER UNSICHTBARE DRACHEN**
P. TAYLOR: **JAMES ROSENQUIST**

ALEX KATZ
JOHN RUSSELL, BROOKS ADAMS
DAVID RIMANELLI, FRANCESCO
CLEMENTE, MICHAEL KRÜGER
RICHARD FLOOD, PATRICK FREY
CARL STIGLIANO, BICE CURIGER
GLENN O'BRIEN
INSERT: **WILLIAM WEGMAN**
LISA LIEBMAN: **ROBERT GOBER**
JACQUELINE BURCKHARDT:
GIULIO ROMANO

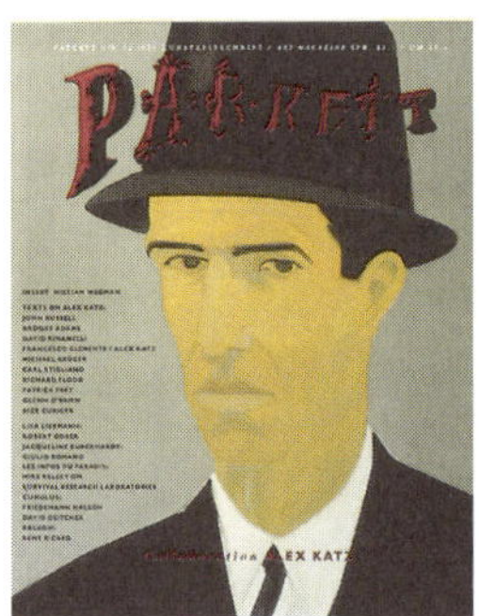

No. 21 - ISBN 3-907509-71-4

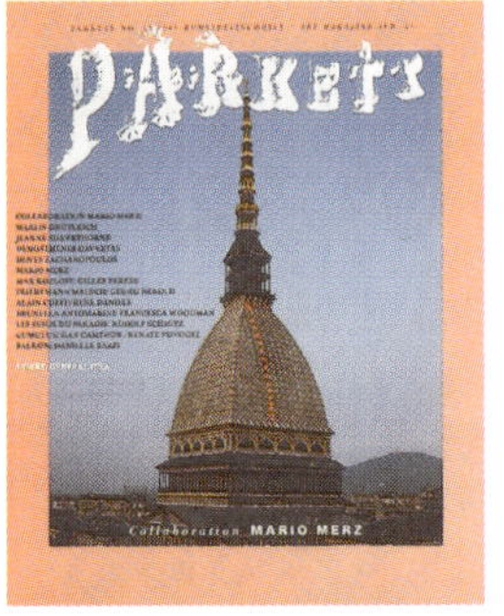

No. 15 - ISBN 3-907509-65-X

MARIO MERZ
MARLIS GRÜTERICH, JEANNE
SILVERTHORNE, DEMOSTHENES
DAVVETAS, HARALD SZEEMANN
DENYS ZACHAROPOULOS
INSERT: **GENERAL IDEA**
MAX KOZLOFF: **GILLES PERESS**
FRIEDEMANN MALSCH:
GEORG HEROLD
BRUNELLA ANTOMARINI:
FRANCESCA WOODMAN

GILBERT & GEORGE
DUNCAN FALLOWELL
MARIO CODOGNATO
JEREMY COOPER
DEMOSTHENES DAVVETAS
WOLF JAHN
INSERT: **ROSEMARIE TROCKEL**
ROBERT STORR: **NANCY SPERO**
HAIM STEINBACH: **MANIFESTO**
JÖRG ZUTTER: **THOMAS HUBER**

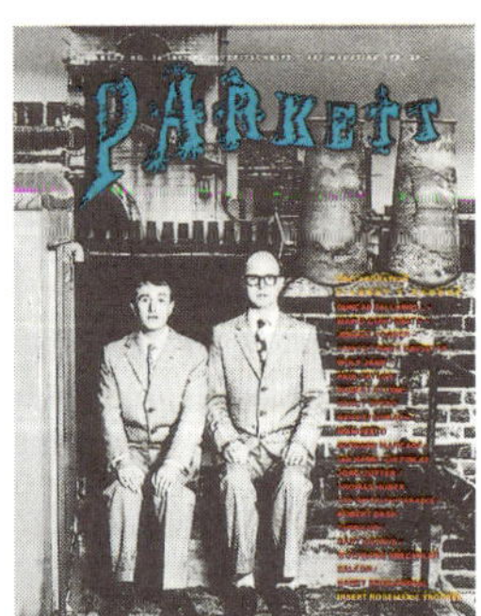

No. 14 - ISBN 3-907509-64-1

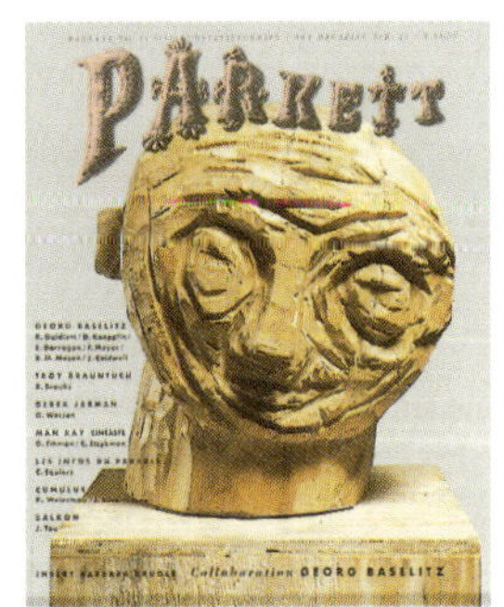

No. 11 - ISBN 3-907509-61-7

GEORG BASELITZ
REMO GUIDIERI
DIETER KOEPPLIN
ERIC DARRAGON
RAINER MICHAEL MASON
FRANZ MEYER, JOHN CALDWELL
INSERT: **BARBARA KRUGER**
GRAY WATSON: **DEREK JARMAN**
CAROL SQUIERS:
PHOTO OPPORTUNITY
ROSETTA BROOKS:
TROY BRAUNTUCH

Each volume of PARKETT is created in collaboration with artists, who contribute an original work specially made for the readers of PARKETT. The works are available in a signed and numbered Special Edition. Prices are subject to change. Postage is not included.

EDITIONS FOR PARKETT

Jeder PARKETT-Band entsteht in Collaboration mit Künstlern, die eigens für die Leser von PARKETT Originalbeiträge gestalten. Diese Vorzugsausgaben sind als nummerierte und signierte Editionen erhältlich. Preisänderungen vorbehalten. Versandkosten und MwSt. (Schweiz) nicht inbegriffen.

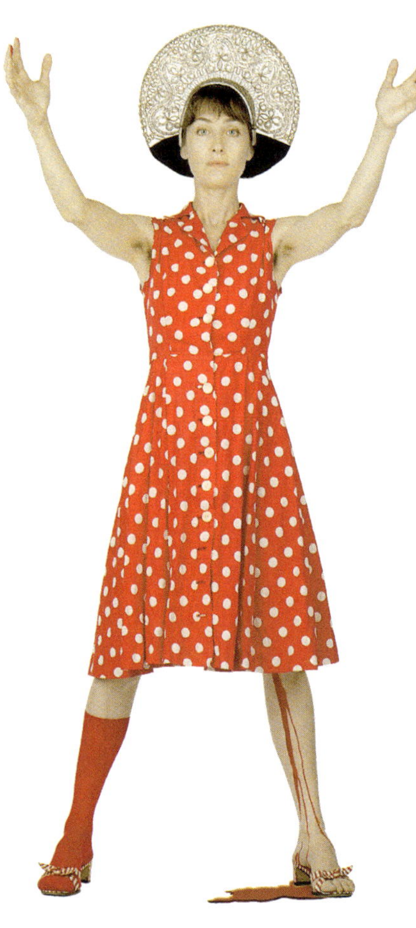

ANNIVERSARY EDITION PARKETT 71

PIPILOTTI RIST

DIE HILFE, 2004

Inkjet-Druck, 4-farbig auf Stoff, ca. 180 x 90 cm.
Wird mit 7 Stecknadeln (und 7 Ersatzstecknadeln) geliefert und kann an der Wand oder auf einem Stuhl oder Tisch platziert werden.
Mitarbeit: Thomas Rhyner; Photo: Martin Stollenwerk.
Druck: Plotfactory, Weisslingen.
Auflage: 70 / XX, signiert und nummeriert.
CHF 2500 / € 1600

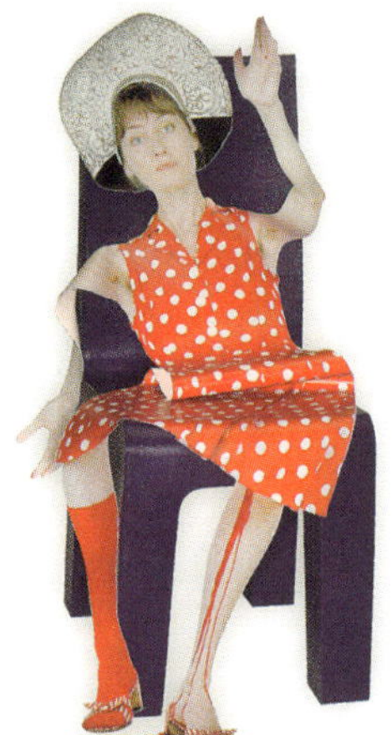

THE HELP, 2004

Cut-out, 4-color print on fabric, ca. 70 7/8 x 43 5/16",
with 7 straight pins (plus 7 spare pins) to fasten it to a wall, a chair, or a table.
Support: Thomas Rhyner; Photo by Martin Stollenwerk.
Printed by Plotfactory, Weisslingen, Switzerland.
Edition of 70 / XX, signed and numbered.
$ 1900 / € 1600

DELUSIONS OF GRANDEUR: WHEN THE HELP TAKES A REST AND JOINS US AT TABLE.

EIN STARSCHNITT, DER SEINESGLEICHEN SUCHT, OSZILLIEREND ZWISCHEN GESCHICHTE UND GEGENWART, HINGABE UND ERGEBENHEIT, WÜRDE UND VERLETZLICHKEIT.

PARKETT 71

OLAF BREUNING

LEMON PIG, 2004

Styrofoam, ca. 9 13/16 x 9 x 12 3/16".
Edition of 60 / XX, signed and numbered.
$ 950 / € 800

Styropor, ca. 25 x 23 x 31 cm.
Auflage: 60 / XX, signiert und nummeriert.
CHF 1200 / € 800

A HIKING VIKING IN FULL ARMOR BOLDLY BEATS AROUND THE BUSH AND BRAVES THE ONSLAUGHT OF THE NEW MILLENNIUM.

EVOLUTION DANK MASSENPRODUKTION – ICH SCHAU DIR IN DIE AUGEN, KLEINES.

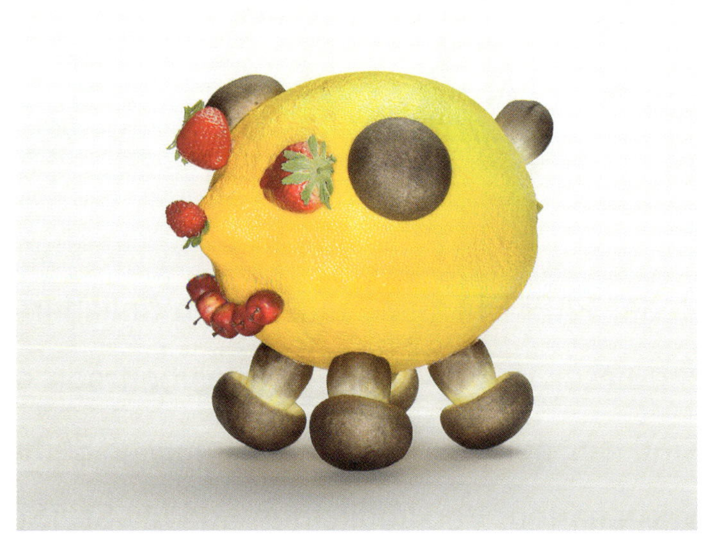

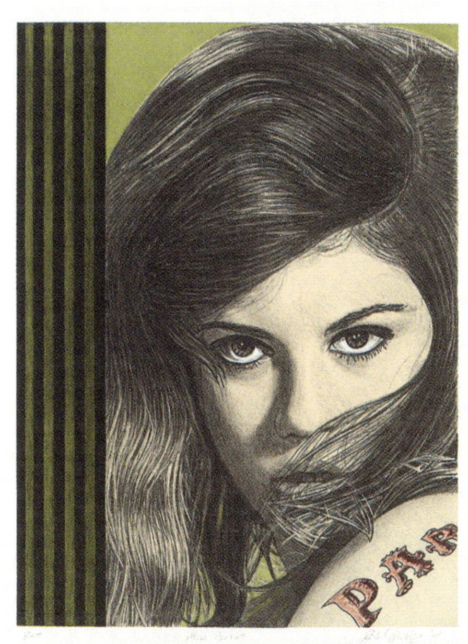

THERE ONCE WAS A LADY OF FASHION
WHO POSED FOR AN ARTIST SO DASHING,
THAT THEY BOTH TOOK THE LEAP
AND JUMPED INTO THE DEEP
OF A JOURNAL WE ALL KNOW IS SPLASHING.

DA WAR EINST EIN MÄDCHEN, DAS BLICKTE KOKETT,
UND EIN KÜNSTLER, DER FAND DAS BERÜCKEND UND NETT;
BEIDE WAGTEN DEN SPRUNG,
OHNE ZÖGERN, MIT SCHWUNG,
MITTEN INS HERZ VON PARKETT.

PARKETT 71

RICHARD PHILLIPS

MISS PARKETT, 2004

5-color lithograph on Somerset white paper,
paper size 26 x 20 3/16, image size 21 1/4 x 16 1/16".
Printed by Maurice Sanchez, Derrière l'Étoile Studio, New York.
Edition of 70 / XXVI, signed and numbered.
$ 1400 / € 1200

Lithographie (5-farbig) auf Somerset-Papier,
Blattformat 66 x 51,3 cm, Bildformat 54 x 40,8 cm,
Druck: Maurice Sanchez, Derrière l' Étoile Studio, New York.
Auflage: 70 / XXVI, signiert und nummeriert.
CHF 1800 / € 1200

PARKETT 71

KEITH TYSON

PARKETT PAPERWEIGHT, 2004

Pebble on copper plate, partially painted in enamel,
mounted on wood, 3 15/16 x 3 15/16", ca. 1 9/16" high.
Each piece is unique in its combination of plate, pattern, pebble, paint, and position; and each comes with a pattern sheet showing its specific design within the 100 different possibilities.
Edition of 75 / XXV, signed and numbered.
$ 1200 / € 950

PARKETT-BRIEFBESCHWERER, 2004

Kieselstein auf Kupferplatte, teilweise farbig lackiert, auf Holz montiert, 10 x 10 cm, ca. 4 cm hoch.
Die Kombination von Platte, graphischem Muster, Farbe und Position des Steins ist je individuell. Ein Blatt mit der Abbildung des jeweiligen Unikats und seines spezifischen Musters innerhalb der 100 verschiedenen Möglichkeiten ist Bestandteil der Edition.
Auflage: 75 / XXV, signiert und nummeriert.
CHF 1500 / € 950

THE COMPLEXITY OF CHAOS: DECEPTIVELY HARNESSED
IN TEN TIMES TEN GEOMETRIES.

GEOLOGISCH-GEOMETRISCHER KOMBINATIONSZAUBER:
HUNDERT WEISEN EINEN STEIN IM BRETT ZU HABEN.

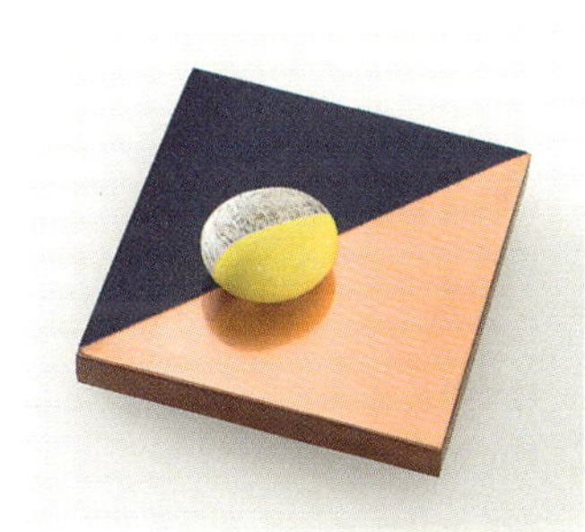

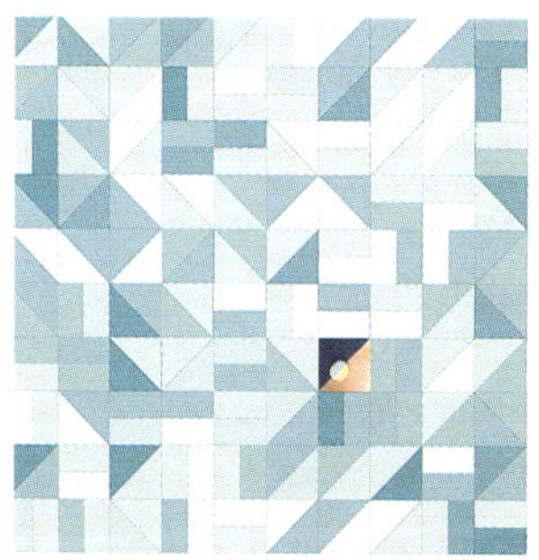

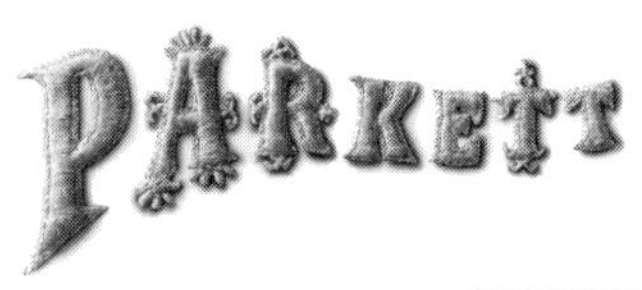

ARTISTS' MONOGRAPHS & EDITIONS / KÜNSTLERMONOGRAPHIEN & EDITIONEN

FOR AVAILABILITY SEE NEXT PAGE / LIEFERBARKEIT SIEHE FOLGENDE SEITE

Franz Ackermann, vol. 68
Eija-Liisa Ahtila, vol. 68
Doug Aitken, vol. 57
Francis Alÿs, vol. 69
Laurie Anderson, vol. 49
John Armleder, vol. 50/51
Richard Artschwager, vol. 23, vol. 46
John Baldessari, vol. 29
Stephan Balkenhol, vol. 36
Matthew Barney, vol. 45
Georg Baselitz, vol. 11
Vanessa Beecroft, vol. 56
Ross Bleckner, vol. 38
John Bock, vol. 67
Alighiero e Boetti, vol. 24
Christian Boltanski, vol. 22
Monica Bonvicini, vol. 72
Louise Bourgeois, vol. 27
Olaf Breuning, vol. 71
Angela Bulloch, vol. 66
Daniel Buren, vol. 66
Sophie Calle, vol. 36
Maurizio Cattelan, vol. 59
Vija Celmins, vol. 44
Francesco Clemente, vol. 9 & 40/41
Chuck Close, vol. 60
Enzo Cucchi, vol. 1
John Currin, vol. 65
Tacita Dean, vol. 62
Thomas Demand, vol. 62
Martin Disler, vol. 3
Peter Doig, vol. 67
Marlene Dumas, vol. 38
Olafur Eliasson, vol. 64
Tracey Emin, vol. 63
Urs Fischer, vol. 72
Eric Fischl, vol. 5
Peter Fischli /
David Weiss, vol.17, 40/41
Sylvie Fleury, vol. 58
Günther Förg, vol. 26 & 40/41
Tom Friedman, vol. 64
Katharina Fritsch, vol. 25
Isa Genzken, vol. 69
Franz Gertsch, vol. 28
Gilbert & George, vol. 14
Liam Gillick, vol. 61
Robert Gober, vol. 27
Nan Goldin, vol. 57
Felix Gonzalez-Torres, vol. 39
Douglas Gordon, vol. 49
Dan Graham, vol. 68
Rodney Graham, vol. 64
Andreas Gursky, vol. 44
David Hammons, vol. 31
Thomas Hirschhorn, vol. 57
Damien Hirst, vol. 40/41
Jenny Holzer, vol. 40/41
Rebecca Horn, vol. 13 & 40/41
Roni Horn, vol. 54
Gary Hume, vol. 48
Pierre Huyghe, vol. 66
Ilya Kabakov, vol. 34
Anish Kapoor, vol. 69
Alex Katz, vol. 21, 72
Mike Kelley, vol. 31
Ellsworth Kelly, vol. 56
William Kentridge, vol. 63
Karen Kilimnik, vol. 52
Martin Kippenberger, vol. 19
Imi Knoebel, vol. 32
Jeff Koons, vol. 19, 50/51
Jannis Kounellis, vol. 6
Yayoi Kusama, vol. 59
Wolfgang Laib, vol. 39
Sherrie Levine, vol. 32
Sarah Lucas, vol. 45
Christian Marclay, vol. 70
Brice Marden, vol. 7
Mario Merz, vol. 15
Tracey Moffatt, vol. 53
Mariko Mori, vol. 54
Malcolm Morley, vol. 52
Sarah Morris, vol. 61
Juan Muñoz, vol. 43
Jean-Luc Mylayne, vol. 50/51
Bruce Nauman, vol. 10
Cady Noland, vol. 46
Meret Oppenheim, vol. 4
Gabriel Orozco, vol. 48
Tony Oursler, vol. 47
Laura Owens, vol. 65
Jorge Pardo, vol. 56
Raymond Pettibon, vol. 47
Elizabeth Peyton, vol. 53
Richard Phillips, vol. 71
Sigmar Polke, vol. 2, 30 & 40/41
Richard Prince, vol. 34, 72
Michael Raedecker, vol. 65
Markus Raetz, vol. 8
Charles Ray, vol. 37
Jason Rhoades, vol. 58
Gerhard Richter, vol. 35
Bridget Riley, vol. 61
Pipilotti Rist, vol. 48, 71
Matthew Ritchie, vol. 61
Tim Rollins & K.O.S., vol. 20
Ugo Rondinone, vol. 52
James Rosenquist, vol. 58
Susan Rothenberg, vol. 43
Thomas Ruff, vol. 28
Edward Ruscha, vol. 18 & 55
Wilhelm Sasnal, vol. 70
Gregor Schneider, vol. 63
Thomas Schütte, vol. 47
Cindy Sherman, vol. 29
Roman Signer, vol. 45
Andreas Slominski, vol. 55
Beat Streuli, vol. 54
Thomas Struth, vol. 50/51
Hiroshi Sugimoto, vol. 46
Philip Taaffe, vol. 26
Sam Taylor-Wood, vol. 55
Diana Thater, vol. 60
Wolfgang Tillmans, vol. 53
Rirkrit Tiravanija, vol. 44
Fred Tomaselli, vol. 67
Rosemarie Trockel, vol. 33
James Turrell, vol. 25
Luc Tuymans, vol. 60
Keith Tyson, vol. 71
Kara Walker, vol. 59
Jeff Wall, vol. 22 & 49
Andy Warhol, vol. 12
Gillian Wearing, vol. 70
Lawrence Weiner, vol. 42
John Wesley, vol. 62
Franz West, vol. 37, 70
Rachel Whiteread, vol. 42
Sue Williams, vol 50/51
Robert Wilson, vol. 16
Christopher Wool, vol. 33

vol.	Collaboration		
72	Monica Bonvicini		
	Urs Fischer		
	Richard Prince		
71	Olaf Breuning	m	e
	Richard Phillips	m	e
	Keith Tyson	m	e
70	Christian Marclay	m	e
	Wilhelm Sasnal	m	e
	Gillian Wearing	m	e
69	Francis Alÿs	m	
	Isa Gentzken	m	e
	Anish Kapoor	m	
68	Franz Ackermann	m	e
	Eija-Liisa Ahtila	m	e
	Dan Graham	m	e
67	John Bock	m	e
	Peter Doig	m	e
	Fred Tomaselli	m	e
66	Angela Bulloch	m	e
	Daniel Buren	m	e
	Pierre Huyghe	m	e
65	John Currin	m	
	Laura Owens	m	e
	Michael Raedecker	m	e
64	Olafur Eliasson	m	
	Tom Friedman	m	
	Rodney Graham	m	
63	Tracey Emin	m	e
	William Kentridge	m	
	Gregor Schneider	m	
62	Tacita Dean	m	e
	Thomas Demand	m	
	John Wesley	m	e
61	Liam Gillick	m	
	Sarah Morris	m	e
	Bridget Riley	m	
	Matthew Ritchie	m	e
60	Chuck Close	m	
	Diana Thater	m	e
	Luc Tuymans	m	e
59	Maurizio Cattelan	m	
	Yayoi Kusama	m	e
	Kara Walker	m	
58	Sylvie Fleury	m	
	Jason Rhoades	m	
	James Rosenquist	m	
57	Doug Aitken	m	e
	Nan Goldin	m	
	Thomas Hirschhorn	m	
56	Vanessa Beecroft	m	
	Ellsworth Kelly	m	
56	Jorge Pardo	m	e
55	Edward Ruscha	m	
	Andreas Slominski	m	
	Sam Taylor-Wood	m	
54	Roni Horn	m	e
	Mariko Mori	m	
	Beat Streuli	m	
53	Tracey Moffatt	m	
	Elizabeth Peyton	m	
	Wolfgang Tillmans	m	
52	Karen Kilimnik	m	e
	Malcolm Morley	m	e
	Ugo Rondinone	m	e
50/51	John Armleder	m	
	Jeff Koons	m	e
	Jean-Luc Mylayne	m	
	Thomas Struth	m	
	Sue Williams	m	
49	Laurie Anderson	m	e
	Douglas Gordon	m	
	Jeff Wall	m	
48	Gary Hume	m	
	Gabriel Orozco	m	
	Pipilotti Rist	m	
47	Tony Oursler	m	
	Raymond Pettibon	m	
	Thomas Schütte	m	e
46	Richard Artschwager	m	
	Cady Noland	m	
	Hiroshi Sugimoto	m	
45	Matthew Barney		
	Sarah Lucas		
	Roman Signer		e
44	Vija Celmins	m	
	Andreas Gursky	m	
	Rirkrit Tiravanija	m	e
43	Juan Muñoz	m	
	Susan Rothenberg	m	
42	Lawrence Weiner	m	e
	Rachel Whiteread	m	
40/41	Francesco Clemente	m	
	Fischli/Weiss	m	
	Günther Förg	m	
	Damien Hirst	m	
	Jenny Holzer	m	
	Rebecca Horn	m	
	Sigmar Polke	m	
39	Felix Gonzalez-Torres	m	
	Wolfgang Laib	m	
38	Ross Bleckner		
	Marlene Dumas		
37	Charles Ray	m	
	Franz West	m	e
36	Stephan Balkenhol		
	Sophie Calle		
35	Gerhard Richter		
34	Ilya Kabakov	m	
	Richard Prince	m	
33	Rosemarie Trockel	m	
	Christopher Wool	m	
32	Imi Knoebel	m	
	Sherrie Levine	m	
31	David Hammons		
	Mike Kelley		
30	Sigmar Polke		
29	John Baldessari		
	Cindy Sherman		
28	Franz Gertsch	m	
	Thomas Ruff	m	
27	Louise Bourgeois		
	Robert Gober		
26	Günther Förg		
	Philip Taaffe		
25	Katharina Fritsch		e
	James Turrell		e
24	Alighiero e Boetti	m	
23	Richard Artschwager	m	
22	Christian Boltanski		
	Jeff Wall		
21	Alex Katz	m	
20	Tim Rollins + K.O.S.	m	
19	Martin Kippenberger		
	Jeff Koons		
18	Ed Ruscha	m	
17	Fischli/Weiss		
16	Robert Wilson		
15	Mario Merz	m	
14	Gilbert & George	m	
13	Rebecca Horn		
12	Andy Warhol		
11	Georg Baselitz	m	
10	Bruce Nauman		
9	Francesco Clemente		
8	Markus Raetz		
7	Brice Marden		
6	Jannis Kounellis		
5	Eric Fischl		
4	Meret Oppenheim		
3	Martin Disler		
2	Sigmar Polke		
1	Enzo Cucchi		

m = available monograph / erhältliche Monographie, e = available edition / erhältliche Edition
Delivery subject to availability at time of order / Lieferung solange Vorrat

PARKETT IN BOOKSHOPS (Selection)

PARKETT IS AVAILABLE IN 500 LEADING ART BOOKSHOPS AROUND THE WORLD. FOR FURTHER INFORMATION CONTACT:

PARKETT GIBT ES IN 500 FÜHRENDEN KUNSTBUCHHANDLUNGEN AUF DER GANZEN WELT. FÜR WEITERE INFORMATIONEN WENDEN SIE SICH BITTE AN:

PARKETT VERLAG, QUELLENSTRASSE 27, CH-8031 ZÜRICH, TEL. +41-1 271 81 40, FAX 272 43 01, WWW.PARKETTART.COM;

PARKETT, *155, AVENUE OF THE AMERICAS, 2ND FLOOR, NEW YORK, N.Y. 10013, PHONE +1 (212) 673-2660, FAX 271-0704, WWW.PARKETTART.COM*

NORTH & SOUTH AMERICA, ASIA, AUSTRALIA

DISTRIBUTOR / VERTRIEB
D.A.P. (DISTRIBUTED ART PUBLISHERS)
155 AVENUE OF THE AMERICAS, 2ND FLOOR,
NEW YORK, NY 10013

USA

AUSTIN, TX
BOOK PEOPLE
603 N. LAMAR

BERKELEY, CA
BERKELEY ART MUSEUM
2625 DURANT AVENUE
CODY'S BOOKS
2454 TELEGRAPHE AVENUE

BEVERLY HILLS, CA
RIZZOLI
9501 WILSHIRE BOULEVARD

BOSTON, MA
INSTITUTE OF CONTEMPORARY ART
955 BOYLSTON STREET
TRIDENT BOOKSELLERS
338 NEWBURY STREET

BUFFALO, NY
TALKING LEAVES
3158 MAIN STREET

CAMBRIDGE, MA
MIT PRESS BOOKSTORE
292 MAIN STREET

CHICAGO, IL
ART INSTITUTE OF CHICAGO
104 S. MICHIGAN
MUSEUM OF CONTEMPORARY ART
220 EAST CHICAGO AVENUE
QUIMBY'S
1854 W. NORTH AVENUE
SMART MUSEUM OF ART
5550 S. GREENWOOD AVENUE

CINCINNATI, OH
CONTEMPORARY ARTS CENTER
115 E. 5TH STREET

COLUMBUS, OH
COLUMBUS MUSEUM OF ART
372 COMMONS MALL
WEXNER CENTER BOOKSTORE
30 W. 15TH STREET

CORAL GABLES, FL
BOOKS & BOOKS
296 ARAGON ROAD

HOUSTON, TX
BRAZOS BOOKSTORE
2421 BISSONNET
CONTEMPORARY ARTS MUSEUM
5216 MONTROSE BOULEVARD
MENIL COLLECTION
1520 SUL ROSS

HUNTINGTON, WV
HUNTINGTON MUSEUM OF ART
2033 MCCOY ROAD

LOS ANGELES, CA
BOOKSOUP
8818 SUNSET BOULEVARD
MUSEUM OF CONTEMPORARY ART
250, S. GRAND
UCLA / ARMAND HAMMER MUSEUM OF ART
10899 WILSHIRE BOULEVARD

MIAMI, FL
BOOKS & BOOKS
296 ARAGON AVENUE, CORAL GABLES
MUSEUM OF CONTEMPORARY ART
770 N.E. 125TH STREET NORTH MIAMI

MINNEAPOLIS, MN
THE WALKER ART CENTER BOOKSTORE
VINELAND PLACE

NEW YORK, NY
GUGGENHEIM DOWNTOWN MUSEUM
575 BROADWAY
MUSEUM OF MODERN ART
11 W. 53RD STREET
NEW MUSEUM OF CONTEMPORARY ART
583 BROADWAY
RIZZOLI
454 WEST BROADWAY
SAINT MARK'S BOOKSTORE
31 3RD AVENUE

OAKLAND, CA
DIESEL, A BOOKSTORE
5433 COLLEGE AVENUE

OAK PARK, MI
BOOK BEAT LTD.
26010 GREENFIELD

OMAHA, NE
JOSLYN ART MUSEUM
2200 DODGE STREET

PHILADELPHIA, PA
AVRIL 50
3406 SANSOM STREET
WATERSTONE BOOKSELLERS
2191 HORNIG ROAD

PITTSBURGH, PA
CARNEGIE INSTITUTE
4400 FORBES AVENUE

PORTLAND, OR
POWELL'S BOOKS
7 NW 9TH STREET

PROVIDENCE, NY
ACCIDENT OR DESIGN
128 N. MAIN STREET
RHODE ISLAND SCHOOL OF DESIGN
2 COLLEGE STREET, 1765

SAN ANTONIO, TX
SLOAN / HALL SAN ANTONIO
5930 BROADWAY

SAN FRANCISCO, CA
A CLEAN WELL LIGHTED PLACE
601 VAN NESS AVENUE
CITY LIGHTS BOOKSHOP
261 COLUMBUS AVENUE
SAN FRANCISCO MUSEUM OF MODERN ART, MUSEUMBOOKS
151 3RD STREET, 1ST FLOOR

ST. LOUIS, MO
LEFT BANK BOOKS
399 NORTH EUCLID

SANTA MONICA, CA
ARCANA
1229 3RD STREET PROMENADE
HENNESSEY & INGALLS BOOKS
1254 3RD STREET PROMENADE

ST. PAUL, MN
HUNGRY MIND BOOKSTORE
1648 GRAND AVENUE

SEATTLE, WA
UNIVERSITY BOOKSTORE
4326 UNIVERSITY WAY

WASHINGTON D.C.
NATIONAL GALLERY OF ART
6TH STREET & CONSTITUTION AVENUE, NW

CANADA / KANADA

CALGARY
TREPANIER BAER GALLERY
105 999 8TH STREET SW

MONTREAL
ARTEXTE
3575 STREET LAURENT
OLIVIERI LIBRAIRIE BOOKSTORE
185 STREET CATHERINE WEST

TORONTO
ART GALLERY OF ONTARIO
317 DUNDAS STREET WEST
ART METROPOLE
788 KING STREET WEST
DAVID MIRVISH BOOKS ON ART
596 MARKHAM STREET

VANCOUVER
VANCOUVER ART GALLERY
750 HORNBY STREET

AUSTRALIA / AUSTRALIEN

DARLINGHURST
EAST SYDNEY BOOKSTORE
THE DOME, THE ELAN BUILDING
1 KINGS CROSS ROAD

SYDNEY
MUSEUM OF CONTEMPORARY ART
140 GEORGE STREET, CIRCULAR QUAY NORTH
GLEE BOOKS
191 GLEBE POINT ROAD, GLEBE

NEW ZEALAND / NEUSEELAND

AUCKLAND
PROPAGANDA
2 CARR ROAD, MT ROSKILL

ASIA / ASIEN

JAPAN

TOKYO
AOYAMA BOOK CENTRE, SHIBUYA-KU
COSMOS AOYAMA GARDEN FLOOR B2F
5-53-97, JINGUMAE
ART & BOOKS
2-1-13-307
TAKANAWA, MINATO-KU
WATARI MUSEUM OF CONTEMPORARY ART, ON SUNDAYS BOOKSHOP
376 JINGUMAE SHIBUYA-KU

SINGAPORE / SINGAPUR
PAGE ONE BOOKSTORE
20 KAKI BUKIT VIEW TECHPARK

GREAT BRITAIN / GROSSBRITANNIEN

DISTRIBUTOR / VERTRIEB
CENTRAL BOOKS
99, WALLIS ROAD
LONDON E9 5LN

BRISTOL
ARNOLFINI BOOKSHOP
16 NARROW QUAY

LONDON
BORDERS BOOKSHOP
120 CHARING CROSS ROAD

BORDERS BOOKSHOP
203–207 OXFORD STREET
CAMDEN ARTS CENTRE
ARKWRIGHT ROAD
HAYWARD GALLERY
SOUTH BANK
IAN SHIPLEY BOOKSHOP
70 CHARING CROSS ROAD
INSTITUTE OF CONTEMPORARY ARTS
12 CARLTON HOUSE TERRACE
THE MALL
SERPENTINE GALLERY
KENSINGTON GARDENS
TATE MODERN
BANKSIDE
ZWEMMER LTD. ART BOOKS
24 LITCHFIELD STREET

IRELAND / IRLAND

DUBLIN
DOUGLAS HYDE GALLERY
TRINITY COLLEGE

GERMANY / DEUTSCHLAND

DISTRIBUTOR / VERTRIEB
GVA VERLAGSSERVICE GÖTTINGEN
PF 2021
D-37010 GÖTTINGEN

BERLIN
BÜCHERBOGEN AM SAVIGNYPLATZ
STADTBAHNBOGEN 593
GALERIE 2000 KUNSTBUCHHANDLUNG
KNESEBECKSTRASSE 56/58
WALTHER KÖNIG BUCHHANDLUNG, MUSEUM FÜR GEGENWARTSKUNST
IM HAMBURGER BAHNHOF INVALIDENSTRASSE 50–51
WIENS LADEN & VERLAG
LINIENSTRASSE 158 (HOF)
WASMUTH GMBH & CO.
PFALZBURGERSTRASSE 43–44

BREMEN
BEIM STEINERNEN KREUZ GMBH
BEIM STEINERNEN KREUZ 1

DÜSSELDORF
LITERATUR BEI RUDOLF MÜLLER
NEUSTRASSE 38
WALTHER KÖNIG BUCHHANDLUNG
HEINRICH-HEINE-ALLEE 15

FRANKFURT
KUNST-BUCH, KUNSTHALLE SCHIRN
RÖMERBERG 7
WALTHER KÖNIG BUCHHANDLUNG
DOMSTRASSE 6

HAMBURG
HELMUT VON DER HÖH BUCHHANDLUNG
GROSSE BLEICHEN 21
SAUTTER + LACKMANN BUCHHANDLUNG
ADMIRALITÄTSTRASSE 71/72

HANNOVER
MERZ KUNSTBUCHHANDLUNG
KURT-SCHWITTERS-PLATZ

KARLSRUHE
HANS MENDE BUCHHANDLUNG
KARLSTRASSE 76

KÖLN
SCHADEN.COM BUCHHANDEL
BURGMAUER 10
WALTHER KÖNIG BUCHHANDLUNG
EHRENSTRASSE 4
KIOSK-BUCH-EVENT GMBH
IM MEDIAPARK 7

MÜNCHEN
HANS GOLTZ BUCHHANDLUNG
FÜR BILDENDE KUNST
TÜRKENSTRASSE 54
ILKA KÖNIG BUCHHANDLUNG
MAXIMILIANSTRASSE 35
L. WERNER BUCHHANDLUNG
RESIDENZSTRASSE 18

NÜRNBERG
WALTHER KÖNIG BUCHHANDLUNG
LUITPOLDSTRASSE 5

STUTTGART
LIMACHER BUCHHANDLUNG
KÖNIGSTRASSE 28 / KÖNIGSBAU

SPAIN / SPANIEN

BARCELONA
LAIE – CAIXAFÒRUM
MARQUES DE COMILLAS 6–8
LAIE – CCCB (CENTRE DE CULTURA CONTEMPORÀNIA DE BARCELONA)
MONTALEGRE 5

MADRID
MUSEO NACIONAL REINA SOFIA
C/ SANTA ISABEL, 52

FRANCE / FRANKREICH

PARIS
CENTRE POMPIDOU, FLAMMARION 4
26, RUE JACOB
GALERIE NATIONALE DU JEU DE PAUME
1, PLACE DE LA CONCORDE
LIBRAIRIE DU MUSÉE D'ART MODERNE
9, RUE GASTON DE SAINT-PAUL
CHRISTOPH DAVIET-THERY, LIVRES & EDITIONS D'ARTISTES
10, RUE DUCHEFDELAVILLE
COLETTE
213, RUE SAINT-HONORÉ

ITALY / ITALIEN

MILANO
A&M BOOKSTORE
30, VIA TADINO

ROMA
GALLERIA NAZIONALE D'ARTE MODERNA
131, VIA DELLE BELLE ARTI
GALLERIA PRIMO PIANO
203, VIA PANISPERNA

NORWAY / NORWEGEN

OSLO
THE NATIONAL MUSEUM OF CONTEMPORARY ART
BANKPLASSEN 4 / SKATTEFOG

PORTUGAL

LISBOA
MODULO CENTRO DIFUSOR DE ARTE
CALÇADA DOS MESTRES 34 A–B

PORTO
MODULO CENTRO DIFUSOR DE ARTE
AV. BOAVISTA 854

SWEDEN / SCHWEDEN

STOCKHOLM
KULTURHUSET KONSTIG
MEDIA & KONSTBOKHANDEL
SERGELS TORG 3
MODERNA MUSEET
SKEPPSHOLMEN

GÖTEBORG
GÖTEBORGS KONSTMUSEUM
GÖTAPLATSEN / AVENYN

TURKEY / TÜRKEI

ISTANBUL
ROBINSON CRUSOE BOOKS PUSULA PRODUCTIONS
389 ISTIKAL CADDESI BEYOGLU

NETHERLANDS, BELGIUM AND LUXEMBURG

DISTRIBUTOR / VERTRIEB
IDEA BOOKS
NIEUWE HERENGRACHT 11
NL-1011 RK AMSTERDAM

NETHERLANDS / NIEDERLANDE

AMSTERDAM
ART BOOK
VAN BAERLESTRAAT 126
ATHENAEUM NIEUWSCENTRUM
SPUI 14–16
ROBERT PREMSELA BOOKSHOP
VAN BAERLESTRAAT 78

GRONINGEN
SCHOLTENS / WRISTERS BOOKSHOP
FULDENSTRAAT 20

ROTTERDAM
DONNER BOOKSHOP
LIJNBAAN 150

BELGIUM / BELGIEN

ANTWERPEN
F.N.A.C.
GROENPLAATS

BRUXELLES
TROPISMES LIBRAIRIES
GALERIE DES PRINCES 11

GENT
COPYRIGHT BOOKSHOP
JACOBIJNENSTRAAT 8

LUXEMBOURG / LUXEMBURG

LUXEMBOURG
CASINO LUXEMBOURG
41, RUE NOTRE-DAME

SWITZERLAND / SCHWEIZ

DISTRIBUTOR / VERTRIEB
SCHEIDEGGER & CO. C/O AVA
CENTRALWEG 16
CH-8910 AFFOLTERN A. A.

BASEL
FONDATION BEYELER
BASELSTRASSE 77, RIEHEN
GALERIE STAMPA
SPALENBERG 2
JÄGGI BUCHHANDLUNG
FREIE STRASSE 32
KUNSTHALLE BASEL
KLOSTERGASSE 5

BERN
STAUFFACHER BUCHHANDLUNG
IM KUNSTMUSEUM
HODLERSTR. 12

LUZERN
RÄBER BÜCHER AG
FRANKENSTRASSE 7-9

GENÈVE
LIBRAIRIE PAYOT
5, RUE DE CHANTEPOULET

MENDRISIO
GABRIELE CAPELLI LIBRERIA ARCHITETTURA
4, VIA NOBILI BOSIA

ST. GALLEN
RÖSSLITOR BÜCHER
WEBERGASSE 5

ZÜRICH
CALLIGRAMME BUCHHANDLUNG
HÄRINGSTRASSE 4
HOWEG BUCHHANDLUNG
WAFFENPLATZ 1
KUNSTGRIFF BUCHHANDLUNG
LIMMATSTRASSE 270
KUNSTHAUS ZÜRICH
HEIMPLATZ 1
KUNSTKIOSK
LIMMATQUAI 31
ORELL FÜSSLI KRAUTHAMMER
MARKTGASSE 12
ORELL FÜSSLI BUCHHANDLUNG
FÜSSLISTRASSE 4
SCALO BOOKS & LOOKS
LIMMATQUAI 18
SEC 52 BUCHHANDLUNG
JOSEFSTRASSE 52

E X H I B I T I O N S

ZÜRICH

ARS FUTURA GALERIE AG	Bleicherweg 45	ALEXANDRA VOGT	**26.8.–16.10.2004**
	8002 Zürich	CHIARA DYNYS	**28.10.–23.12.2004**
	Tel. 01 201 88 10	OLAF BREUNING	**6.1.–5.3.2005**
	www.arsfutura.com info@arsfutura.com		
ELISABETH KAUFMANN	Müllerstrasse 57	Estate MARTIN DISLER	**25.8.–9.10.2004**
	8004 Zürich	JAN JEDLIČKA	**16.10.–28.11.2004**
	Tel./Fax 043 322 01 15	Art Cologne One person show:	
	info@elisabethkaufmann.com	GEORGES ADÉAGBO	**28.10.–1.11.2004**
GALERIE LELONG	Predigerplatz 10–12	URSULA VON RYDINGSVARD	**11.9.–23.10.2004**
	8001 Zürich	IMI KNOEBEL	**30.10.–3.2.2005**
	Tel. 01 251 11 20		
	www.galerie-lelong.com		
	galerie.lelong@dplanet.ch		
MAI 36 GALERIE	Rämistrasse 37	STEPHAN BALKENHOL	**1.10.–13.11.2004**
	8001 Zürich	LAWRENCE WEINER	**20.11.–8.1.2005**
	Tel. 01 261 68 80	Frieze Art Fair London	**15.10.–18.10.2004**
	www.mai36.artgalleries.ch	Art Basel Miami Beach	**2.12.–5.12.2004**
	mai36@artgalleries.ch		
MARK MÜLLER	Gessnerallee 36	DENNIS HOLLINGSWORTH "New Country"	
	8001 Zürich	Room 3: JUDY MILLAR "To the Is-ness"	**26.8.–16.10.2004**
	Tel. 01 211 81 55	SABINA BAUMANN "Earthboy"	
	www.markmueller.ch	Room 3: KNUT ECKSTEIN	**23.10.–18.12.2004**
	mark.mueller@dplanet.ch	Art Cologne	**28.10.1.11.2004**
SEMINA RERUM IRÈNE PREISWERK	Cäcilienstrasse 3	MICHEL GRILLET / REGULA AMACHR	**bis 9.10.2004**
	8032 Zürich	DAVID SCHLATTER	**14.10.–4.12.2004**
	Tel. 01 251 26 39	NIVES WIDAUER	**10.12.–29.10.2005**
	www.seminarerum.ch	ERIK STEFFENSEN	**Februar/März 2005**
	ipreiswerk@bluewin.ch		
GALERIE PROARTA	Bleicherweg 20	GARY KOMARIN	**6.10.–14.11.2004**
	8002 Zürich	SONIA DELAUNAY	**26.10.–20.11.2004**
	Tel. 01 202 02 02	AGAM	**9.11.–24.12.2004**
	www.proarta.ch	KEITH SONNIER	**18.11.–22.01.2005**
	proarta@proarta.ch	TRAUTE KLINGHAMMER	**26.1.–16.2. 2005**

E X H I B I T I O N S

BOB VAN ORSOUW	Limmatstrasse 270 Tel. 01 273 11 00 www.bobvanorsouw.ch mail@bobvanorsouw.ch	OLAV CHRISTOPHER JENSSEN «apriori»	**28.8.–2.10.2004**
		BJØRN MELHUS «auto center drive»	**9.10.–13.11.2004**
		Frieze Art Fair London	**15.10.–18.10.2004**
ANNEMARIE VERNA	Neptunstrasse 45 8032 Zürich Tel. 01 262 38 20 www.annemarie-verna.ch office@annemarie-verna.ch	DONALD JUDD (1928–1994) Drawings from the Sixties Works 1967–1991	**21.9.–13.11.2004**
		JOSEPH EGAN – RICHARD FRANCISCO	**18.11.–29.1.2005**
JAMILEH WEBER	Waldmannstrasse 6 8001 Zürich Tel. 01 252 10 66 www.jamilehweber.com info@jamilehweber.com	MICHAEL BIBERSTEIN: New Paintings	**26.8.–9.10.2004**
		30th gallery anniversary show: 1974–2004	**16.10.–18.12.2004**
BRIGITTE WEISS	Müllerstrasse 67 8004 Zürich Tel. 01 241 83 35 www.likeyou.com/brigitteweiss brigitteweiss@bluewin.ch	SHAAN SYED	**bis 23.10. 2004**
		DAVID CHIEPPO	**29.10.–18.12.2004**
		MARCO GANZ	**14.1.–26.2.2005**

BASEL

NICOLAS KRUPP	Erlenstrasse 15 4058 Basel Tel. 061 683 32 65 www.nicolaskrupp.com nic@nicolaskrupp.com	Summer Group Show: ERIC HATTAN, RENÉE LEVI, CLAUDIO MOSER, GUIDO NUSSBAUM, JÜRG STÄUBLE, STUDER / VAN DEN BERG	**8.7.–21.8.2004**
		DANIEL HUNZIKER	**27.8.–23.10.2004**
		Fiac Paris	**21.10.–25.10.2004**
		MARKETA OTHOVA	**28.10.–11.12.2004**
		GABRIELLA GEROSA	**16.12.–29.1.2005**

ST. GALLEN

WILMA LOCK	Schmiedgasse 15 9000 St. Gallen Tel. 071 222 62 52 wilmalock@freesurf.ch	JÜRGEN PARTENHEIMER Neue Zeichnungen	**28.9.–18.12.2004**

Keith Tyson

Geno/Pheno Paintings

3 November–
8 January 2005

HAUNCH OF VENISON

6 Haunch of Venison Yard
off Brook Street
London W1K 5ES
England

T+ 44 (0) 20 7495 5050
F+ 44 (0) 20 7495 4050
info@haunchofvenison.com
www.haunchofvenison.com

RICHARD PHILIPS

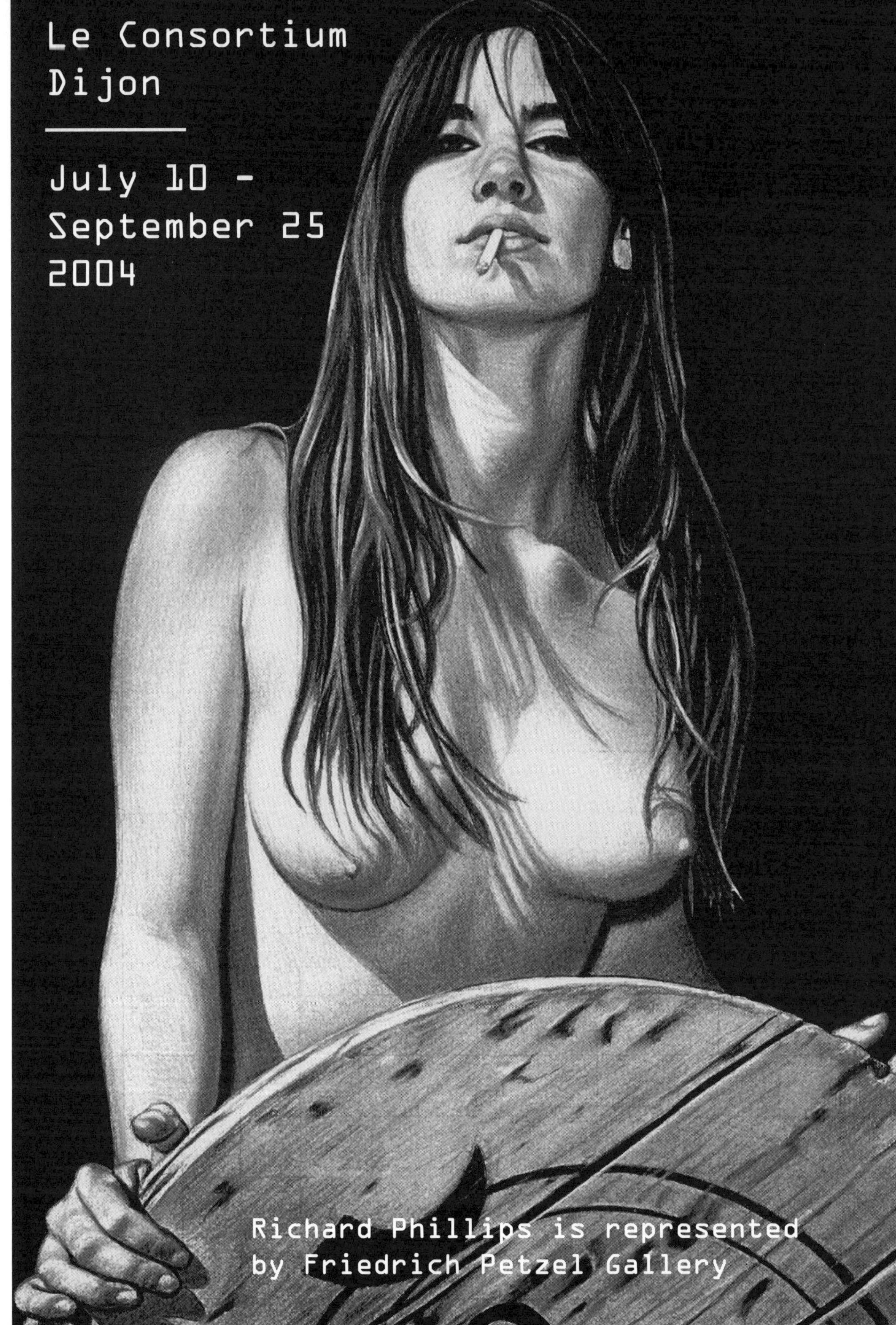

Ten Years

1994–2004

Olaf Breuning
Sophie Calle
Yannick Demmerle
Torben Giehler
Rachel Harrison
Anton Henning
Thomas Hirschhorn
Douglas Kolk
Claude Lévêque
Maria Marshall
Tam Ochiai
Erik Parker
Lisa Ruyter
Charles Sandison
Nedko Solakov
Hiroshi Sugito
Mathilde ter Heijne
Susan Turcot
Keith Tyson
Massimo Vitali

Gallery Exhibition: **The True Stories** by **Sophie Calle**.
From September 9th until October 23rd, 2004.

Arndt & Partner

Zimmerstraße 90 – 91, D-10117 Berlin, Telefon +49 (30) 280 81 23, Fax +49 (30) 283 37 38
arndt@arndt-partner.de, www.arndt-partner.de, Opening hours: Tuesday to Saturday, 11 am – 6 pm

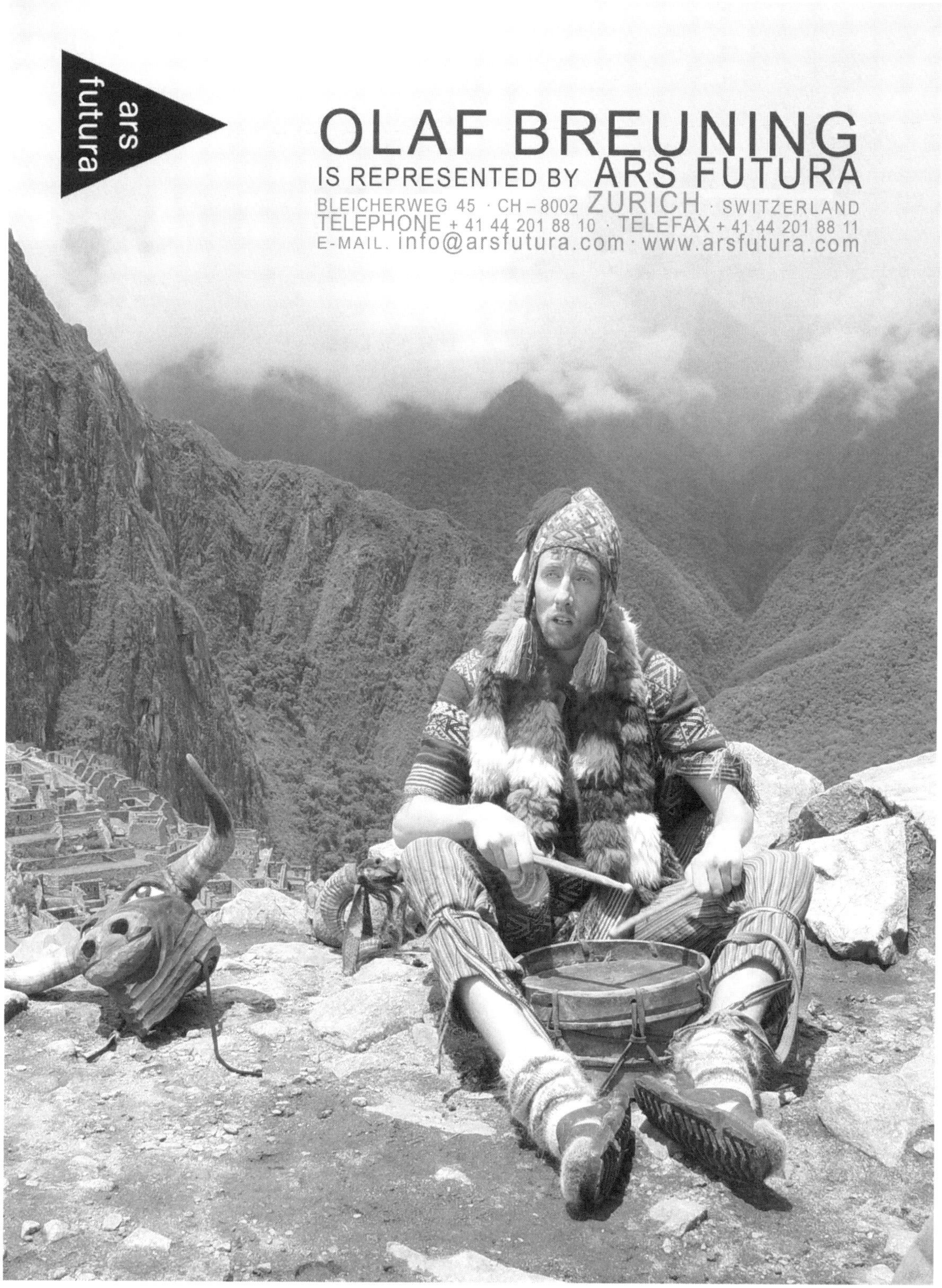

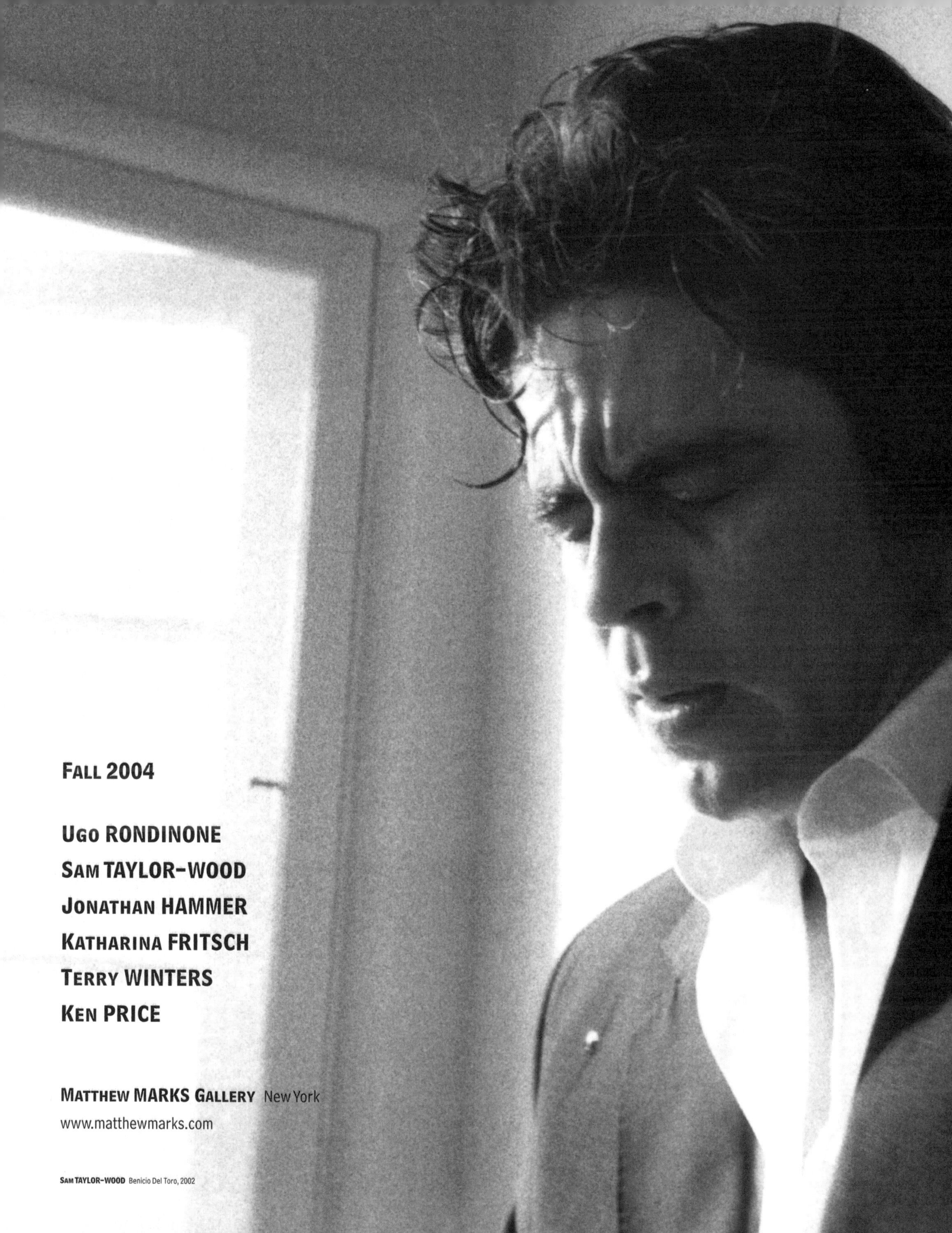

SAM TAYLOR-WOOD Benicio Del Toro, 2002

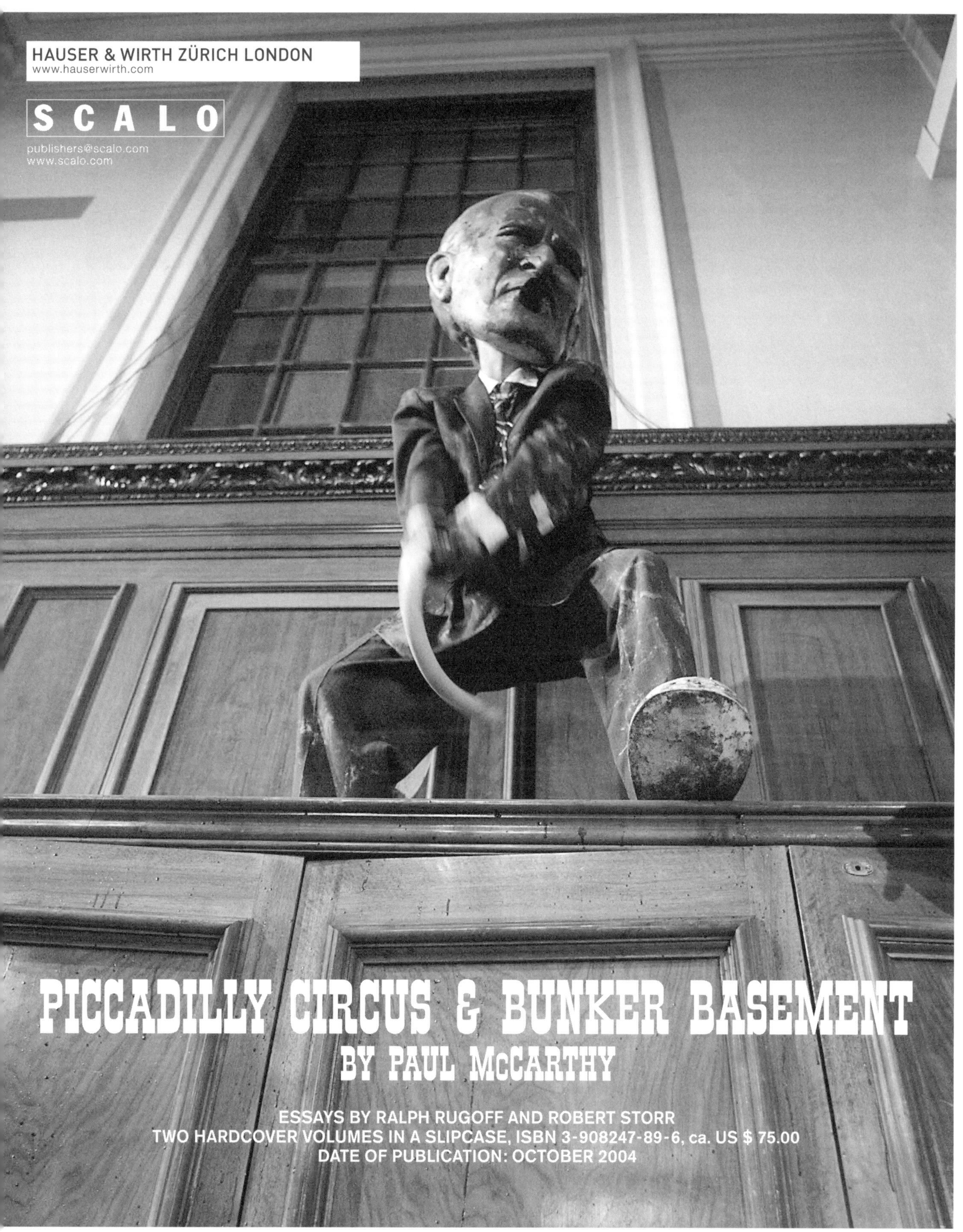
HAUSER & WIRTH ZÜRICH LONDON
www.hauserwirth.com
SCALO
publishers@scalo.com
www.scalo.com
PICCADILLY CIRCUS & BUNKER BASEMENT
BY PAUL McCARTHY
ESSAYS BY RALPH RUGOFF AND ROBERT STORR
TWO HARDCOVER VOLUMES IN A SLIPCASE, ISBN 3-908247-89-6, ca. US $ 75.00
DATE OF PUBLICATION: OCTOBER 2004

URSULA VON RYDINGSVARD

11 SEPTEMBER 2004 – 23 OCTOBER 2004

GALERIE LELONG ZÜRICH

IMI KNOEBEL

30 OCTOBER 2004 – 3 FEBRUARY 2005

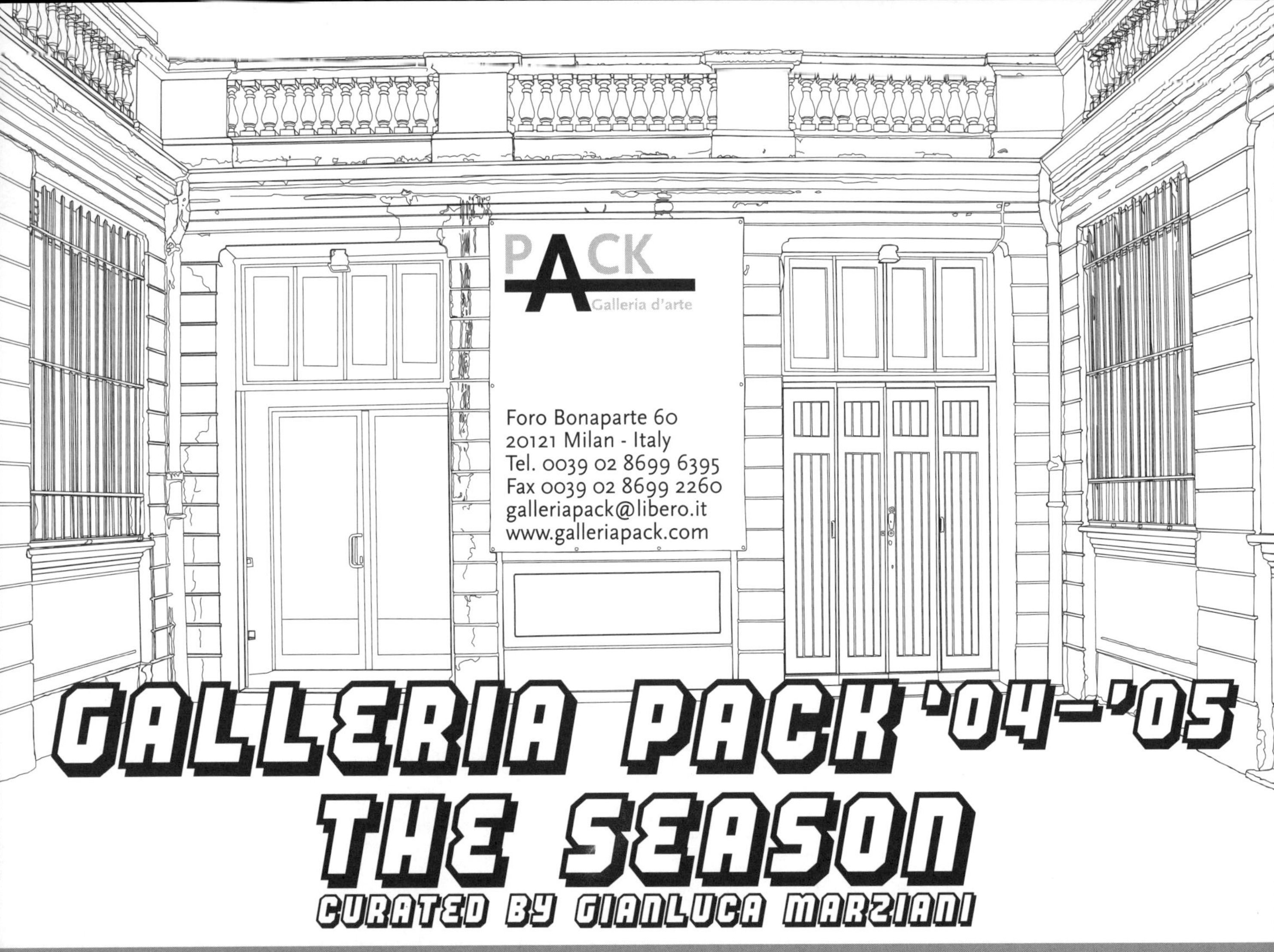

CRITICAL TEXTS BY: MARTINA CAVALLARIN - CLAUDIA COLASANTI - LORENZO FUSI
GLORIA GRADASSI - NORMA MANGIONE - PAOLA NICITA - DANIELE PERRA
IVAN QUARONI - VALENTINA TANNI - MASSIMILIANO TONELLI - SABRINA ZANNIER

SEPTEMBER 2004
NICOLA DI CAPRIO
THORSTEN KIRCHOFF
MASBEDO
BARTOLOMEO MIGLIORE

NOVEMBER 2004
FRANKO B

FEBRUARY 2005
ALDO RUNFOLA
ALBERTO DI FABIO

MARCH 2005
ZHANG HUAN

APRIL 2005
JASON MIDDLEBROOK
MATTEO BASILE'

MAY 2005
ROBERT GLIGOROV

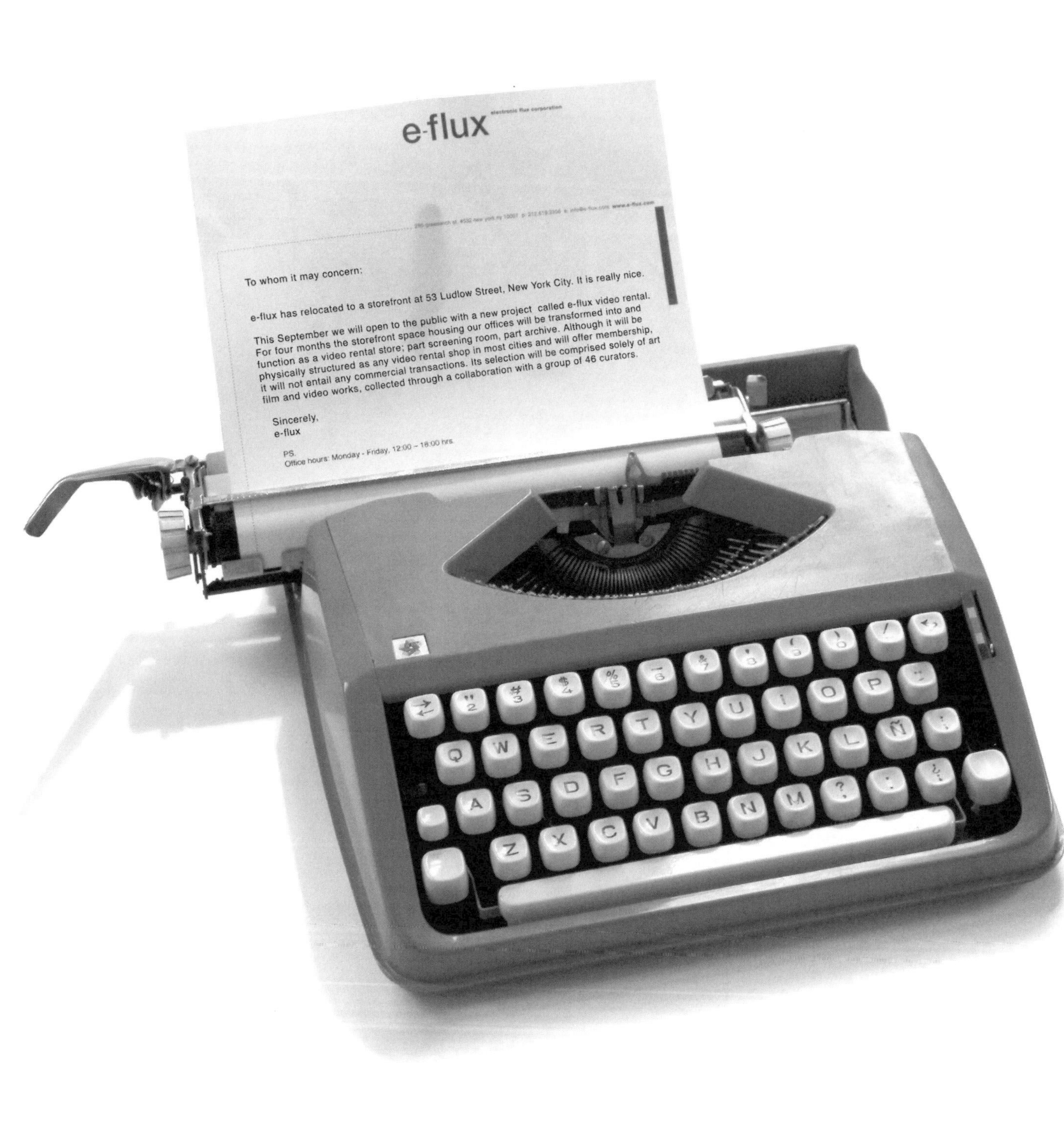

e-flux electronic flux corporation

To whom it may concern:

e-flux has relocated to a storefront at 53 Ludlow Street, New York City. It is really nice.

This September we will open to the public with a new project called e-flux video rental. For four months the storefront space housing our offices will be transformed into and function as a video rental store; part screening room, part archive. Although it will be physically structured as any video rental shop in most cities and will offer membership, it will not entail any commercial transactions. Its selection will be comprised solely of art film and video works, collected through a collaboration with a group of 46 curators.

Sincerely,
e-flux

PS.
Office hours: Monday - Friday, 12:00 – 18:00 hrs.

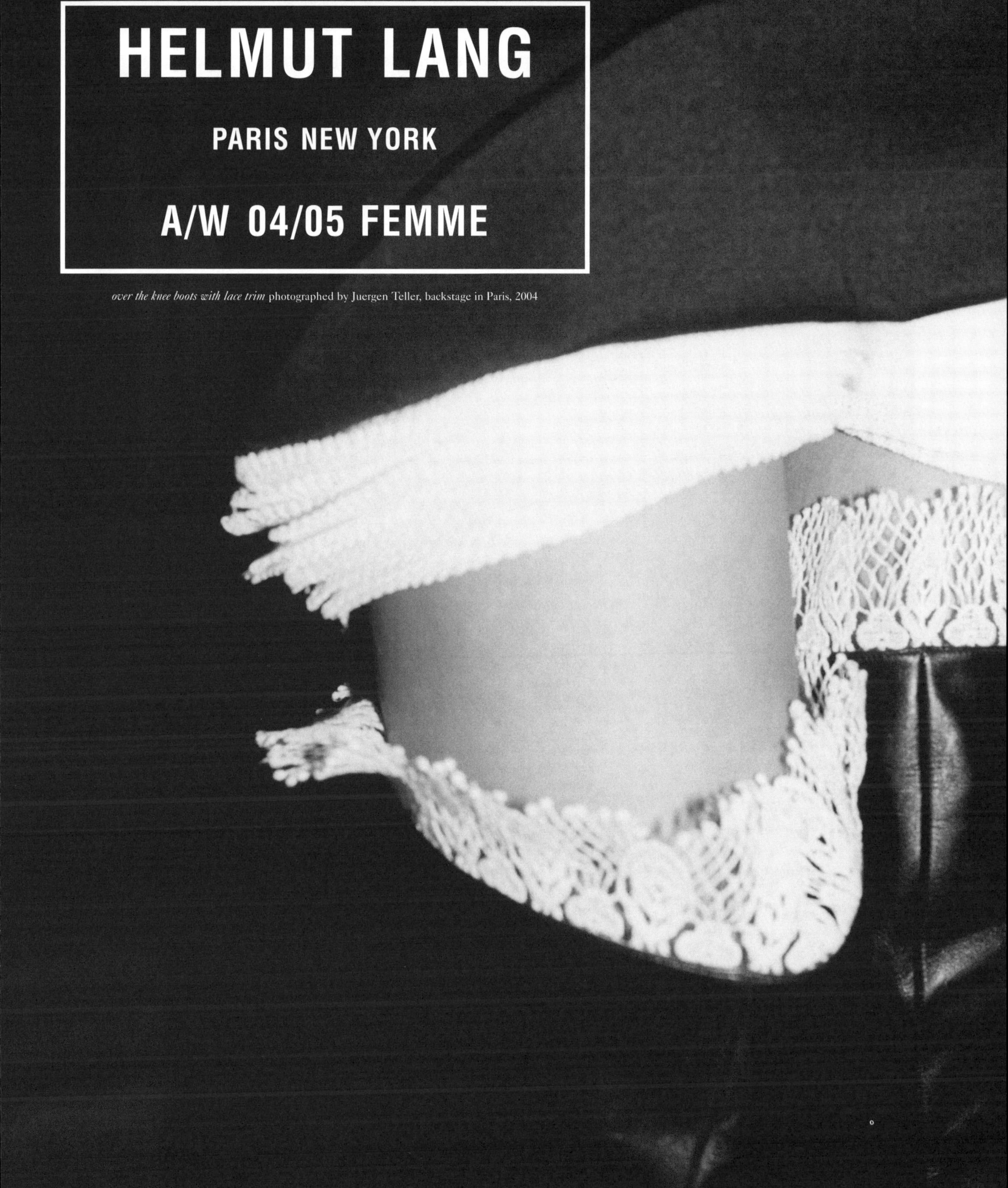

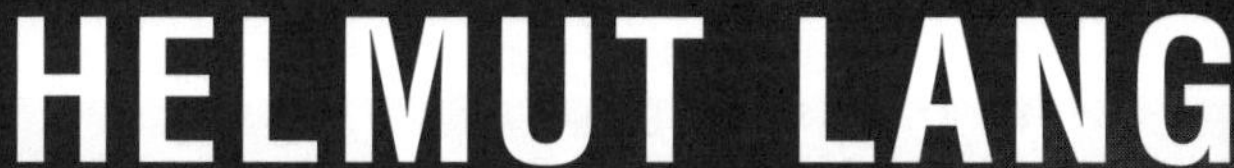

over the knee boots with lace trim photographed by Juergen Teller, backstage in Paris, 2004

WALTER PFEIFFER

Bewegliche Teile

Formen des Kinetischen
09.10.2004–16.01.2005

Eine Ausstellung in Zusammenarbeit
mit dem Museum Jean Tinguely, Basel (CH)

Kunsthaus Graz am
Landesmuseum Joanneum
Lendkai 1, A-8020 Graz

info@kunsthausgraz.at
www.kunsthausgraz.at
T +43-316/8017-9200

Öffnungszeiten:
Dienstag–Sonntag, 10:00–18:00 Uhr
Donnerstag, 10:00–20:00 Uhr

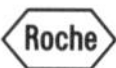

Diagnostics

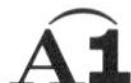

THE FUTURE HAS A SILVER LINING.

GENEALOGIES OF GLAMOUR

AUGUST 28 - OCTOBER 31 2004

JANET CARDIFF/GEORGES BURES MILLER, MERET OPPENHEIM, BRICE DELLSPERGER, FRANCESCO VEZZOLI, MANON, JAMES LEE BYARS, FERGUS GREER/LEIGH BOWERY, T.J. WILCOX, MARC CAMILLE CHAIMOWICZ, JULIAN GÖTHE, CERITH WYN EVANS, KUTLUG ATAMAN, JONATHAN HOROWITZ, KATHARINA SIEVERDING, DANIELE BUETTI, BERNHARD MARTIN, FRANCESCO SCAVULLO, MICHEL AUDER, NICOLE WERMERS, SYLVIE FLEURY, TOM BURR AND MANY OTHERS...

HEIDI BUCHER: MOTHER OF PEARLS
NOVEMBER 13 - JANUARY 9 2004

PAUL NOBLE
JANUARY 22 - MARCH 20 2005

migrosmuseum
FüR GEGENWARTSKUNST
ZüRICH

Tue/Wen/Fri 12 am-6pm, Thu 12am-8pm, Sat/Sun 11am-5pm
Limmatstrasse270,8005 Zürich, T+41 1 277 20 50, F+41 1 277 62 86, www.migrosmuseum.ch, info@migrosmuseum.ch

vim

Paul Noble has been jointly organised by the migros museum für gegenwartskunst, Zurich and the Whitechapel Gallery, London.

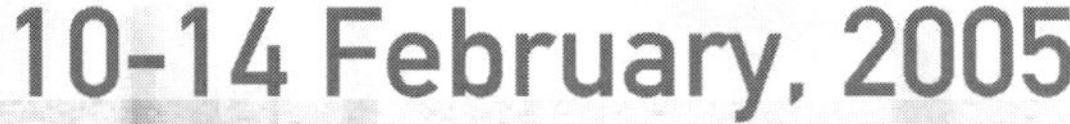

INTERNATIONAL
CONTEMPORARY ART FAIR

ARCO'05

III International Contemporary Art Experts Forum

24th Edition
Parque Ferial Juan Carlos I, Madrid
Halls 7 and 9
Tel.: (34) 91 722 30 00
Fax: (34) 91 722 57 98
infoarco@ifema.es
www.arcospain.org

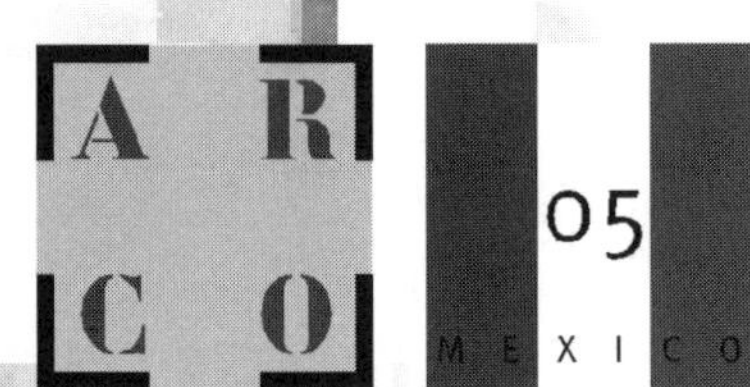

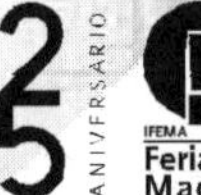

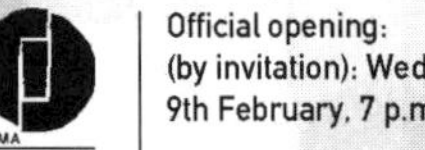

Official opening:
(by invitation): Wednesday
9th February, 7 p.m.

Professional visit:
(by invitation):
Wednesday 9th: 11 a.m. to 9:30 p.m.
Thursday 10th: 11 a.m. to 5 p.m.

Open to the general public:
Première, Thursday 10th:
5 p.m. to 9 p.m.
Friday 11th, Saturday 12th,
Sunday 13th and
Monday 14th, Noon to 9 p.m.

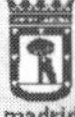

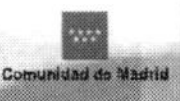

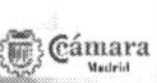

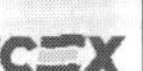

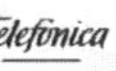

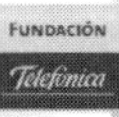

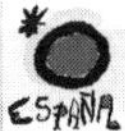

IBERIA
Official Carrier

CONACULTA

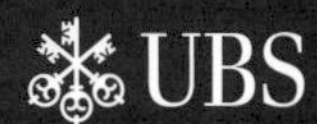
UBS

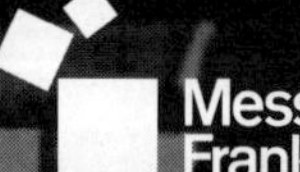
Messe
Frankfurt

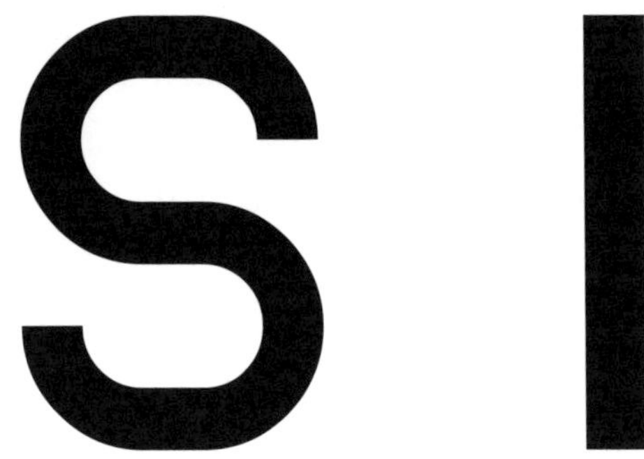

PROGRAM 2004/2005

BEFORE THE END (THE LAST PAINTING SHOW)
ART & LANGUAGE, ROBERT BARRY, IAN BURN, DOUGLAS HUEBLER, JOSEPH KOSUTH, LAWRENCE WEINER, AND IAN WILSON, CURATED BY OLIVIER MOSSET
SEPTEMBER 14 – OCTOBER 23 2004

GROUP SHOW CURATED BY JOHN ARMLEDER
NOVEMBER – JANUARY 2004

NORMA JEANNE
FEBRUARY – MARCH 2005

OK/OKAY
GROUP SHOW CURATED BY MARC-OLIVIER WAHLER
AT THE SI AND THE GREY ART GALLERY, NEW YORK
APRIL – JULY 2005

SI AT LISTE BASEL JUNE 2005

BRUNO PEINADO SEPTEMBER – OCTOBER 2005

OTHER PROJECTS AND SPECIAL EVENTS:
EXT. 17 // FEATURING KIM GORDON, JOHN GIORNO, OLAF BREUNING, RADIO GHOST/LAURENT GRASSO, LAWRENCE WEINER AND MORE TO COME // CALL 212 925 2035 EXT. 17

THE DAY BEFORE / RENAUD AUGUSTE DORMEUIL / SEPTEMBER 8 – 10 2004

ALEXANDER COSTELLO, SEPTEMBER 14 – OCTOBER 23 2004

SI HALLOWEEN PARTY / OCTOBER 31 2004

SI ANNUAL BENEFIT + AUCTION / NOVEMBER 5 2004 AT CAPITALE NEW YORK

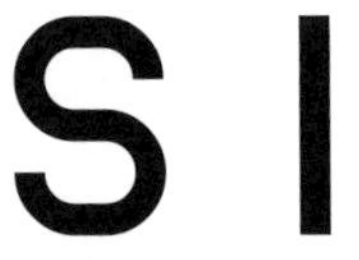

SWISS INSTITUTE - CONTEMPORARY ART,
495 BROADWAY 3RD FLOOR / NEW YORK NY 10012
TUESDAY – SATURDAY 11 A.M. – 6 P.M. / p 212 925 2035 / f 212 925 2040
www.swissinstitute.net / info@swissinstitute.net

Still Mapping the Moon

Perspektiven zeitgenössischer Malerei / Perspectives of Contemporary Painting

Kunstmuseum Bonn
September 16 - November 14 , 2004

ANDY WARHOL
ROBERT RYMAN
GERHARD RICHTER
REMY ZAUGG
GÜNTER UMBERG
STEPHAN BAUMKÖTTER
ALAN UGLOW
JERRY ZENIUK
BERNARD FRIZE
LISA MILROY
HERBERT BRANDL
ALEX KATZ
INGO MELLER
DAVID REED
WILHELM MUNDT
JOSEPH MARIONI
KATHARINA GROSSE
HELMUT FEDERLE
TAMARA GRCIC
KIM SOOJA

Works from the Mondstudio Collection

Reanimation

24.9.–21.11.2004

Kunstmuseum Thun

Kunstmuseum Thun, Thunerhof, Hofstettenstrasse 14, CH-3602 Thun
Öffnungszeiten: Di–So 10–17 Uhr, Mi 10–21 Uhr, Mo geschlossen
www.kunstmuseumthun.ch, kunstmuseum@thun.ch

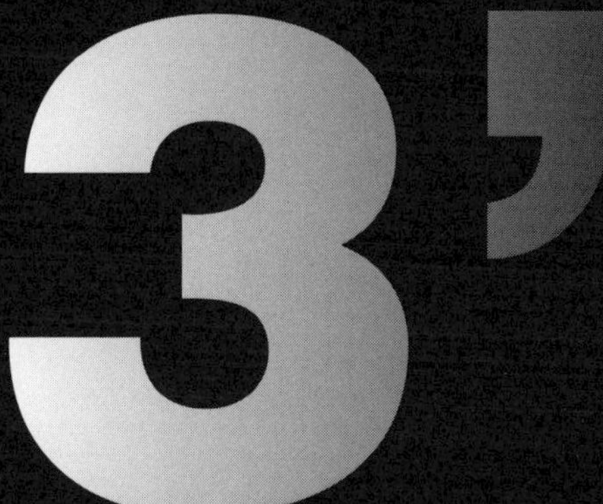
3'

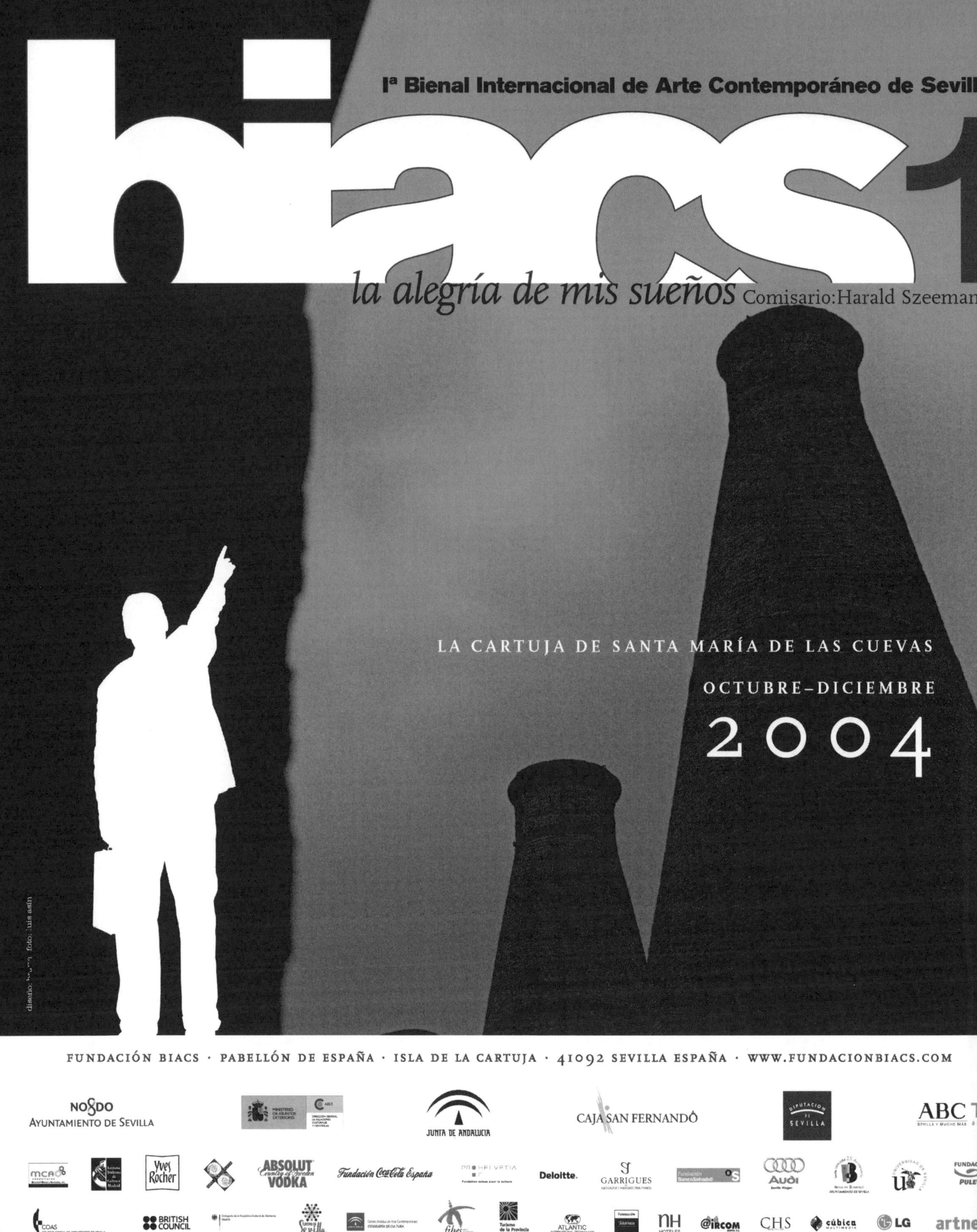

biacs1
Iª Bienal Internacional de Arte Contemporáneo de Sevill
la alegría de mis sueños Comisario: Harald Szeeman
LA CARTUJA DE SANTA MARÍA DE LAS CUEVAS
OCTUBRE–DICIEMBRE
2004
FUNDACIÓN BIACS · PABELLÓN DE ESPAÑA · ISLA DE LA CARTUJA · 41092 SEVILLA ESPAÑA · WWW.FUNDACIONBIACS.COM
NO8DO AYUNTAMIENTO DE SEVILLA
JUNTA DE ANDALUCIA
CAJA SAN FERNANDO
DIPUTACION DE SEVILLA
ABC
Yves Rocher
ABSOLUT VODKA
Fundación Coca-Cola España
Deloitte.
GARRIGUES
Audi
COAS
BRITISH COUNCIL
fibes
ATLANTIC
NH HOTELES
CHS
cúbica
LG

5 rue de la muse

dan mccarthy

16_09_04– 23_10_04

Exhibition in collaboration with Anton Kern Gallery, New York

BFAS
Blondeau Fine Art Services

5 rue de la Muse
1205 Geneva _ Switzerland
T +41 (0)22 544 95 95
F +41 (0)22 544 95 99

■ exhibition
TUE-FRI 14h-18h30
SAT 11h-17h
■ office
MON-FRI 9h-12h30 / 14h-18h30

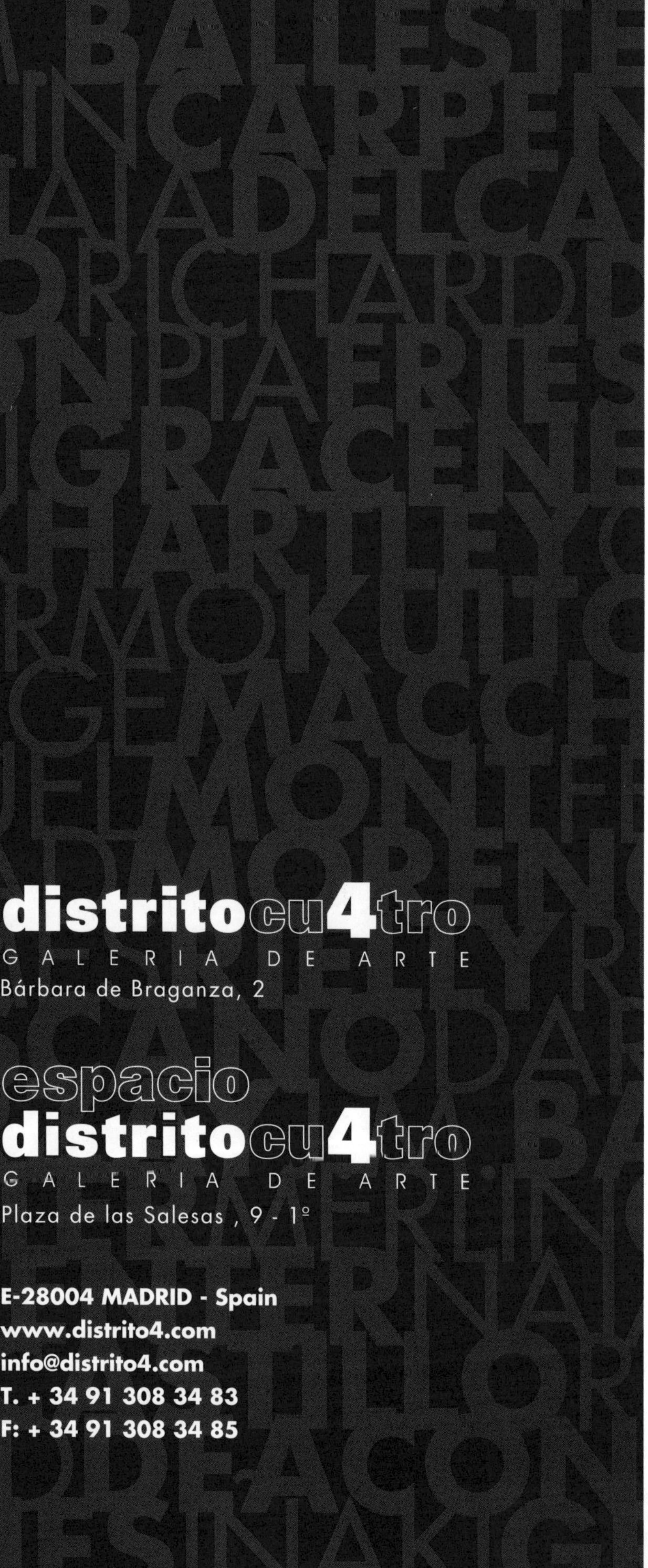

J. M. **Ballester**

Merlin **Carpenter**

Naia **del Castillo**

Richard **Deacon**

Pia **Fries**

Iñaki **Gracenea**

Alex **Hartley**

Guillermo **Kuitca**

Jorge **Macchi**

Miquel **Mont**

Felicidad **Moreno**

James **Rielly**

Rui **Toscano**

Dario **Urzay**

LE CORBUSIER

SEPTEMBER – NOVEMBER 2004

CARATSCH de PURY & LUXEMBOURG

LIMMATSTRASSE 264 CH-8005 ZÜRICH
TEL 41-1-276 80 20 FAX 41-1-276 80 21
MONTAG - FREITAG 10-6 SAMSTAG 11-5